O. Henry

欧·亨利
小说全集

The
Complete
Stories
by
O. Henry

4

乱七八糟
+ 陀螺

〔美〕欧·亨利——著

王永年——译

目　次

乱七八糟

最后的行吟诗人………3

侦探………14

女巫的面包………21

城市的骄傲………26

拦劫列车………31

尤利西斯和狗人………42

寒暄冠军………49

同病相怜………54

与睡神抗争………59

机会难得………64

吉米·海斯和缪里尔………72

错乱之门………78

哈格雷夫斯的两个角色………89

就医记………102

十月和六月………115

带磨坊的教堂………118

营火堆旁的纽约………130

沙洛克·乔尔摩斯历险记………135

高高在上的女士………141

大康奈岛………146

法律与秩序………151

马丁·伯尼的转变………165

哈里发和莽汉………170

加里的钻石………175

我们庆祝的日子………181

陀　螺

世界和门………189

理论与猎狗………202

失败的假设………212

卡洛韦的密码………224

平均海拔问题………233

"姑娘"………243

哔叽和草帽的社会学………249

红酋长的赎金………257

婚嫁的五月………268

技术错误………275

套房家庭的浪漫史………282

人生的波澜………288

牺牲打………295

我们选择的道路………300

黑榭的买主………305

歌曲与警官………320

一元假币………327

目　　次

报纸的故事………*334*
汤米和窃贼………*338*
榆树的圣诞礼物………*345*
地方色彩………*351*
乔治亚的裁定………*358*
盲人的节日………*370*
牧场上的波皮普夫人………*390*

乱七八糟

最后的行吟诗人

　　山姆·加洛韦义无反顾地给他的矮种马备了鞍。他在阿迪托牧场做客三个月后,终于要走了。牧场上的咖啡有焦麦味,饼干发酵不好,带有黄色的条纹,谁都不能指望哪一个客人会忍受三个月以上。那个大个子黑人厨师尼克·拿破仑,总是烤不好饼干。有一次,尼克在柳树牧场做饭,山姆只逗留了六个星期就被他的手艺吓跑了。

　　一种难以理解的行家的宽容稍稍缓和了山姆脸上的遗憾和悲哀的神情。但他十分坚决地扣紧马肚带,把拴马索绕好,挂在鞍头,把油布雨衣和大衣绑在马鞍后弓,把马鞭套在右手腕上。梅里迪尤一家人(阿迪托牧场的户主)、其他的男男女女、小孩、仆人、客人、雇员、狗和碰巧的来访者,聚在牧场大宅的回廊里,依依惜别。在弗里奥河和北布拉伏河之间,山姆·加洛韦无论到哪一个牧场、营地或者小屋,都会带来欢乐,他的离去当然引起悲哀。

　　除了一条猎狗在掸可恶的跳蚤,后腿碰撞地面的声响以外,周围一片寂静,山姆仔细地把他的吉他绑在鞍后的雨衣和大衣上面。吉他套在绿色帆布袋里;如果你领悟它的意义,就知道山姆的身份了。

　　山姆是最后的行吟诗人。当然,你了解行吟诗人是什么样的人。百科全书上说,他们盛行于十一至十三世纪。他们挥动①什

---

① 原文 flourish 可作"盛行"和"挥动"解。

么似乎不很清楚——但肯定不是剑;有可能是小提琴的弓,或者是吃通心粉的叉子,或者是一位夫人的头巾。不管怎么样,山姆·加洛韦是其中之一。

山姆跨上马背时,脸上显出一副殉道的样子。但是同他的坐骑相比,他的表情可以算是高兴的。要知道,那匹矮种马很了解骑在它背上的人,草原上和拴马架前的牧牛马可能常常取笑山姆的矮种马,因为骑者不是欢闹的、满口脏话的、放羊的牛仔,而是一个吉他乐手。对于坐骑来说,谁都不是英雄。即使百货公司的滚梯绊倒一个行吟诗人也是情有可原的。

哦,我知道我就是行吟诗人;你也是。你记得你听过的故事、学过的纸牌戏法,以及那支用钢琴弹奏的小曲,你记得你去拜访有钱的简姑妈时提供的十分钟的余兴节目。你知道人分为三类,也就是:男爵、行吟诗人和工人。男爵不喜欢看这类无聊的东西;工人没有时间看;因此我知道你必定是行吟诗人,你会理解山姆·加洛韦。无论我们唱歌、演戏、写作、讲课或者画画,我们无非都是行吟诗人;那么我们就往最坏的地方着想吧。

那匹脸长得像但丁·阿利吉耶里的矮种马,在山姆两膝的夹力下,背负着行吟诗人朝东南方向跑了十六英里。大自然处于她最亲切的状态。缓缓起伏的草原上长着星星点点的小花,使空气弥漫着甜香。东风减轻了春天的热度;墨西哥湾飘来的羊毛般的白云挡住了四月太阳的直射光线。山姆骑在马上唱歌。他在马笼头里塞进一些小榭树枝,驱赶苍蝇。那个长脸四足动物戴上这样一顶皇冠后比先前更像但丁了,看来似乎在想贝亚特丽斯①。

在地形允许的情况下,山姆直奔埃利森老头的牧羊场。此时

---

① 贝亚特丽斯,诗人但丁早年爱慕的佛罗伦萨姑娘,24岁去世,但丁感伤不已,在《神曲》里把她写成是带领他漫游天国的向导。

他认为去牧羊场做客比较合适。阿迪托牧场上人太多,太嘈杂,争吵不休,一片混乱。他以前从没有赏光在埃利森老头的牧场上逗留过;但他知道自己肯定是受欢迎的。行吟诗人到处通行无阻。城堡里的工人会为他放下吊桥,男爵会在宴会厅里安排他坐在自己的左边。工人们端上烤野猪头和大酒壶时,女士们会为他的歌谣和故事喝彩,报之以微笑。坐在雕花栎木椅上的男爵即使打一两个盹儿,也没有恶意。

埃利森老头受宠若惊地欢迎行吟诗人。他常听到有幸接待山姆·加洛韦的牧场主们赞扬山姆,但从未料到自己简陋的男爵领地会得到这份殊荣。我之所以说男爵领地,是因为埃利森老头是最后的男爵。当然,布尔沃-利顿先生①生的时代太早,不知道埃利森其人,否则他不会把这个绰号给沃里克的。在现实生活中,男爵的责任和职能是向工人提供工作,向行吟诗人提供食宿。

埃利森是个皱缩的老人,留着黄白色的短胡子,脸上布满逝去的微笑的皱纹。他在牧羊地带最冷僻区域的树丛中有一座两居室的小屋子。他家里有一个凯欧瓦印第安男厨师、四条猎狗、一头宠物羊和一只拴在篱笆桩上的半驯的草原狼。他有三千头羊,放牧在两块租来的和几千英亩既不是租来也不是他拥有的土地上。一年里可能有三四个使用和他一样的语言的人骑马来他门前,同他交谈几句无关紧要的话。对于埃利森老头来说,那些就是值得纪念的日子。至于行吟诗人——按照百科全书上的解释,盛行于十一和十三世纪的行吟诗人——在他男爵城堡门前勒住缰绳的日子,必定是用金光灿灿、装饰华丽的大写字母表示的日子了。

埃利森老头看到山姆时,微笑回到他满是皱纹的脸上。他一

---

① 布尔沃-利顿(1803—1873),英国作家、政治家,著有历史小说《庞贝城的末日》(1834)和《最后的男爵》(1843)等。《最后的男爵》描写英国争夺王位的绵延三十年的玫瑰战争,小说主人公是沃里克伯爵。

瘸一拐地拖着脚步匆匆从屋里出来。

"喂,埃利森先生,"山姆快活地招呼说,"我想起应该来看看你。你的牧场今年雨水不错。春羔会有充足的草了。"

"好,好,好,"埃利森老头说,"见到你我太高兴了。我从没有想到你会光临这偏僻的牧场。不管怎么说,非常欢迎你。请下马吧。我厨房里有一袋新收的燕麦——我拿出来给你喂马,好吗?"

"喂它吃燕麦?"山姆觉得好笑地说,"不,先生。它现在光吃草已经肥得像猪了。它的运动量不够,体形不够好。如果你不介意的话,我给它拴上一条拖绳,把它放到马草场上去。"

我确信十一和十三世纪的男爵、行吟诗人和工人,绝不会像同他们相当的人物那晚在埃利森老头的牧羊场上相处得那么和谐。凯欧瓦厨师烤的饼干松脆可口,煮的咖啡很香。埃利森老头久经风霜的脸上洋溢着根深蒂固的好客和感激之情。至于行吟诗人,他觉得无意之中竟然来到了愉快的地方。丰盛的、做得很好的晚餐,他不用卖大力气就能使之十分高兴的主人,他敏感的心情当时渴望得到的安静,这些凑在一起给了他周游许多牧场时很少得到的满意和舒畅。

吃完美味的晚餐后,山姆解开绿帆布袋,取出吉他。要知道,他这样做并不是回报——无论山姆或者任何真正的行吟诗人都不是汤米·塔克的直系后代。你在深受尊敬但生平不详的鹅妈妈①的作品里见过汤米·塔克其人。汤米·塔克以唱歌换来晚饭,真正的行吟诗人却不干这种事。他先吃晚饭,然后为艺术而唱歌。

山姆·加洛韦的节目单包括五十来个笑话和三四十首歌。但

---

① 鹅妈妈,T.弗利特1719年在波士顿出版《鹅妈妈的儿歌集》,据说是弗利特把他岳母常唱给外孙听的儿歌编成的集子,但早在1697年,法国查尔斯·裴劳特出版的故事集《我的鹅妈妈的故事》已有鹅妈妈这个人物。

他绝不到此为止。无论你提起什么话题,他都能滔滔不绝地谈上二十支卷烟的工夫。他能躺的时候绝不坐,能坐的时候绝不站。我很喜欢和他多待一些时候,我要在一支秃笔和残缺的词汇所允许的范围内替他画一幅像。

我希望你见过他:他短小精悍,但懒散得难以想象。他穿一件深蓝色的羊毛衬衫,前襟用珠灰色的鞋带似的绳子系着,衣裤料子是特别耐磨的棕色帆布,脚下是佩着墨西哥式踢马刺的高跟靴,头上是一顶墨西哥式的宽边帽子。

那天傍晚,山姆和埃利森老头把椅子搬到朴树底下。他们点燃卷烟;行吟诗人快活地拨弹着吉他。他唱的许多歌是从墨西哥牧羊人和牛仔那儿学来的古怪、悲哀的小调。牧羊人特别喜欢的其中一首开头是"飞吧,飞吧,小鸽子"。山姆那晚为埃利森老头唱了好多遍。

行吟诗人在老头的牧场住了下来。那里的宁静和对他的重视是他在喧闹的养牛牧场里从未遇到的。世上任何听众对诗人、乐手或艺术家工作的赞赏,都比不上埃利森老头对他那样几乎到了崇拜的地步,并且经久不衰。即使王公贵胄屈尊来看一个卑贱的伐木者或者庄稼汉,也不会引起如此的感激和欢乐。

山姆·加洛韦在朴树荫下一张凉爽的帆布小床上消磨他大部分的时间。他用棕色的小纸片卷烟抽,翻翻牧场所能提供的乏味的书籍,即兴创作了一些歌曲,熟练地自弹自唱,扩充他的演奏节目。凯欧瓦厨师像奴隶侍候大老爷似的替他端来挂在树下的红陶罐里的凉水,他想吃东西时替他端来食物。草原上的微风朝他吹拂;清晨和傍晚时模仿鸟的鸣声同他的琴声互争短长,但很难制胜;他的世界仿佛弥漫着芬芳的宁谧。当埃利森老头骑着那匹一小时只跑一英里路的矮种马在羊群中间晃悠,当外面骄阳如火,凯欧瓦厨师在厨房角落睡午觉时,山姆躺在帆布床上寻思世界是何等美好,对于以娱乐他人为生活目的的人又是多么和善。在这里,他得到了满意的食宿;完全不需要操心、费劲或奋斗;在这里,他受到无休无止的欢迎,主人听到一支歌或者一个故事的第十六次重复演奏时,还像初次听到那么感到新奇。古时候的行吟诗人浪迹天涯,何曾遇到这种无与伦比的城堡?他沉浸在幸福的冥想中,白尾褐毛的小兔胆怯地在院子里嬉戏;二十码开外,白冠蓝羽的鹌鹑一个接一个地跑过;一只出来找蜘蛛吃的长尾鸟跳到篱笆上面,摆动着尾羽向他致意。他那匹矮种马在八十英亩大的马草场里长了膘,但丁式的长脸似乎有了笑容。

埃利森老头也干一些跑腿的活,他没有雇用专人,自己往牧羊营地运送木柴、饮水和口粮。小牧场上往往是这样的。

一天早晨,他备了一星期食用的豆子、咖啡、玉米面和糖,给他的一个牧羊人恩卡纳西翁·费利佩的营地送去。在离老尤因堡两英里的路上,他迎面遇上一个名叫金·詹姆斯的、骑着一匹肯塔基烈性马的可怕的人。

金·詹姆斯的真名是詹姆斯·金①;但人们把名和姓颠倒过来,因为这样似乎更同他相配,并且让陛下高兴。金·詹姆斯是圣安东尼的阿拉莫广场和布朗斯维尔的比尔·霍珀酒馆之间最大的牧牛场主。也是得克萨斯州西南部最咋咋呼呼的吹牛大王和最专横跋扈的恶霸。他吹牛夸口总是能付诸行动;嗓门越高,危险性越大。故事书里那种眼睛浅蓝色、说话轻声轻气、貌似温顺的人结果往往是真正危险的人;在现实生活和这个故事里却不是这样。在一个五大三粗、吵吵闹闹的混人和一个不声不响坐在角落里的蓝眼睛的陌生人中间,让我攻击一个的话,每次有戏的总是在角落里。

---

① 英文里的"金"(King)可作"国王"解。

我刚才说过,金·詹姆斯是个体重二百磅的凶神恶煞,头发金黄,皮肤晒得像十月份的草莓一样红,蓬松的红眉毛下有两道算是眼睛的细缝。那天,他穿一件棕色法兰绒衬衫,在夏日下汗出如注,大片汗湿的地方成了深褐色。他身上还有别的衣服和配备,诸如塞进大靴子里的棕色帆布裤子,扎在脖子上的红色大手帕和左轮手枪,鞍前横放着一支霰弹枪和嵌满子弹的皮带——但是你不会注意这些附件;吸引你目光的只有那两条他当做眼睛使的小缝。

埃利森老头路上碰到的就是这么一个人;当你考虑到男爵年已六十五,体重九十八磅,对金·詹姆斯的事迹早有耳闻,他(男爵)只求过太平日子,身边没有带枪,即使带的话也不至于用上的时候,如果我告诉你,填满他脸上皱纹的微笑顿时消失,只剩下原来的皱纹时,你不能对他有什么苛求。然而,他也不是那种在危险面前开溜的男爵。他勒住那匹时速一英里的矮种马(这不难做到),向那个可畏的君主打个招呼。

金·詹姆斯开门见山,降下谕旨。

"你就是在这个牧场上放羊的老家伙,是吗?"他说,"你有什么权利?这片土地是你有的还是租的?"

"我向州政府租了两块地。"埃利森老头温顺地说。

"不可能,你没有,"金·詹姆斯说,"你的租赁契约昨天到期;我在土地局有人,到时候立刻接手。得克萨斯州没有一英尺归你使用的草地。你们这些牧羊人非滚蛋不可。你们的日子到了头。这里是牧牛地区,没有懒汉插脚的地方。你放羊的这个牧场是我的。我要架起铁丝网,圈出一片四十英里宽、六十英里长的牧场;架完后,里面如果发现一头羊,羊就死定了。我给你一星期的期限,把你的羊统统赶走。到时候不走光,我就派六个人带了温彻斯特连发枪把它们全部射杀,吃羊肉。如果发现你也在,那么你得到的就是这个。"

金·詹姆斯拍拍他的霰弹枪柄,以示警告。

埃利森老头继续前去恩卡纳西翁的营地。他长吁短叹,脸上的皱纹更深了。他早就听说旧规矩要改了。随便放牧的日子即将结束。别的麻烦也纷至沓来,压在他肩上。他的羊群数量有减无增;羊毛价格每一个剪毛季节都在下滑;甚至他在弗里奥城采购牧场物资的商店老板布拉德肖也催他结清前六个月的账单,否则停止供货。最后,可怕的金·詹姆斯突然给他这一最大的灾难性的打击。

日落时分,老头回到自己的牧场,看见山姆·加洛韦靠着毛毯卷和羊毛袋躺在帆布床上,拨弹吉他。

"嗨,本大叔,"行吟诗人高兴地招呼说,"今晚你回来得早啊。白天我在改编一支西班牙方登戈舞曲,是这样的——你听。"

"那好,太好啦,"埃利森老头坐到厨房的阶磴上,捋着他那苏格兰猎狗似的白胡子说,"我想从东到西,所有的乐师都比不上你。"

"哦,那不好讲,"山姆沉思地说,"不过我在变调方面确实比较熟练。我认为五种降半音的调式我都能应付,不比任何人差。你看上去十分疲倦,本大叔——今晚你没有不舒服吧?"

"有点累;没事儿,山姆。假如你兴犹未尽,我们听听那支墨西哥曲子,开头是'飞吧,飞吧,小鸽子'的那支,好吗?我骑马赶了远路,或者有什么烦心事的时候,那支曲子似乎总能让我舒服一点。"

"当然可以,"山姆说,"你什么时候想听,我都可以弹奏。哦,本大叔,有件事我忘了告诉你,你得说说布拉德肖,他上次给我们的火腿太老了。"

一个面临许多不幸的牧羊场的六十五岁的老头,不可能长时间掩饰自己的烦恼。再说,行吟诗人善于察言观色,很快就会看出他周围人的愁苦——因为他自己的情绪也受到影响。第二天，山姆又问老头为什么愁眉不展，心事重重。埃利森老头便把金·詹姆斯的勒令和威胁讲给他听，破产和担忧难免使他失态。行吟诗人沉思着。有关金·詹姆斯的情况，他听过不少。

牧区霸主给了埃利森老头七天期限，第三天，他赶了四轮马车去弗里奥城运一些牧场必需的物资。布拉德肖固然不好对付，但并不是不可通融。他按照老头的采购单减半供货，并且宽限了结账的时间。货物中有行吟诗人喜欢的一只新鲜火腿。

老头从弗里奥城回家，走了五英里，又遇上金·詹姆斯骑马进城。他一贯凶相毕露，但是今天眼睛的两条细缝似乎比平时宽了一点。

"你好，"大王声音粗哑地说，"我正要找你。昨天我听一个从桑迪来的牛仔说你本是密西西比州杰克逊县的人。我想问你是不是这样。"

"我生在那里，"埃利森老头说，"长在那里，二十一岁时才离开。"

"听这个牛仔讲，"金·詹姆斯说，"他印象中认为你同里夫斯家有亲戚关系。是吗？"

"卡罗琳·里夫斯，"老头说，"和我是同母异父。"

"她是我的婶子，"金·詹姆斯说，"我十六岁时从家里逃了出来。前几天我们谈的事情，可以再研究研究。人们都说我是恶人，只说对了一半。我的牧场很宽敞，足够放牧你的羊群和今后繁殖的羊羔。卡罗琳婶婶总是做羊肉烤饼给我吃。你在原来的地方放牧羊群好了，还需要什么牧场的话，尽管去。你的资金周转有困难吗？"

老头细述了他的困难，说得谨慎、坦率而不失尊严。

"她总是在我带到学校里去的饭盒里多放一点吃的——我

是说卡罗琳婶婶，"金·詹姆斯说，"我今天去弗里奥城，明天回来时路过你的牧场。我要从银行里取出两千元给你送去；我可以吩咐布拉德肖，你要的东西全部可以赊账。你一定知道家乡的那句老话，杰克逊县的里夫斯家和金家关系永远像栗子壳的刺一样紧密。是啊，只要遇上里夫斯家的人，我仍旧姓金。明天太阳下山时，你留意等着我，什么都不用担心。不必琢磨嫩草会不会旱死。"

埃利森老头快快活活地赶车回家。微笑再次填平了他脸上的皱纹。通过亲戚关系的魔法和人人心中未泯的良知，他的麻烦突然烟消云散。

到了牧场，他发觉山姆·加洛韦不在。他的吉他用鹿皮索挂在朴树枝上，海湾的风拂过没有主人的琴弦，发出哀鸣。

凯欧瓦厨师试图解释。

"山姆备好矮种马，"他说，"说是去弗里奥城。干什么不知道。说是晚上回来。也许。就这些。"

天空露出疏落的星星时，行吟诗人骑马回到他的庇护所。他把马放到草场上后进了屋，靴子上的踢马刺喀喀作响。

埃利森老头坐在厨房桌子边，拿着铁皮杯子在喝饭前的咖啡。他情绪很好。

"嗨，山姆，"他说，"你回来了我真高兴。在你来到这个牧场，给我们带来欢乐之前，我不知道我的日子是怎么过的。我想你准是同弗里奥城的某些姑娘玩得快活，所以这么晚才回来。"

埃利森老头再朝山姆的脸瞅了一眼，发现诗人变成了实干家。

当山姆从腰上解下埃利森老头进城没有带去的六响手枪时，我们不妨抽空说几句闲话：每当行吟诗人放下吉他拿起剑时，必然会出事。我们担心的不是阿索斯熟练的劈刺，不是阿拉米斯冷静的剑法，也不是波索斯有力的铁腕，而是那个加斯科尼乡巴佬的愤怒——行吟诗人狂怒的、没有章法的攻击——达太安的剑①。

"我解决了,"山姆说,"我去弗里奥城解决的。我不能让他欺压你,本大叔。我在塞默斯酒馆找到了他。我知道该怎么办。我对他说了几句别人听不到的话。他先伸手拔枪——现场有五六个人看到——可是我出手比他快。我给了他三枪——全打在胸部,一个碟子就能盖住三个弹孔。他再也不能找你麻烦了。"

"你说的是——金——詹姆斯——吗?"埃利森老头呷了一口咖啡问道。

"一点不错。他们把我扭送到县法官那儿;目击他先拔枪的证人都去了。当然,他们让我交三百元保释金,听候开庭,不过当场有四五个人愿意具结担保。他再也不会找你麻烦了,本大叔。你应该看看那几个弹孔挨得多么近。我想像我这样经常弹吉他的人,扣扳机的手指自然灵活,你说是吗,本大叔?"

城堡里除了凯欧瓦厨师煎鹿肉排的溅油声外,寂静了片刻。

"山姆,"埃利森老头用颤抖的手捋捋白胡子说,"你能不能把吉他取来,弹弹那支《飞吧,飞吧,小鸽子》? 一个人累得要死的时候,听了那支曲子似乎总觉得舒服一些。"

除了故事的标题不对头外,没有什么别的话可说了。标题应该是《最后的男爵》。行吟诗人永远不会有结束的时候,他们的吉他的叮咚声似乎会盖没全世界工人的镐头和锤子的沉闷打击声。

---

① 这四个人都是法国小说家大仲马《三个火枪手》里的人物。

侦 探

在纽约,一个人会像被吹灭的蜡烛火苗那样突然完全消失。于是,动用一切调查力量——追寻臭迹的猎犬、踏遍城市迷宫的侦探、纸上谈兵的理论和推理侦探——进行搜查。在绝大多数情况下,那人的脸永远看不见了。有时候,他可能在希博伊根或者特雷霍特的荒野里重新出现,自称"史密斯"或者诸如此类的姓,已经记不起前一个时候的事情,包括食品店的账单。有时候,排干河水,或者排查所有的餐馆,看看他是不是在等一盘煎透的牛腰肉时,发现他只不过搬到原先住处的隔壁而已。

一个大活人像擦去黑板上的粉笔画似的消失,是给人深刻印象的戏剧题材之一。

现在要谈谈玛丽·斯奈德的个案,肯定能引起读者兴趣。

一个姓米克斯的中年男子从西部来纽约找他的姐姐玛丽·斯奈德太太。斯奈德太太是寡妇,五十二岁,在一个人口拥挤的街区的一座公寓里住过一年。

米克斯找到那里,被告知玛丽·斯奈德一个多月前已经搬走。谁都说不好她的新地址。

米克斯先生从公寓出来,向站在街角上的警察打听,并数说了他的困难。

"我的姐姐很穷,"他说,"我急于找到她。最近我开铅矿,挣了不少钱,我要她和我一起过些好日子。不能在报上登广告,因为她不识字。"

警察揪着自己的胡子,看上去思考得那么认真,那么有办法,以致米克斯几乎觉得他的玛丽姐姐喜悦的泪水已经滴落到他鲜蓝色的领带上。

"你可以到运河街那一带,"警察说,"找个赶大车的活儿。那里经常有老太婆被大车撞倒。你也许能在她们中间找到你姐姐。假如你不愿意那么做,最好去总局,请他们派个便衣侦探找那位太太。"

米克斯在警察总局得到了热情的帮助。他们当即发出通告,并把米克斯带来的玛丽·斯奈德的相片复印后分发各个派出所。桑树街派出所所长派马林斯侦探负责本案。

侦探把米克斯拉过一边说:

"这件案子不难解决。你把胡子剃掉,口袋里装满上好雪茄烟,今天下午三点钟在沃尔多夫饭店的咖啡厅里等我。"

米克斯照办了,在那里同马林斯碰了头。他们要了一瓶酒,侦探提了一些有关失踪女人的问题。

"你知道,"马林斯说,"纽约是个大城市,但是我们的侦探业务已经系统化。要找你的姐姐,我们有两种办法。我们先试一种。你说她有五十二岁?"

"稍稍过一点。"米克斯说。

侦探把那西部人带到本市最大的报馆之一的广告部。他拟了下面的广告稿,给米克斯过目。

"急聘——新排音乐喜剧,需用一百名美丽动人的歌舞女演员。请与百老汇路××号面洽,全日恭候。"

米克斯冒火了。

"我的姐姐,"他说,"是个上了年纪的贫穷勤恳的劳动妇女。我不明白登这样的广告找她有什么用。"

15

"好吧,"侦探说,"我想你不了解纽约。不过假如你反对这个方案,我们可以试试另一个。肯定解决问题,但是费用多一些。"

"不必考虑费用,"米克斯说,"我们可以尝试。"

侦探把他带回沃尔多夫饭店。"开一个有两间卧室和客厅的客房,"他出主意说,"我们上去。"

开了房间后,两人被引到四楼的一套豪华客房。米克斯莫名其妙。侦探坐在丝绒面的扶手椅上,取出雪茄烟盒。

"我忘了建议,老兄,"他说,"你应该按月包房。他们开给你的账单就不会太高了。"

"按月包房!"米克斯嚷起来,"你是什么意思?"

"这个方案需要时间。我说过费用会多一些。我们得等到春天。那时候新的市电话簿出版了。上面很可能有你姐姐的姓名地址。"

米克斯立刻同那位侦探分了手。第二天,有人劝他去找沙洛克·乔尔摩斯,纽约的著名私家侦探,他要的费用高得吓人,但是在解决谜团和罪案方面创造过奇迹。

米克斯在大侦探公寓的接待室里等了两小时后,和他见了面。乔尔摩斯穿着紫色的晨衣,坐在象牙镶嵌的棋桌旁边,面前摊开一本杂志,在破"名人近况"的谜团。这位大名鼎鼎的侦探瘦削聪明的面孔、锐利的眼睛和收费标准尽人皆知,不必细说。

米克斯提出他的委托事项。"我的费用,如果成功,是五百元。"沙洛克·乔尔摩斯说。

米克斯点头同意。

"我可以接受你的案子,米克斯先生,"乔尔摩斯最后说,"这个城市的人们的失踪一直是我很感兴趣的问题。我记得一年前我破过一件案子。有一份姓克拉科的人家突然从他们原先居住的小公寓里失踪了。我在公寓大楼蹲守了两个月,寻找线索。一天,我突然发现送牛奶的人和食品店的小厮送货上楼后总是倒着走路。我根据观察所得,进行推理,很快就找到了失踪的那份人家。原来他们搬到了过道对面的一套公寓,把姓改成了科拉克。"

沙洛克·乔尔摩斯和他的委托人一起到玛丽·斯奈德住过的公寓大楼,侦探要求看看她先前承租的房间。她失踪后,这个房间还没有新住户。

房间小而暗,家具不多。米克斯垂头丧气地坐在一张破椅子上,大侦探查看墙壁、地板和那几件东倒西歪的旧家具。

半小时后,乔尔摩斯收集了一些似乎莫名其妙的物品——一根廉价的黑色帽针、一块从戏院节目单撕下的碎片、一张小硬纸的末端,上面印有"左排"和"C12"字样。

沙洛克·乔尔摩斯用手支着头,聪明的脸上显出沉思的样子,靠在壁炉架旁有十分钟之久。最后他生气勃勃地喊出声:

"来吧,米克斯先生,问题解决了。我可以带你直接去你姐姐现在住的地方。你不必担心她目前的处境,她的钱很宽裕——至少目前如此。"

米克斯又惊又喜。

"你怎么知道?"他钦佩地问道。

乔尔摩斯惟一的弱点,也许是他对推理方面的惊人成绩具有职业的自豪。他总是喜欢叙述他的方法,使听他解释的人瞠目结舌,佩服得五体投地。

"用淘汰法,"乔尔摩斯说着,把他的线索放在一张小桌子上,"我排除了斯奈德太太可能搬迁的本市一些地区。你看到这根帽针吗?凭它可以排除布鲁克林。妇女们在布鲁克林桥乘车,没有不带帽针,用它挤掉别人自己上车抢座位的。我再证明她不可能搬到哈莱姆区。这扇门背后的墙上有两个挂衣钩。一个钩子是斯奈德太太挂帽子的,另一个挂披肩。你可以看到悬垂的披肩的下端在粉墙上逐渐形成一道污迹。痕迹轮廓清晰,说明披肩没有流苏。试问哈莱姆区有哪个中年妇女的披肩不带流苏,上车时不钩住车门,耽误她后面的乘客?因此,我们可以排除哈莱姆。

"于是我得出结论,斯奈德太太不会搬到太远的地方。这块撕过的硬纸片有'左排'、'C'和'12'字样,我碰巧知道 C 马路十二号是座一流的公寓,绝不是我们估计你姐姐的经济能力所能负担的。但是,我又发现这块戏院节目单的碎片,皱折的形状很奇怪。它有什么意义呢?米克斯先生,对你很可能毫无意义;但对于一个具备从最小的东西上捕捉信息的习惯和训练的人来说,它说明许多问题。

"你对我说过,你姐姐是清洁工。她清扫写字间的地板和过道。我们假设她在戏院找到一份清洁工作。贵重的首饰最容易在什么地方遗失呢,米克斯先生?当然是在戏院。我们看看那块节目单的碎片,米克斯先生。请注意上面的圆印。它包过一枚戒指——也许是很贵重的戒指。斯奈德太太在戏院干活时发现了它。她匆匆忙忙撕下一块节目单,包好戒指,塞进怀里。第二天,她脱了手,有了钱,便想找一个比较舒适的住处。我推理到了这一环节,便认为 C 马路十二号完全有可能。我们在那里会找到你的姐姐的,米克斯先生。"

沙洛克·乔尔摩斯带着艺术家得意的微笑,结束了他具有说服力的讲话。米克斯钦佩得说不出话来。他们一起去 C 马路十二号。那是座老式的褐色石头建筑,附近都是比较富裕的、体面的人家。

他们拉响门铃,出来开门的人说那里没有斯奈德太太,最近六个月里也没有新住户搬来。

他们回到人行道上,米克斯检查了他从他姐姐老住处取来的线索。

"我不是侦探,"他把戏院节目单的碎片拿到鼻子底下闻闻后对乔尔摩斯说,"可是我觉得这片纸包过的东西不是戒指,而是那种圆形的薄荷糖。我还觉得这片有地址的硬纸是有座位号的票根——左边 C 排十二号。"

沙洛克·乔尔摩斯若有所思地望着远处。

"我想你不如去请教尤金斯吧。"他说。

"尤金斯是谁呀?"米克斯问道。

"他是一个现代侦探新学派的领袖,"乔尔摩斯说,"他们的方法和我们的不同,但是据说他解决过几件十分棘手的案子。我陪你去。"

他们在更伟大的尤金斯的事务所里找到了他。他个子瘦小,头发稀少,正全神贯注地在看纳撒尼尔·霍桑①的一部资产阶级的小说。

两位大侦探客气地握了手,乔尔摩斯介绍了米克斯。

"陈述事实。"尤金斯说着,继续看他的书。

米克斯说完后,他合上书开口说:

"你姐姐五十二岁,鼻子旁边有颗大黑痣,是个很穷的寡妇,靠做清洁工糊口,相貌和身材长得很平常,我的理解是不是这样?"

"一点不错。"米克斯承认说。尤金斯起身戴好帽子。

"我十五分钟后回来,"他说,"把她现在的地址告诉你。"

沙洛克·乔尔摩斯脸色一下子白了,但仍勉强笑笑。

尤金斯在他自己规定的时间里回来了,看看手里的一张小纸条。

---

① 霍桑(1804—1864),美国小说家,生于清教徒家庭,思想上倾向先验主义。代表作长篇小说《红字》描写一个不屈服于资产阶级社会迫害的妇女的故事,反对清教徒的虚伪的传统道德,但深受宗教思想影响。

"你的姐姐玛丽·斯奈德,"他平静地宣布说,"住在奇尔顿街一百六十二号五楼走廊隔出来的房间。那座房子离这儿只有四个街区,"他对米克斯补充说,"你不妨去核实一下,然后回来。我想乔尔摩斯先生会等你的。"

米克斯匆匆走了。二十分钟后,他满脸笑容地回来。

"她果然在那里,身体很好!"他嚷道,"你说说费用吧!"

"二元。"尤金斯说。

米克斯付了钱走了。沙洛克·乔尔摩斯手里拿着帽子,站在尤金斯面前。

"假如我的要求不过分,"他期期艾艾地说,"假如你能劳驾——假如你不介意——"

"当然不,"尤金斯快活地说,"我告诉你我是怎么做到的。你记得我刚才对斯奈德太太的描述吗?像她那样的妇女,哪有不替自己定一幅放大的色粉肖像画,每周分期付款的?这个国家里做这种业务的最大的作坊就在街角上。我去那里,从登记本上抄下她的地址。就是这么一回事。"

女巫的面包

马莎·米查姆小姐是街角上那家小面包店的女老板（那种店铺门口有三级台阶，你推门进去时，门上的小铃就会丁零丁零响起来）。

马莎小姐今年四十岁了，她有两千元的银行存款、两枚假牙和一颗多情的心。结过婚的女人可不少，但同马莎小姐一比，她们的条件可差得远啦。

有一个顾客每星期来两三次，马莎小姐逐渐对他产生了好感。他是个中年人，戴眼镜，棕色的胡子修剪得整整齐齐的。

他说的英语带有很重的德语口音。他的衣服有的地方磨破了，经过织补，有的地方皱得不成样子。但他的外表仍旧很整饬，礼貌又十分周全。

这个顾客老是买两个陈面包。新鲜面包是五分钱一个，陈面包五分钱可以买两个。除了陈面包以外，他从来没有买过别的东西。

有一次，马莎小姐注意到他的手指上有一块红褐色的污迹。她立刻断定这位顾客是艺术家，并且十分穷困。毫无疑问，他准是住阁楼的人物，他在那里画画，啃啃陈面包，呆想着马莎小姐面包店里各式各样好吃的东西。

马莎小姐坐下来吃肉排、面包卷、果酱和红茶的时候，常常会好端端地叹起气来，希望那个斯文的艺术家能够分享她的美味的饭菜,不必待在阁楼里啃硬面包。马莎小姐的心,我早就告诉你们了,是多情的。

为了证实她对这个顾客的职业猜测得是否正确,她把以前拍卖来的一幅绘画从房间里搬到外面,搁在柜台后面的架子上。

那是一幅威尼斯风景。一座壮丽的大理石宫殿(画上这样标明)竖立在画面的前景——或者不如说,前面的水景上。此外,还有几条小平底船(船上有位太太把手伸到水面,带出一道痕迹),有云彩、苍穹和许多明暗烘托的笔触。艺术家是不可能不注意到的。

两天后,那个顾客来了。

"两个陈面包,劳驾。"

"夫人,你这幅画不坏。"她用纸把面包包起来的时候,顾客说道。

"是吗?"马莎小姐说,她看到自己的计谋得逞了,大为高兴,"我最爱好艺术和——"(不,这么早就说"艺术家"是不妥的)"和绘画,"她改口说,"你认为这幅画不坏吗?"

"宫殿,"顾客说,"画得不太好。透视法用得不真实。再见,夫人。"

他拿起面包欠了欠身,匆匆走了。

是啊,他准是一个艺术家。马莎小姐把画搬回房间。

他眼镜后面的目光是多么温柔和善啊!他的前额有多么宽阔!一眼就可以判断透视法——却靠陈面包过活!不过天才在成名之前,往往要经过一番奋斗。

假如天才有两千元银行存款、一家面包店和一颗多情的心作为后盾,艺术和透视法将能达到多么辉煌的成就啊——但这只是白日梦罢了,马莎小姐。

最近一个时期,他来了以后往往隔着货柜聊一会儿。他似乎也渴望同马莎小姐进行愉快的谈话。

他一直买陈面包。从没有买过蛋糕、馅儿饼，或者她店里的可口的甜茶点。

她觉得他仿佛瘦了一点，精神也有点颓唐。她很想在他买的寒酸东西里加上一些好吃的东西，只是鼓不起勇气。她不敢冒失。她了解艺术家高傲的心理。

马莎小姐在店堂里的时候，也穿起那件蓝点子的绸背心来了。她在后房里熬了一种神秘的榅桲和硼砂的混合物。有许多人用这种汁水美容。

一天，那个顾客又像平时那样来了，把五分镍币往柜台上一搁，买他的陈面包。马莎小姐去拿面包的当儿，外面响起一阵嘈杂的喇叭声和警钟声，一辆救火车隆隆驶过。

顾客跑到门口去张望，遇到这种情况，谁都会这样做的。马莎小姐突然灵机一动，抓住了这个机会。

柜台后面最低的一格架子里放着一磅新鲜黄油，送牛奶的人拿来还不到十分钟。马莎小姐用切面包的刀子把两个陈面包都拉了一道深深的口子，各塞进一大片黄油，再把面包按紧。

顾客再进来时，她已经把面包用纸包好了。

他们分外愉快地扯了几句。顾客走了，马莎小姐情不自禁地微笑起来，可是心头不免有点着慌。

她是不是太大胆了呢？他会不高兴吗？绝对不会的。食物并不代表语言。黄油并不象征有失闺秀身份的冒失行为。

那天，她的心思老是在这件事上打转。她揣摩着他发现这场小骗局时的情景。

他会放下画笔和调色板。画架上支着他正在创作的图画，那幅画的透视法肯定是无可指摘的。

他会拿起干面包和清水当午饭。他会切开一个面包——啊！

想到这里,马莎小姐的脸上泛起了红晕。他吃面包的时候,会不会想到那只把黄油塞在里面的手呢?他会不会——

前门上面的铃铛恼人地响了。有人闹闹嚷嚷地走进来。

马莎小姐赶到店堂里去。那儿有两个男人。一个是叼着烟斗的年轻人——她以前从没有见过,另一个就是她的艺术家。

他的脸涨得通红,帽子推到后脑勺上,头发揉得乱蓬蓬的。他攥紧拳头,狠狠地朝马莎小姐摇晃。竟然向马莎小姐摇晃。

"笨蛋!①"他拉开嗓子嚷道;接着又喊了一声"千雷轰顶的!②"或者类似的德国话。

年轻的那个竭力想把他拖开。

"我不走,"他怒气冲冲地说,"我非同她说个明白不可。"

他摇鼓似的敲着马莎小姐的柜台。

"你把我给毁啦,"他嚷道,他的蓝眼睛几乎要在镜片后面闪出火来,"我对你说吧。你是个惹人讨厌的老猫!"

马莎小姐虚弱无力地倚在货架上,一手按着那件蓝点子的背心。年轻人抓住同伴的衣领。

"走吧,"他说,"你骂也骂够啦。"他把那个暴跳如雷的人拖到门外,自己又回来。

"夫人,我认为应当把这场吵闹的原因告诉你,"他说,"那个人姓布卢姆伯格。他是建筑图样设计师。我和他在一个事务所里工作。

"他在绘制一份新市政厅的平面图,辛辛苦苦地干了三个月。准备参加有奖竞赛。他昨天刚上完墨。你明白,制图员总是先用铅笔打底稿的。上好墨之后,就用陈面包擦去铅笔印。陈面包比擦字橡皮好得多。

---

①② 原文为德语。

"布卢姆伯格一向在你这里买面包。嗯,今天——嗯——你明白,夫人,里面的黄油可不——嗯,布卢姆伯格的图样成了废纸。只能裁开来包三明治啦。"

马莎小姐走进后房。她脱下蓝点子的绸背心,换上那件穿旧了的棕色哔叽衣服。接着,她把榅桲和硼砂煎汁倒在窗外的垃圾箱里。

城市的骄傲

吉卜林先生说过:"城市十分骄傲,互不服气,挑战不已。"确实如此。

纽约城空空如也。它的二十万居民外出度夏。剩下的三百八十万人作为留守,替不在的人代付账单。但那二十万人是消费大户。

那个纽约人坐在屋顶花园的一张桌子边,用麦管吸着冷饮,寻求安慰。他的巴拿马草帽放在一把椅子上。空座位很多,七月的观众稀稀落落,像是冠军击球手踏上本垒时的外野手么分散。轻松歌舞剧断断续续进行演出。海湾吹来的微风相当凉爽;除了舞台之外,周围和天空星光灿烂。偶尔可以瞥见侍者的身影,但他们像受惊的小羚羊似的,一转眼就消失了。考虑周到的客人早晨就打电话要了点心,现在才给他们端来。纽约人虽然感到他的舒适尚有不足之处,但无框眼镜后面仍闪出淡淡的满意。他的家人不在城里。饮料不够冷;芭蕾舞演员既缺少谐调,又缺少爽身粉——不过九月份之前,他的家人不会回来。

这时候,内华达州托帕斯城来的客人跌跌撞撞地爬上屋顶花园。他陷入孤独的观光客的忧郁,带着鳏夫似的郁郁寡欢的面孔穿过欢乐的厅堂。在大都市的干旱中,他气喘吁吁,渴望人类的友谊,朝纽约人坐的那张桌子走去。

屋顶花园无法无天的气氛解除了纽约人的武装,他变得满不在乎,决心彻底抛弃老的生活传统。他不顾一切、轻率冲动地要粉碎迄今为止渗透他生活的惯例。在这种极端鲁莽的激励下,他向走近的陌生人微微点头。

没过多久,来自托帕斯城的人成了纽约人最亲密的朋友之一。他在桌子旁边坐下,另外拉过两把椅子好搁脚,把他的宽檐帽子扔到第四把椅子上,向他的新伙伴介绍自己的生平。

纽约人像草莓上市时公寓房子的壁炉那样暖热起来。一个侍者不留神走进能听到招呼的距离,被他们截住,派去向威利博士实验芭蕾舞团点演节目。舞团正在跳一支新潮的音乐舞蹈,演员们打扮成玻利维亚农民,服装的某些部分像是挪威渔家妇女那样掩盖得严严实实;某些部分又如同玛丽·安托瓦妮特的宫廷女侍,按照史料记载,像海妖似的裸露,整体效果则像是女仆俱乐部在中央公园的吃炸鱼的野餐。

"来城里很久了吗?"纽约人一面问,一面准备好给侍者小费的零钱,因为付账时,侍者端来的找头总是一些大票。

"我吗?"来自托帕斯城的人说,"四天。你有没有到过托帕斯城?"

"我!"纽约人说,"我往西从没有去过比第八街更远的地方。我有个哥哥住在第九街,他去世时,我在第八街迎上送葬行列。殡仪馆的人特地在灵车上放一束紫罗兰,免得我搞错。我对西部不能说是熟悉。"

"托帕斯城,"那个一人占了四把椅子的人说,"可以说是世界上最好的城市之一。"

"我想你在纽约大概已经观光了一些地方吧,"纽约人说,"四天时间不够看我们最出名的景点,不过可以得到一个大致的印象。给游客最大震撼的多半是我们的宏伟的建筑。你当然见过我们的熨斗大楼①。据说是——"

---

① 熨斗大楼,纽约于1902年建造的第一座摩天大厦,有20层,形似熨斗。

"见过了,"来自托帕斯城的人说,"不过你应该去我们那里看看。你知道,我们那里是多山地区,女人都穿短裙,便于登山——"

"对不起,"纽约人说,"我不指这方面。对于西部来的客人,纽约肯定是奇妙的展示,拿我们的饭店来说——"

"嗨,"来自托帕斯城的人说,"那使我想起我们那里二十英里方圆的范围内去年枪杀了十六个拦劫驿车的强盗——"

"我讲的是饭店,"纽约人说,"我们在那方面比欧洲领先。就我们的有闲阶级而言,我们远比——"

"哦,那我不清楚,"来自托帕斯城的人打断了他的话,"我出来时,我们那里的监狱关着十二个流浪汉。我想纽约不至于——"

"请原谅,你仿佛误解了我的意思。你大概看过了证券交易所和华尔街,那是——"

"是的,"来自托帕斯城的人点燃一支宾夕法尼亚雪茄说,"我要告诉你,我们那里的警长是落基山脉以西最棒的。'红鼻子'汤普逊的新酒馆举行奠基典礼时,比尔·雷纳警长从人群中间抓出五个扒手。托帕斯城绝不允许——"

"再来一杯白葡萄酒和矿泉水吧,"纽约人建议,"我说过,我没有去过西部;但那里不会有什么能同纽约相比的去处。至于芝加哥,我——"

"过去三年里,"托帕斯人说,"托帕斯城里只有一个人遭到抢劫丧命——"

"哦,我了解芝加哥是怎么样的,"纽约人插嘴说,"你有没有去过第五街?那里的豪华住宅都是百万——"

"去过了。你应该见见托帕斯城的估税员鲁勃·斯特高。城里惟一的一座两层楼房是蒂尔伯里老头盖的,他报税时想从六千元压到四百五十元七十五分,鲁勃带了他的四五口径手枪去看个究竟——"

"是啊,是啊,说起我们的大城市——它最大的特点之一是我们的一流的警察局。世界上没有哪支力量可以同它相比——"

"那个侍者像兰利①发明的飞行器似的在打转,"来自托帕斯城的人干渴地说,"我们那里也有身价四十万元的人。比如老比尔·威瑟斯和梅特卡夫上校,还有——"

"你晚上有没有去过百老汇路?"纽约人客气地问道,"世界上没有几条马路比得上它。华灯初上的时候,行人川流不息,男人穿着漂亮的衣服,女人个个美丽动人,珠光宝气,简直成了迷魂阵——"

"托帕斯城只发生过一件劫案,"来自那个城市的人说,"我们的市长吉姆·贝利口袋里的表、表链和二百三十五元钱——"

"那是另一回事,"纽约人说,"你在我们的城市时应该利用所有机会看看它的奇迹。我们的交通系统——"

"如果你去托帕斯城,"来自那个城市的人说,"我可以带你去看一个公墓,埋葬的全是死于非命的人。要说生灵涂炭的话,哼,贝里脱逃时把他那支装满子弹的老式霰弹枪朝人们乱放一通——"

"喂,侍者!"纽约人招呼道,"再来两杯同样的酒。谁都承认,我们的城市是文学艺术和学识的中心。以我们的餐后演说家为例。国内什么地方能找到像迪皮尤和福特②那样机智雄辩的人?"

"你如果看报纸,"西部人打断了他的话,"就会看到有关皮

---

① 兰利(1834—1906),美国机械动力飞行器理论与制造的先驱。1896年5月6日在波多马克河面首次成功试飞模型飞机。弗吉尼亚州诺福克现在的机场以他命名。

② 迪皮尤(1834—1928),美国律师、著名的餐后演说家,曾任国务卿(1863—1865),参议员(1899—1911)。亨利·福特(1863—1947),美国汽车制造商,第一次世界大战期间曾组织"和平之舟"四处游说。

特·韦伯斯特的女儿的报道。韦伯斯特家在托帕斯市政厅以北两个街口。蒂利·韦伯斯特小姐昏睡了四十个日夜,没有醒过。大夫们说——"

"请把火柴递给我,"纽约人说,"你有没有注意到纽约建筑速度之快?钢结构的发明和改进——"

"我注意到,"内华达人说,"托帕斯城的统计数字表明,去年只有一个木工被倒下来的原木压死,他是被龙卷风卷上去的。"

"它们破坏了我们的天际线,"纽约人说,"我们的建筑物的艺术性也许还不够高。不过我可以毫不夸张地说,我们的绘画和装饰艺术是首屈一指的。我们的某些家庭里可以找到绘画和雕刻的精品。参观我们最好的画廊的人会发现——"

"上个月,"来自托帕斯城的人说,"我们那里赌纸牌,一对牌的输赢就有九千元——"

乐队结束演奏了。防火的粉红色幕布徐徐落下。观众悠闲地乘电梯或者从楼梯上下来。

到了下面的人行道上,纽约人和来自托帕斯城的人带着醉意慎重地握手。高架铁路和地面车辆的轰响,出租汽车司机的咒骂,报童的叫喊和车轮的咔嗒声刺得人耳朵生痛。纽约人福至心灵,想到他的城市有一点是可以压倒所有别的地方的。

"你必须承认,"他说,"在噪声方面,纽约远远超过任何别的城市——"

"我们的沼泽地!"来自托帕斯城的人说,"早在一九〇〇年,当索萨①替竞选拉票在我们的城市演出时,你根本听不见——"

快运公司车辆的咔嗒声盖没了其余的话。

---

① 索萨(1845—1932),美国作曲家、乐队指挥,有"进行曲之王"之称,《星条旗永不落》的作者。

拦 劫 列 车

  注：把下面的话告诉我的人曾在西南部当过几年亡命徒，从事他所坦率描绘的行业。他叙述的运作方法和他对今后可能遇到"拦劫"的乘客的宝贵劝告颇能引起兴趣，但他对拦劫列车的乐趣不至于诱导任何人把它当作职业。我写下的文字几乎都是他的原话。

欧·亨利

  如果被问起他们的看法时，大多数人都会说，拦劫列车一定很困难。其实不然；很容易。我本人就给铁路造成一些不安，让快运公司失眠。拦劫列车给我带来的最大麻烦，是我使用抢来的钱时，发现受了一些肆无忌惮的人的欺骗，有些钱是假的。这件事本身风险根本不值一提，我们也不在乎。

  单身一人抢劫列车比较勉强；两个人有时可能成功；三个人如果手脚麻利的话，也能做到，不过五个是最理想的人数。至于拦劫的时间和地点，要取决于诸多因素。

  我参加的首次拦劫发生在一八九〇年。参加的经过也许可以说明大多数火车强盗是怎么入行的。西部六个亡命徒中有五个是误入歧途的失业的牛仔。第六个是来自东部的无赖，打扮就像是歹徒，喜欢玩一些卑鄙的把戏，给他的伙伴们招来恶名。五个是擅自占地、围起铁丝网当牧场的牛仔，第六个本来就存心不良。

  吉姆·斯——和我原先在科罗拉多州 101 牧场干活。擅自占地的人迫使正派的牧场主采取行动。他们要保护土地，选出了一些不好对付的执法人员。一天，吉姆和我赶着牛群去南方，进了拉洪塔镇。我们逢人就开一些并无恶意的小玩笑，农民管理委员会插手干预，想逮捕我们。吉姆开枪打了副警长，我在争斗中有点偏袒他。我们在大街上来回奔突，那个新兴小镇的居民遭了殃。过了不久，我们离开那里，前去塞里索牧场。我们骑的两匹马虽然不会飞，但赶得上飞鸟。

几天后，一群拉洪塔的居民找到牧场上来，要我们跟他们回去。我们当然不干。我们待在屋子不出去，结果土砖墙上招来了密密麻麻的铅弹。天黑后，我们朝他们放了一阵乱枪，从后门溜出去，上了山。他们当然追着我们打枪。我们不得不分头逃窜，在俄克拉何马重新会合。

我们在那里一筹莫展，手头十分拮据，便决定在铁路上做些小买卖。吉姆和我同汤姆和艾克·莫尔合了伙，这两兄弟浑身是胆，很想把勇气换点钱花花。我不妨泄露他们的名字，因为两人都已不在人世，汤姆是在阿肯色州抢银行时被枪杀的；艾克死于危险性更大的消遣——克里克印第安人的舞会上。

我们在圣菲铁路线上选定了地点，那里有一座跨越山溪的桥梁，周围树木浓密。客车都要停下来，在桥一端的水塔加水。那里很冷僻，最近的房屋也在五英里以外。采取行动的前一天，我们让马匹充分休息，我们自己则凑在一起策划。我们根本说不上有什么策划，因为以前谁都没有干过这种事。

圣菲快车到达水塔的时间应该是晚上十一点一刻。十一点时，汤姆和我埋伏在铁轨一边，吉姆和艾克埋伏在另一边。列车隆隆驶近时，前灯的光线照射得很远，机车的蒸汽嘶嘶发响，我突然感到浑身发软。那时候，我宁肯在牧场上白干一年，而不愿跑来做这种事情。干这一行的某些最大胆的人曾对我说，他们第一次也有这种感觉。

机车还没有停稳,我已经跳上一边的踏板,吉姆跳上了另一边。司机和司炉工一看见我们的枪,不用我们吩咐就举起双手,求我们别开枪,要他们怎么做都行。

"下车去。"我吩咐道,两人都跳下机车。我们赶着他们走到列车尾部。这时候,汤姆和艾克分别在列车两旁,像阿帕切印第安人似的尖叫怪嚷,朝天连连开枪,把车厢里的乘客驱赶到一起。有人从窗户里伸出一把二二口径的小手枪朝空中开。我开了火,把那人头上的玻璃打得粉碎。这一下解决了来自那个方向的一切类似抵抗的动作。

此时,我的紧张感已经完全消失。我有了一种像是参加舞会或者类似的狂欢活动的愉快的兴奋。车厢里的灯光全部熄灭了,汤姆和艾克逐渐停止开枪和叫嚷时,周围静得像是墓地。我仿佛听到铁轨一边的灌木丛中有一只小鸟的嘀啾,好像在抱怨我们打扰了它的好梦。

我叫司炉工点了一盏提灯,走到邮车那边,大声叫押运员开门,否则我就开枪。他拉开了车门,举起双手站在门口。"往下跳吧,伙计。"我说着,他已经重重地摔到地下。车厢里有一大一小两个保险箱。先此,我已经找到了押运员的军械库——一支双管猎枪和大粒霰弹弹筒以及抽屉里的一把三八口径左轮手枪。我卸下猎枪的弹筒,把手枪揣进自己的口袋,叫押运员进车厢。我用枪管顶着他鼻子,吩咐他打开保险箱。他打不开大的,小的打开了。里面只有九百元现钞。我们费了大劲,这点收获实在太少,便决定洗劫乘客。我们把俘虏关在吸烟室里,派司机把列车车厢里的灯全都点上。从第一节车厢开始,我们两头各派一人看守,命令乘客们举起手,站在座位中间的过道上。

如果你想证明人们大多数是多么胆小,只要抢劫一次列车就够了。我不是说他们不反抗——过一会儿我告诉你们,他们为什么反抗不了——但是他们那种不知所措的样子真让人看了伤心。高大结实的旅行推销员、农民、复员士兵和衣冠楚楚的纨绔子弟刚才还在车厢里夸夸其谈,大声喧哗,现在都怕得垂下了耳朵。

晚上这个时候,普通客车里乘客很少,因此,我们去卧铺车厢之前的捕获有限。吉姆绕过去想上车时,普尔门卧车①的乘务员在门口拦住我。他彬彬有礼地对我说,我不能进去,因为那节车厢不属于铁路公司,此外,乘客们刚才已经受到叫声和枪声的太多打扰。我生平没有见过比他更有敬业精神和对普尔门先生名声的威力更具有信心的例子了。我用六响手枪戳着乘务员先生的胸口,用力太大,后来发现他坎肩上的一颗纽扣嵌死在枪口里,我不得不开一枪才把它顶出来。他像一把弹簧很软的折刀似的弯下腰,从车厢踏板上滚了下去。

我打开卧铺车厢门进去。一个肥胖高大的老先生摇摇晃晃走过来。他只套好上衣的一只袖管,试图再穿坎肩。我不知道他心目中以为我是谁。

"年轻人,年轻人,"他气喘吁吁地说,"保持冷静,不要紧张。最重要的是保持冷静。"

"我办不到,"我说,"我太兴奋了。"接着我大叫一声,把四五口径手枪朝天窗乱放一通。

胖老头试图钻进一个下铺,但是里面发出一声尖叫,一只光脚蹬他肚子,把他蹬到地上。我看见吉姆从另一扇门进来了,我大声呼喊,叫大家出来,站好队。

他们开始爬下来,那场面热闹得像是大马戏团演出。惊恐的

---

① 普尔门(1831—1897),纽约州家具设计师,和朋友本·费尔德在芝加哥合作设计了第一辆设备舒适的火车卧车,1867年成立普尔门豪华客车公司。

男人们温顺得像是一群雪地上的兔子。他们平均只穿好四分之一的衣服和每人一只鞋子。一个家伙坐在过道的地上,仿佛在做一道数学题,其实他在十分认真地把一只两号的女鞋往自己九号的大脚上套。

女士们没有在穿衣服方面多花时间。她们迫不及待地想看看真正的、活生生的火车强盗,只把毛毯或者被单往身上一裹就出来了,上帝保佑,她们叽叽喳喳,浮躁不安。她们总是比男人好奇,更有勇气。

我们让大家排好队,安静下来,我开始搜查,发现他们身边没有什么东西——我指的是值钱的东西。队伍中间有个人真够瞧的。他是那种坐在讲台上貌似聪明、一本正经的肥胖的懒汉。他爬出来之前居然穿好了长礼服,戴上了高礼帽。可是里面穿的是睡衣,光着脚丫子。我掏他长礼服的口袋时,指望至少能掏出一沓金矿股票或者一包政府债券,可是找到的只是一把小孩玩的四英寸来长的法国口琴。我不明白它搁在那里有什么用。我觉得他耍了我,心里有气。我把口琴往他嘴里一塞。

"你会吹就吹吧。"我说。

"我不会吹。"他说。

"那就赶快学。"我说着把枪管顶在他鼻子底下。

他脸涨得通红,拿起口琴开始吹。他吹的是一支可爱的小曲,我记得小时候听过:

> 全国最漂亮的小姑娘——啊!
> 妈妈和爸爸这么对我说。

我们在车厢里的时候,我让他不停地吹。有时候,他气力不济,跑了调,我就转过枪口问他那个小姑娘怎么啦,他打不打算回到她那儿去,他便慌慌张张地赶紧重吹。我觉得那个戴着高礼帽、光着脚的老家伙站在那里吹法国口琴是我生平见过的最滑稽的景象了。队伍里一个红头发的小个子女人忍不住朝他大笑。笑声在第二节车厢里都听得到。

随后,吉姆看住他们,我去搜查卧铺。我从床铺上翻出各种各样稀奇古怪、见所未见的物品,统统装进一个枕头套。有时候,我找到一支连牙齿都打不脱落的玩具木塞枪,便随手扔到窗外。我搜罗完后,把枕头套里的东西倒在过道中间。有许多表、手镯、戒指、皮夹子,以及少量假牙、威士忌酒瓶、扑粉盒、巧克力糖和各种颜色长短的假发套。还有十来只女人袜子,里面装着首饰、表、一卷卷的钞票,扎紧了塞在床垫下面。我要归还我称作"头皮"的东西,说明我们不是烧杀掳掠的印第安人,但是妇女们似乎都不知道那些假发套是谁的。

一个用条纹被单裹着身子的妇女——长得很好看——看见我拿起一只鼓鼓囊囊的、分量很重的袜子,正要把里面的东西倒出来,突然说:

"那是我的,先生。你们不至于抢劫妇女的东西的,是吗?"

由于我们是第一次行劫,在道德标准方面还没有一致的意见,我简直不知道该怎么回答。但是,我仍旧做了答复:"呃,抢劫妇女不是我们的专业。如果这里面有你的私人财产,你可以取回。"

"确实有。"她迫不及待地伸手来拿。

"请原谅,让我看看里面是什么。"我说着,提起袜子脚趾的一头朝下抖搂。里面滚出一块男用的大金表,价值二百元,一个男人的皮夹子(后来我们在皮夹里面找到六百元),一把三二口径的左轮手枪,其中惟一一件可以算是女人财产的物品,是一个价值五十分的银手镯。

我说:"夫人,请收好你的财产,"并把手镯交给她。"嗨,"我接着说,"你企图欺骗我们,怎么能指望我们同你公平交易呢?这种行为使我惊讶。"

那个年轻妇女满脸羞愧,像是干了什么见不得人的事被当场抓住似的。队伍后面另一个妇女喊道:"卑鄙的东西!"我一直没有搞清楚,她是指那个女的,还是指我。

我们完成任务后,吩咐大家回去睡觉,在车厢门口非常有礼貌地向大家道了晚安。破晓前,我们骑马赶了四十英里路,下马分了赃。每人得了一千七百五十二元八十五分。金银首饰作价包括在内。然后,我们分道扬镳,各奔东西。

那是我第一次拦劫火车的经历,同以后各次一样轻松顺利。但是,在洗劫旅客方面,那却是第一次也是最后的一次。我不喜欢这一部分的业务。此后,我专门抢邮车车厢。以后的八年里,我经手了不少钱。

我最大的收获是发生在第一次抢劫七年后的事。我们探听到有一列火车要运送大量现金去一个政府军队驻地发放军饷。我们在光天化日之下抢了那趟列车。我们五个人埋伏在一个小站附近的沙丘后面。列车上有十个士兵押运,不过他们还不如休假在家。我们根本不允许他们从窗口伸出头来看热闹。我们不费吹灰之力,就得到了那笔钱,全部是金币。当然,抢劫引起了轩然大波。那是政府财产,政府大失面子,质问护送的士兵在干什么。惟一的借口是谁都没有料到那些光秃秃的沙丘地带大白天竟会发生劫案。我不知道政府对这个借口有什么反应,但是我知道这个借口站得住脚。拦劫列车这门行业的关键在于出其不意。报上对于损失的数额有种种说法,最后比较一致的是九千到一万元之间。政府方面不置可否。我这里有确切的数字,首次公布:四万八千元。如果有谁费心在山姆大叔私人账目的损益项里找找,就会发现我提供的数字一分不差。

那一次,我们都已成了专家,知道该怎么干。我们朝西跑了二十英里，留下的踪迹连百老汇路的警察都能追上，然后折回，这次不留一点痕迹。抢劫后的第二个夜晚，执法人员还在各地搜寻时，吉姆和我已经在最初报警的镇上一个朋友家的二楼吃晚饭。我们的朋友指点给我们看，街对面的一个办事处里正在印刷悬赏捉拿我们的传单。

有人问我，我们怎么处理那些得来容易的钱。呃，那些钱派了什么用途，我连十分之一都说不清。来得容易去得快，并且花得大手大脚。亡命徒不能没有许多朋友。受到尊敬的公民可以同极少的人交往，他们往往也是这么做的，但是整天躲躲藏藏的人非有"铁哥们"不可。愤怒的执法人员和渴望得到悬赏的警官穷追不舍地在搜捕他，他必须有几个分散在各地的、可以歇脚的去处，让自己吃点东西，给马匹上点料，再睡上几个小时，不必日夜都睁着眼睛。他捞了一笔钱后，觉得应该在朋友身上花掉一些，并且花得很大方。有时候，我匆匆访问了这类避难所之后，往那些在地板上玩耍的小孩怀里扔一把金币和钞票，根本没有细看我给的是一百元或是一千元。

老手们抢到一大笔钱后，一般都远走高飞，到大城市去花费。新手们不论抢劫过程如何顺利，几乎总是在作案地点附近过于露富，结果栽了大跟斗。

一八九四年那次抢到两万元的行动有我一份。我们逃跑时采取了惯用的策略——也就是跑了一段路后折回——然后在列车遭劫地点附近隐匿一段时间。一天早晨，我拿起报纸，看到一篇大字标题的消息，说是警长和八个副警长带领三十个武装公民，已经把列车劫匪包围在西马伦河附近的牧豆树丛，数小时内就可以消灭或者生擒他们。我看报时，正在华盛顿市最高级私人住宅中的一幢里吃早餐，椅子后面有穿制服的仆人侍候。吉姆坐在我对面，同他的远房叔叔说话，那位老先生是退休海军军官，首都活动的新闻报道里常常可以看到他的名字。我们在华盛顿市买了不少好衣服,出入高级场所,休休闲。从报上看,我们一定在牧豆树丛中毙命了,因为我可以宣誓说我们没有投降。

现在我来说说,为什么拦截列车是件容易事,然后再说说为什么谁都不应该干。

首先,进攻的一方拥有种种优势。当然,前提是他们必须是老手,具备必要的经验和勇气。他们有广阔的外围空间,有黑暗的掩护;对方在明处,挤在狭小的空间,只要从车门或车窗伸出头,就成了枪法准确、出手果断的人的靶子。

但是,依我看,使拦劫列车轻而易举的主要条件是与乘客的想象有关的惊异因素。假如你见过误吃疯草的马,你就明白我说乘客们吃了疯草的时候是什么意思了。吃了疯草的马会产生最荒唐的想象。你不能哄它涉水通过一条两英尺宽的小溪。在马的眼里,那小溪像密西西比河那么宽。乘客们的情形也一模一样。他们认为外面叫喊打枪的有一百个人,其实也许只有两三个。四五口径的枪口在他们看来像是隧道的入口那么大。乘客们一般不捣乱,虽然有时候会搞一些卑鄙的小把戏,例如把一沓钞票塞在鞋子里,你不用六响手枪的枪管戳他的肋骨,他便会忘记挖出来;但是乘客不会坏你的事。

至于列车人员,我们把他们当成一群羊,从来没有跟他们过不去。我不是说他们都是胆小鬼;我的意思是他们很有头脑。他们知道他们面临的不是虚张声势。执法人员也是如此。我见过特工、警长和铁路侦探像摩西那样温顺地交出他们身边的钱。我遇到的最勇敢的一个警长把枪藏在座位底下,当我开始收人头税时,他又同别人一起乖乖地挖出来。他并不害怕;他只知道我们的枪正对准他们全体。再说,不少执法人员的家里有妻儿老少,他们犯不着冒风险;而拦劫列车的人是不怕死的亡命徒。他们知道总有一天会被打死,一般结果也是这样。假如你遇上列车劫匪,我的劝告是同胆小鬼一起排队,把你的勇气留到对你有利的场合再拿出来。执法人员迟迟不肯同列车劫匪打交道的另一个原因牵涉到财政问题。每逢发生小冲突,死了人时,损失钱财的是公家。假如劫匪逃脱,执法人员就发出拘票,捉拿嫌疑犯,他们出差几百英里,签署证件,让成千上万的人追踪逃犯,账单由政府支付。因此,对他们说来,那是出差路途的里程问题,而不是勇气问题。

我要举个例子证明,出其不意是拦劫列车时最好的一张牌。

一八九二年前后,多尔顿一帮屡屡作案,官方到处搜捕,一直追到柴罗基部族居住的地区。那时候多尔顿一帮无往不胜,有点忘乎所以,常常在事前宣布他们的预定计划。有一次,他们放出风声说,他们准备某个夜晚在印第安人地区普赖尔小溪车站抢劫M. K. & T. 铁路上的快车。

铁路公司在马斯克吉找了十五个代理警长,布置在列车上。此外,还派了五十个武装人员埋伏在普赖尔小溪车站。

快车进站时,多尔顿那帮人没有一个露面。下一站是六英里外的阿代尔。列车到达时,代理警长们兴高采烈地吹嘘,多尔顿帮出现时,他们会怎么对付,这时外面突然响起枪声,像是一支军队在开火。司机和司闸员跑进车厢嚷道:"列车劫匪!"

那些代理警长有几个夺门而出,跳到地上,撒腿就跑。有几个把他们的温彻斯特连发枪藏在座位底下。有两个进行反击,都被打死。多尔顿帮只花了十分钟就控制了列车,打垮了护送队。二十分钟内就从邮车车厢抢了两万七千元,干净利索地逃得无踪无影。

我的看法是,那些代理警长以为普赖尔小溪车站会出事,准备打一场恶仗,但他们出乎意外地在阿代尔车站遭到袭击,一败涂地,完全不出老于此行的多尔顿那帮人的预料。

在结束之前,我应该从我八年东躲西藏的经验里得出一些推论。拦劫列车并不值得。且不谈公理和道德的问题,我在这方面也没有发言权,亡命徒的生活根本不值得羡慕。过不了多久,金钱在他眼里不再有任何价值。他把铁路和快运公司看成是他的银行,把他的六响手枪看成是不限金额的支票簿。他花钱如流水。他老是来回奔忙,日夜骑马赶路,生活十分艰苦,即使偶尔能过上一些好日子,他也不踏实。他知道他丧失性命或者自由的日子迟早会来到,推迟那个不可避免的结局全靠他计划的精确性、坐骑的速度和哥儿们的忠诚。

他并不为来自执法人员的危险而提心吊胆,彻夜难眠。以我的经验来说,执法人员从不主动攻击一帮亡命徒,除非他们占有三比一以上的人数优势。

但是,有一件事使亡命徒耿耿于怀,比任什么都更让他愤恨,那就是他知道警长从哪里招募代理人。他知道这些维护法律的人员中间大多数以前都是像他一样的违法分子、盗马贼、盗牛贼、响马,他们成了政府的眼线,背叛了自己的哥儿们,把他们送进监狱或者绞刑架,自己取得地位和赦免。他知道有朝一日,叛卖他的犹大们会采取行动,下好圈套,在抢劫列车时,出乎意外的不是别人,而是他自己。

正因为如此,抢劫列车的人选择伙伴时,比姑娘选择情人还要慎重一千倍。正因为如此,他夜里一听到远处有马蹄声,就会起来辨认。正因为如此,他听到伙伴的一句玩笑话,注意到一个不寻常的动作,或者听到睡在他旁边的好朋友断断续续的梦话,他就会疑神疑鬼地琢磨好几天。

由于这些原因,拦劫列车这一行并不比它的旁支——政治或者垄断市场——愉快多少。

尤利西斯和狗人

你可了解狗人的生活？

当黄昏的手指把大城市清晰的轮廓抹得模糊时，城市生活中一幕最伤心的景象便出现了。

纽约岩洞居民的高耸入云的公寓悬崖和大楼绝壁中，悄悄地出来了一批一度是人的动物。他们即使用两肢直立行走，保持着人类的形态和语言，你也可以看到他们的进化滞后于动物。他们每一个人都跟着一条狗，由一条人工的韧带连系着。

这些人都是喀耳刻的牺牲品。他们并不心甘情愿地做菲杜的仆役、猎狗的小厮和吐查的随从。现代的喀耳刻们还没有把他们变成动物，还算厚道地替他们保留了六英尺皮带的区别。这些狗人都是在他们自己的喀耳刻的甜言蜜语或者命令之下，带着他们家的宠儿出去透透空气。

从他们的脸色和神态来看，你知道狗人已处在一种无可挽救的、被魔法迷住的境地。永远没有一个捕狗者尤利西斯来解除魔法。

他们有几个板着面孔。他们早已超脱了同胞的怜悯、好奇和嘲笑。多年的婚姻生活、被迫陪着狗做保健散步，已经使他们变得麻木不仁。他们把纠缠在电灯柱和破口大骂的行人脚杆上的牵狗皮带解开来，像中国清朝的旗人在整理风筝线时那般冷漠。

其余一些新近被贬为随狗扈从的人闷闷不乐，满腹怨气地干着这个差事。他们牵狗时那副幸灾乐祸的样子像是假日外出钓鱼的姑娘钓到一条鲂鲱似的。假如你多看他们几眼，他们就狠狠地盯着你，颇有干一架的样子，他们是怀有贰心的狗人，还没有被喀耳刻驯服，如果他们牵的狗在你脚边乱嗅，你最好别去踢它。

再有一些狗人仿佛不怎么热心。他们多半是有点经验的小伙子，戴着金色便帽，叼着烟卷，同他们牵着的脖子上系着缎子结的狗并不相称。他们那种勤勤恳恳的样子不禁使你想起，他们完成任务后肯定有一些根据他们称职程度而定的个人利益。

这批受人侍候的狗种类很多，但也有共同之处，那就是体躯肥胖、娇生惯养、刁钻嚣张、飞扬跋扈。它们倔强地拖着皮带，慢条斯理地探嗅每一个门阶、栏杆和灯柱。它们高兴的时候就坐下来歇歇；它们呼哧呼哧喘气的样子又像是三马路上快速吃牛排比赛的冠军；它们常常笨头笨脑地摔进地窖或者煤库洞里；它们害得狗人疲于奔命。

这些狗国的不幸的保姆们，岩洞喀耳刻的麾下，他们同杂种狗相偎相依，牵着丝毛狗昂首阔步，拖着狮子狗，陪着猎狐狗，宠着猎獾狗，催促着波美拉尼亚小狗，低声下气地跟随着他们的委托物。那些狗既不怕他们，也不尊重他们的人格。被狗们用皮带拖着的人也许是一家之主，但不是狗们之主。狗的嗥叫很容易把这个两脚动物从舒适的角落里赶到防火梯，从沙发上赶到送菜升降机，因为他被指定在狗出外散步的时候跟在皮带的另一头。

一天黄昏，在喀耳刻的恳求、酬赏或者威胁之下，狗人们像往常那样出来了。他们中间有一个身体结实的人，担任这种轻松的工作显然是大材小用。他的表情忧郁，意志消沉，拖着他走的是一条恶毒的白狗，胖得让人厌恶，脾气坏得出格，倔强而幸灾乐祸地蔑视它的管理人。

狗人在离他所住的公寓房子最近的街角拐了弯，走上小路，希望少遇到一些看他丢脸的人。那个饱食终日的畜生摇摇摆摆地走在他面前,不高兴地、吃力地喘着气。

那条狗突然停住了。一个穿着长外衣、戴着宽檐帽、皮肤黧黑的金刚似的大汉拦住了人行道,嚷道:

"嘿,真他妈的!"

"杰姆·贝莱!"狗人惊讶地失声喊道。

"山姆·特尔费尔,"戴宽檐帽的又嚷道,"你这个该死的老无赖,伸出手来,咱们握握!"

他们的手按照西部的方式紧握了一会儿,连手上的细菌都给挤死了。

"你这个发福的老流氓!"戴宽檐帽的、皮肤黧黑的人面带微笑接着说,"有五年没看见你啦。我来了一个星期,可是在这样一个城市里休想找到谁。呃,你这个娶了老婆的老混蛋,怎么样啦?"

一个像发酵面团似的、又软又重的东西靠到杰姆的腿上猙猙叫着,咬他的裤子。

"开口呀,"杰姆说,"你干吗把套索拴在这个恐水肥畜生头上。难道你当上这个城市的兽栏管理人了吗?你们管这个畜生叫做狗呢还是叫什么?"

"我想喝一杯,"狗人说,一提起这条让他苦恼的狗,他就垂头丧气。"来吧。"

附近就有一家酒馆。大城市里总是这样的。

他们挑了一张桌子坐下,那个臃肿的畜生拖着皮带哼哼着,想朝咖啡馆里的猫扑去。

"威士忌。"杰姆对侍者说。

"两个人的。"狗人说。

"你胖啦,"杰姆说,"并且看上去火气也没有了。没想到东部对你倒很合适。我动身的时候,弟兄们都嘱咐我找你。桑迪·金到克朗代克淘金去了。沃森·伯勒尔和彼得斯家的大女儿结了婚。我做牛生意挣了一点钱,在小波德河附近买了一块荒地。打算明年秋天把它圈起来。比尔·罗林斯去搞农场了。你一定记得比尔——他追求过马塞拉——对不起,山姆——我指的是你娶的小姐,那时候她还在草原教书。不过你成功了,特尔费尔太太好吗?"

"嘘——嘘!"狗人一面招呼侍者,一面说,"要什么?"

"威士忌。"杰姆说。

"两个人的。"狗人说。

"她很好,"狗人喝了一口酒后接着说,"她除了纽约以外,什么地方都不愿意去,她原是纽约人。我们租了一套公寓房子。每天傍晚六点钟,我把狗牵出来散散步。它是马塞拉的宝贝。杰姆,世界上没有哪两个动物比我同那条狗更势不两立了。它的名字是'心肝儿'。我们出来的时候,马塞拉在换衣服,准备吃饭。我们吃的是客饭。你试过没有,杰姆?"

"没有,从来没有吃过,"杰姆说,"我看到招牌,但我以为是'有洞的台子'①。我以为那是赌台的法文呢。味道怎么样?"

"假如你在城里待一个时期,我们——"

"不,老兄。我搭今晚七点二十五分的火车回去。很愿意多待一会儿,但是不行。"

"我陪你去渡口。"狗人说。

那条狗的皮带把杰姆的一条腿和桌子腿缠在一起,自己却沉沉昏昏地睡着了。杰姆一绊,把皮带稍稍扯了一下。惊醒的畜生尖叫起来,一个街口以外都可以听到。

---

① "客饭",法文"table d'hôte",字形和"有洞的台子"(table de hole)相似。

"假如那条狗是你的,"他们走到街上时,杰姆说,"你干吗不把它脖子上的皮带往树上一拴,自己一走了事,理也别去理它?"

"我可不敢,"他回答说,这个大胆的建议使他感到痛苦,"它睡在床上。我却睡在长榻上。我瞅它一眼,它就号叫着跑到马塞拉身边去。总有一晚,杰姆,我要同这条狗算算账。我已经打定主意这么干了。我要拿一把刀子悄悄掩过去,在它的蚊帐上拉一个口子,让蚊子咬它。我不这样干才怪呢!"

"你变啦,山姆·特尔费尔。你不像从前那样啦。我可看不懂这里的城市和公寓。但是我在草原亲眼看到你拔出糖蜜桶的铜龙头,把蒂罗森两兄弟都打跑了。我还看到你在三十九秒半之内套住小波德河最野的马,并且捆起来。"

"是吗?"对方说,眼睛里暂时有了生气,"不过那是我被狗化之前的事情了。"

"特尔费尔太太——"杰姆开口说。

"嘘——嘘!"狗人说,"这里又有一家酒馆。"

他们在酒吧前并排坐下。狗躺在他们脚边睡着了。

"威士忌。"杰姆说。

"两个人的。"狗人说。

"我买下那块荒地的时候,"杰姆说,"就想起你。我希望你在那儿帮我料理牲口。"

"上星期二,"狗人说,"它咬了我的脚踝,因为我在咖啡里加了些奶油。奶油总是给它吃的。"

"你现在一定会喜欢草原的,"杰姆说,"方圆五十英里内牛队的小伙子都赶来了。我的牧场的一角离城只有十六英里。一边有足足四十英里长的铁丝网。"

"你得经过厨房才能进卧室,"狗人说,"去浴室得穿过客厅,去外面先得穿过饭厅,退到浴室,然后穿过厨房。它睡觉的时候又打呼噜又叫,它有气喘病,我抽烟都得上公园。"

"特尔费尔太太——"杰姆说。

"哦,别提啦!"狗人说,"这次喝什么?"

"威士忌。"杰姆说。

"两个人的。"狗人说。

"哎,我得赶快去渡口啦。"对方说。

"嗨,走吧,你这条龟背、蛇头、板凳腿、吨半重的死肥癞皮狗!"狗人吆喝说,他的声音里有一种新的调子,握皮带的手有一股新的劲头。狗蹒跚地跟着他们,听到它的看护人的不寻常的话,怂怂地哀叫了一声。

到了第二十三街尽头时,狗人先走进酒馆的旋转门。

"最后的机会了,"他说,"开口吧。"

"威士忌。"杰姆说。

"两个人的。"狗人说。

"我不知道,"牧场主说,"上哪儿去找可以负责小波德河那一队的人。我希望找一个我对他多少有点了解的人。山姆,那是你生平从未见过的最好的草原和树林。现在如果你——"

"提起恐水,"狗人说,"有一夜因为我赶马塞拉胳臂上的一只苍蝇,它竟咬掉我腿上一块肉。'得烧灼消毒。'马塞拉这么说,我自己也这么想。我打电话请大夫,大夫来后,马塞拉对我说:'大夫检查它嘴巴的时候,帮我抱住这个可怜的宝贝儿。哦,我希望它咬你的时候,任何一颗牙齿都没有病毒。'你倒替我想想看。"

"特尔费尔太太——"杰姆说。

"哦,别提啦,"狗人说,"再来一杯!"

"威士忌。"杰姆说。

"两个人的。"狗人说。

他们到了渡口。牧场主走到轮渡售票窗口。

突然听到两三下使劲的脚踢声,尖厉的狗叫划破夜空,一条吃了苦头的、火冒三丈的弯腿的肥狗夹着尾巴独自顺着街拼命跑去。

"去丹佛的票子。"杰姆说。

"两个人的。"得到解脱的狗人把手伸进口袋嚷道。

寒暄冠军

假如你和普通的纽约人谈起凯欧瓦保留地,他也许不知道你指的是奥尔巴尼的一个新的政治托词呢,还是《帕西法尔》的一个主导动机①。但是凯欧瓦保留地那里却知道纽约的存在。

我们一伙人在保留地做打猎旅行。一天晚上,我们的向导、哲学家和朋友巴德在营地里烤羚羊肉排。团组里一个穿着正规猎装的、淡红头发的小伙子溜达到篝火旁边,点燃一支烟卷,漫不经心地对巴德说:

"今晚天气很好!"

"啊,是啊,"巴德说,"像纽约不需百老汇路批准的任何一晚的天气那样好。"

小伙子确实是纽约人,我们觉得纳闷的是巴德怎么会猜到的。羚羊肉排烤好后,我们请他说说他的推理方法。巴德算得上是准州地区的话匣子,他讲了如下的一番话:

"我怎么知道他是纽约人吗?他同我搭讪,一开口,我就知道了。两年前我在纽约待过,我能辨认曼哈顿牧场出来的耳记和蹄印。"

"你是否发现纽约和俄克拉何马州西部之间有什么不同,巴

---

① 帕西法尔,中世纪传奇中的人物,圆桌骑士之一,德国作曲家瓦格纳(1813—1883)曾根据他的故事编写了歌剧《帕西法尔》。

德?"一个猎人问道。

"不能说都发现了,"巴德回答说,"多少有点知道。他们称之为百老汇路的那条大街来往的人很多,不过同夏延和阿马里洛的两足动物的种类相差无几。熙熙攘攘的人群开头使我感到慌张,但是我对自己说,'喂,巴德,他们无非是一些普通人,和你自己、杰罗尼莫、格洛弗·克利夫兰和沃森兄弟一样,没有惊慌失措的必要。'这一来,我踏实多了,仿佛又回到了保留地,在参加印第安人的鬼神舞和庆祝玉米收获的狂欢活动一样。

"我攒了一年钱,准备去纽约做一次短暂的访问。我有一个姓萨默斯的朋友住在那里,可是没有找到;我只好独自一人欣赏那个喧嚣的大都会的醉人的欢乐。

"五光十色的电灯、留声机放的音乐和高架铁路的轰响使我一度烦躁得几乎要发疯,以致我忘了作为西部人本性的一个迫切需要。我一向喜欢同朋友和陌生人进行语言交流。如果我在淮州地区遇到一个从未见过面的人,九分钟之内,我就知道他的收入、宗教信仰、硬领尺寸、他妻子的脾气,以及他在添置衣服、维持生活和买嚼烟方面的花费有多少。我的天赋之一是谈话从不吝啬。

"但是,纽约这个地方似乎建立在节省言词的原则上。我待了三个星期,除了我去就餐的那家饭馆的侍者之外,谁都没有对我说过一句话。而侍者的措词用语都是从菜单上剽窃来的,根本满足不了我的以人为本的渴望。假如我在酒吧前一站,旁边的人就会挪开一点,一副避之不及的样子,好像我身上藏着整个北极。我当初真应该到得克萨斯的阿比林或者韦科去玩,因为那些地方的市长都会陪你喝酒,你遇到的第一个公民会把他的小名告诉你,让你抽彩碰碰运气,可能得到一个音乐盒。

"有一天,我特别想找一个比灯柱健谈的对象说说话,酒馆里一个人招呼我说:

"'今儿天气不坏!'

"那人像是酒馆的经理,我估计他见过我多次,有点面熟。他自己的脸长得像鱼,眼睛像出卖耶稣的犹大,但我马上起身,搂住他的脖子。

"'老伙伴,'我说,'天气确实不坏。你是全纽约第一个注意到人类错综复杂的语言在威廉·金斯伯里身上不会白白浪费的人。但是你有没有注意,'我说,'清晨稍稍有点凉;今晚的空气里有点下雨的意思?不过中午前后的天气确实好极了。你家里大小都平安吗?最近酒馆买卖怎么样?'

"可是,先生,尽管我使出浑身解数想迎合那个傻瓜,他却不再做声,转过身,讪讪地走开了!我真弄不明白。那天晚上,我接到萨默斯给我的信,说是他已经从营地回到城里。我便去他家,同他和他的家人痛痛快快地聊聊。我把酒馆里那个草原狼的情况告诉萨默斯,希望他能给我解释。

"'哦,'萨默斯说,'他并不想同你攀谈。那只是纽约方式。他知道你是常客,说一两句话表示感谢你光顾他的生意。你不必接口说下去。那同我们对待陌生人差不多。可以说一两句有关天气的话,但我们一般不把它作为交朋友的基础。'

"'比如,'我说,'对我说来,天气和天气的衍生物是个严肃的话题。气象学是触到我痛处的问题之一。无论谁跟我提起温度、湿度或者灿烂阳光,不继续说气压下降,扭头要走,那可不行。我要再去找那个人,给他上一课有关连续谈话的技术。你说纽约规矩允许他甩出一两句话而不必等回应。哼,对我可不行。我要他变成气象局,非把他向我开了头的话讲完不可,并且还得敞开谈谈其他有关的话题。'

"萨默斯反对我这么做,但我心头有气,乘上电车回到那家酒馆。

"那个人还在那个有桌椅的畜栏似的地方走来走去。四下里坐着一些喝酒的顾客,在互相抬杠。

"我把那人叫过一边,带他到了一个角落。我解开上衣,露出插在坎肩里面的三八口径手枪。

"'老伙计,'我说,'刚才我在这里,你乘机对我说了天气不坏的话。我正要证实你的天气预报,你却转身走了。你听着,你这个长着青蛙心、寡言少语、犟头倔脑的新水手和闭嘴牡蛎的杂交品种,现在你把没有说完的天气情况从头说起。'

"那家伙瞅着我,咧嘴想笑,但看到我并没有笑意,笑容便收敛了起来。

"'嗯,'他瞥着我的枪把说,'天气相当好;尽管有点热。'

"'说得详细些,你这个油嘴滑舌的懒鬼,'我说——'我们要听听具体情况——扩展一下——补充细节。你拿简报来糊弄我,结果会变成暴风雨警报。'

"'昨天有下雨的迹象,但午前云开日出。我听说北部农民迫切盼望下雨。'

"'那只是马的慢跑,'我说,'甩掉你蹄子上的纽约尘土,像真正的半人半马那样跑得利索些。你知道,你已经打破了沉闷,我们越来越熟了。我好像还问过你的家人来着?'

"'他们都好,谢谢,'他说,'我们——我们新买了一架钢琴。'

"'现在你说到点子上了,'我说,'终于打破了冷淡缄默。你提到钢琴,几乎使我们像兄弟那么亲了。最小的娃娃叫什么名字?'我问他。

"'托马斯,'他说,'他前不久出了麻疹,正在康复。'

"'我觉得我们一见如故,'我说,'还有一件事——你的酒馆生意好吗?'

"'相当好,'他说,'我现在可以攒一点余钱了。'

"'我听了很高兴,'我说,'现在回去,该干什么还干什么,以后学得文明一点。别再提天气啦,除非你准备以个人的方式谈个透。这个话题属于交际和结识新朋友的范畴,我不喜欢在这样的大城市里看人家零敲碎打地处理它。'

"第二天,我卷起毯子,离开了纽约市。"

巴德说完后,我们仍在火堆周围待了许久,最后大家分散准备睡觉。

我摊开寝具时,听到那个淡红色头发的小伙子有点担心地对巴德说:

"金斯伯里先生,正如我刚才所说,今晚天气确实不坏。微风徐来,星光璀璨,空气清新,这些因素凑在一起,使得夜晚惊人地可爱。"

"不错,"巴德说,"今晚天气很好。"

同病相怜

窃贼迅速爬进窗口,然后不慌不忙地干起来。尊重自己行业的窃贼在拿任何东西之前总是不慌不忙的。

这幢房子是私人住宅。从那钉好木板的前门和好久没有修剪的常春藤看来,窃贼知道女主人一定坐在海滨某一个休养所的外廊上,向一个戴着游艇帽的多情的男人诉说,从来没有谁了解她孤寂善感的心。从三楼前窗的灯光和晚夏的季节来看,他知道男主人已经回家,再过一会儿就要熄灯睡了。因为眼前正是年份和灵魂的九月,在这样的季节里,男主人开始把屋顶花园和女速记员当作过眼烟云,盼望他的伴侣回来,过过比较经久的正派优惠的生活。

窃贼点燃了一支烟卷。用手掌护住的火柴光把他的特点照亮了一会儿。他是第三种类型的窃贼。

第三种类型的窃贼还没有被认识和承认。警察已经让我们熟悉了第一种和第二种类型。区别他们的办法很简单。硬领是显著的标志。

当不戴硬领的窃贼给逮住时,他就被说成是最下流的、特别卑鄙恶劣的败类,并且被怀疑是一八七八年从巡警亨尼西口袋里偷了手铐、扬长而去的那个无法无天的罪犯。

另一种著名的类型是戴硬领的窃贼。这种人总是给说成是现实生活里的拉弗尔斯①。白天他一成不变地摆出绅士派头,吃早饭时都穿晚礼服,以糊裱匠的身份出现,天一黑,他就干起那穷凶极恶的勾当。他的母亲是海林非常富有和高尚的居民,当他给送进监狱时,他马上会要一把指甲锉和《警察公报》。他在联邦各州都有一个老婆,在所有的准州地区都有一个未婚妻,报纸从他们的剪报资料里刊登了他的配偶的照片,那些女人的病症看了五个医生都治不了,可是一瓶就可以解决问题,并且喝第一口时症状就大为减轻。

窃贼穿着一件蓝色的运动衫。他既不是拉弗尔斯,也不是"地狱厨房"里的厨师②。警察当局如果想把他划入哪一类,一定会感到十分为难。他们还没有听说过这种既高尚又谦恭,身份既不高又不低的窃贼。

这个第三种类型的窃贼开始悄悄地踱来踱去。他不用面具、暗灯或橡胶鞋。他口袋里揣着一把三八口径的手枪,老是沉思地嚼着薄荷口香糖。

房子里的家具都用过夏的遮尘布蒙着。银器一定藏在远处的保险库里。窃贼并不指望有什么"意外收获"。他的目标是那间灯光暗淡的屋子,房子的主人寻求了减轻孤单的某种安慰之后一定睡得很沉。在那里可能捞到一些公平合理的职业利益——一些零钱、一块表、一枚宝石领针——他并没有不合理的非分之想。他看到窗子开着,便抓住了机会。

他悄悄地推开那间亮着灯的屋子的门。煤气灯火苗捻得很低。床上有一个人躺着。梳妆台上放着许多杂乱的东西——一卷皱折的钞票、一块表、钥匙、三个扑克筹码、压扁的雪茄、一只粉红

---

① 英国小说家霍南(1866—1921)笔下的雅贼。
② 参看第六卷《剪亮的灯盏》中的《虚荣心和貂皮》。

色的绸发结,还有一瓶准备早晨提神的、还没有打开的溴化矿泉水。

窃贼向梳妆台走了三步。床上的人突然发出一声尖厉的呻吟,睁开了眼睛。他的右手塞在枕头下面,停住不动。

"躺着别动。"窃贼用平时谈话的声音说。第三种类型的窃贼是不压低嗓门的。床上那个人瞅着窃贼手枪的圆孔,果然躺着不动。

"现在举起双手。"窃贼命令道。

那个市民留着两撇尖尖的、灰褐色的小胡子,活像一个行施无痛手术的牙医师。他显得殷实、自恃、暴躁而不耐烦。他在床上坐起来,把右手举过头顶。

"另一只手也举起来,"窃贼吩咐说,"你也许两手都能使唤,会用左手开枪的。你总懂得'双手'的意思吧?喂,快一点。"

"另一只手举不起来。"市民愁眉苦脸地说。

"怎么回事?"

"肩膀害风湿。"

"发炎吗?"

"以前发过。现在炎症往下转移了。"

窃贼站了一会儿,把枪对着那个患风湿症的病人。他看看梳妆台上的赃物,又发窘地掉过眼睛看看床上的人。接着,他自己突然也皱起了脸。

"别站在那里扮鬼脸,"市民不痛快地厉声说,"你既然是来抢东西的,那干吗不动手?这里有一些东西。"

"对不起,"窃贼咧着嘴说,"我刚才也犯了病。风湿症和我碰巧是老朋友,那可便宜了你。我左手也害风湿。你没有举起左手,如果换了别人,也许早就开枪了。"

"你害了多久?"市民问道。

"四年啦。我想那不能算完。你害上这个病,一辈子都不会好——我的看法是这样的。"

"试过响尾蛇油吗?"市民很感兴趣地问道。

"用过好几加仑了,"窃贼说,"假如我用来炼油的蛇首尾相连,恐怕可以从地球到土星打八个来回,它们尾巴的响声可以传到印第安纳州的瓦尔帕莱索,再传回来。"

"有人服用契塞勒姆药丸。"市民说。

"咄!"窃贼说,"我吃了五个月。不管用。那年我喝芬格汉姆药水,抹吉列油膏和波特止痛剂,总算好一些;但是我认为起作用的还是我揣在怀里辟邪的橡叶。"

"你的风湿是早晨还是晚上痛得厉害?"市民问道。

"晚上,"窃贼回答说,"正当我最忙的时候。喂,你把手放下来吧——我想你不至于——喂!你有没有试过伯里格斯塔夫补血剂?"

"从来没有。你犯起病来是一阵阵的痛呢,还是持续的痛?"

窃贼在床脚坐下,把手枪搁在叉起的腿上。

"突然发作的,"他说,"往往在我没有料到的时候痛起来。我不得不放弃爬二层楼的活儿,因为有时候我爬到一半不能动了。我对你说——我觉得那些混蛋医生真不知道怎么治病。"

"一点不错。我花了千把块钱,没有一点好转。你有没有发肿?"

"早晨有点肿。碰到要下雨的天气——哎呀,老天!"

"我也这样,"市民说,"像桌布那么大的一块潮湿空气从佛罗里达到纽约来的时候,我都知道。假如我经过一家正在上演《鸳梦重温》①的剧院,里面泪水的潮气会害我的左手像害牙病似的

---

① 英国作家亨利·伍德夫人(1814—1887)的小说,曾改编成电影。

悸痛。"

"痛得彻骨——妈的!"窃贼说。

"你说得对极了。"市民说。

窃贼垂下眼睛看看他的手枪,很尴尬地装出随便的样子把它塞进口袋。

"哎,老兄,"他不自然地说,"有没有试过肥皂樟脑擦剂?"

"去它的!"市民怒冲冲地说,"不如搽饭店里的黄油。"

"当然,"窃贼同意说,"这种药膏只配给小米尼搽搽被小猫抓破的手指。我想起来了!我们拿它没有办法。我发现只有一样东西能减轻这个毛病。知道吗?舒经活血、延年益寿的老酒。喂——这件事算啦——对不起——穿好衣服,我们出去喝一点吧。恕我冒昧,不过,喔!又痛了!"

"一星期来,"市民说,"没人帮忙,我自己就不能穿衣服。我怕托马斯恐怕已经上床了,并且——"

"起来吧,"窃贼说,"起来吧。我帮你穿。"

习俗像潮水似的回来,淹没了市民。他摸摸他那灰褐色的胡子。

"这未免——"他开始说。

"你的衬衫在这儿,"窃贼说,"起来吧。我的一个熟人说,奥勃莱油膏两星期就把他治好了,结果他能用双手打领结。"

他们走出门口时,市民转身想回去。

"我把钱忘啦,"他解释说,"昨晚放在梳妆台上了。"

窃贼拖住他右手的袖管。

"来吧,"他爽快地说,"是我请你出来的。你甭管啦。喝酒的钱我有。有没有试过金缕梅皮止痛水和冬青油?"

与睡神抗争

我一直不明白汤姆·霍普金斯怎么会出那样的娄子,因为他在继承姑妈的遗产之前,已经学了整整一个学期的医——而且治疗学是他的强项。

那天晚上,我们一起去看了朋友,之后,他来我的房间抽抽烟,聊一会儿,然后准备回他自己的豪华公寓。我到另一个房间去拿什么,听到汤姆大声说:

"比来,你不介意的话,我想吃四谷①左右的奎宁——我有点不舒服,觉得身上发冷。大概感冒了。"

"行,你自己拿吧,"我在另一个房间里喊道,"装奎宁的瓶子在搁架第二格。调在一匙子桉树油酏剂里吃,可以去掉一点苦味。"

我回来后,我们坐在火炉边,抽着欧石南根烟斗。过了八分钟左右,汤姆悠悠地瘫软下来。

我跑到药品箱那儿查看一下。

"你这个不长进的乡巴佬!"我吼道,"有了一点钱竟然晕头转向!"

汤姆打开的是装吗啡的瓶子,瓶塞也没有盖回去,就那么放着。

---

① "谷"是英美重量的最低单位,一谷合64.8毫克。四谷约260毫克。

我把楼上另一个年轻医师拉来,让他去请住在两个街区外的盖尔斯老大夫。汤姆·霍普金斯太有钱了,不能单由初出茅庐的年轻医师看。

盖尔斯到后,我们在医学条件允许的情况下,对汤姆进行了一系列最昂贵的治疗。我们下了猛药后,给他定时服用枸橼酸咖啡因,喝浓咖啡,两个人架着他,让他来回走动。老盖尔斯掐他的肉,拍打他的脸,为已经在望的高额出诊费卖足力气。楼上的年轻医师甩开膀子,狠狠地踢了汤姆一脚,给他提神醒脑,然后向我道歉。

"我实在忍不住,"他说,"我这辈子还没有踢过百万富翁。以后可能再也没有这种机会了。"

过了两小时后,盖尔斯大夫说:"他脱离了危险。可是一小时内不能让他睡着。你们要不时同他说说话,推推他。等他的脉搏和呼吸恢复正常,再让他睡。我现在把他交给你们了。"

我们把汤姆抬到长沙发上,由我留下来照看。他非常安静,眼睛半开半闭。我开始做不让他睡着的工作。

"哎,老伙计,"我说,"你差点送命,我们帮你渡过了难关。你上课的时候,汤姆,教授有没有偶然提起吗啡的写法和奎宁完全不同,尤其是高达四谷的剂量?① 在你能站直之前,我不多啰嗦。但是你应该懂得,汤姆;你的药剂学成绩还是特别出色的呢。"

汤姆傻笑着瞅我。

"比——比来,"他含混地说,"我的自我感觉像是飞在玫瑰花丛中的蜂——蜂鸟。别打扰我。我要睡了。"

两秒钟内,他就睡着了。我抓住他的肩膀,使劲摇晃。

"喂,汤姆,"我厉声说,"这可不行。老医生说你至少要再醒一个小时。睁开眼睛。你知道你还没有完全脱离危险。快

---

① 吗啡的致命剂量为 200 毫克。

醒醒。"

汤姆·霍普金斯体重一百九十八磅。他迷迷糊糊地朝我一笑,又睡过去了。要我拖着他在房间里走动,等于是要我抱着埃及女王克利奥帕特拉的方尖碑跳华尔兹舞。汤姆的呼吸带着鼾声,就吗啡中毒来说,这就是危险的征兆。

我开始寻思。我无法激励他的肉体了;必须设法刺激他的心灵。"使他发怒,"这个念头油然而生。"对!"我想道;但是怎么做呢?汤姆是个无懈可击的人。亲爱的老伙计!他为人厚道,是个温良恭谦的绅士,阳光般的和煦、忠实、明净。他来自仍然讲究理想和规矩的南方。纽约使他陶醉,但没有把他惯坏。他对妇女具有那种老式的、骑士式的尊敬——有啦!——我有主意啦!我动了一下脑筋,想到用这样一件事突然袭击老汤姆·霍普金斯,不禁暗自好笑。我便抓住他肩膀,把他摇晃得连耳朵都扇动起来。他懒洋洋地睁开眼睛。我摆出谴责和鄙夷的样子,手指离他的鼻子不到两英寸。

"听我说,霍普金斯,"我尖酸刻薄地说,"你我曾经是好朋友。但是我要你知道,你这样无赖的人,从今以后,我的门永远向你关闭。"

汤姆仿佛毫无兴趣。

"怎么啦,比来?"他若无其事地说,"你的衣服不合身吗?"

"假如我处在你的位置,"我接着说,"感谢上帝,幸好不是,我是不敢闭上眼睛的。你抛在南方那些凄凉的松树间的那个在等着你的姑娘——自从你得到你那些该死的钱以后,就把她忘得一干二净的那个姑娘——她该怎么办?哦,我知道我在说什么。你是医学院的穷学生时,她完全配得上你。如今你成了百万富翁,情况就不同了。她从小受到教导,对南方绅士具有崇敬的心情,我不知道如今她对这种特殊人群的所作所为有什么看法。对不起,霍普金斯,我不得不把这种事情说出来,但是你掩饰得那么好,做作得那么自然,我几乎会发誓说你绝不是干出那种毫无男子气概的事情的人。"

可怜的汤姆。我看他抗争麻醉剂作用的样子,几乎忍不住要发笑。他显然十分愤怒,我也不怪他。汤姆有南方人的气质。他的眼睛现在睁开了,甚至闪出一点火光。可是药物仍使他意识模糊,舌头不听使唤。

"你该——该死,"他结结巴巴地说,"我要宰——宰了你。"

他企图从长沙发上爬起来。虽然他人高马大,现在却非常软弱。我用一条胳膊就把他按了下去。他躺在那里,像笼中的狮子那样干瞪眼。

"那能让你支持一段时候,你这个老傻瓜。"我暗忖道。我起来点燃烟斗,想抽烟解解乏。我在房间踱了片刻,为自己的妙计得意。

我听到了鼾声。我四下寻找鼾声的出处。发现汤姆又睡着了。我走过去,照他下巴就是一拳。他像白痴似的,快活地、无怨无悔地瞅着我。我咬紧烟斗,开始臭骂他。

"我要你清醒清醒,尽快从这里滚出去,"我侮辱他说,"我已经把我对你的看法告诉了你。如果你还有尊严和廉耻的话,你企图同绅士交往之前就应该掂量掂量自己。她是个穷姑娘,不是吗?"我冷笑说。"我们有了钱后,她就显得太平凡、太不时髦了。你同她一起走在五马路上是不是觉得丢脸?霍普金斯,你比混蛋还要混四十七倍。谁在乎你的钱?我不在乎。我敢打赌,那个姑娘也不在乎。假如你没有那些钱,也许会更有人味。因为有了一点钱,你就成了势利小人,并且"——我觉得那很有戏剧效果——"伤了一颗忠诚的心。"(老汤姆·霍普金斯居然伤了一颗忠诚的心!)"你给我走开,越快越好。"

我扭过脸,背对汤姆,在镜子前眨眨眼睛。我听到他有了动静,赶紧转回身来。我不希望一百九十八磅从背后把我扑倒。但是汤姆还没有完全转过身,他用一条胳膊遮着脸,说了几句话,比先前清晰一点。

"比来,即使我听别人说过你的坏话,我也不——不能这样对待你。可是等我站得稳时——我要打断你的脖子——你记住了。"

我确实有点内疚。但那是为了救汤姆的命。明天早晨,我向他解释时,我们一定会乐一阵子。

二十来分钟后,汤姆平静地睡着了。我试试他的脉搏,听听他的呼吸,没有再去弄醒他。现在一切正常,汤姆很安全。我到另一个房间,倒在床上睡了。

我第二天早晨醒来时,发现汤姆已经起身,穿好了衣服。他完全恢复了,只不过有点颤抖,舌头还不利索。

"我真是白痴,"他沉思地说,"我记得吃药时,觉得奎宁瓶子有点异样。你们抢救我,费了不少劲吧?"

我说并不费劲。他对整个事件似乎记忆不清。我认为他不至于记得我使他保持清醒时所做的努力,决定不告诉他。我想,以后等他情绪好的时候再说,那时候,我们可有笑话啦。

汤姆离开时,打开门又站住,和我握握手。

"老伙计,多谢啦,"他飞快地说,"谢谢你费心照顾——还要谢谢你对我说的那番话。我现在就去给那个小姑娘打电报。"

机 会 难 得

"确实是砖篓!"金索尔文太太伤心地重复说。

贝拉米·贝尔莫尔太太扬扬眉毛,表示了同情和一定程度的明显的惊奇。

"她到处都讲,"金索尔文太太继续说,"她在我们这儿做客时睡的屋子里——我们最好的客房里——见到一个鬼——那个鬼肩上扛着一个砖篓——一个穿工装裤、抽烟斗、扛着砖篓的老头儿!这件事的荒谬就说明她居心恶毒。我们金索尔文家没有谁扛过砖篓。大家都知道,金索尔文先生的父亲是靠营造合同攒起钱来的,他自己从来没有干过活。这幢房子是他亲自设计的;但是——哎,一个砖篓!她何必这么狠心、这么恶毒呀!"

"的确太糟了,"贝尔莫尔太太喃喃地说,她那双美丽的眼睛赞许地扫视了一下这间漆成淡紫和古金两色的屋子,"她是在这间屋子里见到鬼的。哦,不,我本人一点也不害怕。你让我住这间屋子,我很高兴。我认为家鬼挺有意思。说实话,她的故事有点矛盾。我原以为费希尔·苏姆金斯太太不至于这样。砖是用篓子装的吗?鬼干吗要把砖搬到一幢用大理石盖的别墅里来?我很遗憾,这叫我觉得费希尔·苏姆金斯太太似乎上了年纪。"

"这幢房子的地基,"金索尔文太太往下说,"是我们在独立战争时期的老宅。有鬼也不是怪事。有一个金索尔文上尉在格林将军麾下打过仗,只不过我们一直没有找到证明文件。假如有家鬼的话,怎么可能不是他,而是砖匠呢?"

"独立战争时期的祖先的鬼魂,这个主意可不坏,"贝尔莫尔太太同意说,"但是你明白,鬼可能是非常任性而不体谅人的。也许像爱情那样,是'从眼睛里出来的'。见到鬼的人有一个占便宜的地方,那就是你无法否定他们的故事。在恶意的眼睛里,独立战争时期的军用背包很可能给看成是砖篓。亲爱的金索尔文太太,别去想它了,我说肯定是背包。"

"但是她逢人便讲!"金索尔文太太无可慰藉地、苦恼地说,"她连细节都不放松。还有烟斗。你怎么解脱工装裤呢?"

"根本不必穿,"贝尔莫尔太太说,她妩媚地打了一个遏制着的哈欠,"太粗糙、太皱啦。是你吗,菲利丝?替我准备洗澡水。岩顶是不是七点钟开晚饭,金索尔文太太?吃饭之前,你来聊一会儿真太好啦!我很喜欢这样不拘礼节地对待客人。这使客人觉得宾至如归。真对不起,我得换衣服了。我总是这么懒,一直拖到最后的时刻。"

费希尔·苏姆金斯太太是金索尔文一家从社交界的馅饼上取得的一颗大葡萄干。长久以来,这个馅饼一直高不可攀。但是钱袋和锲而不舍的精神终于把它拿了下来。费希尔·苏姆金斯太太是反映时髦社会的日光仪。她的光彩夺目的才气和行动影响深远,传播着万花筒里最新颖、最引人注意的事物。她的声名和领袖地位原先非常巩固,根本不需要采取什么手段,诸如跳八人舞时把活青蛙传来传去,就足以引起人们的注意。可是如今要维持她的宝座,这类事情已成为必要。何况,不饶人的岁月使她逐渐黯然失色。黄色报刊把有关她的报道的篇幅从一版缩到两栏。她的才气开始变得刻薄;她的态度变得更粗暴、更不体谅人,仿佛她觉得为了维持她的专制,有必要蔑视那些束缚权力较小的统治者的习俗。

在金索尔文一家邀请的某些压力之下,她居然屈尊降贵地光临了,在他们家待了一夜。她带着恶意的乐趣和讽刺的幽默宣扬见到那个扛砖篓的鬼魂的故事,从而报复了她的主人。女主人自以为能够这样打进她垂涎已久的高级社交圈子,正得意忘形的时候,给浇了一盆冷水。听到这个故事的人,反应不是同情便是嘲笑,两者之间没有选择余地。

可是没过多久,由于第二个更大的收获,金索尔文太太的希望和情绪有所恢复。

贝拉米·贝尔莫尔太太接受了邀请,准备来岩顶待上三天。贝尔莫尔是比较年轻的贵夫人之一,她的美貌、家世和财产轻而易举地替她在至圣的小圈子里取得了一个预定的位置。她非常慷慨地给了金索尔文太太心向神往的荣誉,同时觉得这会使特伦斯十分快活。这次做客也许能破他的谜。

特伦斯是金索尔文太太的儿子。二十九岁,相当漂亮,他有两三个吸引人的神秘的特点。首先,他对母亲非常孝顺,这一点就足以引起注意。其次,他沉默寡言,几乎到了使人难堪的地步,他不是非常腼腆,便是非常深沉。特伦斯叫贝尔莫尔太太感兴趣的地方,就是她不知道特伦斯究竟是腼腆呢还是深沉。她打算深入研究他一下,直到把这件事抛开为止。假如他光是腼腆,她就抛弃他,因为腼腆让人腻味。假如他是深沉,她也要抛弃他,因为深沉是危险的。

在她做客的第三天下午,特伦斯去找贝尔莫尔太太,发现她在一个角落里专注地看着照相簿。

"你太好啦,"他说,"肯赏光到这儿来。我想你大概也知道费希尔太太离去之前放的一把野火吧。她用一个砖篓搞得我们这儿天翻地覆。妈妈为了这件事难受极了。你在这里的时候能不能替我们看到一个鬼,贝尔莫尔太太——一个出色的、神气活现的鬼,头上戴皇冠,腋下夹着支票簿的?"

"那个老太太讲这种故事确实太恶作剧了,特伦斯。"贝尔莫尔太太说,"也许是你们供给她的晚饭吃得太饱了。你母亲不见得把它当作一回事吧?"

"我认为她很认真,"特伦斯回答说,"看情形好像篓子里的每一块砖都打在她身上。妈妈是个好人,我不愿意看到她苦恼。我们希望这个鬼是属于搬运工会的,希望他罢罢工。不这样的话,我们家里再也不得安宁了。"

"我睡在那间闹过鬼的屋子里,"贝尔莫尔太太沉思地说,"那间屋子太好了,即使我害怕,我也不愿意换,何况我不怕。要我讲一个有利的、显赫的鬼的故事作为反驳,恐怕也不顶事,是不是?我很愿意这样做,但是我觉得这显然是抵消另一个故事的说法,不一定有效。"

"不错,"特伦斯说着,用两个手指掠掠他褐色的鬈发,"那是不起作用的。可是再见到同一个鬼,不穿工装裤,篓子里装的全是金砖,又怎么样呢?那就把那个鬼从低微的小工身份抬高到金融界来了。你觉得那是不是够体面的?"

"你们不是有一个跟英国人打过仗的祖先吗?你母亲曾经提起过。"

"大概是的,有一个穿那种宽坎肩、高尔夫球裤的老家伙。我才不在乎什么独立战争时期的将领。但是妈妈考虑的是体面、门阀、显赫,我只想让她高兴。"

"你不愿意你母亲伤心,真是个好孩子,"贝尔莫尔太太说着把她的绸衣服往旁边拽过一点,"坐在我旁边,我们一起来看照相簿,正像二十年前的人那样。把他们每一个人都讲给我听。这一个手扶着哥林多式柱子、倚着天边的神气活现的高个子是谁呀?"

"那个大脚的老家伙吗?"特伦斯伸着脖子问道,"那是叔祖父奥布兰尼根。他以前是在鲍里街开酒馆的。"

"我叫你坐下来,特伦斯。假如你不随和一点,不听我话,我明天早晨就说是见到一个系着围裙的鬼,端着许多杯啤酒。嗯,这样才好。特伦斯,你这个年纪再腼腆,真应该害羞啦。"

第二天吃早餐时,贝尔莫尔太太肯定地宣称她见到了鬼,使所有的人都吃惊和着迷。

"他有没有扛着一个——一个——?"金索尔文太太急于了解,紧张得话都说不出来。

"没有——绝对不是那么一回事。"

桌上别的人发出一连串的问题。"你害怕吗?""它干了些什么?""它是什么样的?""它穿什么衣服?""它有没有说话?""你有没有大叫起来?"

"我不妨同时回答所有的问题,"贝尔莫尔太太带着英雄气概说,"尽管我饿得发慌。有什么东西吵醒了我——我不敢肯定是声音呢还是接触——我睁开眼睛便看见了它。我不是在做梦。它是一个高大的男人,从头到脚都是白蒙蒙的,穿戴着殖民地时期的全副服装——撒粉的假发套,宽大的衣服,花边皱领,佩着一把剑。在黑暗里,它显得虚幻,隐隐发光,行动没有一点声息。是的,我开头有点吃惊,或者可以说吓了一跳。这是我生平第一次见到鬼。它没有说什么话,我也没有叫嚷。我用胳臂肘支起上半身,它就悄悄地走了,到门口时便不见了。"

金索尔文太太顿时显得飘飘然。"那正是格林将军部下的金索尔文上尉,我们的一个祖先,"她说,骄傲和宽慰使她的声音都发抖了,"我想我真应该替我们的鬼亲戚道歉,贝尔莫尔太太。我怕它一定大大地惊扰了你的休息。"

特伦斯向他母亲投送一个愉快的祝贺的笑容。金索尔文太太终于成功了,他爱看到他母亲快活。

"我想我应该很害臊地承认,"贝尔莫尔太太说,她已经津津有味地吃着早饭,"我没有受到多大的惊扰。我想照例是应该叫嚷或是昏倒,让你们大家衣冠不整地跑来。但是当第一阵惊吓过去之后,我怎么也不能使自己大惊小怪。那个鬼干完了它的事,悄悄地、安静地退出了舞台,我便重新睡我的觉。"

所有听着的人几乎都很有礼貌地认为贝尔莫尔太太的故事是捏造,是为了弥补费希尔·苏姆金斯太太看见的不光彩的鬼魂而做出的慷慨赐予。但是,当时有一两个人觉得她话里有她自己深信的事实。她的每一句话都那么坦率真诚。即使不信鬼的人——如果观察细致的话——也不得不承认,她至少在一个非常逼真的梦中看到了那个怪异的不速之客。

没过多久,贝尔莫尔太太的使女开始收拾行李。两小时后,汽车要来送她去车站。特伦斯漫步走到东头的外廊时,贝尔莫尔太太迎上前来,眼睛里闪着自信的光芒。

"我不愿意把全部经过告诉别人,"她说,"但是我可以告诉你。我认为你应当负责。你猜昨晚那个鬼是怎么把我弄醒的?"

"格格的铁链声,"特伦斯想了一会儿后试探说,"或者呻吟?它们多半发出这两种声音。"

"你可知道,"贝尔莫尔太太突然前言不搭后语地接着说,"我是不是同你那位不安静的祖先,金索尔文上尉的哪一个女亲戚有什么相像的地方?"

"不会吧,"特伦斯大惑不解地说,"从没有听说她们中间有谁长得特别美。"

"那么,"贝尔莫尔太太严厉地盯着那个年轻人说,"那个鬼为什么吻我呢?我肯定它吻过我。"

"天哪!"特伦斯睁大眼睛诧异地说,"真的吗,贝尔莫尔太太?难道那人真的吻了你?"

"我说的是那鬼,"贝尔莫尔太太纠正说,"应该用非人称代词。"

"那么你为什么说我应该负责呢?"

"因为你是那个鬼的惟一的男亲属。"

"我明白啦。'祖荫孙'的关系。可是说正经的,那人——那鬼有没有——你怎么——?"

"我怎么知道的?人家是怎么知道的?我在睡觉,那样才把我弄醒的,我几乎可以肯定。"

"几乎?"

"嗯,我醒的时候,正碰上——哦,难道你不明白我的意思吗?当你突然给弄醒的时候,你不清楚自己是在做梦还是——可是你明白——天哪,特伦斯,难道要我分析最基本的感觉,才能适应你那极端实际的理解力吗?"

"可是,说到和鬼接吻。"特伦斯谦逊地说,"我却缺乏最基本的知识。我从没有吻过鬼。它——它是不是——?"

"既然你想得到知识,"贝尔莫尔太太从容地、带着笑意强调说,"那是一种肉体和精神混合起来的感觉。"

"当然啦,"特伦斯突然很正经地说,"那是梦或者某种幻觉。如今谁都不信有鬼了。如果你讲这件事是出于善意,贝尔莫尔太太,我简直不知道怎么表示我对你的感激。那让妈妈高兴极了。一个独立战争时代的祖先确实是了不起的主意。"

贝尔莫尔太太叹了一口气。"我和见到鬼的人的命运相同,"她无可奈何地说,"我和一个鬼的幸会,被归因于多吃了龙虾色拉或者爱说谎。好吧,我至少留下了一个纪念——虚无世界的一个吻。据你所知,金索尔文上尉是不是一个勇敢的人,特伦斯?"

"他是在约克镇给打败的,我想,"特伦斯想着说,"人们说他在那儿打了一仗,就带着他的一连人逃跑了。"

"我想他一定是胆小,"贝尔莫尔太太心不在焉地说,"他很可以再来一次。"

"再打一仗吗?"特伦斯呆头呆脑地问。

"我还可能指什么?我得去准备准备,一小时后汽车要来了。我非常欣赏岩顶。今天早晨真美极了,是不是,特伦斯?"

在去车站的路上,贝尔莫尔太太从提袋里取出一块绸手帕,带着古怪的微笑看看。接着,她把手帕打了好几个死结,随手扔向路边的悬崖。

特伦斯在他的房间里吩咐仆人布洛克斯。"把这些东西打一个包,"他说,"按照卡片上的地址寄去。"

卡片上是纽约一家服装出租店的地址。那些"东西"是一套一八七六年时期的白缎子男装,有银扣带、白色的长统丝袜和白色的羊皮鞋。一个撒了粉的假发套和一把剑,使这套服装齐全了。

"你找找看,布洛克斯,"特伦斯有点焦急地补充说,"有没有一条角上绣着我名字的绸手帕。我准是掉在什么地方了。"

一个月后,贝尔莫尔太太和另外一两个时髦社会的人在拟一张邀请客人去卡茨基尔山旅游的名单。贝尔莫尔太太在做最后的审定。特伦斯·金索尔文的名字也在上面。贝尔莫尔太太轻轻地划掉了这个名字。

"太腼腆了!"她甜甜地低声说。

吉米·海斯和缪里尔

1

　　吃过晚饭,营地上安静了下来,只有用玉米包皮卷烟草的窸窣声。黝黑土地上的水坑闪闪发亮,好像是一小片谪降的天空。草原狼在嚎叫。沉重的蹄声说明上了脚绊的矮种马在换个新地点找草吃。得克萨斯边境营的半个骑兵连分散在篝火周围。

　　营地北面茂密的丛林里传来了熟悉的声音——小槲树枝碰到木马镫时的颤动和刮擦声。游骑兵们细心倾听。他们随即听到一个愉快的声音安抚地喊道:

　　"打起精神来,缪里尔,好姑娘,我们快到啦!这一趟路对你说来够长的,可不是吗,你这把洪荒时代的、欢蹦乱跳的地毯钉?嗨,别再吻我啦!别把我的脖子搂得那么紧——我告诉你,这匹枣红马步子不很稳。我们一不小心很可能被它摔下来。"

　　两分钟后,一匹累得够呛的"枣红"马单步跑进营地。一个瘦长的、二十来岁的年轻人懒洋洋地跨在鞍上。他刚才与之谈话的"缪里尔",连影子都没有。

　　"嗨,弟兄们!"骑马人快活地嚷道,"这儿有一封给曼宁中尉的信。"

　　他下马卸鞍,把拴马索扔到地上,从鞍头取下马脚绊。曼宁中尉看信时,新来的人细心地蹭掉脚绊套圈里的一些干泥巴疙瘩,这说明他对坐骑前蹄的关爱。

"弟兄们,"中尉朝游骑兵们挥挥手说,"这位是詹姆斯·海斯先生,我们连队的新成员。麦克莱恩上尉派他从艾尔帕索来的。海斯,你给马上好脚绊后,弟兄们会替你弄点吃的。"

游骑兵们热诚地接待了新伙伴。但是他们并不马上做出判断,而是冷眼观察。在边境地带选择伙伴,审慎的程度比选一个姑娘当情人还要高出十倍。决定你自己的生命的往往是"哥儿们"的勇气、忠诚、志向和冷静。

海斯饱餐一顿后,来到火堆边抽烟的人中间。他的外貌不能解决游骑兵兄弟们心中的所有问题。他们看到的只是一个瘦长懒散的青年人,亚麻色的头发,黧黑天真的脸上带着善意的微笑。

"弟兄们,"新来的游骑兵说,"我给你们介绍我的一个女友。从没有听谁说她长得漂亮,可是你们都会承认她有一些优点。出来吧,缪里尔!"

他敞开蓝色法兰绒衬衫的前襟。一只角蟾爬了出来。细长的脖子上系着一个漂亮的、大红色的缎带结。它爬到主人的膝头,一动不动地坐着。

"这个缪里尔,"海斯像演说家似的挥手说,"有不少优点。她从不回嘴,老是待在家里,有一件红衣服就心满意足了,星期日也不要求换装。"

"瞧那个该死的爬虫!"一个游骑兵咧嘴笑着说,"那种长角的青蛙我见得多了,可是从没见过有谁把它当伙伴的。那东西能认得你吗?"

"你拿过去试试。"海斯说。

那种叫做角蟾的小蜥蜴是无害的。它是史前怪兽的退化了的后代,像它的祖先那么丑恶可憎,但比鸽子更温柔。

一个游骑兵从海斯的膝头拿起缪里尔,回到他所坐的毛毯卷那儿。角蟾在他手里扭动抓爬,使劲挣扎。过了一会儿,那个游骑兵把它放回地上。角蟾笨拙地挪动四条腿,很快爬回到主人脚下。

"真见鬼!"游骑兵说,"那个丑陋的小东西居然认得你。没想到爬虫竟这么聪明!"

2

吉米·海斯成了游骑兵营地里受欢迎的人物。他脾气特别好,具有一种适合营地生活的经久不衰的幽默感。他和角蟾形影不离。那个丑陋的小爬虫也从不离开他,他骑马时它蜷伏在他怀里,在营地时趴在他膝头或肩上,晚上睡在他毯子里。

吉米是南部和西部草原常见的那种幽默家。他没有独出心裁的娱人的办法,也没有诙谐的创意,他有了一个滑稽的念头后就坚持不懈。吉米认为他身边有个脖子上系着红缎带的驯服的角蟾可以让朋友高兴,是非常滑稽的事,既然如此,为什么不坚持下去呢?

吉米和角蟾之间的感情是无法明确界定的。角蟾忠贞不渝的感情是我们从未做过专题讨论的题目。揣度吉米的感觉比较容易。缪里尔是他的机智的杰作,他钟爱缪里尔的原因也在于此。他捉苍蝇喂她,替她挡住突如其来的寒风。然而,他的关爱有一半出于私心,到了关键时刻,她会给他一千倍的回报。别的缪里尔们对别的吉米们的滴水之恩,也是这样涌泉相报的。

吉米·海斯并没有立刻获得同伴们的充分信任。他们爱他的质朴和滑稽,但是他头顶上仍旧悬着一把考验的巨剑。在营地里逗乐,并不是游骑兵的全部生活内容。他们还要追踪盗马贼,镇压杀人越货的罪犯,同亡命徒交火,把强盗从槲树丛中赶出来,凭六响手枪维持治安和平静。吉米说自己"基本上是个牛仔";在巡逻作战方面没有什么经验。因此,游骑兵们对于他在战火面前的表现如何,心里不免有点嘀咕。众所周知,每一个游骑兵连队的荣誉和骄傲取决于它的个别成员的英勇。

两个月来,边境相当平静。游骑兵们没精打采地闲待在营地里。接着,使守卫边境的人高兴的是塞巴斯蒂亚诺·萨尔达,有名的墨西哥土匪和盗牛贼,带了他手下一帮人渡过格朗德河,骚扰得克萨斯一带。种种迹象表明,吉米·海斯很快就有机会显示他的勇气了。游骑兵们加紧巡逻,但是,塞巴斯蒂亚诺那帮人像洛钦法尔①似的来去如风,很难追捕。

一天下午日落时分,游骑兵们长途奔驰后停下来吃晚饭。他们的马匹没有卸鞍,站着直喘气。骑兵们在煎咸肉,煮咖啡。塞巴斯蒂亚诺·萨尔达那帮人突然从灌木丛里出现,呼叫呐喊,开着六响手枪朝他们冲来。游骑兵们没有料到匪帮竟敢这么猖狂,骂骂咧咧地纷纷拿起他们的温彻斯特连发枪;但那次突击纯粹是墨西哥式的耀武扬威。来犯者随即后撤,呼啸着朝河下游跑去。游骑兵们上马追赶,没跑两英里,那些本已疲惫不堪的马匹难以坚持,曼宁上尉便下令放弃追逐,返回营地。

那时发现少了吉米·海斯。有人记得攻击开始时,见他奔向他的坐骑,此后谁也没有再见到他。第二天早晨仍不见吉米回营。他们在附近一带搜索,以为他可能受伤或死亡,然而没有结果。接着,他们继续追踪萨尔达匪帮,可是那帮人似乎也失踪了。曼宁判断,那个狡猾的墨西哥人临别示威后,又渡河回去了。此后确实没有关于他进行骚扰的消息。

这给了游骑兵们养复精神创伤的时间。前面说过,游骑兵连队的荣誉和骄傲取决于它的个别成员的英勇。他们现在相信吉

---

① 洛钦法尔是苏格兰诗人、小说家司各特(1771—1832)的诗歌《马米恩》中的人物,骑马在他所爱的姑娘与贵族的婚礼上,抱起新娘疾驰而去。

米·海斯在呼啸的墨西哥子弹下成了懦夫。没有其他解释。巴克·戴维斯指出,见到吉米朝他的马匹跑去以后,萨尔达那帮人没有放过枪。他不可能被枪杀。他肯定是还没有投入第一次战斗就落荒而逃,之后再没脸回来,因为他知道伙伴们的蔑视比许多枪口更难面对。

边境营麦克莱恩连队的曼宁支队十分沮丧。这是它名誉上的第一个污点。连队的历史里,以前从没有临阵脱逃的游骑兵。大家都喜欢吉米·海斯,因而更加伤心。

日子一天天的过去,营地上空仍挂着那一小片难以忘怀的怯懦的阴云。

3

几乎过了一年,换过许多营地、守卫过几百英里长边境线的曼宁上尉的支队,奉派去一处执行缉私任务,那个地点离他们河畔的老营地只有几英里远。一天下午,他们骑马通过茂密的牧豆树丛,来到草原上的一块洼地。他们见到了一幕没有记录的悲剧场景。

一个大坑里有三具墨西哥人的骷髅。根据服装就能识别他们是墨西哥人。最大的一具骨骼肯定是塞巴斯蒂亚诺·萨尔达。因为他的大宽檐帽上有许多金饰,价值不菲,在格朗德河一带赫赫有名,现在上面有三个子弹孔。坑边是几支墨西哥人的温彻斯特连发枪,金属部分已经生锈,指向同一个方向。

游骑兵们朝那个方向走了五十码。发现一个小凹洼里另有一具骨骼,他的来复枪仍对着三具骨骼的方向。那是一场殊死的战斗。没有什么东西可以识别那个孤独的防御者。有助于辨认死者身份的衣服像是一般牧场主或牛仔穿的。

"孤身遭遇匪帮的牛仔,"曼宁说,"好小伙子!他们要了他的命之前,他打得真英勇。怪不得我们后来再也没有听到有关塞巴斯蒂亚诺的消息!"

那时候,死者久经风吹日晒的破衣服底下,扭动着爬出一只角蟾,脖子上系着一个褪色的红缎带结,它坐到早已无声无息的主人肩上。角蟾无言,但仿佛讲述了那个初出茅庐的年轻人和他的"枣红"快马的故事——那天他们跑在同伴们前面追赶墨西哥土匪,为了维护连队的荣誉,年轻人付出了生命。

游骑兵连队围上前来,一起发出一声狂野的呼喊。呼喊声同时又是悼歌、道歉、墓志铭和胜利的赞歌。也可以说是一支为牺牲的同伴谱唱的奇特的安魂曲;如果吉米·海斯听到的话,他能理解。

错乱之门

我在蒙托波利斯《号角周报》主编室的阳光底下坐了半个小时。我是主编。

落日橘黄色的光线从麦凯亚·维杜普莱园的玉米秆中间透进来,把我的糨糊瓶染成辉煌的琥珀色。我坐在主编桌前不会转动的旋转椅上,撰写一篇抨击寡头政治集团的社论。只有一扇窗的房间已经昏暗。我用犀利的语句把那政治九头蛇的脑袋逐一砍下来,同时心情恬静地听着放牧归来的牛群的颈铃声,琢磨着弗拉那根太太今晚做的是什么饭菜。

那时候,时间老爹的弟弟从朦胧安静的街道悄然进来,在我桌子角上坐下。他脸上没有胡子,但像英国核桃似的坑坑洼洼。我从没有见过他身上穿的那种衣服。相比之下,约瑟的彩衣①成了单色的。但是,那些色彩不是染色师傅染的。各式各样的污迹和斑点是日晒和尘土造成的。他一双粗糙的鞋子似乎积有一千里格的尘土。我不再描绘他了,只想说他长得瘦小、古怪、衰老——衰老得让我见到他、估计他的年纪时,要用世纪来计算。是啊,我还记得他身上有一股气味,一股淡淡的沉香,也可能是没药或者皮革的气味;我不禁联想到博物馆。

---

① 《旧约·创世记》第37章:雅各老年得子约瑟,十分宠爱,给他做了一件彩衣,招来哥哥们的嫉恨。

我随即拿起拍纸簿和铅笔,因为公事公办,耄耋公民的来访是神圣可敬的,必须记录在案。

"我见到你很高兴,先生,"我说,"我理应找一把椅子请你坐,但是——你知道,先生,"我接着说,"我来蒙托波利斯只有三星期,我见过的公民不太多。"我疑惑地朝他灰尘仆仆的鞋子瞅了一眼,用报纸上的词句说:"我猜想你不是本地居民吧?"

我的来访者在衣服口袋里摸索了一会儿,掏出一张脏兮兮的卡片,卡片上面用简单而抖抖索索的字体写了"米绍布·阿德"这个名字。

"你来访我很高兴,阿德先生,"我说,"作为我们老一辈的公民之一,您一定自豪地目睹了蒙托波利斯近年的发展和进步。在其他的进步中间,我认为我能向您许诺,本市将有一家充满朝气的、欣欣向荣的报——"

"你知道卡片上的姓名吗?"来访者打断了我的话。

"我不太熟悉。"我说。

他又在破旧的衣服里摸索。这次掏出来的是一页从书本或杂志撕下的、发黄磨损的故纸。纸上的标题是旧式字体印的"土耳其奸细";正文是这样的:

"今年,一六四三年,有个自称已经活了一千多岁的人来到巴黎。他说耶稣钉十字架时他是耶路撒冷城的一个鞋匠,名叫米绍布·阿德;当基督教的救世主耶稣被罗马皇帝庞修斯·彼拉多判死刑时,他背着十字架前去髑髅地,在米绍布·阿德的门前休息一会儿。鞋匠用拳头打耶稣,呵斥说:'走,你磨蹭什么?'救世主回答说:'我是在走,可是你要一直磨蹭到我回来为止。'这就判定他要活到最后审判日。他从此一直活着,但每满一百年,他会昏迷一次,醒来时又恢复到他在耶稣受难时的青年状态,也就是三十来岁的光景。

"这就是米绍布·阿德叙述的流浪的犹太人的故事——"正文到此结束。

我自言自语地说了一些有关流浪的犹太人的话,准是声音大了,那老人恶狠狠地开口说:

"那是谎言,你们称之为历史的记载,十有八九都是谎言。小伙子,我是异教徒,非犹太人。我从耶路撒冷出来后就是这样,如果我因而成了犹太人,那么从瓶子里倒出来的岂不都成了婴儿喝的牛奶?你手里那张卡片上有我的名字;你看过了报上刊登的所谓'土耳其奸细'的消息,那是一六四三年六月十二日我踏进他们编辑部的事,正如我今天来拜访你一样。"

我放下手中的铅笔和拍纸簿。显然不管用。本来可以放在《号角周报》地方版上——但是不管用。尽管如此,我的传统化的脑海里仍掠过"人事栏"的难以置信的片段。"米绍布大叔步履矫健,像是只有一千来岁的小伙子。""我们年高德劭的来访者自豪地叙说,乔治·华盛——不,应该是托勒密一世——曾在他父亲的家里抱着他在膝上跳跳颠颠。""米绍布大叔说他还是孩子时,土耳其阿拉拉特山一带气候潮湿,庄稼全毁了,我们这里潮湿的春天简直不能比。"可是,不——这种写法也不管用。

我想找一些能让来访者感兴趣的话题,考虑究竟是谈竞走比赛好呢,还是谈地质学的上新世,那老人突然伤心地哭起来。

"别伤心,阿德先生,"我有点尴尬地说,"再过几百年,这件事就会烟消云散。现在对以塞加略人犹大、伯尔上校以及那个著名的小提琴家尼禄先生的评价,已经有明显的好转。目前是粉饰太平的时代。您千万别沮丧。"

我无意中触到了他的痛处。老人老泪纵横的眼里闪出挑衅的光芒。

"现在该轮到骗子对别人做出公正评价了,"他说,"你们的历史学家只是一群唠叨起来没完的老太婆。尼禄皇帝是再好不过的人了。老弟,罗马大火的时候我在场。我和皇帝很熟,因为当时我是个知名人士。那时候长生不老的人很受尊敬。

"我要告诉你的是尼禄皇帝的事。我是公元六十四年七月十六日晚上沿着阿庇乌大道①进罗马的。我取道西伯利亚和阿富汗过来;一只脚受到冻伤,另一只脚在沙漠里烫出了水泡;我从北极到美洲南端巴塔哥尼亚的最后机会角,一路上已经很辛苦了,再被误认为犹太人,情绪当然不好。我要告诉你的是,我经过罗马大竞技场,路上很黑,忽然听到有人招呼:'是你吗,米绍布?'

"尼禄皇帝蹲在墙脚一堆木桶和装过丝绸的旧箱子中间,用长袍下摆裹着脚趾,在抽一支劣质的长雪茄。

"'你来一支吗,米绍布?'他说。

"'我不抽烟,'我说,'无论是烟斗或者雪茄,一概不抽。抽烟根本送不了命,你何必抽烟呢?'

"'对你是正确的,米绍布·阿德,永恒的犹太人,'皇帝说,'你不会永远流浪。当然,它的危险除了被禁止之外,给了我们生活的乐趣。'

"'你为什么晚上在暗处抽烟,'我问道,'并且没有穿便衣的百夫长侍候左右?'

"'米绍布,'皇帝说,'你有没有听过宿命论一说?'

"'我认识它的表兄弟,'我说,'你知道,我和徒步旅行②打了多年交道,今后还要和它打许多年交道。'

"'后者,'我的朋友尼禄说,'是称之为基督教那个新教派的教义。是他们让我在暗处的角落里抽烟的。'

---

① 阿庇乌大道,古罗马皇帝阿庇乌斯下令铺筑的军用大道,从罗马经加普亚到布朗迪西恩(今布林迪西),长350英里。

② "宿命论"(predestinarianism)和"徒步旅行"(pedestrianism)原文相近。

"于是我坐下来,脱掉一只鞋子,按摩冻伤的脚。我上次路过那里之后,皇帝和皇后打了离婚官司,著名的波佩亚夫人未经审查就被请来担任皇宫的管家。'她在一天之内,'皇帝说,'把皇宫里的窗帘都换成透气的抽丝织物,她本人加入了禁烟协会,我烟瘾上来时,只好悄悄地躲到暗处这些木材堆旁边来抽。'我和皇帝便在暗地里坐着,我给他讲我旅行的经历。他们说尼禄皇帝纵火是毫无根据的。焚毁罗马城的大火起于那天晚上。我认为是他扔到箱子堆的一个雪茄烟头引起的。人们说大火时他在拉小提琴,也是无稽之谈。他尽力救火,有六天之久,先生。"

现在我发觉米绍布·阿德先生身上有一股新的气味。我闻到的不是没药、香膏或者海索草。散发的是劣等威士忌的气味——更糟糕的是低级喜剧的气息——三流幽默家用貌似机智的庸俗拙劣的语言来包装严肃崇高的传说和历史题材。我可以容忍那个自称有一千九百岁、用体面的精神错乱作借口粉墨登场的骗子米绍布·阿德;但是作为一个讨人厌的小丑,用歌曲集的轻浮贬低他的惊人的故事,他的娱乐性就减少了。

那时,他似乎察觉到我的想法,突然改变了调子。

"请原谅,先生,"他哭丧着说,"有时候我脑子有点糊涂。我年纪太老啦;很难记清所有的事情。"

我知道他说得有道理,我不能把他和罗马历史等同起来;于是我向他打听他熟悉的其他古人的情况。

我的桌子上方挂着一幅拉斐尔的小天使的雕版印刷品。尽管积尘使天使的线条变得模糊古怪,但仍能看出他们的模样。

"你管他们叫做小天使,"老人唠唠叨叨地说,"你以为他们是长着翅膀的娃娃。还有一个你们称作丘比特的、有腿有弓箭的小家伙——我知道他们的来源。他们的曾、曾、曾祖父是头公山羊。先生,你作为主编,知不知道所罗门的寺庙在什么地方?"

我猜想它——是不是在波斯？我不清楚。

"有关它的地址，历史书或《圣经》上都没有记载。但是我亲眼见过。所罗门寺庙的墙上和柱子上有最早的小天使和丘比特的雕刻形象。最大的两个，先生，在内殿约柜的上方构成了龛室。那些雕像的翅膀原本是羊角，面部原本是羊脸。寺庙里里外外有一万头羊的雕像。在所罗门王的时代，你们的小天使是山羊，可是画家们把羊角误解为翅膀。

"先生，我非常熟悉跛帖木儿，也就是那个跛脚的帖木儿，我在科古特和扎兰杰见过他。他身材矮小，不比你大多少，头发是琥珀烟斗杆的颜色。他埋在撒马尔罕。葬礼前我还守过灵。哦，先生，他躺在棺材里很威严，身长六英尺，脸上有黑胡子。我在非洲看到人们朝韦斯帕显皇帝扔萝卜。先生，我走遍世界，得不到一点休息。这是天数。我目睹了耶路撒冷城的陷落和庞贝城在火山爆发中灰飞烟灭；我观看了查理曼大帝的加冕典礼和圣女贞德的私刑处死。凡是有暴风雨、革命、瘟疫和火灾的地方，我都到过。这是天数。你听说过流浪的犹太人的故事。除了我不是犹太人以外，其余都是事实。我对你说过，历史是靠不住的。先生，你这儿没有一点威士忌吗？你很清楚，我还有许多英里的路要走呢。"

"我一点都没有，"我说，"对不起，我要出去吃晚饭了。"

我把吱嘎发响的旋转椅往后一推。这个没有出过海的老人像不习惯陆上生活的水手那样越来越可悲。他晃动一下，斑驳的衣服散发出一阵霉味，碰翻了我的墨水瓶，继续讲他的令人难以忍受的废话。

"如果我在耶稣受难日没有非做不可的工作的话，"他抱怨说，"我对自己的生活并不在乎。先生，你当然知道庞修斯·彼拉多。他自杀后，尸体被扔进阿尔卑斯山区的一个湖里。每逢耶稣受难日的晚上，我都有工作要做。老水鬼潜入湖底，把庞修斯拉上来,湖水像开了锅似的翻腾四溅。老水鬼把尸体放到岩石上的王座里,后面的事就由我来做了。哦,先生,那时候,当你看到我非做不可的可怕的事情时,你会怜悯我——你会为一个根本不是犹太人的流浪的犹太人而祈祷。我必须端一盆水,跪在尸体前面,让它洗手。我告诉你,先生,耶稣受难日的那天,死了二百年的庞修斯·彼拉多从湖底给拉了上来,浑身淤泥,肚子里有鱼在折腾,身体已经腐烂,眼睛成了两个窟窿,在我端着的水盆里洗手。这是天数。"

这件事显然已经远远超出了《号角周报》地方版的范围。现在或许应该由精神病医师或者宣传禁酒的人插手;我反正受够了。我站起来,说我必须走了。

他听说我要走,一把抓住我的衣服,趴在桌子上,呼天抢地地哭起来。不管怎么,我觉得他的悲伤倒是真的。

"得啦,阿德先生,"我安慰他说,"您怎么啦?"

他痛苦地啜泣,断断续续说:"因为我不让——受难的基督——在门口——的台阶上歇歇脚。"

他的幻想似乎没有任何合理的解释,但对他的影响却不容低估。我不知该怎么宽慰他;只得再次对他说,我们两人必须马上离开办公室。

他终于听从了劝告,从搅乱的桌子上抬起身,让我扶他站直。悲伤的大风吹散了他的语句;泪水的急流冲掉了悲伤的外壳。往事的回忆——至少是其中有连贯性的部分——在他心中消失了。

"干出那事情的是我,"我扶着他向门口走去时,他喃喃说——"是我,是耶路撒冷的鞋匠。"

我把他弄到人行道上,在路灯光下,我发现他那张憔悴、皱折、扭曲的脸上带着几世为人的愁苦。

那时,我们听到漆黑的高空传来几只飞过的大鸟的鸣叫。流浪的犹太人举起手,侧着头倾听。

"七只白颊凫!"他像介绍老朋友似的说。

"是雁,"我说,"至于数目,我就不知道了。"

"我到哪儿,它们就跟到哪儿,"他说,"这是天数。你听到的是七个帮忙把耶稣钉上十字架的犹太人的灵魂。它们有时是鸽,有时是雁,但总是飞到我去的地方。"

我站着,不知道该怎么同他告别。我低头望着地面,刚要迈步,又回头看了一眼——觉得毛发都竖立起来。老人不见了。

我接着松了一口气,因为我隐隐约约看见他没入黑暗。但是他步履那么轻快,根本不像是他那种年纪的老人,以致我不能完全镇静下来。

那天晚上,我莫名其妙地从我寒酸的藏书架上搬下几部尘封的书。我查阅《古籍钩沉》《萨拉蒂尔①》和《佩皮斯②藏书录》,但是遍找无着。在一本名为《世界公民》的书里和另一本二百年前的书里,我找到了我要找的资料。确有一个名叫米绍布·阿德的人,于一六四三年到过巴黎,同轰动一时的"土耳其奸细"一案有关。他自称是"流浪的犹太人"——

可是我睡着了,因为我那天的编辑工作十分繁忙。

胡佛法官是《号角周报》推举的议员候选人。我第二天一早就去他家向他讨教;我们穿过镇上一条我不太熟悉的小街去办公室。

"你有没有听说米绍布·阿德这个人?"我问他。

"当然啦,"法官说,"你一说,提醒了我请他修理的那双鞋子。这就是他的铺子。"

---

① 萨拉蒂尔是传说中"流浪的犹太人"的名字之一。
② 佩皮斯(1632—1703),英国作家,斯图亚特王朝复辟时期(1673—1688)曾任海军部秘书。

胡佛法官走进一家昏暗的小店铺。我抬头,看到店铺的招牌是"迈克·奥巴德,专做皮靴皮鞋"。天空飞过几只雁,鸣声清晰可闻。我挠挠耳朵,皱起眉头,也踏进鞋店。

鞋匠凳上坐的是我昨天见过的那个流浪的犹太人,在打一只鞋的前掌。他身上沾着草片,被露水打得湿漉漉的,一副狼狈的样子;脸上还是那种漫漫岁月刻下的、难以解释的可怜、悲哀和愁苦的表情。

胡佛法官和颜悦色地问,他的鞋子修好了没有。老鞋匠抬头答话,神志相当清楚。他说前几天他病了。明天一定把鞋修好。他瞅瞅我,我能看出他对我根本毫无印象。我们出来,继续走我们的路。

"老迈克,"候选人说,"准是喝多了。他每个月总要烂醉一次。不过他修鞋的手艺不错。"

"有原因吗?"我问道。

"威士忌,"胡佛法官简单地说,"酒害了他。"

我不做声,但没有接受这个解释。后来,我一有机会便问帮我分拣交换书刊的塞勒斯老头。

"十五年前,我来蒙托波利斯时,"他说,"迈克·奥巴德已经在这里做鞋了。我认为他的毛病出在威士忌上面。他每个月要胡闹一次,持续一星期左右。他自以为是犹太小贩,逢人就胡言乱语。现在谁都不听他了。他清醒的时候不算太傻——鞋店后屋有不少书,他经常看。我认为,你应该把他的问题归咎于威士忌。"

但是我仍旧不信服。我的流浪的犹太人之谜仍旧没有合理的解释。我认为有好奇心的不一定都是女人。因此,当蒙托波利斯最老的居民(大概比米绍布·阿德年轻一千八百岁)来我的办公室印些东西时,我把他记忆的涓流引向那个无法解释的鞋匠。

阿布纳大叔是一部蒙托波利斯全史,但像核桃似的一敲就开。

"奥巴德吗，"他声音颤抖地说，"是一八六九年来这里的。他是本地第一个鞋匠。如今的人们一般认为他有间歇性的精神错乱。但他不伤害任何人。我认为喝酒搅乱了他的脑筋——是啊，很可能是喝酒引起的。喝酒是很坏的事情。我年纪很老很老了，先生，我一向认为喝酒没有好处。"

我感到失望。在鞋匠的具体事例里，我可以接受喝酒，我宁愿把他的嗜酒当作依赖，而不是起因。他为什么没完没了地谈那个流浪的犹太人？他错乱时为什么有难言之痛？我认为不能光拿威士忌作为解释。

"迈克·奥巴德有没有巨大的失落或者烦恼？"我问道。

"让我想想！我想起来了，大约三十年前有过这类事情。先生，当时的蒙托波利斯社会风气十分古板。

"迈克·奥巴德当时有个女儿——相当漂亮的姑娘。在蒙托波利斯来说，她的性格过于开放了一些，因此，她有一天离家到另一个镇上，跟一个马戏团跑了。两年后，她回到镇上来看迈克，衣服穿得漂漂亮亮，打扮得珠光宝气。迈克不理她，但她仍待在镇上。我认为男人们倒没有什么反对意见，但是女人们撺掇男人，要他们把她撵出镇去。她胆量够大的，叫他们少管闲事。

"一天晚上，他们决定采取行动。一群男女把她从住处赶了出去，挥舞棍棒，扔石块，追逐她。她跑到父亲家求救。迈克开了门，一看是她，迎面给了她一拳，把她打翻在地，关上了门。

"人们继续侮辱她，把她赶出了镇外。第二天，发现她在亨特磨坊的池塘里淹死了。现在我全记起来了。那是三十年前的事。"

我在不会转的旋转椅上朝后一靠，像中国古代官吏似的对着我的糨糊瓶微微点头。

"老迈克发作时，"阿布纳大叔饶舌地往下说，"他自以为是那个流浪的犹太人。"

"他本来就是。"我点点头,想了结这个话题。

阿布纳大叔还唠唠叨叨地在编者按上出主意,他希望《号角周报》"人事栏"至少用一盘铅字的篇幅来写写他。

哈格雷夫斯的两个角色

当莫比尔市的彭德尔顿·塔尔博特少校和他的女儿莉迪亚·塔尔博特小姐移居华盛顿时,他们选择了一幢离最清静的街道还有五十码远的公寓房子住了下来。房子是老式的砖头建筑,门廊上有高大的白色石柱。庭院里有几株荫翳的大槐树、榆树和一棵秋天落英缤纷的梓树。篱笆和小径旁边种着高高的黄杨灌木。塔尔博特父女看中的是那地方的南方情调。

他们在这个愉快的私人公寓里租了房间,和塔尔博特少校的一间书房。少校写的《阿拉巴马军队、法官与律师轶事与回忆》已接近尾声,在增补一些章节。

塔尔博特少校出身南方一个古老的家族。他对当今的社会既无兴趣,也不满意。他的思想仍停留在南北战争以前的时期,那时候,塔尔博特家族拥有几千英亩的棉花良田以及种植棉花的奴隶;家族的豪华邸宅经常招待南方贵族宾客。他带来了那个时期的全部古老的骄傲和荣誉,古色古香、一丝不苟的规矩和礼节,以及(你可以想到)那个时期的服装。

衣服都是五十年前做的。少校身材高大,但每当他行施他称之为鞠躬的那种美妙古老的屈膝礼时,他的长礼服的下摆角就拖到地上。华盛顿早就见惯了南方议员们的长礼服和宽檐帽,但是这种服装仍使他们感到惊奇。一个房客把它叫做"哈巴德大爷"①,它确实

---

① 英语中"哈巴德大妈"一词指妇女穿的宽松的罩袍,此处系借用。

像妇女的罩衣似的腰身很高,前摆宽松。

瓦德曼太太的公寓的房客们都喜欢少校,见到他古怪的衣服,前胸有大量皱褶的衬衫,和老是歪在一边的小小的黑领结,都不禁觉得好笑。有几个在百货公司做售货员的年轻人常常捉弄他,引他谈他最喜爱的话题——他可爱的南方的历史和传统。他谈论时大量引用《轶事和回忆》里的材料。他们十分小心地掩饰他们的计谋,因为他虽然已有六十八岁,他那双灰色眼睛的犀利的目光盯着你时会使你心里发毛。

莉迪亚是个肥胖的三十五岁的老小姐,平滑的头发盘得很紧,因而显得比实际年龄更大。她也是个老派人;但是不像少校那样发散出南北战争前的辉煌。她有节俭的本性;经管家里的收支,负责应对所有来收账的人。少校认为房租和洗衣账单都是可鄙的麻烦事,老是源源不断地送来。少校认为它们为什么不先存档,凑个整数,等到合适的时候再送来——比如说,等到《轶事和回忆》出版和付了稿酬之后?莉迪亚小姐继续做她手里的针线活,平静地说,"只要我们手头还有钱,我们就付,以后他们可能不得不凑个整数再收了。"

瓦德曼太太的房客白天大多不在家。他们几乎都是百货公司的售货员或者商人;但是其中一个年轻人从早到晚待在公寓里的时间很多。他名叫亨利·霍普金斯·哈格雷夫斯——公寓里都用他的全名称呼他——受雇于一个通俗轻喜剧剧院。近几年来,轻喜剧的地位显著上升,哈格雷夫斯先生为人随和,礼貌周全,瓦德曼太太没有理由不接纳他做房客。

哈格雷夫斯是剧院里有名的方言喜剧演员,戏路很宽,能演许多日耳曼、爱尔兰、瑞典和黑人角色。但他心气很高,时常流露出他希望在正统喜剧方面取得成功的抱负。

这个年轻人对塔尔博特少校似乎很有好感。每当少校开始回忆南方的往事或者重复某些有趣的轶事时,哈格雷夫斯总是认真地听。少校最初私下里把哈格雷夫斯叫做"戏子",不愿意同他亲近,但那个年轻人举止得体,真心实意地欣赏老先生讲的故事,完全赢得了他的欢心。

没多久,两人成了好朋友。少校每天下午都划出一定时间把他的书稿念给哈格雷夫斯听,哈格雷夫斯总是在恰到好处的时候开怀大笑。

少校深受感动,一天对莉迪亚小姐说,哈格雷夫斯洞察人情,尊重旧制度。谈起往昔的日子时——如果塔尔博特少校愿意讲,哈格雷夫斯先生就乐意听。

老年人谈起过去的事情时,几乎都不厌其详,少校也是这样。他叙述旧时种植主辉煌的、几乎是王室般的日子时,会停下来回忆替他养马的那个黑人的名字,或者某些琐碎小事的确切日期,或者某一年棉花产量的具体包数,哈格雷夫斯从不厌烦,也不显得不感兴趣。相反的是,他会提出与当时生活有关的各种问题,并且总能得到满意的答复。

黑人居住区的猎狐、聚餐、舞会和歌谣,庄园邸宅大厅举行的宴会,五十英里方圆以内的亲友都受到邀请;同附近士绅偶然结下的世仇;少校为了基蒂·查默斯而同拉思伯恩·卡伯特森的决斗(基蒂后来和南卡罗来纳州思韦茨家族的一个成员结了婚);赌注大得惊人的莫比尔湾私人游艇竞赛;老年奴隶的离奇的迷信、目光短浅的习俗和忠诚的品德——这些话题能让少校和哈格雷夫斯一谈就是几个小时。

有时候,年轻人演完了剧院里的节目后回来,正要上楼去自己的房间,少校会出现在书房门口,诡秘地向他招手。哈格雷夫斯便进去,看到小桌上已经摆好了酒瓶、糖罐、水果和一大把新鲜的薄荷叶。

"哈格雷夫斯先生,"少校郑重其事地说——他总是那么礼貌周全——"我想到,你或许发现你在戏院——在你工作地点——的任务相当繁重,愿意尝尝我们南方的朱勒普①,也就是诗人写下'疲乏的大自然的甜美的恢复剂'时,心里想的东西。"

哈格雷夫斯看他调酒简直心醉神迷。少校一出手就跻身于艺术家之列,有板有眼,从不变更步骤。他巧妙地捣碎了薄荷叶,精密地量好各种成分,最后小心翼翼地在那混合物深绿色的衬底上放一颗大红色的樱桃。他把插着麦管的诱人的饮料端上来,一招一式何等优雅!

在华盛顿待了四个来月后的一天早晨,莉迪亚小姐发现他们的钱几乎花光了。《轶事与回忆》已经脱稿,但是出版商并没有争先恐后来抢这部阿拉巴马观念和智慧的荟萃。他们在莫比尔还保留一幢小房子,地租已欠了两个月。三天后,这里的房租也要交了。莉迪亚小姐找她爸爸商量。

"没有钱了吗?"他诧异地说,"经常要付这些小数目的账单真讨厌。其实我——"

少校在各个口袋里摸索。他只找到一张两元的钞票,又放回坎肩口袋里。

"我必须立刻解决这个问题,莉迪亚,"他说,"请你把我的伞拿来,我立刻去市中心。我们选区的议员弗尔古姆将军几天前向我保证,他要利用他的影响尽早让我的书出版。我马上去他下榻的旅馆,打听打听有没有消息。"

莉迪亚小姐苦笑着,看他扣好"哈巴德大爷"外衣,按老规矩在门口停留一下,深深鞠了一躬,然后离去。

那晚他回家时天已黑了。弗尔古姆议员好像找过正在审读少

---

① 朱勒普是一种威士忌酒加糖和薄荷的饮料。

校书稿的出版商。出版商说,如果那部稿子减去一半篇幅,剔除那些从头到尾都存在的地域和阶级偏见,他或许可以考虑出版。

少校大发脾气,但出于礼貌,在莉迪亚小姐面前时又恢复了镇静。

"我们非要些钱不可,"莉迪亚小姐略微皱眉说,"把那两元钱给我,我今晚给拉尔夫叔叔打个电报,借些钱。"

少校从坎肩口袋里掏出一个小信封,扔在桌上。

"也许我做事不够明智,"他婉转地说,"但是那笔钱微不足道,我买了今晚的戏票。是一出描写南北战争的新戏,莉迪亚。我想你可能喜欢看看它在华盛顿的首演。据说戏里对南方的处理是相当公正的。我承认我自己也想看。"

莉迪亚小姐绝望地摊开手,没有说什么。

票子既然买了,不能白白扔掉。那天晚上,他们坐在戏院里听前奏曲时,莉迪亚小姐只得暂时抛开他们的烦恼。少校换了一件雪白的衬衫,那件不寻常的外衣只在扣上纽扣的地方才显出线条,一头白发梳得很光滑,看上去气度确实不凡。《木兰花》第一幕的场景是典型的南方庄园。塔尔博特少校很感兴趣。

"哦,你瞧!"莉迪亚小姐用胳膊肘推推少校,指着她手里的节目单说。

少校戴上眼镜看她指点的演员表里的一行字。

韦伯斯特·卡尔霍恩上校……亨·霍普金斯·哈格雷夫斯扮演。

"就是我们的那位哈格雷夫斯先生,"莉迪亚小姐说,"这准是他在他说的'正统'喜剧里的首次演出。我真替他高兴。"

韦伯斯特·卡尔霍恩上校直到第二幕才出场。他一上台,塔尔博特少校明显地哼了一声,一动不动,看傻了眼。莉迪亚小姐发出一声含糊的尖叫,把手里的节目单揉成一团。因为卡尔霍恩上校的形象设计得和塔尔博特少校一模一样。末端拳曲的、又长又稀疏的白发,带有贵族气派的鹰钩鼻,宽大的前胸打了许多皱褶的衬衫,歪到一边的领结,几乎都是和原物丝毫不差的复制品。为了加强模仿效果,少校那件据说是独一无二的大衣居然也闹出了双包案。高领子、宽大的腰身和前胸,比后摆长出一英尺的前摆,不可能有别的样板。此后,少校和莉迪亚小姐如坐针毡,看一个高傲的塔尔博特的仿造品(用少校自己后来的说法)"给搬到道德败坏的舞台上,遭到毁谤"。

哈格雷夫斯先生充分利用了接近少校的机会。他惟妙惟肖地模仿了少校的语言、口气和声调以及殷勤周到的礼貌——并且为了达到舞台效果而大大加以夸张。当他拿出少校最为得意的鞠躬礼时,观众突然爆发出一阵热烈的掌声。

莉迪亚小姐纹丝不动地坐着,不敢朝她父亲瞥一眼。有时候,她用挨近她父亲那边的手捂着面颊,尽管她不赞成台上的表演,但还是忍不住要笑。

哈格雷夫斯大胆的模仿在第三幕达到了高潮。那一幕的场景是卡尔霍恩上校在他的小房间里款待几个邻近的庄园主。

他站在舞台中央的桌子前,朋友们围聚在他身边,他一面说了《木兰花》全剧中那段无可比拟的性格独白,一面熟练地替大家调制朱勒普酒。

塔尔博特少校气得脸色煞白,但默然听着舞台上重复他最精彩的故事,引用并发挥他心爱的理论和嗜好,夸大和篡改尚未问世的《轶事和回忆》的片段。他特别爱讲的事迹——他同拉思伯恩·卡伯特森的决斗——也没有漏掉,不过讲得比少校本人更带劲,更有声有色。

独白的结尾是有关调制朱勒普酒的趣味横生的解释,并附有操作示范。塔尔博特少校巧妙而炫耀的技术得到了精确的再现——从薄荷叶的细心处理——"用力稍大一点,先生们,这种天赐的植物榨出来的就不是香气而是苦味了"——直到精心选择麦管。

演出结束时,观众热烈鼓掌喝彩。这个人物表现得如此生动真实、淋漓尽致,以致剧中的主要角色都相形见绌。哈格雷夫斯数次谢幕,最后站到幕前频频鞠躬,成功的喜悦使他那还带孩子气的脸上泛出红光。

莉迪亚小姐终于转过头看看少校。他的薄薄的鼻翼像鱼鳃似的翕张。他发抖的两手使劲按着椅子扶手想站起来。

"我们走,莉迪亚,"他气急败坏地说,"岂有此理——简直是亵渎。"

莉迪亚拉他坐下。

"我们等散场时再走,"她说,"难道你要展示那件大衣的原物,替复制品做广告吗?"

哈格雷夫斯的成功肯定使他在剧院里待得很晚,公寓里开早饭和午饭时他都没有露脸。

下午三点钟左右,他在塔尔博特少校的书房外轻轻叩门。少校开了门,哈格雷夫斯拿着许多当天的报纸走了进来——他得意非凡,没有注意到少校的异常态度。

"昨晚我使出浑身解数,少校,"他兴高采烈地说,"我有了一显身手的机会,我想我没有白白放过。《邮报》是这么说的:

> 他设计并扮演了一个旧时的南方上校,荒诞的夸张、古怪的服装、离奇的语言、陈旧的家族荣誉感、善良的心地、异乎寻常的自尊心以及可爱的单纯,是当今舞台上最精彩的性格角色的演绎。卡尔霍恩上校穿的大衣本身就是天才的表现。哈格雷夫斯先生折服了观众。

"作为首夜演出,少校,你认为这个评论怎么样?"

"昨晚,先生,"——少校冷淡的声音带有不祥之兆——"我有幸观看了你出色的演出。"

哈格雷夫斯有点出乎意外。

"你也在剧院?我不知道你居然——我不知道你还喜欢看戏。哦,塔尔博特少校,"他诚恳地说,"你别生气。我承认我从你那儿得到不少启发,对我扮演那个角色大有帮助。可是你知道,那只是典型人物——不是具体的个人。观众的欢迎程度就可以说明。他们中间有一半是南方人,他们认可。"

"哈格雷夫斯先生,"少校仍然站着说话,"你对我进行了不可原谅的侮辱。你丑化了我个人,严重地辜负了我对你的信任,滥用了我对你的款待。假如我认为你对绅士的本质还具有最起码的概念,我会向你提出决斗的要求,尽管我年纪这么大。先生,我请你离开这里。"

那个演员显得有点不知所措,仿佛并不完全理解老绅士的意思。

"你生气的话,我真正抱歉,"他表示遗憾说,"我们这里对事物的看法和你们不一样。我知道有些人为了得到公众认可,不惜任何代价也要在舞台上表现他们的个性。"

"他们不是阿拉巴马人,先生。"少校高傲地说。

"也许不是。我的记忆很好,少校;请允许我引用你书稿里的一些话。我记得在米利奇维尔的一个宴会上,你致祝酒答词时说过,并且打算在你的书里发表下面的一段话:

> 北方人完全没有感情或温暖,除非那些感情能变为他自己的商业利益。他可以忍受自己或者亲人的荣誉遭到毁谤而毫无怨言,只要毁谤的后果不带来金钱损失就行。他行善时出手大方,但事先必须大事宣扬,广为宣传;事后必须大书特

书,记录在案。

"你认为那番描绘比你昨晚看到的卡尔霍恩上校更公正吗?"

"那种描绘——"少校皱起眉头说,"是有根据的。演讲时允许夸——允许自由发挥。"

"演出也一样。"哈格雷夫斯回嘴说。

"问题不在那里,"少校不依不饶地说,"那是对个人的丑化。我绝不能置之不理,先生。"

"塔尔博特少校,"哈格雷夫斯和颜悦色地说,"我希望你能理解。我要你知道,我绝对没有侮辱你的意思。在我这一行,生活里的一切归我所用。我撷取我要的和我能撷取的东西,然后放回到舞台上。如果你同意的话,这件事就谈到这里。我来看你是谈另一件事。我们相识有几个月,可以说是相当好的朋友了,我甘冒再次使你生气的危险。我知道你手头很紧——别管我是怎么知道的;这类事情在公寓里不容易保密——我请求你允许我帮你渡过难关。我自己也常有拮据的时候。这一演出季节,我收入不坏,攒了一些钱。如果你需要几百元——甚至更多一点——尽管开口,等你情况好转——"

"闭嘴!"少校举起手臂喝道,"看来我书里写的一点不错。你以为用金钱抚慰就可以治愈所有的荣誉伤害。我在任何情况下都不会接受不够交情的朋友的贷款;至于你,先生,我宁肯饿死,也不考虑你那个带有侮辱性的、用金钱调解的建议。允许我重申请你离开这里的要求。"

哈格雷夫斯二话没说就走了。同一天,他还离开了公寓,据瓦德曼太太在晚餐桌上的解释,他搬到离市中心剧院近一点的地方,因为《木兰花》预定要连续上演一星期。

塔尔博特少校和莉迪亚小姐的处境十分窘迫。少校顾虑重重,不愿意向华盛顿的任何人借钱。莉迪亚小姐给拉尔夫叔叔去了一封信,但那个亲戚自己也不宽裕,不一定能提供帮助。少校不得不因为推迟支付膳宿费而向瓦德曼太太表示歉意,他不好意思地说是"拖欠的地租收不上来","汇款迟迟未到"。

救助来自一个完全意想不到的地方。

一天傍晚,使女上楼通报说,有个黑人老先生要见塔尔博特少校。少校让他到书房来。随后,一个老黑人出现在门口,帽子拿在手里,笨拙地移动着脚步,连连鞠躬。他穿着一套宽大的黑衣服,相当整齐。粗糙的大皮鞋显然擦过炉灰和猪油,发出金属的光泽。蓬松拳曲的灰色头发几乎全白了。过了中年的黑人的岁数很难估计。这个黑人的年龄大概同塔尔博特少校相仿。

"我敢肯定您不认识我啦,彭德尔顿老爷。"黑人开口说。

少校一听这个熟悉的旧时招呼就站起身,迎上前去。毫无疑问,准是以前种植园里的黑人之一,但是他们干活和居住的地方非常分散,他辨不清口音和长相了。

"确实记不起了,"他和善地说,"除非你提个醒。"

"您还记得辛迪家的摩西吗,彭德尔顿老爷,战后迁走的?"

"等一等,"少校用指尖擦着前额说。他喜欢回忆和那些可爱的往日有关的一切事情。"辛迪家的摩西,"他沉思着,"你是养马的——驯服小马的。是啊,我现在想起来了。战后,你改了姓——别说,让我自己想——叫米切尔,去了西部——内布拉斯加。"

"对头,对头,"——老黑人咧嘴笑起来——"就是他,就是那地方。内布拉斯加。就是我——摩西·米切尔。他们现在管我叫摩西·米切尔大叔。老主人,您的父亲,遣散我时给了我两头小马骡作为资本。您还记得那些小马骡吗,彭德尔顿老爷?"

"我似乎记不起小马骡了,"少校说,"你知道,我是打仗开始的那年结婚的,住在老福林斯比那儿。坐吧,坐吧,摩西大叔。我见到你很高兴。你大概发了吧?"

摩西大叔在一张椅子上坐下,小心地把帽子放在身边的地板上。

"对头,我近来出了名。我初到内布拉斯加时,当地的人都跑来看那两头小马骡。内布拉斯加没有那种牲口。我把它们卖了三百块钱。对头——三百块。

"后来我开了一家铁匠铺,挣了一点钱,买了地。我和我的老伴生了七个娃娃,除了两个以外都长大了。四年前铁路通到我们那里,建起一个镇子,买了我的地,彭德尔顿老爷,摩西大叔现在的现钱、房子和地加起来,让我想想,有一千块钱了。"

"我听了很高兴,"少校亲切地说,"听了很高兴。"

"你那个小娃娃,彭德尔顿老爷——你给她起名叫莉迪亚小姐的——那个小姑娘肯定长得谁都认不出来了。"

少校走到门口喊道:"莉迪亚,亲爱的,你来一下好不好?"

莉迪亚小姐看上去确实长大了,并且心事重重,从她屋里出来。

"哎呀!我不是说过了吗?我知道那娃娃肯定长得好大好大了。你还记得摩西大叔吗,孩子?"

"这是辛迪大婶家的摩西,莉迪亚,"少校解释说,"他离开阳光草地去西部的时候,你只有两岁。"

"哎,"莉迪亚小姐说,"我当时那么小,摩西大叔,总不能指望我记得你吧。并且正如你所说的,我长得'好大好大'了,那是很久以前的事了。不过即使我不记得你,我见到你仍旧很高兴。"

她确实很高兴。少校也一样。某些活生生的、实实在在的东西把他们同幸福的过去联系起来。三人坐着缅怀往事,少校和摩西大叔回顾庄园的景物和日子,不时相互纠正或者提醒。

少校问老黑人大老远来这里干什么。

"摩西大叔是来参加华盛顿市召开的洗礼会代表大会。"他解释说,"我从没有传过道,但是作为教会的住家长老,并且有条件支付自己的旅费,他们就派我来了。"

"你怎么知道我们在华盛顿呢?"莉迪亚小姐问道。

"有个莫比尔来的黑人在我歇脚的旅馆里干活。他告诉我,有一天早晨,看见彭德尔顿老爷从这座房子里出来。"

"我来这里,"摩西大叔把手伸进口袋里说,"除了看看老家的人以外,还要归还我欠彭德尔顿老爷的钱。"

"欠我的钱?"少校吃惊地说。

"对头——三百块钱。"他递给少校一卷钞票,"我离开时,老主人对我说:'把那两头小马骡牵去,摩西,你有能力的时候再给钱好啦。不错,先生——老主人是这么说的。打仗后,老主人自己也穷了。老主人已经去世,父债子收。三百块钱。摩西大叔现在有能力还债了。铁路公司买我的地时,我把那笔款子另外存起来,准备还骡子的钱。请数一数,彭德尔顿老爷。那就是我卖骡子的钱数。老爷。"

泪水涌上塔尔博特少校的眼睛。他一手拉着摩西大叔的手,一手放在摩西大叔的肩膀上。

"亲爱的、忠诚的老仆人,"他声音发颤,"我不妨告诉你,'彭德尔顿老爷'上个星期已经花掉了他在世上的最后一元钱。这笔钱我们收下了,摩西大叔,因为它既是一种补偿,也是对旧制度的忠诚和礼赞的表示。莉迪亚,亲爱的,你拿着,你在经管开支方面比我合适。"

摩西大叔走后,莉迪亚小姐哭了一场——高兴的哭;少校脸冲着角落,使劲抽他的陶土烟斗。

塔尔博特家恢复了平静舒适的生活。莉迪亚小姐脸上心事重重的神色一扫而光。少校做了一件新的长礼服,穿上后像是一尊纪念他的黄金时期的蜡像。另一个出版商看了《轶事和回忆》的书稿后,认为稍加润饰,淡化一些地方,可能编成一部精彩的畅销书。总之,形势好转,充满希望,而希望往往比已经得到的幸福更美好。

他们时来运转后,过了一星期左右,有一天,使女把一封给莉迪亚小姐的信送到她的房间。邮戳表明是纽约寄来的。纽约没有莉迪亚小姐认识的人,她觉得有点奇怪,坐在桌前用剪刀剪开了信封。她看到的是:

亲爱的莉迪亚小姐:

我想你知道了我的好运也许会为我高兴。纽约一个剧团请我担纲演出《木兰花》里的卡尔霍恩上校,周薪二百元,我接受了聘请。

还有一件事,我想让你知道,但最好不必告诉塔尔博特少校。我创造那个角色时,得到他很大的帮助,并且害他生了气,我极想做些补偿。他拒绝了我,但我仍然设法做了。匀出三百元对我并不困难。

亨利·霍普金斯·哈格雷夫斯谨启

又及:我扮演的摩西大叔还可以吗?

塔尔博特少校在过道上看见莉迪亚小姐的房门开着,便停下来问道:

"今天早晨有我们的信件吗,亲爱的莉迪亚?"

莉迪亚小姐把信塞进衣服里。

"《莫比尔纪事报》来了,"她回答说,"放在你书房的桌子上面。"

就 医 记

于是,我去找大夫了。

"你初次喝酒以来,到现在有多久了?"他问道。

我侧过面回答说:"哦,有些时候了。"

他是个年轻的大夫,年纪在二十到四十之间。他穿的袜子是浅绿色的,不过人却像拿破仑。我很喜欢他。

"现在,"他说,"我要让你看看酒精对你的血液循环所起的作用。"他说的好像是"循环";不过也可能是"广告"。

他把我的袖管捋到胳膊肘上面,取出一瓶威士忌,让我喝了一杯。他更像拿破仑了。我开始更喜欢他了。

接着,他用一条压布扎紧我的胳膊,用手指按住我的脉息,捏着一个同温度计相似的仪表连在一起的橡皮圆球。水银柱上下跳动,似乎没有停过;但大夫说表上是二百三十七,或者是一百六十五,或者诸如此类的数字。

"喏,"他说,"你看到酒精对你血压的作用了吧。"

"太棒啦,"我说,"不过你认为一次试验够了吗?我觉得挺有意思。我们再试试另一条胳膊吧。"可是他不干。

随后,他捉住我的手。我以为自己大概是得了不治之症,他要和我告别。然而他只用一枚针在我的指尖上猛扎一下,挤出一滴血,同粘在卡片上的许多半元扑克筹码似的东西加以对比。

"这是血红蛋白试验,"他解释说,"你的血色不对头。"

"是啊,"我说,"我知道应该是蓝色;不过我们这个国家的血统很混杂。我祖先中间有几个是骑士;可是他们同楠塔基特岛上的一些人混熟了,所以——"①

"我指的是,"大夫说,"红色太浅了。"

"哦,那就不是婚姻匹配,而是颜色搭配的问题了。"

接着,大夫使劲捶我的胸部。他这么干的时候,我说不清楚他使我想起的是拿破仑、战役还是纳尔逊②。他脸色阴沉,说了一连串凡夫俗子难免的病痛——大多数都以"炎"为结尾。我马上先付他十五元。

"你说的毛病中有没有哪一种或者哪几种肯定是会致命的?"我问道。作为与此休戚相关的当事人,我觉得应当表示一些兴趣。

"全部都会,"他回答得很轻松,"但是它们的进展可以抑制。只要经过治疗,不断治疗,你可以活到八十五岁或者九十岁。"

我联想到大夫的账单,赶快表态说,"八十五就够啦。"我又取出十元钱,预付给他。

"现在的首要任务,"他大受鼓舞地说,"是替你找个疗养院,让你彻底休息一个时期,改善你的神经状况。我亲自陪你去,挑选一个合适的地方。"

他把我带到卡茨基尔的一家疯人院。疯人院坐落在一个光秃秃的山上,只有为数不多的常客才光临那里。那地方满目荒凉,只有大小石头,几片未融的积雪和稀稀拉拉的松树。年轻的主治医师倒非常和蔼可亲。他没有在我胳膊上扎压布就给了一帖兴奋

---

① 西方语言中"蓝色血液"指贵族及其后裔,起因是西班牙本土贵族皮肤白皙,脉管呈蓝色;殖民扩张后,他们同土著居民杂婚,后代皮肤颜色较深。楠塔基特在美国马萨诸塞州。
② 纳尔逊(1758—1805),英国海军将领,1805 年率领英国舰队在特拉法尔加打败法国和西班牙的联合舰队。

剂。那时正好开午饭,他请我们一起就餐。餐厅里有二十来个住院病人,分坐在几张小桌旁。年轻的主治医师走到我们桌前说道:"这里有个惯例:我们的客人不把自己当作病人,而只是来休养的疲倦的先生太太。不论他们有什么小毛病,谈话中绝对不提。"

陪伴我的大夫高声吩咐女侍替我准备一些磷酸甘油酸石灰炒肉末、狗面包、溴泡腾盐薄饼和番木鳖茶。这时,餐厅里发出一种声音,仿佛松树林里突然刮起一阵暴风。在场的人喊喊喳喳地议论开了:"神经衰弱!"——只有一个鼻子灵敏的人是例外,我清清楚楚地听到他说:"慢性酒精中毒。"我希望同他进一步认识认识。主治医师转身走了。

饭后一小时左右,他陪我们去工场——那里离院部有五十码远。在工场负责照料客人的是主治医师的替角和助手——一个只见两脚和蓝色运动衫的人。他个子太高了,我甚至不敢肯定他有没有长着脸;不过盔甲包装公司一定乐于雇用他。

"我们的客人们,"主治医师说,"在这里从事体力劳动——实际上是娱乐,从而消除他们过去的精神烦恼。"

这里有车床、木工器材、陶工工具、手纺车、织布机、踏车、大鼓、蜡笔人像画放大仪和铁工锻炉,一应俱全;看来能引起第一流疗养院里自费客人们的兴趣。

"在角落里做泥巴馅饼的那位太太,"主治医师悄声说,"是大名鼎鼎的路路·路林顿,那本名叫《爱情为何要爱》的书的作者。她现在做的事只是为了在完成那部作品后让脑子休息休息。"

你们看到了吧,我的病并不像他们想象的那么严重。

"那位往漏斗里灌水的先生,"主治医师往下说,"是华尔街的经纪人,他工作过度,累垮了。"

我扣好上衣的扣子,惟恐丢失钱财。

他指点给我看的另一些人中间有玩挪亚方舟的建筑师,看达尔文《进化论》的牧师,锯木头的律师,向那个穿蓝色运动衫的助手介绍易卜生剧本的十分疲倦的交际花,睡在地板上的、神经过敏的百万富翁,还有一个拖着一辆小红车在屋里打转的著名艺术家。

"你身体看上去很结实,"负责替我治病的大夫说,"我认为使你神经松弛的最好的办法是从山上往下扔小石头,然后再把它们捡回来。"

我撒腿就跑,大夫赶上我时,我已经跑了一百码远。

"怎么回事呀?"他问道。

"是这样的,"我说,"目前没有飞机可乘。因此,我只好溜达到火车站,搭乘第一列不定时的、烧烟煤的快车回城里去。"

"唔,"大夫说,"也许你是对的。这地方看来对你不合适。不过你需要休息——绝对的休息和锻炼。"

当晚,我到城里一家旅馆,对管理员说:"我需要绝对的休息和锻炼。你能不能给我一个有活动床的房间,再派几个服务员,在我休息时轮班把床抬高放下?"

管理员在擦指甲上的一块污迹,侧过脸朝坐在休息室里的一个戴白帽子的高个儿使了个眼色。那个人站起来,客客气气地问我有没有见到西门口的灌木丛。我没有见到,他便领我去,在门口从头到脚把我打量了一番。

"我原以为你喝多了,"他相当和气地说,"不过现在看来不是这么一回事。你最好还是去看大夫吧,老兄。"

一星期后,替我治病的大夫又量了我的血压,但是没有事先给我兴奋剂。他的袜子带些棕黄色,叫我看了不顺眼。

"你需要的,"他下结论说,"是海滨空气和伙伴。"

"找个美人鱼——"我刚开口,他马上摆出专门家的架势。

"我亲自出马,"他说,"带你去长岛海滨的清新旅馆,照料你的健康。那是个安静舒适的休养地,你去了很快就能恢复。"

清新旅馆是近海岛上一家豪华宾馆，有九百个客房。凡是不穿礼服去进餐的人都给轰到靠边的餐厅，只能吃甲鱼和香槟酒的客饭。这个海湾是拥有私人游艇的富翁们的落脚点。我们抵达的当天，"海盗号"正好停泊在岸边。我看见摩根先生站在甲板上，一面吃奶酪三明治，一面羡慕地眺望着旅馆。话虽这么说，这个地方却花不了什么钱。因为谁都付不起他们的账单。你要离开的话，干脆留下行李，偷一条小快艇，在夜里溜回大陆。

有一天，我在那家旅馆的管理员桌上拿了一本旅馆专用的空白电报纸，打电报向我所有的朋友告急，请他们寄钱来，好让我脱身。我的医师和我在高尔夫球场上玩了一盘槌球游戏，然后在草坪上睡觉。

我们回到城里，我的医师仿佛突然想起一件事。"顺便问一句，"他说，"你感觉怎么样？"

"病情好多啦。"我回答说。

会诊大夫的情况不同。他不能肯定是否拿得到诊金，这就决定了你得到的是最精心的还是最马虎的诊治。负责我这个病人的医师带我去看一位会诊大夫。他做了错误的猜测，居然为我精心诊治。我非常喜欢他。他让我做一些共济运动。

"你后脑疼不疼？"他问。我说不疼。

"闭上眼睛，"他吩咐说，"两脚并拢，使劲往后跳。"

我一向善于闭上眼睛往后跳，于是照办了。我的脑袋撞到浴室门沿上，因为浴室的门是开着的，并且只有三英尺远。大夫觉得十分抱歉。他忘了门是开着的。他走过去把它关好。

"现在你用右手食指碰你的鼻子。"他说。

"在哪儿？"我问。

"在你脸上。"他说。

"我说的是我的右手食指。"我解释说。

"哦,对不起。"他说。他重新打开浴室的门,让我从门缝里抽出手指。我出色地完成了指鼻子试验后说:

"大夫,我不愿意对你隐瞒症状;我的后脑勺现在确实有一种近乎疼痛的感觉了。"

他不理会这个症状,却用一个最近流行的投币听音乐器上的耳机似的玩意儿来检查我的心脏。我觉得自己成了民谣。

"现在,"他说,"你在屋子里绕圈子,像马一样快跑五分钟。"

我尽可能模仿一头落选后从麦迪逊广场公园里牵出来的佩尔切隆良种挽马。随后,大夫没有投入硬币,就听我的胸口。

"我家族成员中没有害马鼻疽的,大夫。"我说。

会诊大夫举起手指,离我的鼻子有三英尺远。"看我的手指。"他命令道。

"你有没有试用过皮尔氏的——"我开口说,但他迅速地继续试验。

"现在看海湾外面。看我手指。看海湾外面。看我手指。看我手指。看海湾外面。看海湾外面。看我手指。看海湾外面。"这样持续了将近三分钟。

他解释说,这是大脑活动试验。我觉得轻而易举。我从没有把他的手指错当成海湾。假如他换一种说法,比如说:"你装作无忧无虑的模样朝外面眺望——或者稍偏一点——把目光投向地平线的方向,也就是说,投向港湾水天相接的地方,"然后说,"现在不妨回首——或者说,撤回你的关注,把它加在我屹然耸立的指头上"——如果这么说的话,我敢担保,只有亨利·詹姆斯[①]才能顺利通过试验。

---

① 亨利·詹姆斯(1843—1916),美国小说家,著有《一位女士的画像》《鸽翼》《黛西·密勒》《艾斯朋遗稿》《螺丝在拧紧》等长篇及中短篇小说以及许多评论游记。他写的句子长而复杂,大量使用副词,力求细密、准确。

两位大夫问了我有没有脊柱弯曲的舅公和脚脖子肿大的表兄弟后,退到浴室,坐在澡盆边上进行诊断讨论。我吃了一个苹果,先瞧瞧手指,再瞧瞧海湾外面。

两位大夫神情严肃地出来了。更糟的是,他们像墓碑一样一言不发。他们开了一份饮食清单,我必须严格遵守。凡是我听说过的可以吃的东西,清单上面都有,除了蜗牛。事实上,我从没有吃过蜗牛,除非它赶上我,先咬我一口。

"你必须严格按照清单进食。"两位大夫说。

"假如我能吃到清单上十分之一的东西,再严格我也干。"我回说。

"其次,"两位大夫接着说,"户外空气和运动也很重要。这儿有一张处方,对你会大有帮助。"

于是我们各干各的,他们拿起帽子准备走了,我也告辞。

我到药剂师那儿,递上处方。

"这张方子配起来要二元八十七分一瓶,一英两装的瓶子。"他说。

"你能给我一根包扎绳吗?"我问。

我把处方捅一个窟窿,用绳子穿好,然后往脖子上一套,塞在衣服里面。我们大家都有点儿小迷信,我的毛病在于迷信护身符。

当然,我没有什么问题,不过我病得很厉害。我不能工作、睡觉、吃饭和玩滚木球游戏。我能博得同情的惟一办法是接连四天不刮胡子。即使如此,也有人说:"老兄,你结实得像松树疙瘩。你去缅因州森林里旅游了一次,是吗?"

我突然想起我需要户外空气和锻炼。于是我到住在南方的约翰那里去。约翰根据牧师的裁决,同我沾上亲戚关系。那牧师手里捧着一本小书,站在菊花盛开的凉亭里,周围是成千上万看热闹的人。约翰有一所乡间住宅,离派因维尔七英里。住宅坐落在蓝岭山脉,高高在上,与世无争。约翰像是云母石,比金子更可贵、更晶莹。

他在派因维尔迎接我,我们搭索道吊运车去他家。那是一所宽大的平房,周围山峦重叠,没有别的住家。我们在他家的私人小站下了车,约翰的家人和阿玛丽里斯已在等候我们了。阿玛丽里斯有点担心似的瞅着我。

我们去约翰家的山路上,前面蹿出一只兔子。我扔下手提箱,使劲追赶。我跑了二十码后,兔子不见了。我一屁股坐在草地上,伤心地哭起来。

"我连兔子都追不上了,"我抽噎说,"我成了废物。还不如死了的好。"

"哟,怎么回事——怎么回事呀,约翰哥哥?"我听到阿玛丽里斯说。

"神经有点不对头,"约翰以他固有的镇静态度说,"别担心。起来吧,追兔子的人。接着往回走,不然烤好的软饼要凉了。"那时天快黑了,山岭在暮霭中的气势完全符合默弗里小姐①的描写。

晚饭后,我宣布说我相信我能睡上一两年,包括法定假日在内。他们领我到了一个客房,那地方像花园一般宽敞凉爽,里面有一张像草坪那么大的床。不久,房子里的人都休息了,周围一片宁静。

多年来,我没有体会到什么是宁静了。真是万籁俱寂。我用胳膊肘支起上身侧耳倾听。入睡!我觉得只要能听到星星闪烁或者小草抽长的声音,我就能安心入睡。有一次,我认为自己听到了一艘独桅艇在微风中抢风行驶的声息,但我又想到那也许只是地

---

① 默弗里(1850—1922),美国女作家,写了不少以田纳西山区为背景的长、短篇小说。

毯钉隆起的动静。我仍旧倾听着。

突然,一只迟归的小鸟停栖在窗台上,它睡迷迷的音调发出了一般用"啁啾"两字来形容的声响。

我猛地蹦了起来。

"嗨!楼下怎么啦!"楼上房间里的约翰嚷道。

"哦,没事,"我回说,"我只是不小心,脑袋磕在天花板上了。"

第二天早晨,我到游廊上,眺望山景。可以看到的山头一共有四十七座。我打了个寒战,回到大起坐室,从书架上挑了一本《潘科斯特家庭医药大全》,开始阅读。约翰也进了屋,从我手里拿掉书,拉我出去。他有一个占地三百英亩的农场,通常的配备一应俱全,有谷仓、骡子、雇工和缺了三个前齿的耙子。我童年时代就见过这种东西,心里开始凉了。

约翰谈起紫苜蓿,我的情绪立刻高涨起来。

"对,对,"我说,"她不是歌舞团里的吗——我想想看——"

"你知道,"约翰说,"又绿又嫩,出了第一茬,就把它翻到地底下。"

"我知道,"我说,"她上面就长出了青草。"

"不错,"约翰说,"你毕竟懂得一点庄稼活儿。"

"我还懂得一些农民的事情,"我说,"长柄大镰刀总有一天要把它们刈掉①。"

进屋时,一个美丽而费解的生物在我们面前走过。我情不自禁地站住了,出神地瞅着。约翰抽着烟,耐心等待。他是个新型农民,很懂礼貌。十分钟后,他说:"你打算整天站在那里瞅一只鸡吗?早餐快准备好了。"

"一只鸡?"我说。

---

① 西方常用一个身披黑袍、手持长柄大镰刀的骷髅代表死神。

"一只奥尔平顿白鸡,如果你想知道得具体些。"

"一只奥尔平顿白鸡?"我极感兴趣地重复了一遍。那只家禽仪态万方地慢慢走过去,我像被彩衣魔笛手迷住的小孩那样跟在后面。约翰给了我五分钟时间,然后拉着我的袖管,带我去吃早饭。

我住了一个星期,开始着慌了。我睡得香,吃得下,开始真正感到生活的欢乐。对我这种身患绝症的人来说,这是不可能的。于是,我溜到索道吊车站,到派因维尔去找镇上一个最好的大夫。我需要治疗时,已经知道该怎么办了。

"大夫,我害了心脏硬变、动脉硬结、神经炎、急性消化不良,以及康复病。我应该严格按照规定进食。我应该晚上洗个温水浴,早上洗个冷水浴。我应该心胸开朗,思想集中在愉快的事情上。至于药物,我打算吃磷质药丸,每日三次,最好饭后服用,还有一种用龙胆酊、棕金鸡纳皮酊、黄金鸡纳皮酊和豆蔻酊配制的补剂。每一匙补剂要加番木鳖酊,第一天加一滴,以后每天增加一滴,直到最大容许剂量。我应该用医用滴管,这种滴管各个药房都可以买到,花不了多少钱。再见。"

我拿起帽子,走了出去。刚关上门,想起还忘了说一件事。我再打开门。大夫坐在原来的位置上没有动窝,不过他再见到我时,微微震动了一下。

"我还忘了一件事,"我说,"我还应该绝对休息和锻炼。"

经过这次就诊,我感觉好多了。重新树立了病入膏肓的信念之后,我感到特别满意,几乎又可以郁郁不乐了。对于一个神经衰弱患者来说,再没有比自我感觉良好更可怕的事情了。

约翰悉心照顾我。自从我对他的奥尔平顿白鸡表示兴趣以后,他尽可能转移我的注意,晚上特别小心地把鸡舍门锁好。清新宜人的山地空气、营养丰富的食物以及每天的山间散步,大大减轻了我的疾病,以致我变得万分痛苦绝望。我听说附近山区有位乡村大夫。我去看他,把我的情况全告诉了他。他胡子灰白,眼睛清澈湛蓝,穿一身家制的灰斜纹布衣服。

为了节省时间,我自己进行诊断;我用右手食指触摸鼻子,叩击膝腱,让小腿踢起来,敲敲胸部,吐出舌头,并且询问派因维尔的墓地是什么价格。

他点燃烟斗,瞅了我三分钟左右。"老弟,"他最后说,"你的情况糟透了。你挺过来的希望固然有,但是很渺茫。"

"什么希望呢?"我急切地问道,"我试过砷、磷、运动、番木鳖、水疗、休息、兴奋剂、可待因和阿摩尼亚芳香精。医药学中还有没尝试过的吗?"

"这个山区,"大夫说,"有一种植物———一种开花的植物能治你的病。恐怕也只有它能治好你的病。这种植物像地球一般古老,不过近来越来越少了,不容易找了。你我两人非找到不可。我上了年纪,已经不正式开诊,但是我收下你这个病人。你每天下午来我这儿,帮我去找那种植物,找到方休。城里的大夫也许了解不少科学上的新东西,但是不太懂得大自然揣在马鞍袋里的草药。"

此后,老大夫和我每天在蓝岭的山头山脚寻觅那种治疗百病的植物。我们一起翻山越岭,陡峭的山坡上满是秋天的落叶,脚下打滑,我们要抓住手边的小树和大树枝条,才不至于摔下山去。我们在峡谷中齐胸高的月桂灌木和蕨类植物中间艰苦跋涉,我们沿着山涧一走就是好几英里,像印第安人似的在松树林中迂回——在路边、河边和山边探索,寻找那种神奇的植物。

正如老大夫所说,如今那种植物越来越稀少,不容易找到了。但是我们坚持不懈。我们日复一日地下至谷底,上到山头,踏遍台地,搜寻那种能创造奇迹的植物。在山区待了一辈子的老大夫仿佛永远不会疲倦。我回家时却累得要死,什么都干不了,往床上一倒,一觉睡到第二天早晨。我们这样干了一个月。

一天傍晚,我和老大夫在外面走了六英里才回家,阿玛丽里斯和我到路边树下去散散步。我们望着山岭披上紫色的睡袍,纷纷准备就寝。

"你身体好了,我很高兴,"她说,"你刚来时把我吓了一跳。我以为你真的病了呢。"

"好了?"我几乎嚷了起来,"你可知道,我活命的机会只有千分之一吗?"

阿玛丽里斯惊讶地瞅着我。"哟,"她说,"你结实得像一头耕地的骡子,每晚睡十至十二个小时,胃口好得把我们家都快吃空了。你还要怎么样才算好呢?"

"我告诉你,"我说,"假如不能及时弄到那种仙草——也就是我们目前正在寻找的植物,那就什么都救不了我的命。大夫这么对我说的。"

"哪个大夫?"

"塔特姆大夫——住在黑橡树岭半山腰的那个老大夫。你认识他吗?"

"我从会说话的时候起,就认识他了。你每天出去就是干这件事——是他带你跋山涉水,让你恢复健康和力量的吗?上帝赐福给老大夫吧。"

正在这时候,老大夫赶着那辆破旧的轻便马车缓缓过来了。我朝他挥手,高声招呼说,明天还是那个时候我再去找他。他勒住马,叫阿玛丽里斯过去。他们谈了五分钟话,我在原地等着。然后老大夫驾车走了。

我们回家后,阿玛丽里斯抱出一部百科全书,找一个词条。"大夫说,"她告诉我说,"你不必以病人的身份去找他了,不过他欢迎你作为朋友去看望他。他又吩咐我在百科全书里找我的名字,把词义告诉你。那个词条仿佛是一种开花植物,也是特厄克利托斯和维吉尔①作品里一个农村姑娘的名字。你认为大夫说这话是什么意思?"

"我明白他的意思,"我说,"我现在明白了。"

对于可能被烦躁不安的"神经衰弱"夫人迷住的弟兄们,我有一言奉告。

那张处方很对症。住在高楼林立的城市里的大夫们尽管有时瞎撞瞎碰,也指出了特效药。

因此,为了锻炼而被介绍给黑橡树岭的塔特姆大夫的人——到了松树林的卫理公会教友聚会所后,请走右手那条路。

绝对休息和锻炼!

和阿玛丽里斯一起坐在树荫下,带着第六感觉看那一排金碧交辉的山峦鱼贯进入夜晚的寝室,这一切仿佛是在阅读不用文字表达的特厄克利托斯的田园诗,世上还有什么休息能比这更有益于健康呢?

---

① 特厄克利托斯(约公元前310—公元前245)和维吉尔(公元前70—公元前19)分别是古希腊和古罗马诗人。阿玛丽里斯是女子名,也是石蒜科植物孤挺花的名称。

十月和六月

上尉郁郁不乐地望着他那把挂在墙上的佩剑。旁边的壁柜里存放着他服役时穿的、由于日晒雨淋而褪色的旧制服。那些军号声声、鼙鼓阵阵的日子仿佛已是很久很久以前的事了。

国家艰难时期,他在军队里服役,如今退了役,却不幸沦为一个女人脉脉含情的眼睛和笑吟吟的嘴唇下的败将。他坐在寂静的房间里,手里拿着刚收到的她的信——使他显得郁郁不乐的那封信。他把那段使他希望破灭的要命的话再看了一遍。

> 承你厚爱,提出要我和你结婚,我拒绝了这个荣誉,认为应该把我的想法坦诚地告诉你。我之所以拒绝,是因为我们年龄相差太大了。我非常、非常喜欢你,但是我敢肯定,我们的婚姻是不会幸福的。我不得不说出这一点,十分抱歉,然而我相信你会欢迎我说出真正理由的诚实。

上尉叹了一口气,用手支着头。不错,他们的年龄确实相差很大。但是他身体强壮结实,他有地位和财富。他的爱、他的柔情蜜意、他能给她的种种好处,为什么不能使她忘却年龄问题呢?此外,他几乎可以肯定她对他也有意。

上尉是说干就干的人。在战场上,他的果断和积极是出了名的。他要亲自去看她,再次提出请求。年龄!——年龄又怎么能挡在他和他所爱的人中间?

两小时后,他收拾停当,轻装上阵,准备投入他最大的一次战役。他乘上火车去她所在的南方田纳西州的古老的小镇。

上尉进了大门,走上沙砾路时,西奥多拉·戴明正坐在古雅的老宅门廊的台阶上,欣赏夏天的暮色。她毫不窘迫地朝上尉莞尔一笑。上尉站在她下面的台阶上,他们的年龄差别显得并不太大。他身材高大挺拔,眼睛清澈,皮肤黝黑。她如花似玉,正当女人的好年华。

"没想到你会来,"西奥多拉说,"既然来了,就坐在台阶上吧。你收到了我的信吗?"

"收到了,"上尉说,"所以我来了。听我说,西奥,重新考虑一下你的答复,好不好?"

西奥多拉温柔地朝他笑笑。他显得成熟。她确实喜欢他的强壮、健康的模样和男子气概——如果——

"不,不,"她摇摇头说,"不能考虑。我很喜欢你,但结婚却不行。我的年龄和你的年龄——别让我再说了——我信里已经告诉了你。"

上尉黝黑的脸上有点红。他静默了一会儿,悲哀地望着暮色。他看到一排树后面的空地,当初穿蓝色制服的士兵向海岸行军时曾在那里宿营。现在仿佛是很久以前的事了。命运和时间同他开了个大玩笑。他和幸福之间只不过隔了那么几年!

他有力的、皮肤黝黑的手握住西奥多拉慢慢滑下来的手。她至少也有那种近乎爱的感情。

"别耿耿于怀,"她温柔地说,"都是为了大家好。我前前后后冷静地想过了。总有一天,你会因为我没有和你结婚而高兴的。我们结婚的话,短期内可能非常幸福美满——可是你再想想!短短几年过去后,我们的兴趣爱好就会产生很大的差别。傍晚时,我们中间的一个人喜欢坐在炉火旁边看看书,还可能受到神经痛和风湿病的困扰,而另一个人却喜欢参加舞会、看戏、在外面吃晚饭。不,我亲爱的朋友。我们两人的差别虽不能说像是一月和五月,至少也像晚秋的十月和仲夏的六月。"

"我总是按照你的意愿做,西奥。如果你要我——"

"不,你不会的。你以为你现在做得到,其实不行。请你别再要求了。"

上尉这一仗打输了。但他是个勇敢的战士,他站起来做最后的告别时,他抿紧嘴唇,挺起胸膛。

他当晚就乘北上的火车回去了。第二天傍晚,他在墙上挂着剑的那个房间里更换衣服,准备去外面吃饭,正精心地打着一个白色的领结。同时,他沉思地自言自语。

"说到头,我认为西奥还是对的。谁都不能否认她是个漂亮的女人,但再怎么往少里算,她也有二十八岁了。"

要知道,上尉只有十九岁,除了在查塔努加的检阅场外,他那把剑从没有拔出来过,检阅场的游行是他最接近于参加美西战争的经历。

带磨坊的教堂

在时髦的避暑地目录上是找不到湖地这个去处的。它在克林奇河一条小支流旁、坎伯兰山脉的低矮的支脉上。湖地本身是个只有二十来户人家、与世无争的村子，坐落在一条偏僻的窄轨铁路线旁边。你弄不清究竟是铁路在松树林里迷了路，出于孤寂和害怕而摸到了湖地，还是湖地迷了路，挤在铁路旁边等待火车带它回家。

你还弄不清楚它为什么叫湖地。因为根本没有湖，地也太贫瘠，不值一提。

村子下面半英里左右有一家老鹰旅馆，是乔赛亚·兰金经营的宽敞的老宅，为那些希望呼吸山区空气的客人提供经济实惠的膳宿。老鹰旅馆管理不善，但给人以宾至如归的感觉。别人朝现代化的方向改进，它却越来越古色古香，舒适、随便、杂乱得像你自己家里一样。但是房间很干净，伙食很好，分量也足；其余要靠你自己和松树林来解决了。大自然提供了一处矿泉，葡萄藤下的秋千架和户外槌球场——槌球场通常有的铁丝小门在这里也是用木头做的。这里带人工痕迹的东西，只有每周两次的帐篷舞会上的小提琴和吉他演奏的音乐。

老鹰旅馆的客人是一些把休闲当作乐趣和必需的人。他们都忙忙碌碌，像是需要上两星期弦、然后运转一年的钟表。客人中间有来自山下市镇的学生，偶尔有个画家，或者潜心研究山体地层结构的地理学家。有几个来度夏的文静的一家人,以及一两个被湖地人称做"女教师"的耐心而疲惫的妇女。

如果老鹰旅馆编印宣传品的话,离旅馆四分之一英里的地方有个值得一看的"景点"。那是一座不再用作磨坊的十分古老的磨坊。用乔赛亚·兰金的话来说,它是"美国惟一带磨坊水车的教堂;也是全世界惟一的带教堂座位和管风琴的磨坊"。老鹰旅馆的客人们每星期日去老磨坊教堂,听传教士把净化的基督徒比作阅历和苦难的磨盘碾磨出来的、筛净的面粉。

每年秋季开始时,有个名叫艾布拉姆·斯特朗的人来老鹰旅馆逗留一段时间,他被奉为上宾。湖地的人称呼他为"艾布拉姆牧师",因为他头发雪白,脸色红润,神情和善,笑声响亮,黑色衣服的宽檐帽太像牧师了。即使新到的客人同他相处三四天后,也用这个亲热的头衔称呼他。

艾布拉姆牧师是从大老远跑到湖地来的。他在西北部一个喧嚣的大城市里经营面粉厂,不是有教堂座位和管风琴的小磨坊,而是山也似的、丑陋的大面粉厂,运面粉的车皮像蚂蚁围着蚁冢似的整天在那里打转。现在必须交代一下艾布拉姆牧师和教堂磨坊的关系,因为他们的故事密切相连。

在教堂还是磨坊的日子里,斯特朗先生是磨坊主。当地没有比他更快活、更忙碌、更幸福的浑身沾满面粉的磨坊主了。他住在磨坊对街的一座小屋里。他干活卖力,但收取充当磨费的麦子很少,山里人不辞辛苦,宁愿跑许多山路,把麦子送到他这里来加工。

磨房主生活中的欢乐是他的小女儿,阿格拉亚。对于一个亚麻色头发、走路还摇摇晃晃的小娃娃来说,这个名字确实不一般;但是山里人喜欢响亮气派的名字。母亲在一本书里看到这个名字,就定了下来。阿格拉亚自己从小就不喜欢人家用这个名字叫她,她坚持说自己叫"杜姆"。磨坊主和他的妻子常常哄女儿说出名字的来源,但是毫无结果。他们最后得出一个结论:女儿特别喜欢屋子后面小花园里的一个杜鹃花坛。也许她认为"杜姆"同她喜爱的花的名称有些联系。

阿格拉亚四岁时,只要天气好,她和父亲每天下午都要在磨坊里表演一个小节目。晚饭做好后,她妈妈替她梳梳头,换一条干净的围裙,让她到对街的磨坊里去接她父亲回家。浑身都是白色粉尘的磨坊主一见她进门,就迎上前去,挥着手,唱着当地都熟悉的磨坊主人的老歌,歌词大概是这样的:

> 水车转个不停,
> 麦子磨成面粉,
> 　磨坊主人心里高兴。
> 他整天唱歌,
> 只要想起他的宝贝,
> 　干活一点不累。

那时候,阿格拉亚会笑着向他跑来,嘴里喊着:"大——大,带杜姆回家。"磨坊主就抱起她,让她骑在肩膀上,他自己唱着磨坊主人之歌,大踏步回家吃晚饭。

阿格拉亚四岁生日后只过了一个星期,有一天突然失踪了。最后见到她的时候,她在小屋面前的路边摘野花。过后不久,她妈妈出来看看她会不会走得太远,但是已经不见她的踪影。

当然,大家竭力寻找。街坊邻居集合起来,搜寻方圆几英里内的树林和山岭。在磨坊水道和溪流水闸以下的部分捞探了很长一段距离。根本没有发现她的踪迹。此前,有一家子流浪人在附近的树林里宿营。大家猜测,有可能是他们拐走了孩子;镇里人追上他们的大车,加以搜索,可是没有发现那孩子。

磨坊主在磨坊守候了将近两年;找到孩子的希望终于慢慢破

灭。他带了妻子迁到西北部。几年后,他成了产麦地区重要城市的一家面粉工厂的老板。斯特朗太太丢失阿格拉亚后受到很大刺激,再也没有恢复过来,移居两年后,她郁郁去世,留下磨坊主独自承担悲伤。

艾布拉姆·斯特朗事业有成后,回湖地去了一次,看看老磨坊。他触景生情,感慨万分,但他是个坚强的人,始终显得豁达善良。那时,他萌发了把老磨坊改造成教堂的念头。湖地比较穷困,盖不起教堂;山区的人更穷,帮不上忙。最近的教堂在二十英里以外。

磨坊主尽可能不改变磨坊的外观。大水车仍留在原地。来教堂做礼拜的年轻人喜欢在那些逐渐腐烂的软木头上刻下他们姓名的缩写字母。水闸一部分已经倾圮,清澈的山涧在多石的涧底无阻无拦地汩汩流去。磨坊内部的变化大得多。旋转轴、磨盘、皮带和滑轮当然全部拆除。新添了两排长凳,中间留出过道,一头搭出一个小平台和讲道坛。上方三面是楼座,有楼梯通上去。楼座还有一台风琴——真正的管风琴,成了老磨坊教堂会众的骄傲。风琴师是菲比·萨默斯小姐。每星期日布道时,湖地的小伙子们自告奋勇轮流为管风琴拉风箱。传道师是班布里奇牧师先生,他骑了他那匹白色老马从松鼠隘口赶来,从没有缺过一次席。一切费用都由艾布拉姆·斯特朗支付。他每年给传道师五百元,给菲比小姐二百元。

为了纪念阿格拉亚,老磨坊改造成了她曾经生活过的社区的传播福音的地点。那孩子短暂的生命带来的好处,似乎比许多人七十年的生命更多。除此以外,艾布拉姆·斯特朗还替她立了一个纪念碑。

他在西北部的面粉厂推出了"阿格拉亚"牌面粉。那是用全国最坚实、最优质的麦子磨制的。人们不久发现,"阿格拉亚"牌面粉有两种价格。一种是市场的最高价，另一种是——分文不取。

每遇火灾、洪水、龙卷风、罢工或者饥荒之类的灾难，当地群众生活无着时，厂家就会迅速运去一大批免费的"阿格拉亚"面粉。发放的方式十分谨慎，但饥民不花分文。后来形成一种说法：当某个城市的贫民区发生火灾时，最早到达现场的是消防队队长的两轮马车，然后是"阿格拉亚"面粉运货车，接着是消防车。

这就是艾布拉姆·斯特朗为阿格拉亚立的另一个纪念碑。在诗人眼里，这个主题也许显得过于功利主义，缺乏美感；但在某些人眼里，雪白纯洁的面粉飞快前去执行爱和慈善的使命，可以比作它所纪念的那个丢失了的孩子的精神，也是一种美妙恰当的想法。

有一年，坎伯兰山一带遭了难。全国各地粮食普遍减产，当地更是颗粒无收。山洪造成了很大损失。甚至山林里的飞鸟走兽也十分稀少，猎人的捕获不够养活家中老小。湖地一带情况尤为严峻。

艾布拉姆·斯特朗得知后立刻做出布置；窄轨铁路上的车皮开始把"阿格拉亚"面粉装运过去。面粉厂老板命令把面粉存放在老磨坊教堂的楼座上；去教堂做礼拜的人回家时都可以扛一袋面粉。

两星期后，艾布拉姆·斯特朗来到老鹰旅馆进行他每年一度的访问，又成了"艾布拉姆牧师"。

那一年，老鹰旅馆的客人比往年少。客人中有罗斯·切斯特。切斯特小姐在亚特兰大的一家百货公司工作。这是她生平第一次外出度假。百货公司经理的太太曾在老鹰旅馆待过。她特别喜欢罗斯，说动罗斯来湖地过三星期的假期。经理太太为她写了一封给兰金太太的介绍信，兰金太太很高兴地接待了她，亲自负责照料。

切斯特小姐身体单薄。她年约二十，由于长期在室内工作，面色苍白,弱不禁风。在湖地待了一星期后,她变得容光焕发,精神饱满,同以前大不一样。当时是九月初,坎伯兰山区风光最旖旎的时候。山间树木秋色灿烂,山间空气像香槟酒似的醉人,夜晚凉爽,让人拥着老鹰旅馆的温暖的毛毯安然入眠。

艾布拉姆牧师和切斯特小姐很快就成了好朋友。老磨坊主从兰金太太那里了解到她的身世,立刻对那个独自闯荡世界的修长可爱的姑娘产生了兴趣。

对切斯特小姐来说,山区的一切都很新奇。她在亚特兰大温暖的平原城市生活了多年;宏伟和丰富多彩的坎伯兰山区使她感到欣喜。她要充分享受在这里逗留的每一时刻。她量入为出,仔细计算了开支,清楚地知道回去工作时,她那小小的积蓄还剩下多少钱。

切斯特小姐有艾布拉姆牧师做她的朋友和伙伴,也是她的运气。艾布拉姆牧师了解湖地周围的每一条山路、山头和山坡。通过他,切斯特小姐熟悉了松树林里恬静荫翳的小径,肃穆的光秃的岩崖,使人精神振奋的清澈的早晨,充满淡淡哀愁的、梦幻似的金色傍晚。她的健康和精神状态都有所改善。艾布拉姆牧师的笑声是出了名的,罗斯小姐的亲切热情的笑声则带有女性的妩媚。两人都是天生的乐观派;都知道怎么宁静愉快地面对世界。

一天,切斯特小姐从一个客人那里听说了艾布拉姆牧师丢失孩子的事。她随即匆匆出去,在铁矿泉附近磨坊主喜爱的长凳那儿找到了他。他的小朋友握住他的手,眼里噙着泪水看他时,使他吃惊。

"哎,艾布拉姆牧师,"她说,"我真替你难过!我今天才知道你的小女儿的事。总有一天,你会找到她的——哎,我希望你能找到。"

磨坊主带着他一贯的坚强的笑容看着她。

"谢谢你，罗斯小姐，"他像往常那样快活地说，"但是我已经不指望找到阿格拉亚了。有几年我希望她是被流浪人拐走的，希望她仍活着；但是我失去了希望。我相信她已经溺死了。"

"我能理解，"切斯特小姐说，"疑惑是多么难以忍受。但是你多么开朗，多么乐于减轻别人的困苦。我的好艾布拉姆牧师！"

"我的好罗斯小姐！"磨坊主模仿她的口气笑着说，"有谁比你更能为别人着想呢？"

切斯特小姐似乎突然有了一个异想天开的念头。

"艾布拉姆牧师，"她嚷道，"假如我能证明我是你的女儿该有多好呀？那不是很浪漫吗？你愿意让我做你的女儿吗？"

"当然愿意，"磨坊主高兴地说，"阿格拉亚还活着的话，我真希望她长成同你一模一样的小女人。也许你就是阿格拉亚，"他像她一样用玩笑的口吻说，"你还记得我们住在磨坊里的日子吗？"

切斯特小姐立刻认真地思索起来。她的大眼睛茫然望着远处。艾布拉姆牧师看她这么一副认真的样子觉得好玩。她过了好久才开口。

"不，"她终于长叹了一口气说，"我记不起任何有关磨坊的情形了。我认为在看到你的滑稽的小教堂之前，我从没有见过磨坊。假如我真是你的小女儿，我应该记得的，是吗？我真抱歉，艾布拉姆牧师。"

"我也一样，"艾布拉姆牧师安慰她说，"你既然记不得你是我的小女儿，罗斯小姐，你当然应该记得别的人。你当然记得你自己的父母。"

"不错，我记得很清楚——尤其是我的父亲。他一点也不像你，艾布拉姆牧师。哦，我只是一厢情愿。来吧，你休息得够久了。你答应今天下午带我去看有鳟鱼的池塘。我没见过鳟鱼是什么样的。"

一天傍晚,艾布拉姆牧师独自一人去老磨坊。他时常去那里坐坐,回忆他住在街对面小屋里的旧时光。时间磨平了他悲痛的棱角,以致他现在想起那些日子时不再像以前那么痛苦了。然而,每逢令人伤感的九月下午,艾布拉姆·斯特朗坐在可以看到"杜姆"扬着亚麻色的鬈发奔跑过来的地点时,湖地人经常看到的他脸上的笑容就消失了。

磨坊主沿着盘旋陡峭的山路慢慢走去。路边的树木茂密,他脱掉帽子拿在手里,在树荫下行走。松鼠在他右边的老篱墙上奔跑嬉戏。鹌鹑在麦茬地上召唤它们的儿女一起来啄食麦粒。低沉的太阳把朝西的沟壑染成一片金色。九月初的日子!——再过几天就是阿格拉亚失踪的周年纪念日了。

温暖的阳光透过树木,斑斑驳驳地洒在几乎被常春藤遮去一半的老水车上。街对面的小屋还在,不过再经一冬山风的吹打肯定会坍塌。它外面攀满了牵牛花和野葫芦藤,大门只靠一个铰链挂着。

艾布拉姆牧师推开磨坊门,悄悄走进去。他随即惊奇地站停了。里面有人,他听到伤心的哭泣声。他四下张望,看见切斯特小姐坐在幽暗处的条凳上,低着头,手里有一封打开的信。

艾布拉姆牧师走到她身边,用一只有力的手按着她的手。她抬起眼睛,轻轻说出一个人的名字,打算进一步解释。

"现在不要说,罗斯小姐,"磨坊主亲切地说,"现在不要说话。觉得悲哀的时候,静静地哭一场是再好不过的事了。"

自己经历过许多伤心事的老磨坊主,像魔术师似的能为别人排除悲伤。切斯特小姐的啜泣逐渐平息。她掏出一块小手帕擦去落到艾布拉姆牧师大手上的几滴眼泪。随后抬起头,带着泪花笑了。切斯特小姐总是能够破涕为笑,正如艾布拉姆牧师自己伤心时也能微笑一样。在这方面,两人十分相似。

磨坊主不多问,但是过了不久,切斯特小姐自己一五一十地告诉了他。

还是那个对年轻人说来具有重大意义、对年长的人说来能勾起他们回忆和会心的微笑的故事。可以猜到,主题还是爱情。亚特兰大有个十分善良温雅的年轻人,他发现切斯特小姐所具有的善良温雅的品质,超过了亚特兰大或者从格林兰岛巴塔哥尼亚的任何别的地方的别的姑娘。她把引起她哭泣的那封信给艾布拉姆牧师看。那封信像一般善良温雅的年轻人所写的情书一样,充满男子汉气概和温情,但有点夸张和迫切。他要立即同切斯特小姐结婚。他在信中说,她外出旅游三星期,他的生活简直无法忍受。他请求立即给他答复;如果同意,不管窄轨铁路多么不舒服,他会飞也似的赶到湖地来。

"现在的麻烦出在什么地方呢?"磨坊主看完信后问道。

"我不能同他结婚。"切斯特小姐说。

"你愿意嫁给他吗?"艾布拉姆牧师问道。

"哦,我爱他,"切斯特小姐回说,"可是——"她低下头又抽噎起来。

"哎,哎,罗斯小姐,"磨坊主说,"你有什么话可以告诉我。我不问你,但你可以信任我。"

"我信任你,"姑娘说,"我可以告诉你,我为什么非拒绝拉尔夫不可。我什么都不是;我甚至没有姓名;我自己报的姓名是假的。拉尔夫是个有头有脸的人。我全心全意爱他,但不能做他的妻子。"

"这是什么话?"艾布拉姆牧师说,"你说你记得你父母的情况。怎么又说没有姓名呢?我不明白。"

"我确实记得他们,"切斯特小姐说,"我记得太清楚了。我最早的印象是我们住在南方一个很远的地方。我们搬过好几次家,在好几个州和城市住过。我摘过棉花,在工厂干过活,经常吃不饱,穿不暖。我的母亲有时候待我很好;我的父亲总是虐待我,打我。我认为他们两个都没有工作,没有安定的住所。

"我们住在亚特兰大附近一个河畔小镇时,他们两人大吵了一场。他们互相谩骂和挖苦的时候,我发现——哦,艾布拉姆牧师,我没有权利——你明白吗?我甚至没有姓名的权利;我什么都不是。

"那晚我逃了出来。我步行到亚特兰大,找了一份工作。我给自己起名叫罗斯·切斯特,此后我自食其力。现在你明白,我为什么不能和拉尔夫结婚的原因了——哎,我永远不能把理由告诉他。"

艾布拉姆牧师对她苦恼的蔑视比同情更好,比怜悯更有帮助。

"哟,亲爱的!就是这些吗?"他说,"真正岂有此理!我原以为有什么了不起的事情呢。如果你说的那个好小伙子还有人味的话,他才不介意你的家谱呢。亲爱的罗斯小姐,相信我的话,他关心的是你本人。你应该坦率地告诉他,正像你告诉我这样,我担保他对你的故事会付之一笑,并且会因此而更器重你。"

"我永远不会告诉他,"切斯特小姐悲哀地说,"我也永远不能同他或者任何别人结婚。我没有权利。"

这时,他们看到太阳照着的路上出现了一条长影子,旁边还有一条短一些的影子;随后看到两个人朝教堂走来。长影子是来练琴的风琴师菲比·萨默斯造成的。短影子是汤米·蒂格。今天轮到他为菲比小姐拉风箱,他的光脚丫子骄傲地踢起了路上的尘土。

菲比小姐穿着一件丁香花图案的印花布衣服,精心做的小发卷挂在两耳旁边,她向艾布拉姆牧师行了一个屈膝礼,向切斯特小姐使劲点点头,然后同她的助手爬上陡峭的楼梯,到管风琴阁楼去。

艾布拉姆牧师和切斯特小姐逗留在逐渐昏暗的楼下。他们两人都不做声；仿佛忙于回忆。切斯特小姐用手支着头，眼睛望着远处。艾布拉姆牧师站在旁边的长凳那儿，沉思地望着门外的路和破败的小屋。

突然间，面前的景象似乎回到将近二十年前的模样。因为汤米使劲拉风箱时，菲比小姐按下风琴的一个低音键，试试风量是否充足。对艾布拉姆牧师说来，教堂不再存在了。回响在木头房屋里的深沉的隆隆声仿佛不是管风琴发出的音符，而是磨坊机器的轰响。他真切地感觉老水车在转动，他又回来了，山区老磨坊的浑身沾满面粉的快乐的磨坊主人。天色已晚，阿格拉亚扬着亚麻色的鬈发，摇摇晃晃从对街过来，接他回家吃晚饭。艾布拉姆牧师的眼睛牢牢盯着小屋的破门。

接着发生了另一件怪事。楼座上堆放着一长排一长排的面粉袋。也许耗子咬破了一个口袋；总之，风琴深沉的振动声使楼座地板缝间泻下一股面粉，把艾布拉姆牧师从头到脚洒得全是雪白的面粉。老磨坊主走到过道中间，挥着手，唱起磨房主人的歌：

> 水车转个不停，
> 麦子磨成面粉，
> 磨坊主人心里高兴。

——奇迹的其余部分也出现了。坐在长凳上的切斯特小姐向前探身，脸色白得像面粉，仿佛从梦中惊醒似的睁大眼睛盯着艾布拉姆牧师。他一开口唱歌，她就朝他张开双臂，嘴唇翕动，恍恍惚惚喊道："大——大，带杜姆回家！"

菲比小姐松开了风琴的低音键。但她出色地完成了她的工作。她按下的音符打开了关闭的记忆之门；艾布拉姆牧师把丢失的阿格拉亚紧紧搂在怀里。

你去湖地时,人们还会告诉你其他细节。他们会告诉你,后来经过追查,磨坊主女儿的故事真相大白,原来是流浪的吉卜赛人看到那美丽的孩子动了心,在九月的一天拐走了她。但是,你得先在老鹰旅馆的荫翳的门廊前坐坐舒服,然后消消停停地听故事。当菲比小姐的深沉的低音琴声还在回荡时,我们在故事里扮演的角色应该结束了。

可是,我认为故事最精彩的部分在于艾布拉姆牧师和他的女儿走回老鹰旅馆时的情景,他们两人高兴得几乎说不出话来。

"爸爸,"她怯生生地、迟疑地说,"你有许多钱吗?"

"许多?"磨坊主说,"那要看情况而定。如果你不想买月亮或者同样昂贵的东西的话,可以说有许多。"

"往亚特兰大打个电报,"连一分钱都要掰成两半花的阿格拉亚问道,"是不是要花许多钱?"

"哦,我明白了,"艾布拉姆牧师轻叹一声说,"你想让拉尔夫来。"

"我想请他等待,"她说,"我找到了我的爸爸,我要我们两人多待些时候。我要通知他,他得等待。"

营火堆旁的纽约

远在克里克部族居住的地方,我们听到了一些有关纽约的事情。

我们参加了狩猎旅行,一天晚上在河边宿营。我们的向导巴德·金斯伯里是个有经验的猎人,我们从他嘴里听到了有关曼哈顿和它的古怪的居民的介绍。巴德在那个大城市里待过,一次有一个月之久,还有几次是一星期,他很愿意把他的见闻讲给我们听。

附近有一家流浪的印第安人,在离我们营地五十码远的地方支起圆锥形的帐篷,准备过夜。一个很老很老的印第安妇女在生火,用挂在三根树枝支架下的铁锅煮东西。

巴德过去帮忙,不一会儿就把火生着了。他回来后,我们打趣地说他会向妇女献殷勤。

"哎,"巴德说,"不值一提。这是我一贯的风格。每当我看见女人用锅煮吃的东西,碰到麻烦时,我总是伸出援助之手。有一次,我在纽约五马路一座高级住宅里做过同样的事。那个印第安妇女使我想起当时的情景。是啊,我总是彬彬有礼,帮助女士解决难题。"

营地里的人希望知道详情。

"我做过西弗吉尼亚州三角形 B 牧场①的经理,"巴德说,"牧

---

① 这个牧场的牛群的烙印标志是三角形中间有个 B 字母。

场当时的主人是纽约一位姓斯特林的老先生。他打算出售,写信叫我去纽约,向有意收购的辛迪加介绍牧场情况。我先到沃思堡,做了一套价值四十元的衣服,然后前去纽约。

"我到达时,斯特林老先生和他手下一班人已为我安排得舒舒服服。我们把商务和娱乐结合得那么紧密,以致你分不清到底是招待还是生意买卖。我们乘电车参观市容,抽雪茄,上剧院,举行观光聚会。"

"观光聚会?"有人问道。

"当然,"巴德说,"你难道没有参加过吗?我们到处逛逛,望望摩天大楼的楼顶。好吧,我们卖掉了牧场,我准备回家的前一个晚上,斯特林老先生请我去他家吃饭。场面并不隆重——只有我、老先生、他的夫人和女儿,没有别的贵客。他们三人的衣着十分讲究,相比之下,替我做衣服的沃思堡的裁缝几乎成了马被和马具的匠人了。餐桌上放了许多鲜花,每人盘子旁边摆了一整套工具。仿佛是你进餐馆吃到东西之前,先要配备溜门撬锁的工具。当时,我已经在纽约待了一个星期,开始懂得一点时髦的规矩。我动作故意放慢半拍,看别人怎么使用那些五金器材,然后用同样的武器来对付盘子里的食品。等你掌握了那些高档次的人的节奏后,跟上他们的步子并不困难。我干得不错,自我感觉良好,不多一会儿,我就滔滔不绝,大谈牧场和西部的事情,告诉他们印第安人怎么吃蚱蜢和蛇,他们听得津津有味。

"餐桌上最赏心悦目的还是斯特林小姐。她是个娇小的姑娘,不比二十五美分的橡皮糖大多少;但她有一种气质,似乎说明她非同一般,而你也深信不疑。她从不摆架子,我谈到克里克部族的狗肉宴时,她朝我微笑的样子似乎把我当成百万富翁,全神贯注的样子仿佛是在听家乡的消息。

"随后,我们吃了牡蛎、清汤和我从未吃过的东西,一个卫理公会牧师般的、穿白衣服的人端来一个营地轻便炉似的家伙,是银子打制的,长长的支架,底下还有灯。

"斯特林小姐点燃了灯,就在餐桌上操作起来。我觉得纳闷的是,斯特林老先生这么有钱,为什么不雇个厨师来干这种事。不一会儿,她端出一些有奶酪味的东西,说是什么兔子①,可是我敢发誓,纽约街上根本找不到一只白尾灰兔。

"节目的最后一项是柠檬水。是用玻璃小碗盛好,放在你盘子旁边的。我相当渴,端起来就喝了一大口。那位小姐在这里出了错。她虽然放了柠檬,但忘了加糖。最好的管家有时候也会出些小差错。我想斯特林小姐大概是刚学管家和烹饪——方才的兔子使你有了这种想法——我暗忖道,'小姐,不管有没有糖,我站在你一边。'我再端起我那碗柠檬水一饮而尽。席上其余的人也拿起各自的碗,照我的样子做了。我故意做出傻事让斯特林小姐取笑,免得她为了自己的失误感到窘迫。

"我们到起坐室后,她坐下来同我聊了一会儿。

"'金斯伯里先生,你太好了,'她说,'那么巧妙地掩盖了我的失误。我真笨,竟然忘了加糖。'

"'别放在心上,'我说,'总有一天,会有哪一个幸运儿在离这里不远的地方把套马索套中一个非常漂亮的小管家的。'

"'如果你指的是我,金斯伯里先生,'她咯咯笑出声说,'希望他能像你一样,宽容我这个不称职的管家。'

"'不值一提,'我说,'为女士效劳,是我莫大的荣幸。'"

巴德结束了回忆。有人问他,他认为纽约人最突出的特点是什么。

"纽约人最显著的特点,"巴德回说,"就是纽约。他们绝大多

---

① 原文"威尔士兔子"指一种把融化的奶酪涂在烤面包上的食品。

数人一心想的就是纽约。他们固然听说过别的地方,例如韦科、巴黎、温泉和伦敦,但是觉得都不在话下。他们认为纽约遍地是美利奴羊毛。为了说明纽约人多么看重他们城市,我给你们讲讲一个纽约人的故事,那人到处流浪,一直跑到我当时工作的三角形 B 牧场。

"这个纽约人跑到那儿,想在牧场上找个工作。他说他是个好骑手,衣服上还沾有骑马学校的树皮屑。

"他暂时给安排在牧场商店里记账,因为他精于算术。但是他厌烦了,要求做一份运动量大一些的工作。牧场上的弟兄们虽然喜欢他,但他整天把纽约挂在嘴上让大家心烦。他每天晚上要给我们讲纽约的东江、J. P. 摩根、伊登博物馆、富婆赫蒂·格林和中央公园,我们听烦了,老是把铁皮盘子和烙印烙铁朝他扔去。

"有一天,这家伙骑上一匹矮种马,马稍稍侧身想啃地上的草,把纽约人摔了下来。

"他摔下来时,脑袋磕在牧豆树桩上,似乎没有再爬起来的打算。我们把他抬到帐篷里,他的样子像是死绝了。吉迪恩·皮斯备好马,飞快地赶往三十英里外的狗镇,去请斯利珀大夫。

"大夫来了,检查了伤员。

"'小伙子们,'他说,'你们不妨玩一把牌,赌他的马鞍和衣服该归谁得,他颅骨骨折,如果能再活上十分钟,就是长寿史上的奇迹。'

"'我们当然不会赌那个狂妄的可怜虫的马鞍——大夫只不过是开开玩笑罢了。但是我们默默站着,即使他三句话不离纽约,把我们烦得要死,我们也原谅了他。

"我从未见过有他那样平静的临终的人。他眼睛瞪着空中,不着边际地说什么美妙的音乐、美丽的街道、披着白袍的人,他脸上露出笑容,仿佛死亡是一大乐事。

"'他快走了,'大夫说,'当他们认为见到天堂时,人就完了。'

"那个纽约人听到大夫的话,竟然霍地坐了起来。

"'嗨,'他有点失望地说,'那是天堂吗?去他的,我还以为是百老汇路呢。你们谁帮我把衣服拿来。我要起来。'

"信不信由你,"巴德最后说,"四天后,他口袋里揣着一张去纽约的火车票,居然上了火车!"

沙洛克·乔尔摩斯历险记

我三生有幸,朋友中间居然有纽约的大侦探沙洛克·乔尔摩斯。乔尔摩斯是纽约市侦探队伍里的所谓"内勤人员"。他是使用打字机的好手,每逢需要侦破什么"谋杀奇案"时,他的任务是坐在总局台式电话机旁,记录打电话来自首、承认作案的"怪人"的留言。

有几天比较"清闲",自首的电话不太频繁,三四家报纸已经查明了三四个犯罪嫌疑人,乔尔摩斯就和我一起到外面去走走,展示他惊人的观察和推理能力,这使我大为高兴,深受启发。

有一天,我顺便去总局,大侦探正沉思地看着系在他小手指上的一根细绳。

"早上好,华笙,"他没有回头就招呼我说,"我很高兴地注意到,你家里终于装了电灯。"

"你是怎么知道的,"我惊讶地问,"能告诉我吗?这件事我从未告诉任何人,敷设电线是临时决定的,今天早晨刚刚完成。"

"太容易了,"乔尔摩斯亲切地说,"你进来时,我闻到了你抽的雪茄烟的气味。我熟悉昂贵的雪茄烟;知道目前纽约最多只有三个人既抽得起雪茄,又付得起煤气账单。那个问题简单。我现在思考的是我自己的一个小问题。"

"你手指上为什么系了一根细绳?"我问道。

"那正是问题所在,"乔尔摩斯说,"我妻子今天早晨系的,要我别忘了吩咐商店把什么东西送到家里去。请坐吧,华笙,稍等片刻。"

大侦探走到墙式电话机那儿,拿起听筒,站着听了十分钟左右。

"你在听人自首吗?"他回到自己的座位时,我问道。

"也许是吧,"乔尔摩斯微笑着说,"可以称做那类事。实话对你说,华笙,我已经停了麻醉剂。长时以来,我的服用量一直在增加,吗啡对我已经不起作用了。我不得不用一些更有劲的东西。我刚才听的电话是同沃尔多夫饭店的一个房间相连的,那里正在举行作家朗诵会。现在要解决这根绳子的问题。"

乔尔摩斯默默地思索了五分钟后,微笑着瞅着我,点点头。

"了不起的人!"我说,"已经想出来了吗?"

"很简单,"他举起手指说,"你看到了这个结吗?是为了防止我忘记。因此,是勿忘我结。勿忘我是花的名称,因此,是让我别忘了吩咐商店送一袋面粉①回家!"

"太精彩了!"我忍不住佩服地说。

"我们去外面散散步吧。"乔尔摩斯建议说。

"目前手头只有一件比较重要的案子。一百零四岁的麦卡蒂老头吃多了香蕉,撑死了。种种迹象表明黑手党脱不了干系,因此警察包围了的二号悔恨赌场,再过几个小时,凶手就可以捉拿归案了。到目前为止,还没有要求侦探人员增援。"

乔尔摩斯和我走到街角上搭乘电车。

我们走了一半路,遇到了一个在市政府工作的熟人,莱因戈尔德。

"早上好,莱因戈尔德,"乔尔摩斯站停招呼他,"你今天吃的

---

① 原文的"花"和"面粉"发音相似。

早餐真不错。"

我一向留心观察那位侦探的惊人的推理能力,发现乔尔摩斯锐利的眼睛朝莱因戈尔德衬衫前胸一条长长的黄色污迹和下巴上另一条较小的污迹瞥了一眼——两处显然都是鸡蛋黄的痕迹。

"哦,那又是你的侦探本领,"莱因戈尔德笑得浑身都在颤动,"嘿,我可以和你打赌,你猜不出我早餐吃的是什么,谁输了请喝酒抽雪茄。"

"一言为定,"乔尔摩斯说,"你吃的是香肠、裸麦粗面包和咖啡。"

莱因戈尔德承认他猜对了,付了酒和雪茄钱。我们继续走去时,我对乔尔摩斯说:

"我认为你注意到了他下巴和衬衫前胸的蛋黄痕迹。"

"不错,"乔尔摩斯说,"我从那里开始推理。莱因戈尔德是个非常节俭的人。昨天市场上每打鸡蛋的价格落到二十八分。今天要四十二分。莱因戈尔德昨天吃了鸡蛋,今天又恢复了平时的伙食。这类小事算不了什么,华笙;属于初等数学范围。"

我们上了电车,座位都给占了——主要是妇女。乔尔摩斯和我站在车厢后面的踏步上。

车厢中间坐着一个上了年纪的男人,长着灰色的小胡子,衣着讲究,一看就是典型的纽约人。后面几站都有女士上车,三四个妇女站到那男人面前,拉着吊带,鄙夷地盯着坐在她们企盼的座位上的男人。但他顽强地不让座。

"我们纽约人,"我对乔尔摩斯说,"几乎要丧失我们固有的礼貌了,尤其是在公共场所。"

"也许是这样,"乔尔摩斯淡淡地说,"不过你意有所指的那个人,恰恰是来自弗吉尼亚州的一个非常殷勤有礼的绅士。他带了妻子和两个女儿来纽约玩几天,今晚就要回南方了。"

"你认识他吗?"我诧异地说。

"在我们上车之前,我从没有见过他。"侦探笑着说。

"凭恩道尔男巫的金牙起誓,"我嚷道,"假如你光凭他的外表就能推测出这一切,你简直是在行使巫术了。"

"观察的习惯——仅此而已,"乔尔摩斯说,"如果那位老先生比我们早下车,我可以向你证实我推理的正确性。"

过了三个街区后,那位先生起身要下车。乔尔摩斯在门口招呼他:

"请原谅,先生,你不是弗吉尼亚州诺福克的亨特上校吗?"

"不,先生,"对方十分客气地回答,"先生,我的姓名是艾里森——温菲尔德·R.艾里森少校,弗吉尼亚州费尔法克斯县的人。诺福克有许多人我都认识——古德里奇家、托利佛家、克拉布特里家,但是我无缘结识你的朋友亨特上校。我有幸告诉你,先生,我和我妻子,还有三个女儿在贵市逗留了一星期,今晚要回弗吉尼亚。大约十天后可以到诺福克,如果你告诉我尊姓大名,先生,我很乐意找找亨特上校,告诉他你打听过他的消息,先生。"

"十分感谢,"乔尔摩斯说,"如果见到,请转告说雷诺向他致意。"

我看看纽约大侦探,发现他轮廓分明的脸上显得非常懊恼。沙洛克·乔尔摩斯即使出一点小小的差错,也会觉得极其难过。

"你说三个女儿吗?"他问那位弗吉尼亚来的先生。

"是的,先生,我的三个女儿,都是费尔法克斯了不起的好姑娘。"对方回答说。

说到这里,艾里森少校招呼停车,跨下踏步。

沙洛克·乔尔摩斯抓住他的胳臂。

"请稍等,先生,"他十分有礼貌,但我听出他的声调急切——"三位小姐中间有一位是养女,我没有说错吧?"

"没错,先生,"少校下了车,承认说,"你怎么会知道的,先生,我真不明白。"

"我也不明白。"电车开动时,我说。

乔尔摩斯转败为胜,恢复了心安理得的平静;我们下车后,他请我去咖啡馆,答应向我解释他了不起的推理过程。

"首先,"我们坐好后,他开始说,"我说那位先生不是纽约人,是因为妇女站在他前面时,他虽然没有起身让座,但脸红耳热,心烦意乱。从他的外表来看,我确定他是南方人,不是西部人。

"其次,他显然觉得应该让座给妇女,但事实上没有让,我便揣摩他不让的原因。我很快就发现他的一个眼角红肿,受过严重的戳伤,脸上还有许多铅笔头那么大小的圆印子。他的漆皮皮鞋上有一些椭圆形截面造成的凹印。

"男人只有在纽约市的一个地方才会造成那一类的伤痕和印子——那就是第二十三街和五马路以南的一段人行道。我根据法国式的高跟鞋踩在他鞋上的印子和购物区妇女所带的雨伞和阳伞戳到他脸上的无数伤痕判断,他一定和孔武有力的妇女大军有过冲突。他看上去是个聪明人,我相信,若不是被他自己的女眷硬拽去的话,他不会去冒这种风险。当他上电车时,还在为自己的遭遇生气,因此,尽管南方有照顾妇女的传统,他不愿意让座。

"这一切都很有道理,"我说,"但是你为什么咬定他有女儿,特别是两个女儿呢?难道妻子就不能拽他去购物吗?"

"非有女儿不可,"乔尔摩斯平静地说,"假如他只有妻子,而妻子和他年龄相仿的话,他就会怂恿妻子,让她独自去。假如他妻子年轻,妻子宁肯一个人去。这就是原因。"

"我可以接受,"我说,"可是为什么说两个女儿呢?尤其是他告诉你他有三个女儿时,你为什么要猜其中一个是养女呢?"

"别说'猜',"乔尔摩斯得意地说,"推理的词典里没有'猜测'一说。艾里森少校上衣的钮孔眼里有一朵康乃馨和一朵配了天竺葵叶的玫瑰花蕾。女人从来不会把康乃馨和玫瑰一起插在钮孔里。华笙,你不妨闭上眼睛,用用逻辑思维。难道你想象不出可爱的阿黛尔把康乃馨插在爸爸的翻领上,让爸爸在街上显得帅气一点?然后淘气的妹妹伊迪丝·梅跳跳蹦蹦地跑过来,争宠似的加上一朵玫瑰?"

"那么,"我开始感觉兴趣了,"当他说有三个女儿时——"

"我推测后面还有一个,"乔尔摩斯说,"她既然没有再插一朵花,肯定就是——"

"养女!"我插嘴说,"我服你了;不过你怎么知道他今晚去南方呢?"

"他的胸袋里,"大侦探说,"有个鼓鼓的椭圆形的东西。火车上买不到好酒,从纽约到费尔法克斯县的路程又很长。"

"我必须再次向你致敬,"我说,"最后还有一点,你说出来就解决了我所有的疑问;你为什么断定他来自弗吉尼亚?"

"电车里有一丝薄荷气味,"沙洛克·乔尔摩斯回答,"味道很淡,但经过训练的观察者不可能不注意。"

高高在上的女士

据说纽约市的居民都去度假了,因此,毫无疑问,声音在夏天宁静的空气中传播得这么远。风向是南偏西南;时间是午夜;主题是妇女通过无线电神话的闲聊。踮着脚的象征性的女神,离曼哈顿晒烫的柏油马路有三百六十五英尺高,此时把她晃动的弓箭对准她那在自由之岛上的姐妹。大花园①里的灯光已经熄灭;广场里的长凳上睡满了人,他们的姿势千奇百怪,相比之下,多雷②为《地狱篇》绘制的插图里扭曲的人像都可以算是服装店端庄的模型人了。花园塔楼上的狄安娜塑像老是保持着把箭瞄向对面海湾的姿态——它那风信标似的模样表示恒久性,鎏金的涂层表示清纯,飘逸优美的披巾表示对仪表的专注,始终张开长弓的习惯表示率直和天真,飞跑着去赶哈莱姆区火车的形状表示大都会生活的特点。假如弦上的箭笔直地射出去,很可能在那向世界各地被压迫的人聊表欢迎的英勇的青铜女士头顶五十英尺上方掠过。

这位女士凝视着海洋,互相竞争的轮船公司的船只纷纷留下航迹,开始削减票价。翻译人员也给她增加了额外负担。"照耀世界的自由"(制造她的人给她起了这个名字)③体积虽然庞大,

---

① 即麦迪逊广场花园,纽约市曼哈顿的一个大型室内运动场。
② 多雷(1833—1883),法国画家,为拉伯雷、巴尔扎克的作品以及但丁的《神曲》、米尔顿的《失乐园》和《圣经》绘制了大量插图。《地狱篇》是《神曲》中的一篇。
③ 自由之神像的正式名称是"照耀世界的自由",青铜制,高150英尺,形状为一个高举火炬的戴冠妇女,是法国人民赠送的礼物,坐落在纽约港口,弗雷德里克·巴托尔德(1834—1904)设计。

但除了作为电工或者标准石油①大王之外,并没有什么具体职责。然而,作为"世界照耀者"(我们的有学问的城市监护人给她起的英文名字)的身份,要求她具备更能干的品质。于是,可怜的自由女士,除了照耀者的挂名差事以外,必须改行当肖托夸湖畔的女教师,她的领域也从宁静的湖面转为海洋。她举着一支没有火焰的火炬,昂着空荡荡的脑袋,必须驱散世界上的阴暗,教它从头学起。

"哎,自由太太!"午夜寂静的空气中传来一个欢乐清晰的女高音。

"是你吗,狄安娜小姐?请原谅我扭不过头来。我不像别人那么灵活轻浮。最后一船俄亥俄州马里塔来的旅游者在我喉咙里的楼梯上扔了许多花生壳,我嗓子哑了,话都说不出来。那天晚上本来很愉快,结果搞得一塌糊涂,小姐。"

"如果你不介意的话,"金色塑像的银铃似的声音说,"我想问问,你说话怎么会带爱尔兰口音。我以前不知道自由都和爱尔兰有关。"

"如果你研究过艺术所受的外来影响的历史,你就不会提这种问题了,"滨海的塑像回答说。"如果你不是那么浅薄,你就会知道我是欧洲人制造的,以法国政府的名义赠送给美国人民,让他们欢迎爱尔兰移民来到纽约这个由荷兰人建立的城市。我给竖立起来后,白天黑夜干的就是这件事。你要知道,狄安娜小姐,塑像和人一样——影响他们口音的不是制造他们的人,也不是制造他们的目的——我告诉你,而是同他们交往的人。"

"你说得太对了,"狄安娜同意说,"我自己也是这样。假如奥林匹斯山的那些老伙伴跑来用古希腊语同我说些空话,我也搞不

---

① 标准石油即美孚石油,系美国约翰·D.洛克菲勒1870年创建的石油公司,1883年成立全美标准石油托拉斯,1911年解散,改组为38家地区性公司,是世界最大的石油垄断组织。

清它同康奈岛的电车售票员和乘客之间的谈话有什么区别。"

"你这么平易近人真让我高兴,狄安娜小姐,"自由太太说,"我在这里的日子过得太冷清了。城里有什么消遣吗,狄安娜小姐,亲爱的?"

"哦,啦啦啦!——没有,"狄安娜说,"你注意到那个'啦啦啦'吗,自由阿姨?我是从下面'夜巴黎'的屋顶花园学来的。现在你在麦卡恩酒馆里也能听到那个'啦啦啦'和'伙计'的称呼了。那里的一群放荡的客人已经不敢叫'伙计'了,因为侍者领班奥拉夫蒂揍了用'伙计'称呼侍者的三个客人。不,这几天晚上,城里根本闲得没事。所有的人都走了。今晚我看见一个生意人带着他的女速记员在屋顶花园。节目太乏味,他居然在打瞌睡。一个侍者想试试银币的真假,用牙齿咬的时候,惊醒了他。他睁眼望望,看到了他的小秘书,便说:'德圣蒙莫朗西小姐,你可不可以听写一封信?''请稍等,'她说,'只要是情书,当然可以。'

"那是屋顶上最有趣的事情。现在你总了解这里有多么沉闷了。啦啦啦!"

"你那儿的条件真好,看的东西多,狄安娜小姐。你那儿见过猫展、马展、大比武,士兵个个都像将军那么耀武扬威,而将军则像百货公司的巡视员那么神气。你那儿见过运动员表演,三围是36、19、45英寸的姑娘在威尼斯大运河边桦树皮搭的棚屋里演示早餐食品,由范德比尔特家族成员、伯纳德·麦克法登、道伊和迪斯神父①之类的名人主持。你那儿见过法国式舞会,原居民的科恩家族成员和罗伯特-埃米特-桑格本德协会成员一起大跳苏格

---

① 范德比尔特家族是美国的荷兰移民,最早以经营纽约和斯特腾岛之间的轮渡起家,后经旧金山至中美洲的海运业及铁路业,控制了纽约的中央火车站,19世纪末资产已高达一亿美元。道伊(1847—1907)是苏格兰移民,1890年在芝加哥创立一个宗教派别,用信仰疗法吸引了大批教徒。

兰舞。你那儿还见过世界上最豪华的奥瑞安舞会,法国学生和奥地利的蒂罗尔颤音歌手在舞会上比赛美国黑人的步态舞。狄安娜小姐,在全市的塑像中间,你干的工作最舒服了。"

"在纽约湾传播自由的知识,"岛上的塑像叹息说,"是烦人的工作。有时候,我低头瞥一眼埃利斯岛,看到一帮我应该照耀的移民,往往产生吹灭煤气火炬的冲动,让验尸官来签发他们的加入美国国籍的文件。"

"嗨,让你负责人生最糟糕的一头,未免太不够意思了,不是吗?"那个越野赛跑的女神表示同情说,"你周围全是水,一定非常寂寞吧。我不明白,潮气这么大,你的头发怎么能保持拳曲。你身上那件宽大的长袍已是十年前的式样了。那些搞雕塑的家伙给女士穿上铸铁或大理石衣服,我觉得应该控告他们犯有伤害罪。在这方面,圣高登斯先生①就高明多了,他作品中的女性都是裸体。我总是迎合时尚的;它们来得很快。对不起,我要转身了——有一股北风朝我吹来——艾索普斯那面肯定出了问题。啊呀!现在是西面来风——我原以为西面的那块金板没有挡风呢。你说什么,自由太太?"

"我和你聊得很愉快,狄安娜小姐,可是我看到一艘欧洲来的轮船驶进了海峡,我必须履行我的职责了。我的工作是高举自由的火炬,欢迎那些登岸时没有被轮船服务员踢死的人。当然,你花八元半就能到这个伟大的国家来,但是检疫大夫如果发现你为此而哭红眼睛的话,就会免费遣送你回去。"

鎏金的塑像顺风转变方向,用它的金箭对准地平线上许多方位。

"再见,自由阿姨,"塔楼上的狄安娜甜蜜地招呼说,"改天风

---

① 圣高登斯(1848—1907),生于爱尔兰的美国雕塑家。

向合适的时候,我再找你聊天。可是——喂!你干这份工作以来,还没有经历过最大的快感呢。我从竖立在这里的时候开始,一直密切注意着曼哈顿岛。在你那头卸下来的垂头丧气的追寻自由的人可不少,但并不是永远如此。我也经常看到,被出生在美国、月工资不超过四十元的码头工人赶上岸的人中间,有些家伙居然签签支票,参加选票,赞助艺术,每天早晨洗澡。别瞧不起你的工作,自由阿姨;你干得不坏,不坏。"

大 康 奈 岛

"下星期日，"丹尼斯·卡纳汉说，"我打算去看看新的康奈岛，它像火凤凰一样，从旧游乐场的灰烬中重生了。我和诺拉·弗林一起去，我们会受那些绸缎呢绒制作的模型的欺骗：从红法兰绒做的维苏威火山爆发，到粉色丝带做的展示种族自杀①的早产婴儿保育箱。

"你问我以前去过那儿吗？去过。上星期二就在那儿。你问我参观游览了没有吗？没有。

"上星期一我加入了砌砖工人工会，按照规定，由于我参加同情华盛顿塔科马的鲑鱼罐头女工第二支部的罢工，当天就被炒了鱿鱼。

"一星期前，在送牛奶工和洒水车司机的半年一度的舞会上，由于妒忌和天热，并且为了安迪·科格林那个混蛋，我同诺拉·弗林一言不合，吵了起来，我本来就不痛快，现在丢了工作，心里更加窝火。

"于是，我说星期二去康奈岛；如果惊险滑道、上当受骗和嫩玉米不能给我带来消遣，让我感觉好转的话，我就不知道该怎么办了。

"你可能听说康奈岛经过了道德重振。那条鲍里街以前常有

---

① 指人口出生率控制过低而造成一个种族的逐渐消亡。

人强行给你照相,看手相前先给你吃蒙汗药,现在有岛上的华尔街之称。法律规定,卖维也纳香肠的摊点必须配备新闻收报机;每隔四年有个退休的轮船检查员来检查炸面饼圈的质量。以前扔棒球击中黑人头像的游戏现在是非法的;根据警察局长的命令,头像改用一个驾驶汽车的人像。听说不道德的娱乐已被取缔。以前纽约来的游人坐在沙滩上,冲浪戏水,现在要花二十五分买门票,从旋转栅门挤进去看画布上的城市火灾和洪水的复制品。据说玷污旧康奈岛的应受谴责的、有伤风化的场所已经全部取缔。取缔的措施是把票价从十美分提高到二十五美分,售票处雇了一个名叫莫蒂的金发女郎,来代替鲍里街那个有名的刺儿头米基。人们是这么说的——我不清楚。

"星期二我去了康奈岛。下了高架铁路,就直奔五光十色的场所。确实精彩。成千上万的电灯泡把巴比伦塔和印度屋顶花园照得通明,街上人山人海。人们说康奈岛上一律平等,这话不假。我看到百万富翁吃着爆玉米花在人群中闲逛;我看到周薪八元的服装店售货员开着红色的汽车在拐弯处互不相让,使劲按喇叭。

"'我错了,'我暗忖道,'我需要的不是康奈岛。一个伤心的人要的不是欢乐的景象。他最好在墓地沉思冥想,或者去屋顶花园教堂做礼拜。失恋的人在餐馆里吃热玉米,向侍者要糖粉瓶而不是盐瓶,然后躲起来,或者花二十五分请吉卜赛人佐索昆看手相,听他说你命里有三个孩子,警告你要提防另一次大灾难,但是这一切不会给你任何安慰。'

"我沿着海滩走到这个名为'梦幻世界'的新游乐场一角,附近有一个废弃的亭子,一年前,这里相当热闹,老派的侍者友好地称呼你为'朋友',你花五分钱,就可以吃到一盘够一星期量的蛤肉杂烩,你回纽约时身边还有够你乘车的零钱。如今听说海滩路供应的是融化奶酪裹烤面包,找回的零钱只够在小影院看一场电影。

"我坐在亭子边,望着海滩上的浪花,回忆去年夏天诺拉·弗林和我坐在同一地点的情景。那时岛上还没有改革,我们很快活。我们拍了照片,在小饭馆吃杂烩,尼罗河的埃及女巫师看了诺拉的手相对她说,她命中注定要和一个红头发、罗圈腿的小伙子结婚,在门外等候的我听到这个幻想欣喜若狂。一年前,诺拉·弗林在那里让我握住她的手,我们谈着租公寓、她会做什么吃的,以及和爱情相关的事情。那是我们喜爱的,也是有撒旦插手的康奈岛,气氛友好、喧闹,钱花得值,海洋没有圈起篱笆,电灯不太多,黑哔叽上衣和白衬衫的颜色对比也不那么强烈。

"如今的游乐场把月亮、梦幻和尖塔都圈了进去,我背对着它,缅怀旧的康奈岛。海滩上人迹稀少。许多人把硬币喂进自动售票机,看《中断的求爱》电影;还有许多人在体会威尼斯运河的情调,另一些人在灌满真水的池子边呼吸真战舰进行海战的火药味。少数几个人在沙滩上享受月光和海景。老岛的新道德使我心情沉重,乐队在我背后演奏,海浪打到了最前面的低音鼓。

"过了一会儿,我站起来在亭子周围走走,发现亭子后面半暗处有个姑娘坐在坍塌的木柱上独自哭泣。

"'你有什么麻烦吗,小姐?'我问道,'要帮忙吗?'

"'不关你的事,丹尼·卡纳汉。'那姑娘直直腰回答。说话的人不是别人,竟然是诺拉·弗林。

"'没有麻烦最好,弗林小姐,'我说,'如此说来,我们晚上玩得都很愉快。这个新康奈岛你都看了吗?我想你来这里的目的是到处看看吧?'我说。

"'我都看了,'她说,'妈妈和蒂姆叔叔在那里等我呢。我今晚玩得很高兴,好看的地方我都看了。'

"'那太好啦,'我对诺拉说;我也玩得十分尽兴。我看了经过

改良的最可笑的仙人摘豆戏法,现在到海滩上来吸些凉爽的空气。'你看了印度宫殿没有,弗林小姐?'

"'看了,'她考虑了一下说,'但是我觉得从险陡的滑道冲到水里不太安全。'

"'你喜欢冲滑道吗?'我问。

"'说实话,我怕打枪①,'诺拉说,'声音太大,震得我耳朵嗡嗡响。可是蒂姆叔叔爱打枪,他打了,还得了雪茄奖品。今天我们玩得很快活,卡纳汉先生。'

"'你快活,我听了也高兴,'我说,'我想各处的景点你都看了。你觉得早产婴儿保育箱、那些乱七八糟的表演和侏儒合你的胃口吗?'

"'我——我不饿,'诺拉有气无力地说,'妈妈的胃口倒很好。新康奈岛的好东西让我喜欢,'她说,'我好久没有像今天这么快活了。'

"'你看了威尼斯吗?'我说。

"'我们看了,'她说,'她真是个大美人。她一身红衣服,她——'

"我不再听诺拉·弗林胡扯了。我走上前,把她搂在怀里。

"'你真会打谎,诺拉·弗林,'我说,'你看到的康奈岛的景点不比我多。来吧,实话告诉我——你这次来的目的是在海边的老亭子坐坐,去年夏天你正是在这里使丹尼斯·卡纳汉成了最幸福的人。说真话吧。'

"诺拉把头钻到我的怀里。

"'我才不爱到处看呢,丹尼,'她几乎哭着说,'妈妈和蒂姆叔

---

① "险陡滑道"原文是 chute-the-chute,也可用 shoot-the-chute,"shoot"有"开枪射击"的意思,诺拉并没有去,把话听拧了。

叔去看表演了,我来这儿重温你我的往事。那些灯光和人群让我受不了。我说了一些不该说的话,你能原谅我吗,丹尼?'

"'是我的过错,'我说,'我来这里的目的和你一样。诺拉,你瞧那些灯光,'我转过身,背朝着海说——'不是很美吗?'

"'确实很美,'诺拉眼睛一亮,'你听到乐队的演奏吗?哦,丹尼,我想到处看看。'

"'老康奈岛已经消失了,亲爱的,'我对她说,'一切都在变化。人们高兴的时候,不会看到悲哀的景象。康奈岛很了不起,但是我们情绪不对头的时候根本看不到。下星期六,亲爱的诺拉,我们从头到尾好好看看这个新地方。'"

法律与秩序

最近我去了一次得克萨斯州,重游旧地,追溯往事。我在多年前待过的一个牧羊场里逗留了一星期。正如所有的游人一样,我兴致勃勃地参加了牧场当时的工作——给羊群洗药浴。

药浴的过程和普通人的洗礼大不相同,这里需要稍作介绍。在半个地狱般的火焰上支起一口大铁锅,锅里注水,不久就沸腾起来。把浓碱液、石灰和硫磺倒进去,煮成一锅热气腾腾的女巫汤汁,浓得足以烫烂帕拉蒂诺①的第三条胳膊。

药液倒在一个高大的木桶里,加好几加仑热水调匀,然后捉住羊的后腿,把它们扔进桶里。有个专人用长柄叉把羊全身按进药液,再让它们爬出来,跟跟跄跄走进羊栏,根据它们体质的强弱,等待晾干或者死亡。你捉住一头健康的两岁大的羊的后腿,把它扔进大桶之前,会感到它的踢力像七百五十伏电压的电流似的,连续十七次通过你的胳膊,你当然希望它不必晾干,死了更好。

这番话只是说明,巴德·奥克利和我精疲力竭地结束了羊的药浴后,为什么躺在附近一个池塘边,享受舒服的休息和同大地接触的感觉。我们的羊群数量不大,下午三点钟就完了事,巴德便从鞍头的背囊里取出咖啡、咖啡壶、一大块面包和一些咸肋肉。牧场

---

① 帕拉蒂诺(1854—1918),原籍意大利的招魂术女巫师,1909—1910 年在美国利用降神会行骗,被哈佛大学的明斯特伯格教授戳穿。

主和我的老朋友米尔斯先生,带着一批墨西哥雇工回牧场去了。

咸肉煎得吱吱发响时,我们背后传来了马蹄声。巴德的带套的六响手枪放在离他十英尺远的地方。巴德根本不去理会来近的骑手。得克萨斯牧场主的这种态度和旧习惯大不相同,使我感到惊讶。我本能地转过身去察看从背后威胁我们的可能的敌人。我看到一个穿黑衣服的骑手,像是律师、牧师或者殡仪馆的工作人员,在小河畔的路上策马缓缓跑来。

巴德注意到我警惕的举动,讥刺而悲哀地一笑。

"你在外面待得太久了,"他说,"在这个州,背后有人骑马过来时不需要回头,除非有什么东西打到你背上,即使如此,那也可能是一捆传单,或者让你签名的反对垄断的请愿书。我从来不看骑马经过的人;但是我可以赌一夸脱的羊浴药水,那准是收集要求禁酒签名的双料混蛋。"

"时代变了,巴德,"我像预言家似的说,"如今南方和西南部占统治地位的是法律和秩序。"

我发现巴德的浅蓝色眼睛里闪出一缕寒光。

"我不是说——"我赶紧解释。

"你当然不是,"巴德亲热地说,"你很清楚。你以前在这里待过。你说法律和秩序吗?二十年前我们这里有过。我们有两三项法律,例如惩治证据确凿的杀人犯,当场被捕的盗马贼,以及应投共和党候选人票的法律。但是现在怎样呢?我们这个州只有命令,没有法律了。议员们待在首府奥斯丁,什么都不干,只会制定一些禁止煤油和教科书运进本州的法律。我想,他们害怕某些人干完活后晚上回家,点灯学习,获得教育,以后可以制定废除上述法律的法律。我赞成以前法律和秩序说一不二的日子。法律就是法律,命令就是命令。"

"可是——"我刚想说话。

"趁现在煮咖啡的时候,"巴德接着说,"我给你讲一件有关法律和秩序的真人真事,那时候,定案的不是最高法院,而是六响手枪的弹膛。

"你知道牛大王本·柯克曼吧?从努西斯河到格朗德河,这片广袤的土地都是他的牧场。你知道,那时候有牛男爵,也有牛国王。区别在什么地方呢?当一个牧场主到了圣安东尼奥,请新闻记者喝啤酒,只透露他实际拥有的牛的头数,记者就把他捧成牛男爵。当他请记者们喝香槟酒,把他偷来的牛加进他实际拥有的牛的头数时,记者就把他捧成牛国王。

"卢克·萨默斯是本·柯克曼的牧场之一的头目。一天,有一批纽约市、肯萨斯城或者那一带的东部人来到牛国王的牧场。卢克带了一小队人陪同他们骑马参观,事先通报响尾蛇,并且把鹿赶跑。那批人中间有个黑眼睛的姑娘,脚很小巧,穿的是二号的鞋。我注意到的只有这些。但是卢克一定有更多的发现,因为那批人回去的前一天,卢克和那姑娘结了婚,他们迁到绿谷,自己办了一个牧场。我故意略去感情方面的细节,因为我从未见过,也不想看见。卢克之所以带我同行,是因为我们是老朋友,我替他管理牛群。

"后面的事情我略去不谈,因为我从未见过,也不想看见——但是三年后,卢克牧场住宅回廊的地板上有了一个跌跌撞撞、哭哭闹闹的小男孩。我一向不喜欢小孩;但他们仿佛不是这样。后面的许多事情我略去不谈了,不过有一天,萨默斯太太的许多东部的亲友坐了两轮和四轮马车来牧场——大概有一两个姐姐和两三个男人。其中一个仿佛是谁的叔叔,一个仿佛什么都不是,还有一个穿螺旋斜纹呢的裤子,说话拿腔拿调。我一向不喜欢说话拿腔拿调的人。

"后面有许多事情我略去不谈了,不过一天下午,我骑马去牧场住宅听取有关一批要运走的牛的指示,听到了仿佛是木塞枪的声音。我等在拴马架那儿,不想干涉别人的私事。过一会儿,卢克出来,吩咐他的墨西哥雇工几句话,他们去套了几辆各式各样的车子;接着出来了一个姐姐和两三个男人。两三个男人中间有两个架着那个穿螺旋斜纹呢裤子、说话拿腔拿调的人,把他平放在一辆马车里。这批人都上车走了。

"'巴德,'卢克对我说,'我要你打点打点,跟我一起去圣安东尼奥。'

"'等我安上墨西哥踢马刺,'我说,'立刻就可以走。'

"有一个姐姐似乎同萨默斯太太和那孩子留在牧场。我们骑马去圣栎树林,然后乘上国际铁路的火车,第二天早晨到了圣安东尼奥。早餐后,卢克带我直奔一个律师的事务所。他们进屋谈话,过一会儿两人都出来了。

"'没有任何问题,萨摩斯先生,'律师说,'我今天去找西蒙斯法官,把情况告诉他,这件事会尽快解决的。法律和秩序在本州占统治地位,办事迅速稳妥,可以同任何一个州相比。'

"'如果不超过半小时的话,'卢克说,'我就在这儿等判决书。'

"'啧,啧,'律师说,'法律有一套规定。后天九点半再来吧。'

"到了约定的时间,我和卢克去了,律师给他一份折好的文件。卢克随即开了一张支票给他。

"卢克在人行道上把那张纸给我看,用手指指着说:

"'无条件离婚和监护小孩的判决书。'

"'略去许多我不了解的事情不谈,'我说,'我觉得这像是散伙。难道那个律师不能让你更有利吗?'

"'可是,'他痛苦地说,'孩子是我生活中惟一有意义的东西。她可以走,但孩子是我的!——你想想看——我有孩子的监

护权。'

"'好吧,'我说,'假如法律这么规定,我们只好遵守。但是我认为西蒙斯法官在我们的案例中可以援用惩罚性宽大或者诸如此类的法律术语。'

"你知道,我一向认为牧场里放个孩子没有什么好处,除非那些小时候不用照顾,长大后能帮上忙的。卢克却不一样,他似乎也染上了我永远不会理解的愚蠢父母的毛病。我们从火车站骑马回牧场时,他不停地掏出口袋里的判决书,用指头指着,向我解释它的要点。'孩子的监护权,巴德,别忘啦——孩子的监护权。'

"我们到牧场时,发现我们那份法院判决书遭到了排除、撤诉,发回重审。萨默斯太太和孩子都不见了。牧场上的人告诉我们说,我和卢克去圣安东尼奥后一小时,她套了一辆车,带了行李和孩子赶往最近的火车站。

"卢克再一次掏出判决书,念其中要点。

"'这种事情不可能发生,巴德,'他说,'那是违反法律和秩序的。这上面写得清清楚楚——"监护孩子"。'

"'我们撇开孩子不谈,'我说,'那就是可以称为破坏法律和秩序的人性倾向。'

"'西蒙斯法官,'卢克接着说,'是执行法律的人员。她不能把孩子带走。根据得克萨斯州通过和批准的法律法规,孩子属于我。'

"'但是根据女性偏心的非尘世的法律法规,'我说,'孩子给撤出了世俗训令的管辖范围。让我们赞美上帝,感谢他的任何恩惠吧——'我发现卢克不在听我说话。他虽然很累,仍吩咐换一匹马,又去火车站。

"两星期后,他回来了,变得寡言少语。

"'我们找不到踪迹,'他说,'但是我们尽电报线路所能承受的容量打了许多电报,通知他们称为侦探的那些城市游骑队,加以密切监视。与此同时,巴德,'他说,'我们去赶拢丛林小河那边的牛群,等候法律进展。'

"那以后,我们再也没有提起这件事。"

"略去随后十二年中发生的许多事情不谈,卢克当上了莫哈达县的警长。他指派我做负责内勤的副警长。你们别产生错误的概念,认为副警长的工作只是记记账目,或者用苹果榨汁机捣烂信件。那时候,副警长的工作是把守后窗,以免警长在前面的桌子上计算差旅费时,有人从背后打冷枪。那时候,我做这种工作是称职的。莫哈达县有法律和秩序,小学生有课本,威士忌敞开供应,政府自己花钱造战舰,不向小学生募捐。我说过,当时有法律和秩序,不像现在这样有那么多的、损害我们州形象的条例和限制。我们的办公室设在县城比尔达,必要时,我们就从那里出发,平定我们管辖范围内的争吵和骚动。

"略去我和卢克当警长时发生的许多事情不谈,我想说说那时候人们是如何尊重法律的。卢克是世界上那种最有法律意识的人之一。书本上的法律他懂得不多,但公道和仁慈的思想渗透了他全身。假如一个体面的公民枪杀了一个墨西哥人,或者拦住火车,洗劫了邮车的保险柜,而被卢克抓住的话,卢克会臭骂他一顿,也许使他再也不敢重犯。可是如果有人偷一匹马(除非是西班牙小马),或者剪破铁丝围栏,或者用别的方式损害了莫哈达县的平静和尊严,卢克和我就会带了人身保护令、无烟火药以及一切公正和礼仪的现代发明去追捕他们。

"我们把全县管理得奉公守法。我见过戴便帽、穿带扣鞋的东部打扮的人在比尔达下火车,在车站吃三明治,而比尔达的公民并没有枪击他们,甚至没有蒙骗他们。

"卢克在合法性和公正性方面有他自己的看法。他仿佛在培养我,让我在他离职后接替他。他老是考虑到不当警长以后的日子。他要盖一幢黄颜色的、有格子廊檐的房屋,院子里养些鸡。他心里想的似乎主要是院子。

"'巴德,'他对我说,'我在本能和感情方面是承包商。我想做承包商。我离职后要做的就是承包商。'

"'什么样的承包商呢?'我说,'我觉得那好像是一个行业。你不是要去装运水泥,成立分店,或者在铁路上干活吧?'

"'你不明白,'卢克说,'我厌倦了空间和地平线,土地和距离。我要的是合理的收敛。我要一个有篱笆围住的院子,晚饭后可以在那里坐坐,听听蚊母鸟的鸣声。'卢克说。

"他就是那种人。他喜欢家庭生活,尽管他在这方面的投资失败了。他在牧场的时候从不谈他有家的日子,似乎已经忘得一干二净。叫我纳闷的是,他心里想着院子、鸡和带格子装饰的门廊,似乎忘了那个虽然由法院判给他、但被人从他身边夺走的孩子。不过谈话时他自己如果不提这种事情,你可千万不能问。

"我认为他把全部感情和思想都投入了警长的工作。我在书里看到,有些男人在同女人的感情问题上受到挫折,便断然舍弃,一头扎进绘画、牧羊、科学或者教学的工作,好让自己忘怀。我想卢克的情况就是这样。他既然不会绘画,就把精力发泄在兜捕盗马贼和使莫哈达县成为安全的睡觉的地方,那是说如果你配备了良好的武器,并且不怕被引渡也不怕毒蜘蛛的话。

"一天,有几个东部来的金融投资者路过比尔达,停下来吃晚饭,比尔达是 I.&G. N. 铁路线上的进餐站。那些人在墨西哥考察了矿山之类的项目回来。一共五个——四个看上去很有钱,胸前挂着金表链,一个是十七八岁的小青年。

"小青年穿着一套初到西部的新手的牛仔装,跃跃欲试地想用他腰际的珍珠母柄的小手枪打打印第安人,或者射杀一两头灰熊。

"我去车站监视那批人,以免他们租出土地,或者惊吓拴在莫奇森的店铺前面的牧牛马,或者干出任何不合适的事情。卢克在追捕一帮盗牛贼,到了弗里奥河一带,他不在的时候,总是由我维持法律和秩序。

"晚饭后,列车等待时,那小家伙从餐厅里出来,在月台跳上跳下,准备射击任何有打扰他的意思,或者来得太近的羚羊、狮子或个人。那小家伙长得不错,只不过像所有的新手一样——看到一个重视法律和秩序的市镇却不懂得。

"过一会儿,佩德罗·约翰逊来了,佩德罗是比尔达卖辣椒肉末的摊主,这个人总是自得其乐,给摊点起名叫'水晶宫'。他爱管闲事,看到小家伙的模样笑得要死,不免指手画脚。我离得太远,没听清他们说什么话,只看见小家伙似乎骂了佩德罗,佩德罗上前一巴掌把小家伙打出九英尺远。那孩子一骨碌爬起来,拔出他的珍珠母柄小手枪——呼!呼!呼!开了三响。佩德罗的皮囊的要害部位挨了三枪,我看到每次子弹击中时,他的衣服都有尘土扬起。那种三二口径的小手枪近距离射击也不是闹着玩的。

"火车头响起钟声,列车缓缓开动。我过去抓住孩子,夺下他的手枪。但是那帮资本家向列车跑来。其中一个在我面前停住,似乎笑了一下,朝我下巴就是一拳,我倒在月台上打起瞌睡来。我从来不怵枪,但是今后除了理发师之外,我再也不愿意别人在我下巴上动手动脚了。我清醒过来时,列车、孩子和那批人统统不见了。我打听佩德罗的情况,他们说大夫认为只要他的枪伤不致命,他有恢复的希望。

"三天后,卢克回来了,我把经过情形告诉他,他气得七窍生烟。

"'你为什么不往圣安东尼奥打电报,'他说,'让我在那里逮

捕那帮人?'

"'哦,我一向佩服电报技术,'我说,'可是当时我同天文学打上了交道,眼前金星直冒。'那个资本家的手法确实了得。

"卢克怒不可遏。他开始调查,在火车站找到那帮人中间一个姓斯卡德的在纽约的地址。

"'巴德,'卢克说,'我要去抓那帮人。我要去那里抓你所说的人或者孩子,把他押解回来。我是莫哈达县的警长,只要我还能拔枪,我就维持县境内的法律和秩序。我要你跟我一起去。东部的扬基佬打了比尔达的体面和杰出的公民,休想逃避法律的制裁。佩德罗·约翰逊是我们最杰出的公民和商人之一。我外出期间,指定山姆·贝尔代理警长职务,具有监禁人犯的权力,你我两人乘明天傍晚六点四十五分北上的火车,追捕那批人。'

"'我奉陪,'我说,'我从未到过纽约,很想去看看。但是,卢克,你手伸得那么远,要抓的是有钱的坏人,是不是需要州里颁发许可证、人身保护令或者类似的文件?'

"'我上次到河汊洼地,'卢克说,'把国际铁路上拦劫列车的比尔·格兰姆斯和另外两个人押解回来,有没有要求引渡?我和你在墨西哥的伊达尔戈兜捕六个墨西哥盗牛贼时,有没有搜查证或者请地方民团协助?维持莫哈达县的秩序是我的事。'

"'依法办事,'我说,'是我作为内勤副警长的事。我们两人之间的事情要说说清楚。'

"第二天,卢克把一条毯子、几条硬领和他的出差里程登记本装进帆布背包,和我就直奔纽约。像我们这样身高六英尺的男子汉乘火车,座位太短了一些,睡觉也不舒服;每到一个有五层楼房屋的市镇,乘务员都不得不拦住我们不让下车,说是还没有到纽约。但我们终究到了;马上发现乘务员是对的。

"'卢克,'我说,'作为内勤副警长,并且从法律的观点来看,

我觉得这个地方并不合法地处于得克萨斯州莫哈达县的管辖范围之内。'

"'从秩序的观点来看,'他说,'不论在比尔达或者是耶路撒冷正式委派的执法人员面前,它都有义务为它的罪行负责。'

"'阿门,'我说,'不过我们出手要快,得手就跑。我不喜欢这个地方的模样。'

"'想想佩德罗·约翰逊,'卢克说,'你我的朋友,竟在他自己的家门口遭到那些镀金的废奴主义者之一的枪击!'

"'是在货运车站的门口,'我说,'不过那样的诡辩阻挡不了法律。'

"我们在百老汇路的一家大旅馆安顿下来。第二天早上,我跑了大约两英里长的楼梯下去找卢克。可是没有用。那天像是圣安东尼奥的圣哈辛托节。成千上万的人在一个有屋顶的广场里熙来攘往,广场地面是大理石砌的,树直接从大理石里长出来,我觉得像是在那个老尤厄尔堡的梨形底层里捉迷藏似的,根本找不到卢克。过后不久,卢克和我在那些大理石巷子的一个拐角上不期而遇。

"'没办法,巴德,'他说,'我找不到吃饭的地方。我在整个营地找饭馆招牌,闻闻有没有咸肉气味。反正我有一顿没一顿的,已经习惯了。现在我要租一辆马车,到斯卡德名片上的地址去。你待在这里,想办法弄点吃的。不过我不信你能找到。早知如此,我们应该随身带些玉米面、咸肉和豆子来。假如踪迹没有消失,我找到这个斯卡德就回来。'

"我开始搜索早餐。为了保住老莫哈达县的颜面,我不愿意在那些废奴主义者面前显得土里土气,于是我在那些大理石大厅里每拐一个弯,便走到我看到的第一个柜台前寻找吃的。如果看不到我要的东西,我就要别的。半小时后,我口袋里装了十来支雪茄、五本故事杂志和七八份火车时刻表,根本没有闻到咖啡或咸肉的味道。

"一次,一位坐在桌子前仿佛在玩弹图钉游戏的和气的太太,让我进三号小间。我进去后关上门,那该死的地方自己亮了起来。我坐在一个架子前面的凳子上等待。我想:'这大概是包间。'但是没有侍者过来。我出了一身汗,又跑到外面。

"'你要的接通没有?'她问道。

"'没有,夫人,'我说,'什么也没有。'

"'那就不收费。'她说。

"'多谢啦,夫人。'我说,重新开始寻找。

"后来我顾不得颜面了,我找了一个穿蓝色制服、胸前有黄铜纽扣的小伙子,他带我去了他称之为咖啡早餐馆的地方。我一眼看到的竟是那个开枪打佩德罗·约翰逊的小子。他独自一人坐在一张小桌子前,小心翼翼地用匙子在敲鸡蛋壳。

"我在他对面的椅子上坐好;他似乎觉得受到了侮辱,想要起来。

"'别动,小子,'我说,'你已被得克萨斯当局逮捕归案。你若想吃蛋壳里的东西,不妨再敲敲。我问你,你为什么枪击比尔达的约翰逊先生?'

"'可以问你是谁吗?'他说。

"'可以,'我说,'问吧。'

"'我想你大概喝多了,'那小子眼睛也不霎地说,'你想点什么吃的?喂,侍者!'他伸出指头招呼侍者,'这位先生要点吃的。'

"'一块牛排,'我说,'几个煎鸡蛋,一个桃子罐头,一夸脱咖啡差不多就够了。'

"我们谈了一些生活中的琐事,他说:

"'你打算怎么处理那次射击?我有权利开枪打那个人,'他

说,'他骂我,我不能置之不理,他还打我。他身边也有枪。我能怎么办?'

"'我们不得不把你带回得克萨斯。'我说。

"'我喜欢回去,'那小子笑笑说——'只是不在这种情况下回去。我喜欢的是那里的生活。自从记事的时候起,我就喜欢骑马、打枪、过户外生活。'

"'和你一起旅行的那帮人是谁?'我问道。

"'我的继父,'他说,'和他一起在墨西哥办矿和开发土地的生意伙伴。'

"'我看见你开枪打佩德罗·约翰逊,'我说,'我把你打人的那把小手枪夺了下来。我注意到你右眉有三四个连成一排的小伤疤。你以前斗殴过,是吗?'

"'从我记事的时候开始就有这些伤疤了,'他说,'可是我不知道是怎么来的。'

"'你以前到过得克萨斯吗?'我问。

"'我记忆中没有到过,'他说,'但是我们一到那个有草原的地方,我觉得似曾相识。我想事实上我没有到过。'

"'你的妈妈呢?'我问。

"'她五年前死了。'他说。

"略去后面许多事情不谈——卢克回来后,我把那小子交给他。他找过斯卡德,告诉斯卡德他此行的目的;他走后,斯卡德立刻打了许多电话。一小时后,几个穿便服的、自称是侦探的城市游骑兵来到我们下榻的旅馆,把我们全体带到一个他们称为治安法庭的地点。他们指控卢克企图绑架,问他有什么话要辩解。

"'法官阁下,'卢克对法官说,'这个狙击手有枪击的预谋、故意和恶意,打了得克萨斯州比尔达镇最受尊敬、最杰出的公民之一。他这样做,已经把自己置于法律和秩序的惩罚之下。我特此

要求纽约州移交上述罪犯,我知道他罪有应得。'

"'你有没有贵州州长签发的、通常必需的引渡文书?'法官问道。

"'我通常的文书,'卢克说,'被这几位代表贵市法律和秩序的先生在旅馆里取走了。那是两把我用了九年之久的四五口径的科尔特自动手枪;我不把它们要回来,麻烦可就大了。你可以向莫哈达县的任何人打听卢克·萨默斯。我办事一般不需要任何别的文书。'

"我看到法官非常生气,便上前一步说:

"'法官阁下,上述被告,得克萨斯州莫哈达县的警长卢克·萨默斯先生,无论在使用套索或者在维护法令法规方面,都是合众国最大一个州的好手。但是他——'

"法官用木锤敲桌子,问我是何人。

"'巴德·奥克利,'我说,'得克萨斯州莫哈达县警长办公室的内勤副警长,代表法律。卢克·萨默斯代表秩序。假如阁下给我十分钟时间,我们私下谈谈,我可以向你解释全部经过,并且可以给你看看我口袋里的合法有效的引渡文书。'

"法官露出一点笑意,同意在他的私人办公室里和我谈谈。我在那里用我的语言把事情前后经过告诉他,我们出来时,他宣布判决,把那年轻人交给得克萨斯州当局,接着开始处理下一个案件。

"我们回程的经过略去不谈,我只说说这件事如何在比尔达收场。

"我们把羁押犯带到警长办公室后,我对卢克说:

"'你还记得你的那个孩子——你的婚姻破裂后,他们从你身边夺走的那个两岁的孩子吗?'

"卢克的脸色十分难看。他从不让任何人和他谈这件事,自己也从来不提。

"'注意一下特征,'我说,'你还记得他小时在门廊里摔了一跤,磕在一对墨西哥踢马刺上,右眼上方扎了四个小洞吗?看看那个羁押犯,'我说,'看他的鼻子和头颅的模样——你这个老傻瓜,难道你认不出你自己的儿子吗?——我认得出他,'我说,'他在车站开枪打约翰逊先生时,我就认出来了。'

"卢克浑身发抖地过来。我以前从未见过他这么慌张。

"'巴德,'他说,'那孩子被带走后,我日日夜夜都想他,只是没有流露出来而已。我们能不放他走吗?——我们能留住他吗?——我可以培养他成为最好的骑手。等一等,'他非常兴奋,手忙脚乱——'我的桌子里有文件——我认为仍旧有效——我看过千百次了——孩子的监护权,'卢克说——'孩子的监护权'。我们根据那一点就可以留住他,不是吗?我来找找判决书。'

"卢克把他的桌子翻了个底朝天。

"'且慢,'我说,'你是秩序,我是法律。你不必找那个文件了。判决书已经没有用了。有用的是引渡文书。它已经在纽约的治安法官办公室存了档。我们离开时,我顺手拿了出来,因为我是内勤副警长,法律方面的事情我懂。'

"'我把他找回来了,'卢克说,'他又是我的了。我从没想到——'

"'等一等,'我说,'法律和秩序是必不可少的。你我必须按照我们的誓言和良知,维护莫哈达县的法律和秩序。那孩子开枪打了佩德罗·约翰逊,比尔达最杰出的公民之一——'

"'哦,去他的!'卢克说,'那根本不是问题。那家伙本来就是半个墨西哥人。'"

马丁·伯尼的转变

我们替沃尔特爵士①的具有镇静作用的植物调查一下马丁·伯尼的情况。

哈莱姆河西岸正在铺设一条高速公路。分包商丹尼斯·科里根的伙食船拴在岸边一棵树上。干那艰苦的工作的有二十二个属于小绿岛的人。其中一个在伙食船上干厨房活的是哥特人。指挥他们的是无法无天的科里根，他像划桨苦役船的船长似的折磨他们。他们从他那里领到的工资少得可怜，他们拼死拼活，挣的钱只够伙食和烟草；许多人都欠他的债。科里根让大家在伙食船上吃饭，伙食很足，因为他可以从他们多干的活里捞回来。

马丁·伯尼在这帮人中间要往最后靠。他长着粗短的灰红色胡子，肌肉虽然结实，手大脚大，但个子矮小，要干这种蒸汽挖掘机似的工作还不够格。

工作非常吃力。此外，河岸蚊子成群。这些劳工有如黑屋子里的小孩望着白蒙蒙的窗口寻求安慰一样，盼望着太阳下山，可以给他们带来一天当中不那么苦涩的一个小时。他们晚饭后挤坐在

----
① 沃尔特·罗利(1552—1618)，英国航海家、政治家，女王伊丽莎白一世的宠臣。开拓英国在美洲弗吉尼亚的殖民地(1584)，参加攻克西班牙要塞加的斯的战役(1596)，并建立英国在圭亚那的殖民地。据说罗利把美洲印第安人的烟草引入欧洲，一天独自抽烟时，仆人误以为他身上着了火，往他浇了一桶水。

河边,点起二十三支烟斗,吞云吐雾,把蚊子熏得嗡嗡直叫,像潮水似的退下去。在共同的敌人面前,他们抱成一团,从那一个小时里挤出几滴烟雾缭绕的欢乐。

伯尼背的债一周比一周多。科里根在船上备了一些商品,以有赚无赔的价格卖给干活的人。伯尼是烟草柜台的老顾客。早晨出工时来一袋,晚上收工时再来一袋,赊账的数额逐日增加。伯尼烟瘾很大。有人说他吃饭时嘴里也叼着烟斗,当然还没有到那种地步。这个小个子并没有感到不满。他有足够的食物可吃,有足够的烟可抽,还有一个专横的包工头可以咒骂;作为爱尔兰人,他有什么不满意呢?

一天早晨,他和别人一起出工时,在松木柜台前站一下,按老规矩拿他的一袋烟草。

"对你不再供应了,"科里根说,"你的户头已经结掉。你是亏本的投资。不,没有烟草了,伙计。没有赊账的烟草了。如果你想干活吃饭,那就接着干下去,但是烟草停止供应。我劝你另找一份工作吧。"

"今天我的烟斗里就没有烟草了,科里根先生。"伯尼还不明白他怎么会碰到这种事情。

"你得挣钱,"科里根说,"挣钱来买。"

伯尼留了下来。他干不了别的工作。此前他并没有发现烟草竟会成了他的父母、他的忏悔师和情人、他的妻子儿女。

他从别人那里蹭来一点烟草装填自己的烟斗,凑合了三天,接着,大家都断绝了施舍。他们粗暴然而友好地告诉他,照说烟草不应分你我,需要的人马上可以从别人那里弄到,但是一旦超出了暂时和短期的需要,老是征用别人的储备会对友谊造成极大的危险。

地狱的黑气升腾起来,充斥了伯尼的心。他干抽着他那断了气的瓷烟斗,跟跟跄跄地推着一车车的石头泥土,生平第一次觉得亚当的诅咒落到了他头上。别人被剥夺了一种嗜好,可能还有别的乐趣可找,但是伯尼的生活中只有两个安慰。一个是他的烟斗,另一个是痴迷地希望约旦河彼岸不需要铺设高速公路。

到了就餐时间,他让别人先去伙食船,他手脚并用地趴在他们刚才坐的地上,寻找散落的烟草碎屑。有一次,他溜到河岸边,把干枯的柳树叶塞进烟斗。他点燃后刚抽了一口,就朝伙食船的方向猛啐唾沫,用他知道的最精彩的诅咒大骂科里根——从科里根的十八代祖宗开始,骂到将会听到最后审判的号角声的科里根的末代子孙。他开始以全身震颤的神经和灵魂憎恨科里根。甚至模模糊糊起了谋杀的念头。原先他整天抽烟,夜里醒来也要在被窝里抽上一两袋,不然就觉得那晚过得太冤枉,如今他连烟味也不知道,熬了五天之久。

一天,有个人来到船上,说是布朗克斯公园有些改建工程,需要大批劳力。

晚饭后,伯尼在河岸上走了三十码,躲开别人烟斗的使他发狂的气味。他坐在一块石头上,考虑他是不是该去布朗克斯。在那里,他至少能挣到买烟草的钱。假如账本上说他还欠科里根的钱该怎么办呢?人们干活总得混出生活费来呀。那个丧尽天良的吝啬鬼灭了他的烟斗,他不思报复,就这样离开也不甘心。

在伙食船厨房干活的托尼在泥块中间择路走来。他在伯尼身边朝他笑笑,心里本来有气的伯尼充满了种族仇恨,毫不客气地说:"你想要什么,你——你这个——意大利人?"

托尼心里也有怨气——和阴谋。他也恨科里根,并且早就看出了别人对科里根的憎恨。

"你觉得科里根先生这个人怎么样?"他问道,"你觉得他好吗?"

"见他的鬼去吧,"他说,"但愿他的肝脏化成水,他的骨头被他冰冷的心冻裂。但愿他的祖坟上长满狗尾巴草,他儿女的孙子一生下来就没有眼睛。但愿白兰地酒一到他嘴里就变酸,他每打一个喷嚏,脚底板就长一个水疱。但愿他烟斗里的烟熏得他淌泪,泪水滴在他家牛吃的草上面,毒化他抹面包的黄油。"

托尼虽然欣赏不了这种形象化语言的美妙,但听后深信它们带有反科里根的倾向。他便像同谋一样,在伯尼身边坐下,推心置腹地透露了他的计划。

计划十分简单。科里根有个习惯:每天午饭后要在他的铺位上睡一小时。这时候,厨师和他的助手托尼必须离开伙食船,以免弄出声音吵醒那个包工头。厨师总是利用这一个小时去散步。托尼的计划是这样的:科里根睡着后,他(托尼)和伯尼就割断把船拴在岸上的缆绳。托尼没有胆量单独干。失去羁绊的船会漂开,被急流带走,撞到下游的一块礁石上肯定倾翻。

"说干就干,"伯尼说,"你挨过他打,余痛未消;我为了抽不到烟而心痒难熬,我们还不快去割缆绳。"

"好,"托尼说,"不过最好再等十分钟。让科里根睡得熟一点。"

他们坐在石头上等待。别人在公路拐弯那头干活,看不见。除了科里根之外,也许一切都很顺利,可是托尼一时冲动,要用传统的方式给情节增添一些色彩。他有戏剧气质,也许直觉地想到舞台上表现险恶阴谋时应该加点花絮。他从怀里掏出一支又长又粗的漂亮的黑雪茄烟,递给伯尼。

"我们等待时你想抽支雪茄吗?"

伯尼抓住雪茄,像猎狗咬耗子似的咬掉一端,衔在嘴里,那份亲热的样子仿佛是见到了久别重逢的情人。他抽了一口,舒了一口长气,灰红色的粗硬的胡子像是鹰爪似的卷住雪茄。他眼球上的血丝逐渐消退。他如痴如醉地凝视着河对面的山峦。时间一分一分地过去。

"现在该走了,"托尼说,"那个该死的科里根很快就该沉到河里去了。"

伯尼咕哝了一下,从恍惚状态中惊醒过来。他转过头,惊讶而厌烦地看着他的同谋。他拿开嘴边的雪茄,随即又放回去,爱抚地咬一两口,从嘴角喷着烟说:

"怎么回事,你这个卑鄙的异教徒?难道你要对文明的种族搞阴谋诡计,你这个罪恶勾当的唆使犯?难道你要引诱马丁·伯尼参与你这个下流的意大利人的肮脏的诡计?那个好人给你吃饭,给你工作,有恩于你,难道你要谋害他?去你的吧,你这个南瓜皮肤的杀人犯!"

伯尼一连串愤怒的言语还带有身体攻击。他飞起一脚,把那割绳未遂的人从他坐着的石头上踢翻在地。

托尼爬起来就逃。他再一次把他的仇杀存入可能发生的事件的档案。他跑过了伙食船,继续跑得很远很远;他不敢逗留。

伯尼挺起胸膛,看他的前任同谋跑得没有了踪影。然后他自己也离开了,朝布朗克斯方向走去。

他身后留下一股恶臭有害的烟雾,把路边的小鸟赶进了浓密的树丛,但给他内心带来了宁静。

哈里发和莽汉

在不暴露自己真实身份的情况下,同有钱有势的人混在一起,是世上最有趣的消遣了。只有在那些圈子里,你才能不受低层社会习俗的约束,看到生活最原始、最自然的状态。

有一个巴格达的哈里发老是到穷苦微贱的人们中间去,听他们叙说身世和故事,从中得到安慰。与之相反,微贱穷苦的人打扮得漂漂亮亮,到上层社会人士常去的地方过过当哈里发的瘾,从中得到乐趣,又有什么可奇怪的呢?

有这么一个人就看到了同哈龙·拉希德哈里发叫板的可能性。他名叫科尼·布兰尼根,替运河街一家进口商行赶货车。读者如果接着往下看,就会知道他怎么把百老汇路变成巴格达,了解到以前从不了解的自己的某些方面。

不少人会骂科尼是势利小人——一般是打电话骂他。他生活中的主要乐趣,他喜爱的娱乐,以及工作之余的惟一消遣是同时髦的有钱人平起平坐——因为他不能指望跻身于他们之列。

每天晚上,科尼收好车马之后,在快餐饭摊上吃了晚饭,换上足以和高级场所的服装媲美的晚礼服,来到那条热衷于泰斯庇斯、苔依丝和巴克斯①的灯火辉煌、令人销魂的大道上。

---

① 泰斯庇斯是公元前6世纪的雅典诗人,有"希腊悲剧之父"之称;苔依丝是古埃及亚历山大城女优,在沙漠修行的圣僧巴甫努斯立誓拯救她,冒险进城,劝导她改行,把她送进修道院,但巴甫努斯却被苔依丝的美貌所打动,堕入情网;巴克斯是希腊神话中的酒神。

他在最高级的酒店的休息室里闲逛一会儿,让自己的灵魂沉浸在至福的满足之中。美貌的女士像鸽子似的喁喁哝哝,服饰却像极乐鸟那般艳丽,走过时薄如蝉翼的衣裙拂过他身上。彬彬有礼的男士们殷勤周到地围着她们转。科尼的心像圆桌骑士兰斯洛那么兴奋,他对自己在镜子里的映像说:"科尼,这批人中间谁都不比你帅气多少。你赶运货马车,但他们腰缠万贯,在画廊里一掷千金,收集国内最好的珍品!"

镜子里的模样确实不错。科尼·布兰尼根先生即使没有别的,至少获得了外观的优美。他长期仔细观察上层社会人物,学到了他们大方的举止,温雅的风度,以及最难学的从容的气派。

科尼在酒店里偶尔结识了一些不算是显赫,至少也是有实力的客人,和他们攀谈几句。还同不少人交换了名片,他把那些换来的名片保存好,准备日后自己使用。从酒店休息室出来后,科尼悠闲地溜达,在剧院门口徘徊,有时装作找朋友的样子,拐进豪华的餐馆。平时他难得照顾这些场所;他不是来吮吸花蜜的蜜蜂,而是在那些萼蕊并不是为他而设的花朵间鼓动翅翼的蝴蝶。他的工资除了购置绅士的外观装备之外,不够他做更进一步消费。科尼·布兰尼根一心只想成为他精心模仿的那种人中的一员,即使要他剁掉右手来换取,恐怕他也愿意。

一天晚上,科尼遇到一件奇事。他在百老汇路上几家大酒店的休息室里汲取了一小时的愉悦后,逛到泰斯庇斯的根据地。出租马车车夫把他当做潜在的主顾,纷纷上前招徕生意,使他感到骄傲得意。脉脉含情的眼光向他投来,指望他请吃大龙虾和香槟酒。科尼把那些前奏曲和无意识的恭维当作天上掉下来的吗哪,心里却盼望明天早晨右边的那匹马比尔的左前腿别那样瘸着使不上劲。

科尼停下来,在一束乳白色的电灯泡的光线下欣赏自己浅口漆皮皮鞋的光泽。坐落在街角上的建筑是一家盛气凌人的咖啡馆。不一会儿，里面出来一对男女，女的穿着一件精致的白色晚礼服，外面裹着一条云雾般的抽纱披肩；男的身材高大，服装讲究得无可挑剔，显得非常自信——过分地自信。他们走到人行道边停下来。科尼一向注意学习时髦人物的打扮和举止，用眼角的余光瞟着他们。

"马车不在这儿，"女士说，"你有没有吩咐车夫等着？"

"我吩咐他九点半到，"男的说，"早该到了。"

女士说话的音调引起了科尼的注意。他很熟悉那种调子。柔和的电灯光照在她脸上。悲哀的姐妹们脸上是搁不住的。在伤心的书本的索引里，你会发现鲍里街后面不远就是百老汇路①。那位女士脸上一副伤心的样子，她的声音也有点凄切。他们似乎在等马车。科尼也等在旁边，他随时随地积累有关绅士行为的知识，从中得益。

"杰克，"女士说，"别生气。今晚我已经想尽办法让你高兴。你干吗这样呢？"

"哦，你是好人，"男的说，"该怪罪的总是男人。"

"我没有怪罪你。我只是想让你高兴。"

"你让人高兴的方式太特别了。"

"今晚你总是无缘无故找我的别扭。"

"哦，当然无缘无故——总之，你让我烦。"

科尼掏出名片盒，从他的收藏品里挑选了一张，上面印的是："R.莱昂内尔·怀特-梅尔维尔先生，伦敦，布鲁姆斯伯里②广

---

① 鲍里街和百老汇路的原文分别为 Bowery 和 Broadway，英文字母次序，o 在 r 之前，因此鲍里排在百老汇前面。

② 布鲁姆斯伯里是伦敦一个区，在英国博物馆附近，20 世纪初，著名作家福斯特、吴尔夫、斯特雷奇，哲学家罗素，经济学家凯恩斯均在此居住。

场"。这张名片是他在爱德华国王酒店从一个旅游者那里骗换来的。科尼走到那个男人面前,提出决斗似的递给他。

"请问我为什么有幸被你选中?"陪伴那位女士的人问道。

科尼·布兰尼根先生模仿巴格达的哈里发时有一个言语不多的明智的习惯。切斯特菲尔德勋爵曾经劝告:"穿黑色衣服,少开口。"他虽然没有听过,但一向是这么做的。现在要求他说话,他不得不开口了。

"没有哪位绅士,"他说,"会像你这样对女士说话的。呸,威利!即使她是你的妻子,你也不应该那样对待她。这也许与我无关,可是,你打扮得倒很像样——你的所作所为叫我看不顺眼。"

陪伴女士的那人的反驳文雅而巧妙。科尼尽可能避免货车车夫的词汇,用客气的语言回敬。他们先则断绝了外交关系;随后除了口头武器外,干脆拳打脚踢地打了起来,科尼自然轻易获胜。

迟到的车夫将功补过似的飞快地赶着马车来了。

"请替我开门好吗?"女士说。科尼扶她上了车,并且脱帽致意。女士的陪伴狼狈地从人行道上爬起来。

"夫人,如果他是你的先生的话,"科尼说,"我请你原谅。"

"他不是我的先生,"女士说,"本来他也许有可能——可是现在没有机会了。迈克尔,赶车回家。请收下这个吧——连同我的谢意。"

马车窗口伸出三支红玫瑰花,塞到科尼手里。他接过花,还碰了一下女士的手;马车驶去了。

科尼从地上捡起对手的帽子,替他掸掸身上的尘土。

"来吧。"科尼拽住那人的胳臂说。

他的前对手刚才挨了几记重拳,还有点眩晕。科尼小心扶他走进前面不远的一家酒馆。

"给我们——我和我的朋友上酒。"科尼说。

"你是个怪人，"那位女士的前陪伴说，"揍了人，还请人喝酒。"

"你是我最好的朋友，"科尼兴高采烈地说，"你不明白，是吗？我告诉你。你刚让我懂得了一些事情。我一直想当绅士，以为绅士的标志只不过是漂亮的衣服。喂——你档次很高，可不是吗？我想你是那个阶层的人。我可不是；但是我悟出了一个道理——我也是绅士——现在我明白了。你想喝点什么？"

加里的钻石

那篇有关加里①女神钻石的新闻稿最初是交给本市版编辑的。他笑了一笑,想把它扔进废纸篓里,但迟疑了片刻,然后又放回桌上说:"给周日版的编辑看看,他们或许能搞出一点名堂来。"

周日版的编辑粗略地看了一遍,哼了一声。过后,他把记者叫来,发表了他的意见。

"你不妨去勒德洛将军家拜访一次,"他说,"看看能不能在现有材料的基础上,编一篇稿子。钻石的故事已经成了滞销货,不过这颗钻石很大,把它用报纸包起来塞在门厅地毯底下,容易被清洁女工发现。先打听一下将军有没有女儿想当演员。如果没有,就放手写稿子。查阅科依努尔②和J.P.摩根的收藏品的剪报资料,找几张南非金伯利钻石矿和巴尼·巴尔纳托的照片。再编制一份表格,把钻石、镭锭和屠宰厂罢工之前的小牛肉价格加以比较;撑足半个版面。"

第二天,记者交上稿子。周日版编辑一目十行地看了一遍,又哼了一声。这一次,稿子毫不犹豫地进了废纸篓。

---

① 加里是印度教三大主神之一湿婆的妻子,秉性残忍,她通身乌黑,沾有血迹,三眼四臂,青面獠牙,用骷髅串作项链,尸体作耳环,蛇作腰带。旧时印度以杀人抢劫为业的宗教组织,谋杀教团(Phansigar或Thug),祭祀她时以活人为牺牲。

② 科依努尔是在印度发现的一颗巨大的钻石的名称,波斯文意为"光明之山",现镶嵌在英国女王的皇冠上。

记者抿了一下嘴,但是一小时后,当我过去同他说话时,他满意地轻声吹着口哨。

"我不怨头头枪毙了我的稿子,"他宽宏大量地说,"确实是怪事;但我写的完全是事实经过。喂,你干吗不去从废纸篓里找出来用呢?我觉得它并不比你写的无聊东西差多少。"

我采纳了他的建议,读者如果看下去的话,将会了解我们编辑部最可靠的记者之一所说的有关加里女神钻石的真相。

马塞勒斯·B. 勒德洛将军住在西区二十几街一座衰败然而庄严的红砖老房子里。将军出身于一个不爱张扬的古老的纽约家族。他喜欢周游世界,对绅士作风有偏爱,蒙天之恩拥有百万家财,职业是宝石鉴赏家。

记者接到任务后,当天晚上八点半钟左右去将军住宅求见,很快就被请了进去。他在宽敞的书房里见到了那位著名的旅行家和鉴赏家,年纪五十来岁,身材高大笔挺,胡子几乎全白了,很有军人风度,可以看到国民警卫队队员的痕迹。记者说出自己的使命后,将军久经风霜的脸上露出颇感兴趣的笑容。

"哦,你听说了我最近的发现。我认为那是现有的六颗最宝贵的蓝色钻石之一,我很乐意给你看看。"

将军打开书房角落里的小保险箱,取出一个长毛绒面的盒子。盒子打开后,记者吃惊地看到一颗硕大无比、光芒四射的钻石——几乎有冰雹那么大。

"这颗钻石的意义,"将军说,"已经超出了简单的珍宝范畴。它曾经嵌在三眼女神加里额头的那只眼睛里,加里是印度最凶残、最狂热的部族崇拜的女神。你坐舒服一些,我可以简单地介绍它的历史,供你的报纸采用。"

勒德洛将军从柜子里取出一瓶威士忌和酒杯,让幸运的记者坐在一张舒适的扶手椅上。

"印度的番西加或者暗杀教团,"将军开始说,"是印度北部最危险、最可怕的部族。他们是狂热的宗教信徒,崇拜可怖的加里女神的偶像。他们的宗教仪式有趣而血腥。他们的奇怪的宗教法典认为抢劫和杀害旅人是理所当然,必不可少的。他们祭祀三眼女神加里的仪式十分隐秘,迄今为止没有一个外人见过。但我却有此殊荣。

"我在德里和克拉特之间的城镇沙卡兰布尔时,常常在附近丛林里到处探索,希望了解这些神秘的暗杀教团。

"一天傍晚,我穿过一片柚树林时,发现林中有一片空旷的圆形洼地,洼地中央是一座简陋的石头庙宇。我确定这是暗杀教团的庙宇之一,便隐藏在草丛中观察。

"月亮升上时,洼地里突然出现了几百个影影绰绰、迅速走动的人形。庙宇的门开了,露出一尊被灯火照得很亮的加里女神塑像,像前一个白袍祭师念起咒语,教徒们都匍匐在地。

"但是,最引我注意的是那尊巨大木偶的两眼之间的眼睛。根据它闪亮的光芒判断,我知道那是一颗水色极好的巨大的钻石。

"仪式结束后,暗杀教团的信徒像来时一样悄悄散去。祭师在庙门口盘桓了一会儿,在回到闷热的庙里关门之前,呼吸一些凉爽的夜晚的空气。突然,一条黑影敏捷地窜进空地,扑向祭师,手里明晃晃的刀子砍倒了他。接着,暗杀者像猫一样跳到女神像上,用刀撬加里额头那只闪亮的眼睛。他拿到宝物后,朝我隐藏的地方笔直跑来。到我面前只有两步距离时,我站起来,使出全身气力,照他脸上打出一拳。他当场失去知觉,跌倒在地上,手里那颗价值连城的宝石也滚了出来。那就是你看到的了不起的蓝色钻石——一颗价值可以和君主皇冠匹敌的宝石。"

"极妙的故事,"记者说,"那个酒瓶和约翰·W.盖茨会见客人时拿出来的一模一样。"

"对不起,"勒德洛将军说,"我只顾说话,忘了招待你喝酒了。

请自己动手吧。"

"祝你健康。"记者举杯说。

"我现在怕的是,"将军压低声音说,"有人要抢我的钻石。宝石是他们崇拜的女神的一只眼睛,是他们最神圣的标志。那个部族好像怀疑宝石在我手里;跟踪我走遍了半个地球。他们是世上最狡猾、最残忍的狂热分子,他们做出的宗教誓言迫使他们非把那个亵渎他们神圣宝物的异教徒杀掉不可。

"有一次在勒克瑙,他们的三个特工伪装成酒店的仆役,企图用绞紧的布束勒死我。另一次在伦敦,两个装扮成街头艺人的暗杀教团成员夜里从窗口爬进来袭击我。他们一直跟踪到这个国家。一个月前,我住在伯克郡的一家酒店,有三个他们的人跳出路边草丛,向我扑来。那次我凭我对他们习俗的知识逃脱性命。"

"那是怎么回事,将军?"记者问道。

"当时有一头牛在附近吃草,"勒德洛将军说,"一头温顺的泽西种乳牛。我跑过去站在牛旁边。三个暗杀教团成员停止了攻击,跪在地上,连磕三个头。然后,他们毕恭毕敬行了许多额手礼才离去。"

"怕牛用角挑他们吗?"记者问。

"不,牛是暗杀教团心目中神圣的动物。他们对牛的崇拜仅次于加里女神。他们在牛的面前从来没有过暴力行为。"

"真有意思。"记者说,"如果你不介意,我再喝一杯酒,然后做些记录。"

"我陪你喝。"勒德洛将军客气地摆一摆手说。

"如果我处于你的情况,"记者出主意说,"我就带了那颗钻石去得克萨斯,在那里办一个牧牛场,那些法利赛人——"

"番西加。"将军纠正说。

"哦,不错;那些夺宝的家伙闯进来就会触到长长的牛角。"

勒德洛将军关好钻石盒子,塞进前胸的口袋。

"部族的奸细已经查明了我在纽约的住处,"他直一下腰说,"我熟悉东印度人的面貌特征,我知道我的一举一动都受到监视。他们肯定会找到这里来抢我、杀我。"

"这儿?"记者拿起酒瓶,倒了许多酒。

"随时都会来,"将军说,"但我是军人和鉴赏家,要取我的性命和钻石会付出很高代价。"

记者的稿子此处有点含混不清,但是可以猜测到,他们当时所在的那座房屋后面传来了巨响。勒德洛将军扣好上衣,朝房门冲去。记者一手抓紧他,另一手握住酒瓶。

"我们逃跑之前先告诉我一件事,"他由于内在的骚动,舌头有点不听使唤,"你的女儿中间有没有哪一个打算进演艺圈?"

"我没有女儿——你快逃命吧——番西加来找我们了。"将军嚷道。

两人冲出了住宅的前门。

天色已经很晚。他们踏上人行道时,几个皮肤黧黑、面目可怖的陌生人仿佛从地底下冒了出来,围住他们。一个有亚洲特征的人逼近将军,拖长声音说:

"行个好吧!"

另一个黑胡子、凶相毕露的人快步上前,带着哭声说:

"先生,施舍个小钱给穷苦人吧——"

他们继续奔跑,却和一个黑眼睛、愁眉蹙额的人撞个满怀,那人把帽子一直伸到他们鼻子底下,一个东方肤色的同伙在附近摇着手风琴的把手。

勒德洛将军和记者跑了二十步,发现又落进五六个敞开衣服前襟、满脸胡子拉碴的泼皮似的人的包围之中。

"逃命吧!"将军嘘声说,"他们发现加里女神的钻石在谁手里了。"

两人拔腿又跑。替女神复仇的人紧追不舍。

"哟,天哪!"记者呻吟说,"布鲁克林这一带没有一条牛。我们完蛋了!"

两人在街角撞到人行道上阴沟旁边的一个铁家伙。他们绝望地抱住那玩意儿,等待命运的安排。

"我有一头牛就好啦!"记者哼哼说——"或者再喝一口瓶子里的酒,将军!"

追赶他们的人一看见他们避难的地方,突然都收住脚步,退到相当远的距离。

"他们等后援来到,再向我们发动攻击。"勒德洛将军说。

但是记者高声大笑,庆祝胜利似的把帽子抛向天空。

"你再猜猜,"他靠在那个铁家伙上面嚷道,"你的那些野蛮人或者暗杀教团成员,不管你怎么称呼他们,已经现代化了。亲爱的将军,我们依靠的这个像牛一样的东西是纽约的压水泵,明白了吗?所以那些黑皮肤的暴徒没有攻击我们,明白了吗?纽约的压水泵,神圣的动物,亲爱的将军!"

第二十八街阴暗的角落里,劫匪们在商谈。

"喂,红毛,"一个劫匪说,"我们去抢那老家伙。两星期来,他老在八马路到处显耀一颗有鸡蛋那么大的钻石。"

"想也甭想,"红毛说,"你看到他们聚在压水泵那儿吗?他们是警察比尔的朋友。比尔当差以来,绝不允许他的辖区里出这类事情。"

有关加里钻石的事实到此都完了。两天后,晨报登出一条(有偿的)短讯,用它作为结束并非不合逻辑。

"据传,纽约市马塞勒斯·B.勒德洛将军的侄女将于下一演出季节登台献艺。

"据传,她的钻石饰物价值不菲,具有极大的历史意义。"

我们庆祝的日子

"在热带地区,"(养鸟迷"瘸子"比布对我说)"季度、月份、双周、周末、假日、大伏天、星期天和昨天统统像洗过的纸牌那样混杂在一起,在第二年年中到来之前,你根本不知道第一年已经过去了。"

"瘸子"比布在四马路开了一家鸟店。他当过水手和流浪汉,定期去南美港口装运他订购的会说话的大小鹦鹉。他的腿、脖子和神经都不灵活。我到他那里去买一只鹦鹉,准备圣诞节时送给我的姑妈乔安娜。

"这一只,"我说,没有理会他的有关细分时间的说教,"这一只羽毛像是红、白、蓝色的鸟属于什么种类?它的国旗般的羽毛颜色立刻引起了我的爱国主义和我对不和谐配色的喜爱。"

"那是厄瓜多尔的白鹦鹉,"比布说,"教会它说的话只有一句'圣诞快乐'。它是一只合时的鸟。只卖七元钱;我敢打赌,许多人对你说同样的一句话时也是想让你破费。"

比布突然大笑起来。

"那只鸟使我想起一件事,"他说,"它老是把日子搞混。本来它应该说'Epluribus unum'①,才符合它羽毛的特点,却想充当圣诞老人的角色。它使我想起我和利物浦·山姆一起在哥斯达黎加

---

① 拉丁文,意为"合众为一",美国国徽用作铭语。

的日子,那时候,由于气候和其他热带地区现象的原因,我们把事物的概念都搞混了。

"当时我们困在南美洲北岸一带,既没有钱可花,也没有朋友帮忙。我们是在新奥尔良搭乘一艘水果船去南美碰运气的,我们分别担任船上的司炉和副厨师,但由于证件不足,到了那里就被解雇。我们找不到适合我们本能的工作,于是,我和利物浦开始靠当地的红甘蔗酒和所能找到的水果维持生活。那地方叫索莱达,是建在冲积土层上的小镇,没有港口,没有前途,也没有依靠。在没有轮船靠岸的空当,小镇就睡觉、喝甘蔗酒,等到装运香蕉的时候才醒来。仿佛是除了饭前的开胃酒和饭后的水果点心之外,整个正餐期间都睡觉的人。

"当我和利物浦潦倒不堪,美国领事看到我们都不打招呼时,我们知道自己到了万劫不复的境地了。

"我们寄宿在一个名叫奇卡的深褐色皮肤的太太那里,她在四十七悲哀圣徒街开了一家酒馆和男女都招待的餐馆。我们在那里的信用破了产,再也赊不到账时,为口腹所累、顾不得身份地位的利物浦便和奇卡结了婚。凭这点关系,我们白吃了一个月的米饭和炸香蕉。一天早晨,奇卡用一个石器时代遗留下来的长柄锅伤心而认真地揍了利物浦十五分钟,我们明白对我们的欢迎到此为止。那天晚上,我们同当地的杂交香蕉迷堂海梅·麦克斯宾诺莎签了约,到镇外九英里的他的水果种植园去干活。我们非这么干不可,否则就要流落海滩,找到东西就吃,找不到就睡。

"提起利物浦·山姆,不管他在不在场,我都要说说他的坏话。依我看,当一个英国人堕落到他这种地步时,走道也得留神,不然别的民族渣滓从气球抛出的压舱物会落到他头上。作为利物浦的英国人,照说他留神的应该是煤矿沼气。作为土生土长的美国人,那是我的个人看法。但是利物浦和我两人有许多共同之处。

我们都没有像样的衣服和像样的生存手段;俗话说得好,贫贱之人百事哀,相濡以沫意气投。

"我们在老麦克斯宾诺莎的种植园里干的工作是砍香蕉柄,把一串串的香蕉装上马背。然后由一个本地人把马帮赶到海岸边,堆放在海滩上,那人配备着鳄鱼皮腰带,砍刀,和一套被单布做的特大号睡衣。

"你见过香蕉林没有?那里安静得好像是早晨七点的纽约的地下室酒馆。进了香蕉林就像是进了歌舞剧布景的后台。头上的叶子密密匝匝,遮天蔽日;地上腐烂的叶子深可没膝;四周一片静寂,似乎可以听到砍掉的香蕉柄又在生长的声音。

"晚上,我和利物浦同堂海梅雇用的红、黄、黑人一起聚集在环礁湖畔的一批茅草屋里,躺着同蚊子打仗,听猴子怪叫和鳄鱼在湖水里的哼哼声和溅泼声,一直折腾到天明,只能零敲碎打地断断续续睡一会儿。

"我们很快就丧失了季节的概念。无论是十二月或六月,星期五或午夜,选举日或任何老时光,那里的气温都在华氏八十度左右。有时候雨下得比另一些时候多些,那就是你能注意到的惟一区别。一个人待在那里,浑浑噩噩,根本不去理会什么光阴似箭,日月如梭,正当他开始考虑同那帮人分手,攒些钱买房地产的时候,殡仪馆的工作人员却来替他料理后事了。

"我不知道我们替堂海梅干了多长时间,只知道过了两三个雨季,剪过八九次头发,穿破三条帆布裤子。我们挣的钱全花在甘蔗酒和烟草上面;但是我们好歹有饭吃,那是最要紧的。

"突然有一天,我和利物浦发现,替香蕉柄动外科手术的活计变得像芦荟油和金鸡纳霜那么苦。流落在拉丁美洲国家的白人常常会犯这种毛病。我们想再听听人说的话,望望轮船烟囱冒出的烟,看看旧报纸上房地产过户和男人服装的广告。在我们心目中,甚至索莱达也成了文明的中心,于是,那天晚上我们对堂海梅的水果摊做了一个侮辱性的手势,迈腿就走。

"到索莱达的路程只有十二英里,但是我和利物浦走了两天。一路上几乎全是香蕉林,我们一再走岔。正像侍者在纽约大酒店的大厅里呼名寻找一个叫史密斯的人。

"我们望见树丛中索莱达的房屋时,我对这个利物浦·山姆的反感全部涌上心头。只有我们两个白人一起对付那些张牙舞爪的香蕉串时,我容忍了他;现在情况不同了,我又有机会同美国公民打交道了,即使说的是粗话,我当然让他物归原位。再说,他的模样也够寒碜的:酒渣鼻、红胡子、皮凉鞋扎得鼓鼓囊囊好像大象腿那么粗。我想我自己的模样也差不了多少。

"'我觉得,'我说,'大不列颠应该把你这样的嗜酒如命、灰头土脸的泥腿子留在国内,不该让你到这里来污染糟蹋外国的土地。我们一度把你们踢出了美洲,现在应该穿上橡胶靴子再踢一脚。'

"'哦,滚你的蛋!'利物浦气得只会用这句话骂人。

"在堂海梅的种植园待过之后,我觉得索莱达可以算是好地方了。出于习惯,利物浦和我仍旧并肩进了镇,我们走过监狱和大酒店,穿过广场,直奔奇卡的住处,希望利物浦凭他和奇卡夫妻一场的交情,也许能混一顿饭。

"我们经过美国俱乐部的两层楼的木板房子时,看到阳台用常绿树树枝和鲜花装饰得花枝招展,屋顶的旗杆上升起了美国国旗。领事斯坦泽和一个金矿老板,阿克莱特,坐在阳台上抽烟。我和利物浦朝他们挥挥我们的脏手,露出十分符合社交礼仪的笑容,但是他们转过身去,继续谈话。以前我们同他们两人打过惠斯特桥牌,直到有一次利物浦把十三张王牌全弄到手里,一连四副牌都是如此,此后他们再也不同我们玩了。我们知道当天准是一个节日,但是不知道什么日子和年份。

"我们往前走时碰到一个在索莱达开辟教堂的牧师,彭德格斯特,他戴着蓝色眼镜,穿着黑羊驼小皮袄,打着绿阳伞,站在棕榈树下。

"'孩子们,孩子们!'他说,'你们竟然这么落魄?你们竟然落到了这种地步?'

"'我们落到了十分平民化的地步。'我说。

"'看到我的美国同胞处在这种境地,'彭德格斯特说,'我确实伤心。'

"'你的话要打个对折,老兄,'利物浦说,'难道你见到一位英国上层社会的人物也分不清吗?'

"'闭嘴,'我对利物浦说,'你现在踩的是外国的土地,或者是不属于你们的那一部分土地。'

"'而且是在今天这样的日子!'彭德格斯特接着说,'今天是一年里面最光荣的日子,我们都应该庆祝基督教文明的开端,邪恶世界的没落。'

"'我确实注意到镇上挂起了彩旗和花环,牧师先生,'我说,'但是我不知道为什么。我们很久没有接触到日历了,不知道现在是夏天呢,还是星期六下午。'

"'这里有两元钱,'彭德格斯特掏出两枚银币递给我,'去吧,去收拾得像样一点,庆祝这个日子。'

"我和利物浦向他表示了衷心的感谢,走开了。

"'我们要不要弄点吃的?'我问道。

"'见鬼!'利物浦说,'钱是干什么用的?'

"'好吧,'我说,'你既然坚持,我们就去喝酒。'

"我们进了一家酒馆,买了一夸脱甘蔗酒,到海滩的椰子树下开始庆祝。

"两天来,我们除了桔子以外,什么都没有进口,甘蔗酒下肚立刻起了作用；我对英国民族再次产生极大的反感。

"'你给我站站好，'我对利物浦说，'你这个专制君主有限公司的渣滓，我要让你再尝尝邦克希尔①的滋味。那个好人，彭德格斯特先生，'我说，'让我们用恰当的方式庆祝一番，我不愿意看到他的钱给糟蹋掉。'

"'你给我见鬼去吧！'利物浦话音未落，我一记漂亮的左直拳已经打在他的右眼上。

"利物浦以前也是拳击手，但是放荡的生活和不慎的交友搞垮了他的身体。十分钟内，我把他打得躺在沙滩上讨饶。

"'起来，'我踢着他的肋骨说，'跟我走。'

"利物浦爬起来，按照老习惯跟在我身后，一面走，一面擦着鼻子和脸上的血。我带他到了彭德格斯特牧师家门口，把牧师叫了出来。

"'你瞧，牧师先生，'我说，'瞧瞧这个一度是傲慢的英国人。你给我们两元钱，让我们好好庆祝今天这个日子。星条旗高高飘扬。星星和老鹰万岁！'

"'啊呀，'彭德格斯特举起手说，'居然在今天这个日子打架。圣诞节是普天和平——'

"'圣诞节，见鬼！'我说，'我还以为是七月四日国庆节呢。'"

"圣诞快乐！"那只红白蓝三色的鹦鹉说。

"你给六块钱吧，""瘸子"比布说，"它老是把日子和颜色搞混。"

---

① 邦克希尔在美国马萨诸塞州查尔斯顿，1775年6月17日，美国反抗英国殖民制度革命的首次大战役在此进行。该战役的纪念日称为"邦克希尔日"。

陀 螺

世界和门

作家有一个吸引读者的拿手诀窍,就是声明他的小说完全是真人真事,然后补充说,这些真人真事比虚构的更为离奇。我不敢肯定我急于让你们看的这篇小说是否真实,但是"卡雷罗号"水果运输船上的西班牙事务长指着圣瓜达卢佩的神龛起誓,说事情经过都是从美国驻拉巴斯的副领事那里听来的——其实副领事对这些事实恐怕连一半都不可能了解。

上面引用的话,不妨拿我某天在一篇纯属虚构的小说里看到的一段话来戳穿它:"'随它去吧。'警察说。"真人真事中再没有比它更离奇的了。

当H.弗格森·赫奇斯,家财百万的发起人、投资家和纽约的名流,想起寻欢作乐,而这消息透露出去的时候,警察们未雨绸缪地换了警棍,侍者们在他爱坐的桌子上摆了最结实的瓷器,出租马车拥挤在通宵咖啡馆门口的人行道边,他经常光顾的咖啡馆里的出纳员小心地在他账上多开几瓶酒钱,作为引子和开端。

在这个城市里,免费餐台后面切牛肉分给你的人都乘着私家汽车来干活,身价只有一百万的财主算不上什么。但是赫奇斯花钱毫无节制、大吹大擂,仿佛只是在挥霍一星期工资的小职员。何况酒吧侍者对你的准备金并不感兴趣。他宁肯在现金出纳机,而不在布拉德斯特里特的金融统计资料里来对你做出评估。

故事发生的那一晚,赫奇斯正和五六个人在厮混——五六个追随他的熟人和朋友。

其中两个比较年轻——一个是经纪人拉尔夫·梅里姆,另一个是梅里姆的朋友韦德。

他们雇了两辆马车兜风,在哥伦布圆场停了好久,侮辱那个伟大的航海家的塑像,很不爱国地痛骂他为什么远渡重洋去找陆地,而不去找酒喝。午夜时分,这群人待在住宅区尽头一家低档咖啡馆的后屋。

赫奇斯一喝酒就神气活现,动不动要找人吵架。他身体魁梧结实,面色铁青,但劲头仍旧很足,喝到天亮也不成问题。之后,不知为了什么微不足道的小事争吵起来,讲了些粗话——这些话代表了扔在比武场上挑战的手套。梅里姆扮演了动嘴的霍特斯普①。

赫奇斯猛地站起来,抡起一把椅子,狠命地朝梅里姆的脑袋砸去。梅里姆躲得快,掏出小手枪,对着赫奇斯的胸口开了一枪。那个带头闹饮的人踉跄一下,歪歪扭扭地倒下去,没有动弹了。

韦德是个老纽约,早已养成反应敏捷的习惯。他拉着梅里姆溜出边门,拖他走到拐角处,叫了一辆双轮马车。他们坐了五分钟后,在一个昏暗的角落下来,把马车打发走。街对面一家小酒吧闪出了令人兴奋的、招徕生意的灯光。

"到那家酒吧的后屋等着,"韦德说,"我去探听一下再来告诉你。我不在的时候,你可以喝两杯——不能再多了。"

一点缺十分,韦德回来了。

"打起精神来,老兄,"他说,"我赶到的时候,救护车正好也到。医生说他死了。你不妨再喝一杯。这件事由我替你安排吧。

---

① 莎士比亚剧本《亨利四世》中脾气火爆的人物。

你非逃跑不可。我想从法律上说,一把椅子并不是致人死命的武器。你是防卫过当,非判罪不可,只有逃跑一条路了。"

梅里姆唠唠叨叨抱怨说冷,要再喝一杯。"你有没有看到他手背上暴得老粗的青筋?"他说,"我怎么也忍受不了——我受不了——"

"再喝一杯,"韦德说,"然后上路。我来替你安排。"

韦德很守信用,第二天早晨十一点钟,梅里姆拎着一只装满了新衣服和发刷的新手提包,在东江码头悄悄搭上一条载重五百吨的小水果运输船。这条船从利蒙港装来了第一批上市的酸橙,正要返航。梅里姆带着从银行里提清的两千八百元大钞,接受了简单的劝告,打算尽可能远离纽约。时间不允许多说别的话了。

梅里姆在利蒙港换乘帆船,沿海岸行驶到科隆,再从科隆越过地峡,到了巴拿马,在巴拿马搭上一条不定期的货船,货船的目的地是卡亚俄,以及随那个自由散漫的船长高兴而停靠的中途小港口。

梅里姆决定上岸的地点是拉巴斯——美丽的拉巴斯,没有海港的小城,隐藏在一座高耸入云的山底下的翠绿地带。小货船停下来,船长的舢板把他送上岸,让他去观光观光那个椰子市场。梅里姆带着手提包,就留在那里了。

副领事卡尔勃是希腊—阿美尼亚籍的美国公民,在黑森达姆施塔特出生,在辛辛那提选区成长,他把所有的美国人都当成银行家和同胞,形影不离地跟着梅里姆,把梅里姆介绍给拉巴斯所有穿鞋子的人,向他借了十元钱,然后回到自己的吊床上。

香蕉林边有一家面海的、木结构的小旅馆,很合那些远离世界来到这个秘鲁小镇的为数不多的外国人的口味。经过卡尔勃的介绍:"这位是——",他顺从地同一个德国医生、一个法国商人、两个意大利商人、三四个美国人握了手,那几个美国人给说成是做黄金、做橡胶、做桃花心木的——没有一个给说成是有血有肉的人。

晚饭后,梅里姆和毕勃坐在前廊的一个角落里,抽烟、喝威士忌。毕勃是佛蒙特州人,对水力开矿很感兴趣。月光下,一望无际的海洋在他面前展开,似乎把他和他旧日的一切忧虑完全隔离开来。自从他偷偷搭上水果运输船,成为可怜的逃亡者以来,他参与其中的那场凄惨的悲剧第一次丧失了鲜明的轮廓。毕勃打开了封闭已久的话语的闸门,由于抓到一个没有听过他把观点和理论重复几百遍的受害人而非常高兴。

"再过一年,"毕勃说,"我就要回到上帝的国家去了。哦,我知道这里是个好地方,你可以得到大量的悠闲,但是这个地方不是给白人住的,作为一个人,你偶尔也得在雪地里跋涉、看看棒球比赛、穿硬领衬衫、被警察训上几句。话虽这么说,拉巴斯仍是个梦幻似的好地方。何况考南太太也在这里。我们中间有谁特别想跳海自杀的时候,马上赶到她家去向她求婚。遭到考南太太拒绝,比溺死还舒服。"

"像她这样的人,这里有很多吗?"梅里姆问道。

"甭说这里了,别的地方也很少,"毕勃惬意地叹口气说,"她是拉巴斯惟一的白种女人。其余女人的皮肤从斑驳的焦茶色到钢琴键的黑色。她来这里有一年了。她是从——哎,你知道女人都能说会道——你让她们说'绳子',她们却说'索子'或者'翻绷绳'。有时候你以为她是从奥什科什来的,有时候以为是佛罗里达州的杰克逊村,有时候又以为是科德角。"

"神秘人物吗?"梅里姆探问道。

"唔,样子很神秘,但是谈吐倒还容易捉摸。真是个了不起的女人。我猜想假如斯芬克司开口说话,她一定只会说:'天哪!这么多客人来吃饭,可是这里除了沙子以外没有可吃的东西。'不过你遇到考南太太的时候不会那样想,梅里姆。你也会向她求婚的。"

替一个枯燥的故事添一点情趣,梅里姆果真遇到了她,并且向她求了婚。他发现她穿着黑衣服,头发像火鸡翅膀的古铜色,眼睛里带着缅怀往事的神秘神情——哎,她像是夏娃出世时守候在旁边的护士。正如毕勃所说,她的谈吐和态度还容易捉摸。她冷冷地谈到加利福尼亚的朋友和路易斯安那的几个小县份。热带的气候和懒散的生活对她很合适,她以后打算买一处橘林,总之,拉巴斯使她着迷。

梅里姆追求这个斯芬克司有三个月之久,虽然他自己并不觉得是在追求她。他把她当作解除悔恨的灵药,等他发现上瘾时,已经太晚了。在此期间,他没有接到家乡的消息。韦德不知道他在哪里,他也不清楚韦德的确切地址,并且也不敢写信。他认为还是冷一个时期比较明智。

一天下午,他和考南太太雇了两匹马,沿着山路骑去,直到那条湍湍流向山脚的凛冽的小河。他们在那里停下来喝水,梅里姆说出了他的心里话——像毕勃预言的那样,他求婚了。

考南太太非常温柔地瞟他一眼,接着她的神情显得这样古怪而凄惨,竟使梅里姆从沉醉中清醒过来。

"对不起,弗洛伦斯,"他松开她的手说道,"我刚才说的话还有一些补充。当然,我不能要求你和我结婚。我在纽约杀了一个人——我的一个朋友——我开枪把他打死的——我也知道杀得不够光明正大。当然,并不能拿喝了酒作为借口。嗯,我刚才说的话是情不自禁的,我始终是真心实意的。我在这里是逃避法律制裁的流亡者——我想我们的交情大概到此为止了吧。"

考南太太孜孜不倦地在摘着低垂的酸橙树枝的小叶子。

"我也这样想,"她说,声音低沉而激动得出奇,"不过问题完全在于你。我应当像你一样坦白。我药死了我的丈夫。我是自己找寡妇做的。谁都不可能爱上一个谋害亲夫的凶手。我想我们的交情恐怕到此为止了吧。"

她慢慢抬起头来看着他。他脸色略微发白,像是一个不知道怎么一回事的、又聋又哑的人那样茫然盯着她。

她伸直两手,目光炯炯地向他身边走近一步。

"别那样盯着我!"她仿佛极其痛苦地嚷道,"你可以骂我、不理我,但是别那样瞅我。我难道是该挨打的吗?假如我能给你看看——我的胳臂上、背上都有伤痕——一年多了,还没有消退——他发蛮脾气时打的伤痕。即使神圣的修女也会站起来打倒那个恶鬼的。不错,是我杀了他。我每晚睡觉的时候,仿佛还听见最后那天他骂我的可怕的脏话。接着,他动手打人,我再也不能忍受了。当天下午我弄到了毒药。他每晚睡觉之前,总要在书房里喝一杯热的甘蔗酒和葡萄酒。他总是要我端给他——因为他知道我闻到那种混合酒味就难受。那天晚上,侍女替我端来时,我把她支到楼下去。我把酒给我丈夫端去之前,从自己的小柜子里拿出一瓶附子酊,倒了一匙多在酒里——我听说这足足可以毒死三个人。我早已提出了银行里的六千元存款,把钱和一些应用的东西装在小提包里,偷偷地离开了家。走过书房时,我听到他踉踉跄跄地站起来,沉重地倒在卧榻上。我搭上夜车到新奥尔良,从那里乘船到百慕大,最后在拉巴斯住下来。现在你有什么话要说?难道你不会开口了吗?"

梅里姆清醒了过来。

"弗洛伦斯,"他真挚地说,"我要你。我不在乎你干过什么事。假如世界——"

"拉尔夫,"她几乎是嚷着打断了他的话,"你做我的世界吧!"

她的眼神恍恍惚惚,她全身极美妙地松弛下来,突然朝梅里姆这边一倒,他赶快跳起来扶住她。

哎呀！在这种场合，说话也成了矫揉造作的散文。但这是无法克制的。这是由于我们大家都有的潜在的戏剧感。假如你深深地搅乱你家厨娘的灵魂，她也会使用布尔沃-利顿①的语言。

梅里姆和考南太太非常幸福。他在海滨旅馆宣布他们的婚约。八个外国人和四个本地的大财主拍着他的背脊，不很真心地高声向他祝贺。那个卡斯蒂利亚气派的侍者佩德里托忙得不可开交，他的敏捷足以使波士顿的酒吧侍者妒忌得面孔发白。

他们两个都很幸福。根据情投意合之神的古怪的数学，他们过去生活的阴影结合在一起的时候，非但没有加深，反而比先前冲淡了一半。他们闩好了门，把世界关在外面。每一个都是对方的世界。考南太太获得了新的生命。她眼睛里那种缅怀的神情消失了。梅里姆只要可能，每一分钟都同她厮守在一起。他们计划在一个长着棕榈和葫芦树的小高地上盖一座童话般的别墅。再过两个月，他们就要结婚了。他们每天耳鬓厮磨在一起待几小时，讨论家庭计划。他们两人的钱可以经营果树或者木材，维持相当舒适的生活。梅里姆每晚离开她回旅馆的时候，考南太太总是说："明天见，我的世界。"他们非常幸福。看情形，他们的爱情含着一丝哀愁，似乎非达到最高境界不可。他们两人的极大不幸或罪恶似乎是一种不可割断的联系。

一天，一艘轮船开到了外海。光脚丫和光膀子的拉巴斯人跳跳蹦蹦地赶向海滩，因为一条轮船的来到，对于他们等于是杂技、马戏、解放纪念和四点钟的茶点。

轮船驶近时，见多识广的人宣称那是从卡亚俄去巴拿马的上行船"鸟号"。

"鸟号"在离岸一英里的海面抛了锚。没多久，一条舢板颠簸

---

① 布尔沃-利顿（1803—1873），英国小说家、剧作家。

着向岸边划来。梅里姆踱到海滩去看看。舢板到了浅水滩,加勒比水手跳到海里使劲把它拖到坚实的沙石上。事务长、船长和两个旅客下了船,在深沙里跋涉着走向旅馆。梅里姆带着看陌生人时的淡薄的兴趣向他们瞟了一眼。一个旅客的步态让他觉得眼熟。他再看一眼,脉管里的血液仿佛顿时凝成了草莓冰淇淋。被他枪杀的 H. 弗格森·赫奇斯,还像以前那样魁梧、傲慢、快活,在十英尺开外朝他走来。

赫奇斯看见梅里姆时,面孔涨得通红。接着,他像以前那样大大咧咧地嚷道:"喂,梅里姆。幸会幸会。没想到会在这个地方遇到你。昆比,这是我的老朋友,纽约来的梅里姆——梅里姆,这是昆比。"

梅里姆伸出冰冷的手,先跟赫奇斯,再跟昆比握握。

"哐—哐!"赫奇斯说,"你的手好像冷藏过的!老兄,你身体不好吧?这里有疟疾流行吗?如果这里有酒吧的话,赶快带我们去,喝些酒预防预防。"

梅里姆仍旧昏昏沉沉,带着他们向海滨旅馆走去。

"昆比和我,"赫奇斯走在滑溜的沙子上喘着气说,"在沿岸各地看看有什么可以投资。我们刚从康塞普西翁、瓦尔帕莱索和利马那一带过来。这条小渡船的船长告诉我们,说这里的银矿有利可图。于是我们上岸看看。喂,咖啡馆在哪里呀,梅里姆?哦,这个苏打水摊子般的地方就算是咖啡馆吗?"

赫奇斯让昆比一个人待在酒吧旁,把梅里姆拖到一边。

"喂,你这是什么意思?"他粗声粗气然而很和善地说,"你还为了我们那场愚蠢的吵架在生气吗?"

"我以为,"梅里姆结结巴巴地说——"我听说——他们告诉我说,你给——说是我把你——"

"哎,你没有,我也没有,"赫奇斯说,"那个混蛋的年轻随车医师对韦德说可以替我准备棺材了,其实我只是累了,暂时停止呼吸。我在一家私立医院里躺了一个月,但是我现在很好了,像以往一样结实。韦德和我设法找你,可是找不到。喂,梅里姆,握握手,忘掉这件事吧。我的过错和你差不多,这一枪对我有好处——我出院时像拉车的马一样结实。来吧,酒已经斟好了。"

"老兄,"梅里姆哽咽着说,"我真不知道怎么感谢你——我——嗯,你知道——"

"哦,算了吧,"赫奇斯大声说,"我们再不去,昆比要渴死了。"

毕勃坐在前廊里太阳晒不到的一边,等着吃十一点钟的早饭。过了一会儿,梅里姆从酒吧里出来陪他,眼睛亮得出奇。

"毕勃,老兄,"他慢慢地挥着手说,"你可看到那些高山、大海、天空和阳光?——它们都是我的,毕勃——都是我的。"

"进来吧,"毕勃说,"马上吃五百毫克奎宁。在这种气候下,自以为是洛克菲勒或者詹姆斯·奥尼尔是不相宜的。"

事务长在屋里解开了一大捆报纸,其中许多是几星期前的旧报纸,都是"鸟号"在经过的港口收集起来,准备分发给他们偶尔停泊的地方。好心的航海者用这种方式把消息和消遣带给海和山的囚徒。

旅馆老板潘乔大叔把他的银框大眼镜架在鼻子上,把报纸分成几个小卷。一个赤脚的孩子跑进来,希望担任信差。

"好吧,"潘乔大叔说,"这是给考南太太的,那是给施——施——施莱格尔大夫的——天哪!这个姓真难念!那是给戴维斯先生的——还有一卷给堂阿尔贝托。这两卷送到善恩街六号的旅馆。孩子,你对他们说'鸟号'今天下午三点钟开往巴拿马。假如谁要寄信,赶快送来,先送到邮局。"

考南太太是四点钟拿到报纸的。孩子来迟了,因为他在路上看到一条大蜥蜴,马上去追它,把自己的使命抛到了脑后。但是这并没有造成严重的后果,因为考南太太没有要寄的信。

她正在她所住房子的院子里,懒懒地躺在吊床上,半是清醒、半是自得其乐地揣摩她和梅里姆从他们过去残破的生活中创造出来的天堂。她如今心满意足,因为那闪闪发光的海平线就是她生命的范围。他们已经关上了门,把世界挡在外面。

梅里姆在旅馆吃了饭,七点钟来她的住处。那时,她就换一件白色的衣服,披一条杏黄色的面纱,一起去礁湖旁边的椰树林散一小时步。她想到这里便满意地微笑起来,从孩子送来的报纸里随便抽出一份看看。

起初,她看了一份星期日报纸的标题并没有什么反应,只不过觉得眼熟。大标题是这样的:"劳埃德·B.考南取得离婚判决。"下面的副标题是:"圣路易著名的油漆制造商声称妻子失踪已达一年,获得胜诉","她的神秘失踪旧事重提","至今杳无音讯"。

考南太太一骨碌飞快地下了吊床,把那半栏"旧事重提"看了一遍。结尾部分是这样写的:"我们记得,考南太太是去年三月的一个晚上失踪。传闻她和劳埃德·B.考南的婚姻很不美满。据说他对妻子的粗暴行为已经不止一次构成肉体虐待。她出走后,她卧室的小药柜里发现一满瓶剧毒的附子酊。这可能说明她曾有自杀之念。据猜测,她最后打消了这种念头,选择了出走。"

考南太太慢慢地放下报纸,坐在椅子上,紧握着手。

"让我想想——天哪!——让我想想,"她悄悄地说,"我把那瓶药带出来的……我把它扔出火车窗外……我……柜子里还有一个瓶子……两个瓶子并排放着——附子酊——还有我失眠时吃的缬草精……如果他们发现那瓶附子酊是满的,那么——当然啦,他现在还活着——我只是给他吃了一些无害的缬草精……事实上我没有杀人……拉尔夫,我——哦,老天,别让这成为一个梦!"

她走到她向那对秘鲁老夫妇租下的房间,关上门,狂热地来回踱了半个小时。桌子上摆着梅里姆的相片架。她拿起来,带着深情的微笑瞅着它,并且——掉了四滴眼泪在上面。梅里姆离她只有百来英尺!她一动不动地站了十分钟,目光茫然。她从一扇徐徐打开的门里凝视着。门里是营造一座浪漫史堡垒的材料——爱情、树木扶疏的世外桃源、休息、宁谧、和平的避难听的拍岸海浪组成的摇篮曲、梦一般舒适安稳的忘忧乡——富于诗情的、心灵安逸的、逃避现实的生活。浪漫史的作家,你能不能告诉我,考南太太看到门外有什么?你不能吗?你不愿意吗?好吧,那就请你听着。

她看到自己走进一家百货公司,买了五轴丝线和三码花布,准备替厨娘做一条围裙。"是不是记在账上,夫人?"售货员问道。她出来时遇见的一位太太热情地招呼她。"哦,亲爱的考南太太,你袖子的式样是哪里找来的?"那位太太说。在街角上,一个警察扶她穿过马路,向她敬了一个礼。"有客人吗?"她到家后问使女说。"华德隆太太,"使女回答说,"还有杰金逊家的两位小姐。""很好,"她说。"替我端杯茶来,麦琪。"

考南太太走到门口喊那个秘鲁老太婆安琪拉。"马特奥如果在的话,叫他到我这里来。"马特奥来了,他是个混血儿,上了年纪,走路拖拖沓沓,但很能干。

"今晚或者明天有没有我可以搭乘的轮船,或者随便什么船离开这一带?"她问道。

马特奥想了一会儿。

"离这儿三十英里的皇后角,太太,"他回答说,"有一条小轮船在装金鸡纳霜和染料。明天一早驶往旧金山。我弟弟今天乘帆船来,经过皇后角,是他告诉我的。"

"你得替我想想办法,今晚让我搭了帆船上轮船。你办得到吗?"

"也许——"马特奥意味深长地耸耸肩膀。考南太太从抽屉里拿出一把钱,给了他。

"把帆船准备好,停在镇后的小地岬那里,"她吩咐说,"找好水手,准备六点钟开船。半小时内弄一辆车子,装些稻草来这个院子,把我的箱子送上帆船。我还要给你钱的。现在赶快吧。"

这一次马特奥毫不拖沓地走了。

"安琪拉,"考南太太几乎是恶狠狠地嚷道,"来帮我装箱子。我要走啦。把这个箱子翻出来。装我的衣服。快点。先放深色的衣服。赶快。"

她的决心一开头就没有动摇过。她看得很清楚、很透彻。她的门打开了,让世界进来了。她对梅里姆的爱情并没有消退,但是现在显得没有希望、不可能实现了。他们的未来似乎是那样幸福美满,现在这个幻象消失了。她想让自己相信,她的自我放弃多半是为了他,而不是为她自己。现在,她摆脱了负担——至少在形式上如此——而他的负担是不是会太沉重呢?假如她仍旧依恋他,他们之间的差别会不会永远损害和侵蚀他们的幸福呢?她这样推论,但是有千百个细微的、像远处机器的嗡嗡声似的声音在向她呼唤,那是世界的声音——与其说她听到,不如说她感觉到——当它们汇合在一起时,即使最厚的门都挡不住它们的呼唤。

整理行装时,一抹安乐乡的影子一度重新笼罩了她。她一只手把梅里姆的照片贴在心口,另一只手把一双鞋子扔到箱子里。

六点钟,马特奥回来报告说帆船准备就绪。他和他的弟弟把箱子抬到车上,盖了一些稻草,运到上船的地点。从那里他们又把箱子抬到帆船的甲板上,然后马特奥又回来看看有没有别的吩咐。

考南太太准备好了。她把所有的事情都向安琪拉做了交代,正等得不耐烦。她穿着一件宽大的黑绸长外衣,晚上她在外面散步常常穿这件衣服抵御寒意。头上戴一顶小圆帽,帽子外面就是那条杏黄色的面纱。

短暂的薄暮之后便是黄昏。马特奥带她走过长满青草的黑暗的街道,去帆船抛锚的地岬那儿。他们拐弯时,三条街外的海滨旅馆看上去是一片暗红色的煤油灯光。

考南太太眼里噙着泪水站住了。"我走之前非见他一次不可。"她痛苦地喃喃说。不过即使在这时候,她的决心依然没有动摇。她很快想出了一个办法,可以跟他说几句话,同时又不让他知道她要离开。她可以走过旅馆,派人请他出来,找些借口同他谈一会儿,然后和他约好七点钟来家里看她。

她脱掉帽子,交给马特奥。"拿着,等我回来。"她吩咐说。然后她像平日黄昏上街时那样,把面纱放落下来,向海滨旅馆走去。

她很高兴地看到那个结实的穿白色衣服的潘乔大叔独自一人站在前廊。

"潘乔大叔,"她嫣然一笑说,"可不可以麻烦你请梅里姆先生出来一会儿,我要同他说几句话?"

潘乔大叔像一头大象似的鞠了一躬。

"晚上好,考南太太。"他殷勤地招呼,接着又不很自然地说:

"梅里姆先生今天下午三点钟搭'鸟号'去巴拿马了,难道太太不知道吗?"

理论与猎狗

几天前,一个热带地区的老朋友,美国驻拉托纳岛的领事,J. P. 布里杰来本市看我。我们喝酒欢宴,看弗拉特爱荣大楼,差不多两个晚上没有去那无人喝彩的动物园。退潮时,我们走到一条模仿百老汇路、与之媲美的街道上。

一个容貌平凡的妇女牵着一条呼哧呼哧喘气的、摇摇摆摆的、恶毒的黄狗在我们身边走过。那条狗的皮带缠住了布里杰的腿,没好气地张嘴就咬他的脚踝,布里杰快活地笑笑,抬脚把那畜生踢得哼不出声;牵狗的女人立刻用一连串洋洋洒洒的形容词把我们骂了一通,让我们了解我们在她心目中的位置,我们不与她一般见识,继续走自己的路。走了十来码后,一个白发苍苍的老太婆伸手向我们讨钱,她的破烂的披肩里面显然塞着一本银行存折。布里杰停下来,从背心口袋里掏出一枚四分之一元的硬币给她。

前面的街角上,站着一个体重有四分之一吨的、衣着讲究、白白胖胖的男人,牵着一条矮脚狗。他面前是个戴着式样过时的帽子的小妇人,无可奈何地在哭泣,他则在熟练地低声骂她。

布里杰暗自笑了,这次他掏出小记事本,在上面写了些什么。我问他在干什么。

"在拉托纳的时候,我悟出了一个新的理论,"布里杰说,"后来一直在世界各地寻找支持这一理论的根据。现在还不到公诸于世的时候,不过——好吧,我可以告诉你,你不妨把你认识的人挨个儿琢磨一遍，看看有什么心得体会。"

我缠着布里杰，到了一个有棕榈盆景和酒的地方，他给我讲了下面的故事，文字是我的，内容由他负责。

一天下午三点钟，拉托纳岛的沙滩上有个小男孩边跑边叫："'鸟号'来啦！"

他用这种方式宣布了他听觉的敏锐性和判断音高的准确性。

首先听到一艘驶近的轮船的汽笛声，并且正确地口头宣布船名的人，可以成为拉托纳的小英雄——这个地位一直维持到下一艘轮船来的时候。因此，拉托纳的赤脚孩子相互竞争十分激烈，他们往往出错，误把单桅船进港时的海螺号声当作远处轮船的汽笛声，这两种声音实在太相像了。有些孩子甚至能说出船名，但在比较迟钝的人听来，那时的汽笛声不比椰树林中的风声响多少。

今天宣布"鸟号"到来的孩子获得了荣誉。拉托纳人侧耳细听，深沉的汽笛声逐渐来近，越来越响，岛民们终于看到水果运输船在海边椰子树梢上露出两个黑色的烟囱，缓缓驶进港口。

拉托纳是位于一个南美共和国南面二十英里的岛屿，也是共和国的港口，它甜美地躺在海洋温柔的怀抱里，得到富饶的热带地区的哺育，那里的一切"生长，成熟，然后落进坟墓"，人们既不辛苦，也不忙碌。

沿着小港口的马蹄铁形曲线形成的郁郁葱葱的村落里，八百个居民过着梦一般的悠闲生活。他们绝大多数是西班牙和印第安人的混血儿，还有一些圣多明各的黑人、纯种的西班牙官员和三四个白种的拓荒者。除水果运输船外，没有别的轮船靠岸，水果船也只是在这里接了香蕉检查员后去本土装货。它们在拉托纳留下星期日的报纸、冰块、金鸡纳霜、腌肉、西瓜和疫苗，这就是小岛同外面世界的全部接触。

"鸟号"停泊在港口起伏颠簸,激起的白浪飞快地扑向港内平静的水面。村里的两条平底小船已经向轮船划去——一条载着水果检查员,另一条准备运回该运的东西。

"鸟号"把检查员连同他们的小船一起吊上船,驶向本土去装水果。

另一条船带着"鸟号"提供的冰块、惯常的报纸和一个乘客回拉托纳,乘客是肯塔基州查塔姆县的警长泰勒·普伦基特。

美国驻拉托纳的领事布里杰在一株面包果树下的官邸里擦来复枪,所谓官邸只是一座棚屋,离港口水面只有二十码远。领事的地位在他所属的政党的队伍里几乎排在末尾。领头的乐队车的乐声传到他这里时已经非常遥远微弱。政府的肥缺都分配给了别人。布里杰得到的一份——拉托纳的领事职位——只是食之无味、弃之可惜的鸡肋。但是,九百美元的年薪在拉托纳说来已是一笔大数目。此外,布里杰养成了在领馆附近的礁湖打鳄鱼的爱好,他日子过得相当快活。

他在擦来复枪,仔细检查枪机,抬头时看到门口站着一个魁梧的人。那人肩膀宽阔,不声不响,动作缓慢,皮肤晒得几乎成了范戴克①的赭色。他年纪四十五岁上下,一套粗呢衣服整洁合身,头发稀疏,棕灰色的胡子修得很短,浅蓝色的眼睛显得温和质朴。

"你是领事布里杰先生吧,"那个宽肩膀的人说,"他们指引我到这里来。你能告诉我,海边那些鸡毛掸子似的树上一串串大葫芦般的东西是什么吗?"

"你坐那把椅子,"领事在擦枪布上倒些油说,"不,坐另一把,竹椅经不住你坐。哦,那是椰子——青椰子。椰子熟透之前,外壳

---

① 范戴克(1599—1641),佛兰德斯画家,师从鲁本斯,先后任英国国王詹姆斯一世和查尔斯一世的宫廷画师,作品多为王室成员的肖像和宗教题材,色彩以赭色为主调。

总是浅绿色的。"

"谢谢，"那人小心翼翼地坐下说，"我在搞清楚之前不想告诉家乡的人说它们是橄榄。我姓普伦基特。我是肯塔基州查塔姆县的警长。我口袋里有逮捕这个岛上一个人的引渡文件。文件是由这个国家的总统签署的，手续齐全。要逮捕的人姓名是韦德·威廉姆斯。他经营椰子种植。逮捕他的理由是两年前他杀害了妻子。我在哪里能找到他？"

领事眯起一只眼睛，窥视来复枪管。

"岛上没有自称姓威廉姆斯的人。"他说。

"当然不会有，"普伦基特温和地说，"他可以随便用一个别的姓。"

"除了我以外，"布里杰说，"拉托纳只有两个美国人——鲍勃·里夫斯和亨利·摩根。"

"我要找的人是卖椰子的。"普伦基特提醒说。

"你看到那头的椰子种植场吗？"领事朝门外一扬手说，"那是鲍勃·里夫斯的。岛上另一半椰树属于亨利·摩根。"

"一个月前，"警长说，"韦德·威廉姆斯写了封密信给查塔姆县的一个人，把他目前的地址和情况告诉了他。那封信弄丢了，捡到信的人无意中泄露了秘密。上面便派我来抓他，我有文件。我估计他多半就是你这里做椰子生意的两个人之一。"

"你应该有他的照片吧，"布里杰说，"有可能是里夫斯或者摩根，但是我不愿意那样想。他们都是好人。"

"没有，"普伦基特迟疑了一下说，"没有威廉姆斯的照片。我本人从未见过他。我只当了一年警长。但是我有他的相当准确的体貌特征：身高五英尺十一英寸，黑头发黑眼睛，高鼻梁，牙齿洁白齐全，爱笑，爱说话，酒量很好，但从不过量，说话时眼睛正视对方，年龄三十五。你那两个人中间谁符合这些特征？"

领事咧嘴笑了。

"我告诉你怎么办，"他说着放下了来复枪，穿上他的脏兮兮的羊驼呢上衣。跟我来，普伦基特先生，我带你去见见他们。假如你能辨出他们两人中间谁更符合你所说的特征，你就比我强得多。"

布里杰带警长出了门，朝有小村舍的坚实的海滩走去。村落后面突然出现一些树木茂密的小山。领事带着普伦基特沿着硬黏土阶爬上一座小山。山顶边上有一座茅草屋顶的两居室的木板房子。一个加勒比妇女在外面洗衣服。领事带警长到了一个俯视港口的房间门前。

房间里有两个穿衬衫的人正准备吃饭。两人在细节方面并不相像，但都符合普伦基特所作的总的描述。身高、头发颜色、鼻子形状、体格和举止同他说的完全一致。都是那种在国外一见如故的快活、机敏、魁梧的美国人。

"你好，布里杰!"两人见到领事时异口同声地说。"来和我们一起吃饭吧!"他们随即看见领事背后的普伦基特，好奇而有礼貌地迎上前来。

"先生们，"领事带着不很习惯的官方口吻说，"这位是普伦基特先生。普伦基特先生——里夫斯先生和摩根先生。"

两个椰子男爵高兴地招呼了新来的人。里夫斯似乎比摩根高一英寸，但是笑声没有摩根那么响亮。摩根的眼睛是深褐色的，里夫斯的眼睛是黑色的。里夫斯是这座房子的主人，他忙着搬椅子，吩咐那个加勒比妇女添两副餐具。他们解释说摩根住在下面的一个竹楼里，但是两个朋友每天一起吃饭。他们张罗的时候，普伦基特一直站着不动，用他那双温和的浅蓝色眼睛四处打量。布里杰有点局促，为了打扰他们而有点歉意。

添了两副餐具后，各人都有了座位。里夫斯和摩根并排隔着桌子站在客人对面。里夫斯友好地点点头,示意大家坐下。普伦基特突然威严地举起手。他直视着里夫斯和摩根两人中间的空当。

"韦德·威廉姆斯,"他平静地说,"你犯有谋杀罪被逮捕了。"

里夫斯和摩根飞快地互相瞅了一眼,眼睛里含有询问和诧异。接着,他们同时转向说话的人,眼光显得迷惑不解和不以为然。

"我们实在不明白你的意思,普伦基特先生,"摩根愉快地说,"你刚才招呼的是'威廉姆斯'吗?"

"这是开玩笑吗,布里杰?"里夫斯笑着问领事。

布里杰还没有回答,普伦基特又开口了。

"我来解释,"他平静地说,"你们中间的一个不需要什么解释,但另一个需要。你们两人有一个是肯塔基州查塔姆县的韦德·威廉姆斯。凌辱虐待自己的妻子有五年之久,两年前的五月五日杀害了她。我带着相关文件带你归案,你得跟我走。水果运输船明天把检查员送回岛上,我们搭那条船回国。先生们,我承认我不太肯定你们两人中间谁是威廉姆斯。但是韦德·威廉姆斯明天回查塔姆县。我希望你们理解。"

摩根和里夫斯开怀的大笑声传到了宁静的港口。停泊在那里的单桅船队里有两三个渔夫抬头望着小山上的美国鬼子的房屋,不知道他们在搞什么鬼。

"亲爱的普伦基特先生,"摩根忍住笑说,"饭菜要凉啦。我们坐下来吃吧。我急于尝尝鱼翅羹。公事过后再谈。"

"请坐下来吧,先生们,"里夫斯愉快地说,"普伦基特先生肯定不会反对。也许多一点时间能帮他识别——他希望逮捕的那位先生。"

"当然不反对,"普伦基特沉重地坐下说,"我也饿了。我只是不想不先说明来意就接受你们的款待罢了。"

里夫斯把酒瓶和酒杯放到桌上。

"有白兰地，"他说，"茴香酒，苏格兰威士忌，裸麦威士忌。你们自己挑吧。"

布里杰挑了裸麦威士忌，里夫斯自己斟了小半杯苏格兰威士忌，摩根同他一样。尽管大家劝酒，警长只倒了一杯水。

"这一杯，"里夫斯举杯说，"祝威廉姆斯先生好胃口！"摩根一笑被酒呛住了，咳了一会儿。饭菜十分可口，大家吃得津津有味。

"威廉姆斯！"普伦基特突然厉声说。

桌上的人都莫名其妙地抬起头。里夫斯发现警长温和的眼睛盯着他。他脸上一红。

"听着，"他有点不高兴地说，"我姓里夫斯，我不希望你——"但是局面的喜剧性替他解了围，他哈哈一笑，没有再往下说。

"普伦基特先生，"摩根细心地在一个油梨上加着调料说，"我想你很清楚，你如果抓错了人回肯塔基，会替你自己找许多麻烦——当然，如果你带人回去的话。"

"谢谢你的提醒，"警长说，"我是要带人回去的。带你们两位先生中的一个。我知道，如果出错的话，我要负责赔偿损失。但是我尽量不出错，抓我要抓的人。"

"我替你出个主意，"摩根眼睛闪着光，凑过去说，"你可以把我抓去。我一定乖乖地跟你走。今年椰子生意不景气，我很愿意从你的保证人那里捞点外快。"

"那不公平，"里夫斯插嘴说，"上一批椰子每千只我只卖了十六元。抓我吧，普伦基特先生。"

"我要抓的是韦德·威廉姆斯。"警长耐心地说。

"我们仿佛在和鬼魂一起用餐，"摩根假装打个寒噤说，"并且是杀人犯的鬼魂！在那个捣乱的威廉姆斯先生的阴影下，请谁把牙签递过来好不好？"

普伦基特像是在查塔姆县自己家里那样满不在乎。他是个豪爽的吃客,奇特的热带食品使他胃口大开。他动作迟钝,平常,几乎有点懒散,似乎根本没有侦探的精明警惕。他甚至不再观察或者注意辨别那两个人了,而其中一个正是他以惊人的自信保证要逮捕归案的、谋杀妻子的嫌疑重犯。他确实面临一个难题,如果处理不当,他将遭受严重挫折,然而他坐在那里仔细咂摸烤蜥蜴肉排的从未尝过的滋味。

领事觉得很不自在。里夫斯和摩根是他的好朋友,而肯塔基州的警长有权得到他的官方和道义上的支持。因此,在场的几个人中间,他言语最少,静观这一奇特的局面的演变。他得出的结论是里夫斯和摩根反应一向敏捷,在普伦基特透露他来此使命的一瞬间,已经形成一个想法,认为对方可能是负案在身的威廉姆斯,两人都决定保护伙伴,对抗威胁他的厄运。这是领事的理论,如果他是一场为活命和自由的机智竞赛的赌注登记人,他会下大额赌注,预测肯塔基州查塔姆县的辛辛苦苦的警长获胜的机会不多。

吃完饭后,加勒比妇女收掉了餐具和桌布。里夫斯拿出上好的雪茄烟,普伦基特和大家一样,也点燃了一支。

"我可能比较迟钝,"摩根笑着朝布里杰眨眨眼说,"但是我想确定一下我的想法。我认为这一切都是普伦基特先生故意想出来吓唬两个老实人的玩笑。是不是真要逮捕那个威廉姆逊先生?"

"'威廉姆斯',"普伦杰特郑重其事地纠正说,"我一辈子没有开过玩笑。我不会赶了两千英里路却不把韦德·威廉姆斯逮捕归案,而开这种低级玩笑的。先生们!"警长温和的眼睛现在不偏不倚地从在场的一个人转到另一个人身上,继续说道,"你们不妨想想,这件案子里面有什么可以开玩笑的地方。韦德·威廉姆斯也在听我说的话;为了礼貌起见,我提到他时用第三人称。五年来,他害他的妻子过着连狗都不如的生活——不,我收回那个比喻。

肯塔基的狗不会受到她所受的那种待遇。他挥霍了她从娘家带来的钱——花在赛马、赌纸牌、养马和打猎上面。对朋友来说,他是个好人;在家里,他却是个冷酷的魔鬼。五年来,他不把她当人对待,最后她被折磨得衰弱不堪,病倒的时候,他甚至用拳头打她——石头一样硬的拳头。她第二天死了,而他离家逃跑。情况就是如此。这已经够了。我从未见过威廉姆斯。但是我认识他的妻子。我一向有一说一,有二说二。她认识他之前,我同她有过交往。后来她去路易斯维尔走亲戚,在那里认识了他。我得承认,他毁了我的机会。当时我住在坎伯兰山区。韦德·威廉姆斯害死他妻子后过了一年,我被选为查塔姆县的警长。警长的责任要求我来这里逮捕他,我承认这里面也有个人恩怨。但是他得跟我回去。嗯,里夫斯先生,请把火柴递过来好吗?"

"威廉姆斯动手打一位肯塔基妇女,"摩根抬起脚踩在墙上说,"实在太冒失了。我好像听说过,她们打起架来可厉害呢。"

"威廉姆斯太糟糕了。"里夫斯说着,又斟了一些威士忌。

他们两个的口气很轻松,但是领事察觉到他们的动作和言语都有些紧张。"好家伙,"他暗忖道,"两个人都够朋友。互相支持,像砖砌的小教堂那么坚实。"

这时候一条狗进到他们所在的房间——一条黑褐两色的猎狗,长耳朵,懒洋洋的,自以为会受到欢迎。

普伦基特扭头看看那条狗,狗自信地停在离他椅子几尺远的地方。

警长突然骂了一声,离开了座位,用他沉重的鞋子狠狠地踢了狗一脚。

猎狗惊讶而伤心地耷拉着耳朵,夹着尾巴,痛苦地尖叫一声。

里夫斯和领事坐在椅子上没有做声,只是对这位来自查塔姆县的随和的客人的出乎意外的暴躁行为感到吃惊。

可是摩根脸涨得通红,跳了起来,举起胳臂,似乎要对客人动手。

"你——你这个畜生!"他激动地嚷道,"你干吗要踢狗?"

和谐的气氛很快又恢复了,普伦基特含混地说了一些道歉的话,回到自己的座位上。摩根努力克制了愤怒,也回到了他的座位。

这时,普伦基特像老虎一样跳起来,绕过桌子,用手铐铐住了摩根的手腕。

"爱狗和杀害妇女的人!"他嚷道,"准备面对你的上帝吧。"

布里杰说完故事后,我问他:

"他抓的是不是真凶?"

"是的。"领事说。

"他怎么知道的?"我迷惑不解地问道。

"第二天,普伦基特把摩根押到小船上,"布里杰回答说,"带他上了'鸟号',他和我握手告别,我问了他同样的问题。"

"'布里杰先生,'他说,'我是肯塔基人,我见过的人和动物多了。可我从来没有见过爱马、爱狗,而不对妇女残酷的人。'"

失败的假设

古奇律师专心致志地关注他那一行的迷人艺术。有时候,他心血来潮,也会浮想联翩。他喜欢把他那套办公室比作一艘船的底舱。办公室一共有三间,每间有门通向过道和另一间,门也可以关上。

"出于航行安全的考虑,"古奇律师说,"船只底部设有互相隔离的隔水舱。如果一个舱有了漏洞,进了水,船只仍旧可以航行,影响不大。如果没有隔离舱板的话,一个漏洞就会使整条船沉没。我的情况也是这样。我和委托人谈话时,可能有别的利益与之相悖的委托人也来洽谈。在阿奇博尔德——很有培养前途的勤杂员——的帮助下,我把危险的涌流引到不同的隔水舱,然后用法律的测锤测出各个舱里的水深。必要的时候,可以把他们挪到过道里,然后从楼梯排出,我们不妨把它比做船只背风面的排水孔。这一来,律师事务的船只总是浮在水面上;如果让那些支持它的水流在舱里自由汇合,我们就可能淹没了——哈!哈!"

法律很枯燥。难得听到有趣的笑话。古奇律师当然可以找些幽默来缓和案情摘要的腻烦、民事侵权行为的单调和诉讼程序的乏味。

古奇律师的业务偏重于解决不幸的婚姻。假如婚姻有了纠纷,他便斡旋、抚慰和仲裁。假如婚姻有了纠葛,他便调整维护、提出主张。假如婚姻达到了重叠的极端,他总能想办法让委托人得到从轻判决。

然而,古奇律师并不永远是举着双刃剑,准备斩断婚姻女神的枷锁的敏锐而机智的交战一方。有时候,他的工作也包括修筑而不是拆毁,使人们破镜重圆而不是一刀两断,把愚蠢的迷途羊群领回羊圈而不是驱散。他常用打动人心的呼吁促使夫妇流着泪重归于好,投入对方的怀抱。他往往巧妙地调教儿女在恰当的心理关键时刻(并且在特定的暗号下)发出哀叫:"爸爸,你回家到我和妈妈身边来吧!"从而获得极大成功,保住了摇摇欲坠的家庭。

不存偏见的人承认,古奇律师从破镜重圆的委托人那里得到的报酬同在诉诸公庭的情况下付给他的律师费一样多。怀有成见的人估计他得到的报酬可能加倍,因为不管怎么说,那些后悔的夫妇日后总会再回来找他办理离婚的。

六月份的时候,古奇律师的法律之船(借用他自己的比喻)几乎停航了。离婚的磨坊在六月份转动得特别慢。六月是爱神和婚姻之神的月份。

古奇律师闲坐在他那套没有委托人的办公室的当中一个房间里。这套办公室和过道之间有一个小接待室相连(或者不如说相隔)。驻守在这里的是阿奇博尔德,他从来客那里要来名片或者口头自报姓名,让来客稍候,他去禀报老板。

这天,最外面的房门突然给敲得震天响。

阿奇博尔德开了门,来访者把他当作碍事的东西推到一边,毫不尊敬地闯进了古奇律师的办公室,大大咧咧地在律师对面一张椅子里坐下。

"你就是菲尼亚斯·C.古奇律师吗?"来访者说,他的声音和语气兼有询问、肯定和非难的成分。

律师在回答之前,先用他锐利的眼光把那潜在的委托人打量了一下。

来客属于引人注意的类型——他身材高大,活泼大胆,有点装模作样,自以为了不起,但举止还算文雅,从容不迫,显得很有主见。他衣着考究,修饰有点过分。他要找律师,但如果认为他遇到了麻烦才找律师的话,他的闪亮的眼睛和勇敢的神情里却看不出什么麻烦。

"我姓古奇,"律师承认说。在进一步追问下,他也会说出他的名字是菲尼亚斯·C。但他现在认为没有必要自动提供信息。"我没有看到你的名片,"他带着非难的口气说,"因此——"

"我知道你没有看到,"来客冷冷地说,"你暂时还看不到。抽烟吗?"他抬起一条腿搁在椅子扶手上,掏出一把深色的雪茄烟扔到桌上。古奇律师知道那种雪茄的牌子。他态度缓和了一些,接受了抽烟的邀请。

"你是专打离婚官司的律师。"没有提供名片的客人说,这次不带询问的口气了。他的话语也不是单纯的肯定,而像是指责,警告——正如对一条狗说"你是狗"那样。古奇律师不做声。

"你经办婚姻破产的案件,"来访者接着说,"我们可以把你比作外科大夫,专门摘取爱神射到不适当的当事人身上的箭镞。在婚姻女神的火把烧得不旺、连雪茄烟都点不着的地方,你为人们提供炽热的光亮。我说得对吗,古奇先生?"

"我处理过你用形象语言谈到的案件,"律师谨慎地说,"你是不是想向我咨询专业方面的问题,先生——"律师停了下来,期待他自报姓名。

"且慢,"对方挥挥手指夹着的雪茄说,"现在还不到时候。一开始如果谨慎从事的话,就不会导致今天的会谈了,我们谈正题之前还是谨慎一点为好。有一桩混乱的婚事需要整顿一下。但在我说出当事人的姓名之前,希望听听你对这场婚姻混乱的是非曲直开诚布公地说说——嗯,你的专业知识的意见。我希望你对这场灾难做一个评估——抽象的评估——你明白吗?我的姓名暂时不说,我先把情况讲给你听,然后请你亮出你的意见。你明白我的意思吗?"

"你想讨论一桩假设的案件?"古奇律师说。

"那正是我要找的词。我想了半天也没有想起来。'假设'这个词太贴切了。我先陈述一下案件。假设有个女人——一个非常漂亮的女人——抛弃了丈夫,离家出走。她疯狂地爱上了一个到她所在的镇上做房地产生意的男人。我们不妨把这个女人的丈夫称做托马斯·R. 比林斯,那也是他的真名实姓。在姓名方面我如实相告。那个第三者是亨利·K. 杰瑟普。比林斯夫妇居住的小镇叫苏珊维尔——离这儿很远很远。两星期前,杰瑟普离开了苏珊维尔。第二天,比林斯太太追踪而去。她深深地迷恋上了这个杰瑟普;你可以拿你的全部法律藏书来打赌。"

古奇律师的委托人说话时那副沾沾自喜的模样,使得冷漠的律师产生了些许反感。他现在清楚地看到那个荒唐的来访者勾引女人的自负,小人得志的自私自满。

"假设这位比林斯太太的家庭生活并不幸福,"客人接着说,"我们可以说,她同她的丈夫一点也不般配。他们性格不合。她喜欢的东西,白送给比林斯先生他也不要。他们整天闹别扭。她很有科学文化知识,常常在聚会上朗诵。比林斯在这方面不行。他不欣赏进步、方尖碑、伦理道德之类的东西。老比林斯见到这些东西就傻了眼。那位太太的档次远远在他之上。律师先生,你认为像她这样的女人甩了比林斯,找一个能够欣赏她的男人,是不是天经地义的事呢?"

"性格不合,"古奇律师说,"无疑是许多婚姻不和与不幸的根源。假如能够得到确切的证实,离婚似乎是合理的补救方法。你——对不起——那个姓杰瑟普的人——是不是那位太太可以安全地托付终身的人呢?"

"哦,杰瑟普完全值得信赖,"委托人自信地点点头说,"杰瑟普没有问题。他会公平交易的。他之所以离开苏珊维尔,就是为了不给人们以议论比林斯太太的口实。但她随后追去,他当然会坚持不渝。她一旦办妥正式离婚的手续,杰瑟普自会做他该做的事。"

"如果你愿意的话,"古奇律师说,"我们继续假设,假设这件案子希望得到我的服务,有关——"

委托人冲动地站了起来。

"得啦,去它的假设吧,"他不耐烦地说,"我们不谈假设了,直截了当地说吧。现在你应该知道我的真实身份了。我要那个女人得到离婚。费用由我来支付。你让比林斯太太获得自由的那天,我付你五百元。"

古奇律师的委托人在桌子上猛击一拳强调他的慷慨。

"在那种情况下——"律师开口说。

"有位太太求见,先生。"阿奇博尔德从接待室跳进来说。他得到过指示,凡是有委托人登门,必须立刻通报。把生意推出门外是没有道理的。

古奇律师扶着一号委托人的胳臂,把他领到隔壁的一个房间。"请在这里等几分钟,先生,"他说,"我会尽快回来继续我们的谈话。有一位很有钱的老太太说好要来看我,商谈有关遗嘱的事情。我不会让你久等的。"

那位爱说爱笑的先生默默坐下,拿起一本杂志。律师回到当中那个房间,随手把门关好。

"请那位太太进来,阿奇博尔德。"他对待命的勤杂员说。

一位身材高挑、外表庄严、美丽得使人不敢逼视的太太进了房间。她穿着宽敞的长袍——不是普通便服,而是礼服。从她的眼里可以看到天才和灵魂的闪烁的火焰。她拿着一个大得出奇的绿色手提包和一把仿佛也穿礼服的宽敞的阳伞。她在一张指点给她的椅子上坐下。

"你是菲尼亚斯·C.古奇律师先生吗?"她用正式的、不可调和的口气问道。

"是我。"古奇律师直截了当地回答。他同妇女打交道从不转弯抹角。女人说话喜欢兜圈子。如果双方都用同样的方式谈话,就太浪费时间了。

"作为律师,先生,"那位太太开始说,"你也许对人们心理有所了解。当一颗崇高而多情的心在我们称之为男人的、那些不足取的可怜虫中间找到真正的伴侣时,你认为我们不自然的社会的怯懦而无聊的习俗是否应该加以阻挠?"

"夫人,"古奇律师用平时制止女委托人喋喋不休的口气说,"这里是处理法律事务的办公室。我是律师,不是哲学家,也不是报纸《失恋信箱》栏的编辑。还有别的委托人在等我。请你开门见山,说说你的来意吧。"

"嗯,你没有必要板着脸说话,"那位太太的眼睛突然一亮,吓人地转动一下阳伞说,"我是来谈正事的。我希望听听你对一件离婚诉讼的意见,一般人称之为离婚,其实那只是男人们鼠目寸光的法律插在有情人之间的虚假卑鄙的状况的再调整而已——"

"对不起,夫人,"古奇律师有点不耐烦地插嘴说,"我得再次提醒你,这里是法律事务所。也许威尔科克斯夫人——"

"威尔科克斯夫人有什么不好,"那位太太稍带刻薄地说,"托尔斯泰、格特鲁德·阿瑟顿夫人、欧玛尔·海亚姆和爱德华·博克先生也不错①。他们写的东西我全看过。我很想同你探讨探讨在

---

① 威尔科克斯(1850—1919),美国诗人,写了大量感情丰富的诗歌,在美国颇为流行;格特鲁特·阿瑟顿(1857—1948),美国小说家,作品主要以加利福尼亚生活为题材;欧玛尔·海亚姆(1048—1122),波斯诗人、天文学家,以四行诗《鲁拜集》闻名;爱德华·博克(1863—1930),20世纪初美国发行甚广的《妇女家庭》杂志主编。

思想僵化的社会的摧残自由的种种限制之下,个人灵魂的神圣权利。不过现在先谈正事。我不妨用不牵涉到个人的方式向你介绍一下情况,让你判断是非曲直。也就是说用假定的例子来说明,不提——"

"你要介绍一个假设的案例吗?"古奇律师问道。

"那正是我要做的,"夫人说,"假定有个女人,全心全意渴望过完美的生活。这个女人结了婚,她的丈夫在智力、品位——各个方面都不如她。咄!那人简直恶俗不堪。他蔑视文学。他嘲笑世界上伟大思想家的崇高思想。他想的只是房地产这类的卑鄙的东西。他根本配不上一个有精神境界的女人。有一天,这个不幸的妻子遇到她理想的人——一个有头脑、有感情、有力量的男人。她爱他。这个男人虽然由于遇到新的知己而感到震撼,但他太高尚、太正派了,以致没有表达他的情感。他逃避了他所爱慕的人。她追踪而去,不顾一切地践踏了不开明的社会制度可能束缚她的锁链。嗯,办一件离婚案需要多少钱?榕树峡的女诗人伊莱扎·安·蒂明斯,花了三百四十元就办妥了离婚。我能不能——我是说我提到的这位太太花这点钱也能离婚吗?"

"夫人,"古奇律师说,"我很高兴听到你最后两三句话里传达的明确信息。我们现在能不能抛开假设,直接谈谈真实的姓名和案情?"

"我觉得应该这样,"那位夫人十分痛快地采取了实事求是的做法,"那个恶俗的人名叫托马斯·R.比林斯,他妨碍了他的法律上但不是精神上的妻子和亨利·K.杰瑟普之间的幸福,而杰瑟普才是她理想的伴侣,"女委托人结尾说,"我就是比林斯夫人!"

"有位绅士求见,先生。"阿奇博尔德几乎是翻着筋斗进了房间,大声说。古奇律师站了起来。

"比林斯太太,"他客气地说,"请允许我带你去隔壁的办公室待几分钟。有位非常有钱的老先生约好来同我洽谈有关遗嘱方面的问题。我很快就回来,我们继续商量。"

古奇律师以惯有的殷勤把那位精神境界丰富的委托人引到剩下的那个空房间,谨慎地关好门后出来。

阿奇博尔德带来的第三位客人是个瘦削、紧张、容易激动的中年人,脸上一副忧心忡忡的样子。他手里拿着一个公文包,在律师端给他的椅子上坐下时,把公文包放在椅子旁边的地板上。他的衣服质地相当好,但穿得不很整齐,似乎风尘仆仆。

"你专门处理离婚案件。"他激动地以生意的口吻说。

"我承认,"古奇律师说,"我的业务中间并不完全排除——"

"我知道,"第三位委托人打断他的话说,"你不必告诉我。我对你有所了解。我现在有件案子,但没有必要透露我同该案的关系——也就是说——"

"你希望,"古奇律师说,"介绍一个假设的案件。"

"可以这么说。我是个爽快的生意人。我尽可能说得简单些。我们先谈那个假设的女人。我们可以说,她的婚姻并不般配。她在许多方面都是个优秀的女人。在容貌上,她可以说是美丽的。她热衷于她所谓的文学——诗歌、散文等等。她的丈夫是个从事商业的普通人。他们的家庭并不幸福,虽然她的丈夫尽了力。前不久,一个人——一个陌生男人——来到他们居住的平静的小镇,经营房地产业务。这个女人遇到他,不知怎么昏了头,竟会迷恋上他。她的殷勤如此不避人耳目,以致那个男人认为当地已不安全,便离开了小镇。她抛弃了丈夫和家庭,追踪而去。她舍弃了自己的条件舒适的家,去找这个引起她奇特的痴情的男人。女人的不瞻前顾后的愚蠢毁了一个家庭,"委托人声音颤抖地说,"还有比这更值得惋惜的事情吗?"

古奇律师谨慎地发表意见说:没有比这更值得惋惜的了。

"她移情别恋的这个男人,"来访者接着说,"是不会使她幸福的。她以为他能使她幸福,完全是愚蠢的自我欺骗。她的丈夫,尽管他们两人有许多不调和的地方,是惟一能够对待她那种敏感而秉性特殊的人的。但是她目前并不理解。"

"你是不是认为,你所谈那个案件的合乎逻辑的解决办法是离婚?"古奇律师问道,他认为他们的谈话偏离生意太远了。

"离婚!"委托人充满感情地、噙着眼泪嚷道,"不,不——不是离婚。古奇先生,我看到许多报道,说你富于同情、心地善良,在反目的夫妇之间进行斡旋,使他们重归于好。我们抛开假设吧——我不必继续向你隐瞒案中人物的姓名了——我是这件纠葛的受害者;案中人物的姓名是托马斯·R.比林斯夫妇和亨利·K.杰瑟普,也就是妻子迷上的那个人。"

第三号委托人按着古奇先生的胳臂。从他焦虑的神情可以看出他痛苦万分。"看在老天份上,"他恳求说,"在这困难的时刻帮我一把吧。找到比林斯太太,劝她别再干这种可悲的傻事了。古奇先生,对她说,她的丈夫愿意接纳她回去——只要她回心转意,什么条件都可以答应她。我听说你在这方面有许多成功的例子。比林斯太太不可能走得太远。我到处奔波,心力交瘁。追踪期间,我见到她两次,但由于种种原因没有机会同她交谈。古奇先生,你能不能帮我办这件事?我会终身感激不尽。"

"我确实有过一些成功的例子,"古奇律师听了对方最后一句话后,眉头稍稍一皱,但立刻摆出与人为善的神情,"我确实劝说一些想切断婚姻纽带的夫妇改变了他们鲁莽的主意,取得和解,回到了家里。但是我告诉你,这种工作往往非常困难。它所要求的论证、耐心,以及所费口舌数量之大,会使你感到吃惊。但是本案引起了我的充分关注。我对你的处境深表同情,先生,我很希望看到夫妻重归于好。不过,我的时间,"律师仿佛突然想起似的,看看表说,"是宝贵的。"

"我明白,"委托人说,"如果你接办本案,说服比林斯太太回家,别理她所追的那个人——我可以支付你一千元。在苏珊维尔最近的房地产热中,我赚了一点钱,我不吝啬那笔钱。"

"请你稍坐片刻,"古奇律师站起来,又看看表说,"还有一位委托人等在隔壁房间里,我差点忘了。我尽可能快点回来。"

当前的局面充分满足了古奇律师对于错综复杂事物的偏爱。他非常喜欢那些能提供微妙问题和可能性的个案。相距咫尺、但互不通气的三个人的幸福和命运都掌握在他手里,他想起这件事来就高兴。他脑海里浮现出他以前说的船只的比喻。现在这个比喻并不恰当,因为假如每个隔水舱都灌满了水,就会危及真船的安全;在目前的情况下,每个隔水舱都满了,而他的律师业务的船只却能继续驶向费用最丰厚的港口。当然,他要做的事是同他所装载的最急切的货物达成最有利的交易。

他首先吩咐勤杂员:"锁上前门,阿奇博尔德,任何客人都不接见了。"然后,他轻轻地大步走进一号委托人等待的房间。那位先生耐心地坐着,在看杂志的图片,嘴里叼着雪,两脚搁在桌上。

"怎么样?"他看见律师进来,高兴地问道,"你拿定主意没有?让那位漂亮的太太离婚,五百元行不行?"

"你是说预付金吗?"古奇律师略带询问的口气说。

"什么?不,全部费用。已经够了,是不是?"

"我的费用,"古奇律师说,"是一千五百元。预付五百,余额在拿到离婚判决书时付清。"

一号委托人吹了一声口哨。他的脚放到了地上。

"看来这笔交易谈不成,"他站起来说,"我在苏珊维尔做了一笔房地产小生意,挣了五百元。为了让那位太太摆脱约束,我愿意竭尽全力,但是现在超出了我的能力。"

"你能支付一千二百元吗?"律师暗示说。

"我告诉你,五百元是我能付的最大限度。看来我不得不去找一个收费低一点的律师了。"委托人戴好了帽子。

"请从这扇门出去。"古奇律师打开通向过道的门说。

那位先生流出隔水舱,下了楼梯,古奇律师暗自笑了。"杰瑟普先生出了局,"他抚弄着耳旁一绺亨利·克莱①式的头发喃喃说,"现在轮到被舍弃的丈夫了。"他回到中间的办公室,摆出一副谈生意的样子。

"按照我的理解,"他对第三号委托人说,"如果我促使比林斯太太回家,并且使她放弃对她热恋的男人的痴迷追求,你就同意支付一千元。在那个基础上,本案毫无保留地由我全权处理。这种理解是否正确?"

"完全正确,"对方急切地说,"我一接到通知,两小时内就能拿出现金。"

古奇律师挺直腰板。他瘦削的身体似乎比平时更高了。他用两手的大拇指插在坎肩的腋窝里,脸上露出在这种情况下不可或缺的同情亲切的表情。

"那么,先生,"他和善地说,"我想我可以承诺及早让你摆脱烦恼了。我充分相信自己的辨析和说服能力,相信人性本善的自然冲动,以及为人丈夫的不渝爱情的强烈影响。先生,比林斯太太就在这里——在那个房间里——"律师修长的手臂指向房门。"我可以立刻叫她进来,我们两人联合请求——"

古奇律师停住了,因为第三号委托人仿佛被弹簧弹出似的从椅子上跳起来,抓住他的公文包。

---

① 亨利·克莱(1777—1852),美国参议员,曾任国务卿,1820 年因提出《密苏里妥协法案》而得到"伟大的调解人"的绰号。该法案禁止在密苏里河以北地区蓄奴,但密苏里仍为蓄奴州。

"真见鬼,"他粗暴地喊道,"你这是什么意思?那个女人在这里!我原以为已经把她甩在四十英里以外了。"

他奔向打开的窗户,朝楼下看看,一条腿跨出了窗槛。

"站住!"古奇律师吃惊地嚷道,"你想干什么?来吧,比林斯先生,面对你误入歧途但是无辜的妻子。我们一起恳求不可能不——"

"比林斯!"那个面貌彻底改变的委托人嚷道,"你才是比林斯呢,你这个老白痴!"

他扭过身,愤怒地把公文包朝律师头上扔去,打在那个和事佬的眉心,使他踉踉跄跄退了一两步。古奇律师缓过神来时,已不见委托人的影子。他奔向窗口,探身出去,看到那个胆小鬼在二楼窗户下面车房的屋顶上爬起来,顾不上捡起跌落的帽子,又从十英尺高的车房屋顶跳到巷子地上,飞快地奔跑起来,没入周围的建筑中看不见了。

古奇律师用颤抖的手抚摸前额。这是他让头脑清醒一下的习惯动作。现在或许也为了抚摸那个被坚硬的鳄鱼皮公文包打痛的地方。

公文包被甩开了,里面的东西散落一地。古奇律师机械地弯下腰去把它们捡起来。首先是一条硬领,律师敏锐的眼睛发现上面绣有"亨·K.杰"几个字。还有一把梳子、刷子、一张折好的地图和一块肥皂。最后是一些旧的商业信件,每封信的收信人都是"亨利·K.杰瑟普先生"。

古奇律师关好公文包,放在桌上。他犹豫了片刻,然后戴上帽子,走到勤杂员所在的接待室。

"阿奇博尔德,"他打开过道门说,"我现在要去高等法院。五分钟后,你到最里面的一间办公室去,通知等在那里的太太"——古奇律师这时说了一句俗话——"说是玩儿完啦。"

卡洛韦的密码

纽约《创业报》委任 H. B. 卡洛韦为采访俄-日朴茨茅斯战争①的特派记者。

卡洛韦在横滨和东京待了两个月,无事可做,整天和别的记者们掷色子,赌喝人力车——哦,不,那是乘坐的工具;总之,报社付给他工资,他却没有稿子可写。但那不能怪卡洛韦。那些操纵记者命运的小个子不愿让《创业报》的读者早晨吃煎咸肉鸡蛋时看到大和民族后裔的消息。

不久后,获准随日本第一军开赴前线的记者们扎紧了他们系望远镜的皮带,跟黑木大将前往鸭绿江畔。卡洛韦是其中之一。

本文不是鸭绿江战役的纪实。在三英里外眺望榴霰弹的环状硝烟的记者们已经做了详细报道。但是替记者说句公道话,他们也有难处,因为日本司令官禁止他们在近处观望。

早在战役开始之前,卡洛韦就已经完成了他的功绩。他发回《创业报》的消息是整个战争期间时效最快的独家新闻。《创业报》抢先详细报道了日本军队当天向俄国将军扎苏利奇的防线发动进攻的消息。此后两天里,除了一家伦敦报纸外,任何别的报纸都没有刊登有关消息,而伦敦报纸的报道是绝对不正确、不真实的。

---

① 1904—1905 年的俄日战争,俄国战败,俄日代表在美国朴茨茅斯签订和约。

黑木大将部署军队、拟订作战计划,都是在极端秘密的情况下进行的,外界一无所知。日方不准记者发出有关他的计划的任何消息;每份电报都必须经过严格审查。而卡洛韦正是在这种情况下发出了消息。

伦敦报纸的记者提出一份有关黑木计划的电报,但是从头到尾都是错的,检察官暗笑着通过了。

真实情况是这样的——黑木在鸭绿江一侧部署了四万二千名步兵、五千名骑兵、一百二十四门大炮。另一侧的扎苏利奇只有二万三千人,守卫着漫长的河岸。卡洛韦搞到了一些重要的内部消息,他知道只要能发出去,《创业报》的工作人员就会像麇集在公园街的柠檬汽水摊的苍蝇那样拥挤在他的电报周围。只要能把电报发出去就好了——新来的检察官今天刚上任!

卡洛韦做了该做的事情。他点燃烟斗,坐在一个炮架上思索。我们让他坐着,不去打扰;因为故事的其余部分要谈维西了,《创业报》的一个周薪十六元的记者。

下午四点钟,卡洛韦的电报送到了编辑主任手里。他看了三遍,从书桌的信件格里取出一面小镜子仔细看看自己的映像。然后,他走到他的助手博伊德的桌子那儿(平常他要找博伊德时总是把他叫过去的),把电报放在他面前。

"卡洛韦发来的电报,"他说,"你看看是什么意思。"

发报地点是宇治岛,电文如下:

> 结论既定贸然巫术时分不言消息据传主方大批黑沉默不幸里士满目前白茫茫剧烈力量艰难尔等笔墨难以天使颠扑不破。

博伊德看了两遍。

"不是密码,便是中暑后的胡言乱语。"

"报社有没有电码——密电码之类的东西?"编辑主任问道,他在这里只干了两年。编辑主任们的调动是比较频繁的。

"除了妇女版用的口语外,没听说还有什么密码,"博伊德说,"会不会是首尾字母能联成词的离合体?"

"我也想到了,"主任说,"但是起首的字母只有四个元音。必定是某种密码。"

"把它们组合起来试试,"博伊德建议说,"我们想想看——'贸然巫术不言'——没有意义。'消息据传主方'必须有隐蔽的渠道。'黑沉默不幸里士满'——他没有理由牵连那个城市。'目前白茫茫剧烈'——也不说明问题。我去把司各脱找来。"

本市新闻编辑司各脱匆匆赶来试试他的运气。本市新闻编辑对各方面都有所了解,因此司各脱也懂一点密码编写。

"可能是一种名叫字母倒置的密码,"他说,"我用那种办法试试。'R'似乎是'M'以外使用频率最高的开头的字母。假如用'R'来置换用得最多的元音'E',我们便得出——"

司各脱用铅笔迅速地写了两分钟,根据他的破译办法凑出第一个词——"谢特策兹"。

"好极啦!"博伊德说,"竟然是字谜。第一个是俄罗斯将军。接着干,司各脱。"

"不,不管用,"本市新闻编辑说,"肯定是密码。没有密码本不可能破译。报社是不是用过密码?"

"我也是这样想的,"编辑主任说,"快把所有应该知道的人都找来。我们必须弄明白。卡洛韦显然有非常重要的消息,而新闻检查太严,否则他不会发回这么一个大杂烩来。"

《创业报》里进行了拉网式的搜查,把工作人员中可能知道以前或现在用的密码,而且凭他们的聪明才智、消息灵通、天赋或者年资对密码有所了解的人统统找了来。他们聚在本市新闻编辑室里,编辑主任坐在中央。谁都没有听说过密码。大家开始向主任解释,报纸从不使用密码。当然,美联社就是一种密码——说得更确切一些,是缩写——但是——

这些事编辑主任都清楚。他问每个人在报社的年资。他们之中在《创业报》领工资的没有超过六年以上。卡洛韦在报社干了十二年。

"问问老赫弗尔鲍尔,"主任说,"他来报社的时候,公园街还是一块土豆地呢。"

赫弗尔鲍尔是报社的名人。他半是看门人,半是打杂的,又兼守夜人——相当于十三个半裁缝①。他应召来了,一看就知道他原籍德国。

"赫弗尔鲍尔,"主任说,"你知不知道多年前报社有部密码——私人密码?你知道什么是密码吧?"

"是的,"赫弗尔鲍尔说,"我当然知道。不错,十二或者十五年前,社里有头山羊②。本市新闻编辑部的记者们有一头。"

"啊!"主任说,"我们现在有线索了。它放在什么地方,赫弗尔鲍尔?你知道什么情况?"

"有时候,"那个元老说,"他们把它放在资料室后面的小屋里。"

"你能找到吗?"

"我的上帝!"赫弗尔鲍尔说,"你们认为山羊能活多久?记者

---

① 英语中有"九个裁缝顶一个人"之说,因为裁缝长期伏案工作,身体比较衰弱,好几个裁缝才能同一个健康正常的人相比。另一解释是"裁缝"(tailor)与"鸣钟"(teller)谐音,西方习俗,举行葬礼时死者如为儿童,鸣钟三下,妇女六下,男子九下。十三个半裁缝即一个半人。

② 原文"密码"和"山羊"发音相似。

们管它叫做吉祥物。但是有一天它用脑袋撞了主编,而且——"

"哟,他说的是山羊,"博伊德说,"你出去吧,赫弗尔鲍尔。"

《创业报》的工作人员又陷入尴尬的境地,他们群策群力,又围住卡洛韦的谜团,徒费心机地琢磨那些神秘的字句。

这时候维西进来了。

维西是记者中最年轻的。他胸围三十二英寸,用十四英寸的硬领,他的苏格兰呢衣服鲜亮气派,无论到哪里都很显眼。他戴帽子的方式相当独特,人们喜欢跟着他看他脱帽的样子,总觉得那顶帽子像是挂在楔进后脑的一枚木钉上似的。他老是带着一根粗大多结的硬木手杖,弯曲的把手包着锃亮的锌白铜。维西是报社里的强拍照片的好手。司各脱说,那是因为任何人都无法抗拒把他的照片交给维西时的个人成就感。维西总是自己写新闻稿,除非重大消息,在那种情况下,他就交给加工编辑重写。此外,世上所有居民、寺院和树林中间没有任何能使维西脸红的东西,这就是他的大致素描。

维西像赫弗尔鲍尔所说的"山羊"那样,一头撞进破译密码的圈子里,问是怎么回事。大家一贯对他迁就,有人做了解释。维西从主任手里抢过电报。他老是做出这种骇人听闻的事,但仿佛上天特别保佑,他从没有碰过钉子。

"这是密码,"维西说,"谁有密码索引?"

"报社没有密码索引。"博伊德说着伸手想拿电报。维西抓住不放。

"不管怎么说,老卡洛韦指望我们看懂,"维西说,"他大概遇到了困难,只得想出这个办法来糊弄检察官。要靠我们解决了。哟!我希望我也被派去。嗨——我们这一头可不能撒手。'结论,既定,贸然,巫术'——唔。"

维西坐在桌子角上,皱着眉头看电报,轻轻吹起口哨来了。

"给我们吧,"主任说,"我们要赶快研究。"

"我觉得有点门道了,"维西说,"给我十分钟。"

他走到自己的桌子那边,把帽子扔进废纸篓,像一条庞大的蜥蜴似的趴在桌上,开始用铅笔写字。《创业报》的智囊团仍聚在那里,互相笑笑,朝维西那边点点头。接着,他们又交换他们对密码的理论。

维西花了整整十五分钟。他把写着密码关键词的拍纸簿交给主任。

"我一看就感觉到了其中的规律,"维西说,"卡洛韦万岁!他镇住了日本佬和所有只会胡编乱造、不登新闻的报纸。你们看看。"

维西列出解读密码的索引:

必然——结果

既定——部署

巫术——午夜时分

贸然——行动

不言——自明

封锁——消息

据——传

我的——主方

黑——马

沉默——多数

不幸——行人①

---

① 维西先生后来解释说,在新闻写作中,"不幸"后面合乎逻辑的补语是"受害人"。但由于汽车日益普及,如今后面常用的词是"行人"。当然,卡洛韦的密码指的是步兵。——原注

里士满——战场

目前——情况

大白——天

剧烈——抵抗

暴——力

精选——少数

悬而未决——问题

艰难——时世

笔墨难以——描述

尔等——记者

天使——不自知

无可争辩——事实

"这只是新闻套话,"维西解释说,"我在《创业报》当记者有些年头了,这些东西牢记在心。老卡洛韦给我们一个暗示,我们就用报上随之而来的常用词。你们看一遍,就明白它们多么贴切。这就是他希望我们得到的信息。"

维西递过来另一张纸。

结果部署午夜时分行动。有消息说,大批骑兵和步兵力量将投入战场。情况白色。抵抗力量薄弱。泰晤士描述有问题。其记者不了解事实真相。

"了不起!"博伊德兴奋地嚷道,"黑木今晚渡过鸭绿江,发动攻击。哦,我们的版面不能老是由艾迪生的散文、房地产交易和保龄球比分占满!"

"维西先生,"主任带着讨好的神情说,"你促使雇用你的报社认真地重新考虑它的文学标准。你也从物质上帮助我们获得了今年最轰动的新闻。一两天内,我就可以让你知道,我们是解雇你呢,还是给你加薪。派人去把艾姆斯找来。"

埃姆斯是加工改写编辑里面的尖子、白瓣雏菊和一流好手。他从青苹果腹痛里能看出谋杀企图,从夏天的和风里能看出龙卷风,从打陀螺的顽童身上看到失踪的孩子,从扔向路过汽车的烂土豆上看到被压迫群众的造反。埃姆斯不加工改写时,便坐在他在布鲁克林别墅的门廊里同他十岁的儿子下棋。

艾姆斯和"战地记者"们关在一个房间里。房间里有一幅地图,插满了代表军和师的大头针。多日来,他们手指早就痒痒,想把那些针沿着弯弯曲曲的鸭绿江换换地方。他们现在做到了;埃姆斯用炮火连天的文字把卡洛韦的简短消息翻译成一条轰动世界的头版头条新闻。他提到日本军官的秘密会议,全文发表了黑木激情的演说,骑兵和步兵的数目精确到一匹马和一个人,描述了杉高川河上迅速而悄悄地架设浮桥的情景,天皇的军团通过该桥,出其不意地扑向扎苏利奇稀稀拉拉布置在江边的军队。还描写了战斗场面!——你们都知道,只要给艾姆斯闻闻烟的气味作为基础,他就能写出酷烈的战斗。在报道里,他展示了几乎是超自然的知识,刻薄地批评了英国那家最有影响的报纸同一天刊登的猜测日本第一军行动的误导消息。

卡洛韦的报道只有一个错误,那要怪宇治岛的发报员。卡洛韦回国后才指出那个错误。他的密码里的"大白天"应该是"战斗"和它的补语"规模"。但是到埃姆斯那里成了"白茫茫",他自然把它理解成白雪。他描述日本军队在漫天大雪中挣扎前进的场景生动而具有极大的震撼力。画家们做了一些描绘炮兵在暴风雪中拉炮车的栩栩如生的插图,获得极大成功。但是由于发动进攻的日期是五月一日,"白茫茫"的自然条件引人发笑。不管怎么说,这对《创业报》关系不大。

太妙了。卡洛韦让新来的检察官认为他那些莫名其妙的话只不过是抱怨消息太少,并且要求增加开支而已。维西也很妙。但最妙的是字句,它们常常能够搭配起来,相辅相成,直到讣告使它们分开为止。

第二天,维西在写一个行人踩进地下煤库的洞口,跌断腿的消息——艾姆斯没能从中挖掘出谋害的动机,本市新闻编辑在维西的桌子边站了一会儿。

"老板说要把你的工资提高到每周二十元。"司各脱说。

"那好,"维西说,"不管多少,加薪总是好事。喂——司各脱先生,这两种说法——'我们可以不怕遭到驳斥地宣称',或者'大体说来,可以安全地断言',你觉得哪一种好些?"

平均海拔问题

一年冬天,新奥尔良的城堡歌剧团在墨西哥、中美洲和南美洲沿海城镇做了一次试探性的巡回演出。这次冒险结果十分成功。爱好音乐的、敏感的、讲西班牙语的美洲人把金钱和喝彩声纷纷投向歌剧团。经理变得心广体胖,和蔼可亲了。假如不是气候条件不许可的话,他早就穿出那件表示兴旺发达的服装——那件华丽的、有镶边和盘花纽扣的皮大衣。他几乎还动了心,打算给他的员工们加些薪水。但终于以极大的努力克制了头脑发热时的不利冲动。

在委内瑞拉海岸的马库托,歌剧团的演出盛况空前。如果把马库托设想为南美洲的康奈岛,你就知道马库托的模样了。每年的旺季是从十一月份到次年三月。度假的人们从拉瓜伊拉、加拉加斯、瓦伦西亚和其他内地城镇蜂拥而来。有海水浴、宴会、斗牛和流言蜚语。人们都酷爱音乐,但是在广场和海滨演出的乐队只能激起他们对音乐的热情,却不能满足他们。城堡歌剧团的莅临,在寻欢作乐的人中间引起了莫大的兴奋和热诚。

委内瑞拉的总统和独裁者,显赫的古斯曼·布兰科,带着官员和扈从也在马库托短暂停留。那个有权有势的统治者——他本人每年拿出四万比索津贴加拉加斯的歌剧团——下令把一座国营仓库腾出来,改作临时剧院。很快就搭起了舞台,安排了给普通观众坐的粗糙的长条凳,又布置了招待总统和军政要员的包厢。

歌剧团在马库托待了两个星期。每次演出,剧院里总是挤得水泄不通。仓库里挤满之后,如醉如痴的音乐爱好者便争夺门口和窗口的空间,摩肩接踵地簇拥在外面。观众肤色驳杂,各各不同,从纯种西班牙人的浅橄榄色到混血儿的黄褐色,以至加勒比和牙买加黑人的煤炭色。夹杂其中的还有小批印第安人——他们面孔像石雕偶像,身上披着绚丽的纤维织成的毯子——他们是从萨莫拉、安第斯和米兰达山区各州到滨海城镇来出售金沙的。

这些内地荒僻地区居民的痴迷程度真叫人吃惊。他们心醉神迷,纹丝不动,在激动的马库托人中间显得格外突出。马库托人拼命用嘴巴和手势来表达他们的快乐,土著们只有一次才流露出他们含蓄的狂喜。演出《浮士德》时,古斯曼·布兰科非常欣赏《珠宝之歌》,把一袋金币抛到舞台上。有身份的公民们竞相仿效,把身上带着的现钱全扔了上去,有几位高贵的时髦太太不甘人后,把一两只珠宝戒指扔到玛格丽特脚下——节目单上印着扮演玛格丽特的是尼娜·吉劳德小姐。于是仓库里各个角落站起了各式各样的愣头愣脑的山地居民,向台上扔着褐色和焦茶色的小袋子,袋子噗噗地落到台上,也不弹跳。吉劳德小姐在化妆室里解开这些鹿皮小口袋,发现里面全是纯净的金沙时,眼睛不由得一亮。毫无疑问,使她眼睛发亮的当然是由于她的艺术受到赞赏而引起的欢欣。果真如此的话,她也有欢欣的理由,因为她的演唱字正腔圆,高亢有力,充满敏感的艺术家的激情,在赞赏面前她是当之无愧的。

但是城堡歌剧团的成功并不是这篇小说的主题,只是它据以发展的引子。马库托发生了一件悲惨的事情,一个神秘难解的谜,使得欢乐的季节清静了一个时期。

一天傍晚,短暂的黄昏已经过去,照说这时候尼娜·吉劳德小姐应该穿着热情的卡门的红黑两色的服装在舞台上载歌载舞,但她没有在马库托六千对眼睛和六千颗心上出现。随即是一片不可避免的混乱,大家急忙去找她。使者飞快地跑到她下榻的、法国人开的小旅馆去,歌剧团的人分头去寻找,以为她可能逗留在哪一家商店里,或者过分延迟了她的海水浴。搜寻毫无结果。小姐失踪了。

过了半小时,她的下落仍旧不明。独裁者不习惯于名角的任性,等得不耐烦了。他派包厢里的一个副官传话给经理,限他立即开场,否则把歌剧团全体成员马上关进监狱,尽管他被迫出此下策会感到遗憾。马库托的鸟儿在他的命令之下也得歌唱。

经理只得对吉劳德小姐暂时放弃希望。合唱队的一个女演员多年来一直梦想着这种难得的宝贵机会,迅速地装扮成卡门,歌剧继续演出。

之后,失踪的女歌手音讯杳然,剧团便向当局请求协助。总统下令军队、警察和全体市民进行搜寻。但是找不到任何有关吉劳德小姐的线索。城堡歌剧团离开了马库托,到海岸上别的地点去履行演出合同。

轮船回程时在马库托靠岸,经理急切地去打听,仍旧没有发现那位小姐的踪迹。城堡歌剧团无能为力了。小姐的个人衣物给寄存在旅馆里,让她日后万一出现时领取,歌剧团继续回归新奥尔良。

堂约翰尼·阿姆斯特朗先生的两头鞍骡和四头驮骡停在海滩边的公路上,耐心地等候骡夫路易斯的鞭子声。那将是去山区的另一次长途旅行的信号。驮骡背上装载着各式各样的五金器皿。堂约翰尼用这些物品同内地的印第安人交换金沙。他们在安第斯山溪里淘洗金沙,藏在翎管和袋子里,等他来做买卖。这种买卖能赚大钱,阿姆斯特朗先生指望不久就可以买下他向往已久的咖啡种植园了。

阿姆斯特朗站在狭窄的人行道上,同老佩拉尔托讲着任意篡改的西班牙语,同拉克讲着删节的英语。老佩拉尔托是当地的富商,刚才以四倍的高价卖了六打铸铁斧头给阿姆斯特朗;拉克是德国人,五短身材,担任美国领事的职务。

"先生,但愿圣徒保佑你一路平安。"佩拉尔托说。

"最好试试奎宁,"拉克叼着烟斗,粗声粗气地说,"每晚吃两粒。这次别去得太久,约翰尼,因为我们需要你。梅尔维尔那家伙纸牌玩得太糟,又找不到别人替代。再见吧,你骑骡子走在悬崖绝壁上的时候,眼睛要盯着骡子两耳中间。"

路易斯的骡子的铃铛响了起来,骡队便随着铃声鱼贯而去。阿姆斯特朗挥手告别,在骡队末尾殿后。他们拐弯走上狭窄的街道,经过两层楼木头建筑的英国旅馆;埃夫斯、道森、理查兹和其余的伙伴们正闲坐在宽敞的游廊上,看一星期前的旧报纸。他们一齐拥到栏杆前,纷纷亲切地向他告别。喊了许多聪明的和愚蠢的话。穿过广场时,骡队在古斯曼·布兰科的铜像前小步跑过,铜像四周围着从革命党那里缴获的上了刺刀的步枪。骡队从两排挤满了赤身露体的马库托孩子的茅屋中间出了城,进入潮湿阴凉的香蕉林,来到一条波光潋滟的河边。衣不蔽体的棕色女人在石头上捣洗衣服。骡队蹚过河,到了突然陡峭的上坡路,便和海岸所能提供的文明告别了。

阿姆斯特朗由路易斯向导,在他走惯了的山区路线上旅行了几个星期。他收集到二十五六磅贵金属,赚了将近五千元后,减轻了负担的骡子就掉头下山。在瓜里科河源头从山边一个大裂隙涌出的地点,路易斯喝停了骡队。

"从这里走半天的路程,先生,"他说,"就可以到塔库萨马村,我们从没有去过那里。我认为那里可以换到许多金子。值得试试。"

阿姆斯特朗同意了。他们又上山,向塔库萨马进发,陡峭险峻的山路在一片浓密的森林里通过。黑暗阴沉的夜晚降临了,路易斯再次停下来。他们脚下是一道黑魆魆的深渊,把山路齐头切断,一眼望不到前面是什么。

　　路易斯跨下骡鞍。"这里应该有一座桥。"他说着沿悬崖蹚了一段路。"在这里啦。"他嚷道,又重新上骡带路。没多久,阿姆斯特朗在黑暗里听到一片擂鼓似的声响。原来悬崖上面搭了一条用木棍绷着坚韧皮革的便桥,骡蹄子踩在皮革上便发出了雷鸣似的轰响。再往前走半英里,就到了塔库萨马。这个村子是由一些坐落在隐蔽的树林深处的石屋和泥舍组成的。他们进村时,只听得一种与孤寂的气氛毫不相称的声音。一个珠圆玉润的女声从他们正在接近的一座矮长的泥屋里升起。歌词是英语,调子在阿姆斯特朗的记忆中是熟悉的,虽然凭他的音乐知识,还不能肯定歌曲的名字。

　　他从骡背上滑下来,悄悄掩到屋子一端的窄窗跟前。他谨慎地朝里面窥探一下,看到一个绝色美人,离他不到三英尺,身上披着一件宽大而华丽的豹皮袍子。屋子里挤满了蹲着的印第安人,只留下她站的一小块地方。

　　那女人唱完后便挨着小窗坐下,仿佛特别喜爱从窗口飘进来的没有污染的空气。这时,听众中间有几个人站了起来,把落地发出沉闷声息的小口袋扔到她脚边。这批面目可怖的听众发出的一阵嘶哑的喃喃声,显然是化外人的喝彩和赞扬。

　　阿姆斯特朗一向善于当机立断捕捉机会。他趁嘈杂的时候,用压低然而清晰的声音招呼那个女人说:"别回头,但是听着。我是美国人。如果你需要帮助,告诉我该怎么办。尽可能说得简单明了一些。"

　　那女人没有辜负他的大胆。她苍白的脸一红的当儿就明白了他的意思。她说话了,嘴唇几乎没有动。

"我遭到这些印第安人禁闭。我迫切需要帮助。两小时后,到二十码外山边的那座小屋去。窗里有灯火和红窗帘。门口一直有人把守,你得把他制服。看在老天份上,千万要来。"

这篇小说似乎回避了冒险、拯救和神秘的情节。小说的主题太微妙了,绝不是勇敢生动的气氛所能烘托的。但它又像时间那么古老。它被称做"环境",其实这两个字贫乏得不足以说明人与自然之间的难以言宣的血缘关系,不足以解释那种使木石云海激起我们情感的古怪的眷恋。为什么山区会使我们变得老成持重,严肃超脱;为什么大树参天的森林会使我们变得庄重而沉思;为什么海岸的沙滩又会使我们落到轻率多变的地步?是不是由于原生质——且慢,化学家们正在研究这种物质,用不了多久,他们就会把整个生命用符号公式排列出来。

为了使故事不超出实事求是的范围,我们不妨简单交代一下:约翰·阿姆斯特朗到了小屋那里,闷住了印第安看守的嘴,救出了吉劳德小姐。除了她以外,还带出好几磅金沙,那是她在塔库萨马被迫演出的六个月里收集到的。那些卡拉博博印第安人是赤道和新奥尔良的法兰西歌剧院之间最热衷于音乐的人。其中有几个在马库托看到了城堡歌剧团的演出,认为吉劳德小姐的格调和技巧很令人满意。他们要她,于是一天晚上,不费什么手脚就突然把她劫走了。他们对她相当体贴,只要求她每天表演一场。阿姆斯特朗救了她,使她很快活。关于神秘和冒险已经谈得够多的了。现在再回过头来谈谈原生质的理论。

约翰·阿姆斯特朗和吉劳德小姐在安第斯山岭中行进,沉浸在它们伟大崇高的气氛之中。自然大家庭中最强有力而脱离得最远的成员,重新感到了他们同自然的联系。在那些庞大的史前地壳隆起的地带,在那些严峻肃穆,一望无际的地方,人的渺小自然而然地显露了出来,正如一种化学物质使另一种化学物质产生沉淀一样。他们像是在宇宙里似的敬畏地行动着。他们的灵魂被提升到同壮丽的山地相等的高度。他们在庄严宁谧的地带旅行。

在阿姆斯特朗眼里,这个女人仿佛是神圣的。她仍然带着这段苦难时期造成的苍白和凛然的沉静,以致她的美貌显得超凡脱俗,并且似乎散发着艳丽的光辉;他们相处的最初时刻,他对她的感情一半是人类的爱慕,另一半是对下凡仙女的崇敬。

她被解救出来后,始终没有露过笑容。她衣服外面仍旧披着那件豹皮袍子,因为山地的空气很冷。她的模样像是那些蛮荒的、威严的高地上一位仪态万方的公主。这个地区的氛围同她的情调很合拍。她的眼睛老是望着阴沉的巉岩、蓝色的峡谷和覆雪的山峰,蕴含着它们的雄伟与忧郁。有时候,她在路上唱着动人心弦的感恩赞美诗和亚萨的诗①,同山岭的气氛非常贴切,以致他们像是在大教堂的通道中严肃地行进。被解救的人难得开口,周围大自然的静寂感染了她的情绪。阿姆斯特朗把她看作天使。他怎么也不敢亵渎神圣,像追求别的女人那样去追求她。

第三天,他们抵达气候温和的台地和山麓地带。山岭给抛在后面了,但是依然露出巍峨而令人肃然起敬的峰顶。这里有了人烟。他们见到咖啡种植场的房屋在林中空地远处闪闪发白。他们来到大路上,遇见了旅人和驮骡。牲口在山坡上吃草。他们经过一个小村落,圆眼睛的小孩望到他们便叫嚷起来,招呼他们。

吉劳德小姐脱掉了豹皮袍子。这种皮袍在山区很合适,很自然,现在却有点不合时宜了。假如阿姆斯特朗没有看错的话,她在脱掉皮袍的同时也摆脱了态度中的某些威严。由于人烟渐密,生活条件比较舒适,他很高兴地看到安第斯山的高贵公主和祭司逐

---

① 即《旧约·诗篇》第50篇。

渐变成一个女人——一个尘世的女人,但她的魅力并没有减少。她那大理石般的脸颊上有了一点血色。她脱去长袍后,出于对别人的观感的考虑,把里面世俗的衣服整理了一番,对先前不加注意的飘拂的头发也作了梳理。在寒冷艰苦的山区期间隐没已久的对尘世的兴趣,重新在她的眼神里出现。

被阿姆斯特朗奉为神明的人的转变,使他的心跳加速了。北极探险者初次发现绿地和融成流体的水时,惊喜的程度也不过如此。现在他们处在世界和生活的海拔较低的地方,正在它奇特而微妙的影响下逐渐屈服。他们呼吸的不再是严肃的山区的稀薄空气了。他们周围是果实、谷物和房屋的芬芳、炊烟和温暖土地的愉快气息,以及人们加在自己和他们所来自的尘土之间的慰藉。在严肃的山区行进时,吉劳德小姐仿佛融合在它们虔诚的缄默中。现在她活泼、热情、急切,洋溢着活力和妩媚,充满着女性的特点——这是不是同一个女人呢?阿姆斯特朗考虑这个问题时,不禁产生了疑惑。他希望能同这个转变中的人留在此地,不再下山了。在这个海拔高度和环境中,她的心情仿佛最是可人。他害怕往下走到人力控制的地方。到了他们所去的背离自然的地方之后,她的心情是否会做出更大的让步呢?

现在他们从一个小高地上望到了绿色低地边缘的闪烁的海水。吉劳德小姐楚楚动人地叹了一口气。

"哎,看哪,阿姆斯特朗先生,那不是海吗?多么可爱啊!山区实在叫我厌倦了。"她厌恶地耸耸可爱的肩膀,"那些可怕的印第安人!想想我经受的苦难!尽管可以说我已经实现了成为头牌演员的希望,我却不愿意再做这类演出了。你救我出来,实在太好啦。告诉我,阿姆斯特朗先生——说老实话——我的模样是不是非常、非常糟糕?你知道,我好几个月没有照过镜子了。"

阿姆斯特朗根据自己改变了的心情做了回答。他甚至用手按着她那只搁在鞍头上的手。路易斯在骡队前头,看不见他们的动作。她让他的手按在那里,眼睛里含着坦率的笑意。

日落时分,他们来到棕榈和柠檬树掩映的海岸地带,置身于暖和区域的鲜艳的绿色、红色和赭色之中。他们进入马库托,看到一群活泼的洗海水浴的人在浪中嬉戏。山岭已经离得很远了。

吉劳德小姐眼里欢乐的光芒在重岭叠嶂的笼罩下是绝对不可能出现的。各种各样的精灵都在向她呼唤——橘树林中的宁芙,喋喋不休的海浪中的妖精,声色犬马所产生的小鬼。她突然想起一件事,爽朗地高声笑了起来。

"那岂不是轰动的新闻?我真希望现在有一个演出合同!新闻记者们可要热闹一番了!'歌喉迷人,印第安蛮子劫美'——岂不是一条惊人的标题?不过我认为我已经名利双收了——他们要求加演时扔给我的金沙足足要值一两千元,你说呢?"

他在她以前下榻的那家佳憩旅馆门口同她分了手。两小时后,他再回到旅馆,在小客厅兼茶座的敞开的门口朝里面望望。

里面有五六个马库托社交界和官场的头面人物。富有的橡胶种植园主维利亚布兰卡先生,大腹便便地坐在两张椅子上,巧克力色的脸上露出软绵绵的微笑。法国采矿工程师吉尔勃从金光锃亮的夹鼻眼镜后面挤眉弄眼。正规军的门德斯上校穿着绣金饰带的制服,满脸傻笑,正忙着开香槟酒。还有几个马库托的时髦人物也都在装模作样,神气活现。空中香烟雾气弥漫,地上淌着酒水。

吉劳德小姐坐在屋子中央的一张桌子上,摆出高人一等的架子。一件配着樱桃色缎带的白细麻布衣服代替了她旅行时的服装。隐约可见到衬裙的花边和褶边,以及部分露在外面的粉红色的手工绣的袜子。她膝上搁着一把吉他,脸上是复苏的光彩和受苦受难之后达到至乐福地的安逸。她正在活泼的伴奏下唱着一支小调:

滚圆的大月亮
　　像气球似的升腾，
　　黑小子跳跳蹦蹦，
　　跑去问她的情人。

唱歌的人看到了阿姆斯特朗。

"嗨，约翰尼，"她喊道，"我等了你一个小时啦。什么事绊住了你？嘻！不过这些烟熏的家伙性子最慢了。他们根本没有开始呢。来吧，我吩咐这个戴金肩章的咖啡色的家伙为你开一瓶冰镇的香槟。"

"多谢，"阿姆斯特朗说，"我想不必了。我还有一些事要办。"

他走到外面的街上，看到拉克正从领事馆里出来。

"和你打一盘弹子吧，"阿姆斯特朗说，"我要找些消遣，解解嘴里的海水味儿。"

"姑 娘"

962号房门磨砂玻璃上的镀金字样是"罗宾斯—哈特利,经纪人"。过了五点钟,雇员们都走了。保洁女工们步声嘈杂,像一群佩尔什灰色马似的进入高耸入云的二十层的写字间大楼。半开的窗口喷出一阵带有柠檬皮、烟煤和鲸油味的灼热的空气。

罗宾斯年过五十,属于那种发胖的花花公子之列,他经常出席剧院的首演式和饭店的酒会,装出羡慕他的合伙人在市区工作、在郊区住家的生活。

"今晚又要喝酒了吧,"他说,"你们这些郊区人晚上可以在月光下听蝈蝈儿叫,在前廊上喝酒消磨时光。"

哈特利二十九岁,长得瘦削端正,严肃而有点神经质,他稍稍皱起眉头,叹了一口气。

"是啊,"他说,"我们花岗那里的夜晚总是很凉快,尤其在冬天。"

一个神秘兮兮的人进了门,走近哈特利身边。

"我查明了她的地址。"他故弄玄虚地悄声说,实际上希望别人知道他是负有使命的侦探。

哈特利一瞪眼,不让他说下去。这时候罗宾斯已经拿起手杖,整好领带别针,殷勤地点点头,出去找他的都市消遣了。

"这就是地址。"侦探现在不需要避人耳目,用平时的声调说。

哈特利接过侦探从记事本撕下的一页纸。上面的铅笔字是:

"维维恩·阿林顿,东××街341号,麦科姆斯太太转。"

"一星期前搬过去的,"侦探说,"哈特利先生,如果你需要盯梢的活,我干得不比本市任何人差。每天只收七元,包括全部费用。我每天可以递交一份打字机打的报告,内容——"

"不必了,"经纪人打断他的话说,"不是那类事。我知道地址就行了。我应该付给你多少钱?"

"一天的活,"侦探说,"十元钱够了。"

哈特利付了钱,把那人打发走了。他离开写字间,乘上百老汇路的电车。他在横贯全市的交通线上换乘了往东区的电车,在一条曾有许多知名人士的住宅、而今已经败落的街道下了车。

他经过几个街口,到了要找的地方。那是一座新盖的公寓房子,廉价的石门上刻的名字十分响亮:"仙苑别墅"。房子正面的防火梯曲曲折折通到楼下——防火梯上堆放着家用杂物,晾着衣服,蹲坐着被仲夏的燠热驱赶到外面来的小孩。这些杂乱无章的人和物中间偶尔还有一两株灰扑扑的橡皮盆景——傻乎乎的闹不明白自己究竟属于植物、动物,还是仿造品。

哈特利摁了标有"麦科姆斯"的电铃钮。门锁发出抽搐的喀嗒声——既有欢迎,又有疑虑,似乎很想知道来客是朋友还是讨债人。哈特利进门上楼,像在市区公寓里找人那样开始寻找——也就是像小孩爬苹果树那样,遇到想要的就停下来。

到了四楼,他看到维维恩站在一扇打开的房门口。她朝他点点头,真诚地微微一笑,请他进屋。她搬了一把椅子放在窗前,让他坐下,自己端坐在一件杰基尔-海德①式的、蒙着神秘的布罩的家具上,白天猜不出那是什么东西,晚上可能成了拷问的刑具。

---

① 杰基尔-海德是英国作家斯蒂文森所著小说《化身博士》中具有双重人格的人物,白天行医,夜里为非作歹。

哈特利说明来意之前,先迅速地打量她一眼,觉得自己的选择一点不错。

维维恩二十来岁,属于那种最纯正的撒克逊类型。她的金黄色头发有点红,梳得整整齐齐,光亮的发丝带着微妙的色泽变化。她的象牙白的皮肤同湛蓝的眼睛十分和谐,眼睛像海里的美人鱼或者人迹罕至的山涧的精灵似的天真而娴静地望着世界。她体格强健,但具有绝对自然的优雅。尽管她的轮廓和肤色一看就是北方人,却带有某种热带地区的气息——她举手投足的姿态有点倦怠,甚至连呼吸也有心满意足和喜欢安逸的模样——这一切似乎替她要求作为完美的自然产物的生存权利,似乎主张她应该受到异花奇葩或者美丽的乳白色鸽子那样的赞美。

她穿着白色背心和深色裙子——牧鹅少女和女公爵都合适的谨慎的打扮。

"维维恩,"哈特利恳求似地看着她说,"你没有回复我给你的信。我差不多花了一个星期才打听到你的住址。你知道我多么盼望见到你、听你的回音,你为什么让我干等?"

那姑娘恍恍惚惚地看着窗外。

"哈特利先生,"她犹豫地说,"我简直不知道该怎么对你说。我了解你提议的全部优点,有时候我觉得应该心满意足了。但我还是拿不定主意。我从小在城市长大,担心过不惯清静的郊区生活。"

"亲爱的姑娘,"哈特利热情地说,"我早就说过,你想要的任何东西,只要我力所能及,我都会给你的。如果你想进城看戏,购物,看朋友,随时都可以办到。你相信我吗?"

"我完全相信,"她坦诚地瞅着他微笑着说,"我知道你最最善良,你找到的姑娘一定很幸运。我在蒙哥马利家的时候已经了解你的所有情况。"

"啊!"哈特利的眼睛里闪出温柔的忆旧的光芒,"那晚在蒙哥马利家第一次见到你的情景,我记得很清楚。蒙哥马利太太整晚都在我面前夸你。其实她说得不够全面。我永远忘不了那顿晚餐。来吧,维维恩,答应我吧。我要你。你跟我绝对不会后悔的。谁都不会给你一个更愉快的家。"

那姑娘叹了一口气,低头看看她合抱的手。

哈特利突然起了妒意的疑心。

"告诉我,维维恩,"他敏锐地打量着她问道,"是不是还有——是不是另外有人?"

她白皙的脸和颈脖慢慢红了起来。

"你不应该问那种话,哈特利先生,"她有点慌乱地说,"不过我可以告诉你。是有另一个人——但是他没有权利——我什么也没有答应他。"

"他姓什么?"哈特利厉声问道。

"汤森。"

"拉福德·汤森!"哈特利咬紧牙喊道,"那个人怎么会认识你?我帮过他多少忙——"

"他的汽车就停在下面,"维维恩说,她在窗槛上探身张望,"他是来听回音的。啊,我不知道该怎么办了!"

公寓厨房里的电铃响了。维维恩赶快去摁开大门门锁的电钮。

"你待着别动,"哈特利说,"我去门厅迎他。"

汤森穿着浅色的花呢衣服,戴着巴拿马草帽,留着两撇拳曲的黑胡子,活像西班牙贵族,他一步跨三级楼梯匆匆上来,看到哈特利时站停了,脸上一副尴尬的样子。

"回去。"哈特利用食指指着楼下,坚定地说。

"嗨!"汤森假装吃惊地说,"怎么回事?你在这里干吗,老兄?"

"回去,"哈特利毫不让步地说,"丛林法则。你不怕狼群把你撕得粉碎吗?是我先下手的。"

"我来这儿找管子工,修理浴室的管道接头。"汤森勇敢地说。

"得啦,"哈特利说,"你用撒谎的胶泥去糊你出卖朋友的灵魂吧。你给我回去。"

汤森嘴里嘟嘟囔囔地下了楼。哈特利回去继续恳求。

"维维恩,"他专横地说,"我非要你不可。我不听任何拒绝或者推诿的话了。"

"你什么时候要我?"她问道。

"现在。你收拾好了就走。"

她平静地站在他面前,直视他的眼睛。

"你有没有考虑过,"她说,"埃洛伊兹还在的时候,我进你家合适吗?"

哈特利仿佛受到意外打击似的畏缩了一下。他抱着双臂在地毯上踱了几步。

"她得走,"他额头冒汗,冷酷地宣布说,"我凭什么要让那女人把我的生活搞得痛苦不堪。她来之后,我没有一天好日子过。你说得对,维维恩。我带你回家之前,必须先把埃洛伊兹打发走。但是她非走不可。我已经做出了决定。我要把她赶出我家门。"

"你什么时候赶?"

哈特利咬紧牙,皱起眉头。

"今晚,"他下定决心说,"我今天晚上就让她走。"

"这样的话,"维维恩说,"我的答复是'同意'。你到时候来接我好了。"

她带着甜美真诚的眼光瞅着他。哈特利不敢相信,她竟然这么痛快就彻底顺从了。

"你要答应我,"他激动地说,"以名誉担保。"

"我以名誉担保。"维维恩温柔地跟着说了一遍。

他在门口转过身,高兴地看着她,但仍像不敢相信他的高兴是否可靠似的。

"明天。"他举起食指提醒她说。

"明天。"她坦诚地微笑着,重复了一遍。

一小时四十分钟后,哈特利在花岗下了火车。他快步走了十分钟,到了坐落在宽阔整齐的草坪上一幢雅致的两层楼别墅门口。他进屋时,一个梳着两条乌黑的辫子、穿着飘拂的白袍的女人迎上前,莫名其妙地紧紧搂住他。

他们踏进门厅时,她说:

"妈妈来了。汽车半小时后来接她。她是来吃晚饭的,可是没吃成。"

"我有话要告诉你,"哈特利说,"我本想过一会儿再说,你妈妈既然在这里,现在说出来也不妨。"

他弯下腰,在她耳边悄悄说了些什么。

他的妻子尖叫起来。妻子的母亲闻声跑进门厅。黑头发的女人又叫了一声——受到宠爱的女人的快活的尖叫。

"哦,妈妈,"她狂喜地喊道,"你知道吗?维维恩要来替我们做饭了!她在蒙哥马利家做了整整一年。现在,亲爱的比来,"她说,"你必须马上去厨房打发埃洛伊兹走人。她又喝得烂醉,一整天都不醒。"

哔叽和草帽的社会学

不负责任的季节即将到来。来吧,我们把毒常春藤编的花环戴在头上(那是为了便于干荒唐的傻事),和社会学手拉着手,漫游在夏天的田野上吧。

地球很可能是平的。有智慧的人曾试图证明它是圆的,成功与否,和我们关系不大。他们指着一艘出海的船,要我们观察地球的凸度遮住了船,最后只能看到中桅。但是我们拿起望远镜,又看到了甲板和船身。有智慧的人便说:"咄!不管怎么说,赤道和黄道交点的变化能够证明。"我们光靠望远镜是看不到赤黄相交的,只好默不作声。然而,如果地球是圆的话,中国人的辫子应该竖起来,而不像旅行家所说的那样挂在脑后了,这种说法也有道理。

地平学说的另一个证明,在于生活中的一切都按小圆周做无用的运动。最恰当的比喻莫过于一场棒球比赛。啪的一声,我们击中了球,扔下球棍就跑。如果得了一分(在生活中我们称之为成功),就跑回本垒,坐在长凳上。如果被传杀,我们就走回本垒——也在长凳上坐下。

所谓的环球航行家可能在圆形水域的边缘航行一周,又回到同一个港口。真正伟大的人物达到他们事业的高潮时,又回到了儿童的单纯状态。亿万富翁们年老时坐到餐桌旁吃他们的牛奶泡面包。你到达事业的终点时,不妨取下标有"目的地"的牌子,翻过来看看。你会发现背面有"起点"字样;当你在跑道上奔跑时,有人把它翻了一个面。

但这是幽默的话题,暂且不谈。每当社会学成为夏季的休假者时,总会产生一些严肃的问题,我们可以探讨一下。我们请你去看看故事发生的场景——大西洋惊涛拍岸的大纽约市一个树木葱茏、岩石环抱的地方。

长岛南岸的菲什安普顿出了名的东西是油炸蛤蜊馅儿饼和范·普勒什菲尔特家的夏季别墅。

范·普勒什菲尔特的家产上亿,他们的姓在商人和摄影家中间无人不晓。

六月十五日,范·普勒什菲尔特家用木板把他们的市内住宅的前门封住,小心地把猫放在人行道上,嘱咐看管人注意别让它吃墙上的常春藤,然后坐上四十匹马力的汽车风驰电掣地驶往菲什安普顿,到阴凉的地方游荡去了——他们是不和阿玛丽里斯①打交道的。假如你订阅《奉承者杂志》,可以经常——你说你不是订户吗?嗯,那你就是在报摊上零卖的,你认为你的报刊经纪人不了解你的脾气。但是他了解。他了解——他完全了解!我要说的是你在《奉承者杂志》上经常看到范·普勒什菲尔特家夏季别墅的照片,所以这里不必再描述了。我们要说的是小海伍德·范·普勒什菲尔特,十六岁,亿万家产的继承人,财神的宠儿,彼得·范·普勒什菲尔特的曾孙,老彼得有一块特别好的白菜地,后来由于市区建筑摩天大厦,被侵占毁掉了。

一天下午,小海伍德·范·普勒什菲尔特从"甜蜜的闲适"的大理石门柱中间溜溜达达地出来——人们这样称呼那座别墅,我可以告诉你,这个名字比起"甜蜜的挥霍"是一大改进。

海伍德到了村里。他毕竟是人,未来的巨大家产使他心情烦

---

① 阿玛丽里斯是古希腊和罗马牧歌中的女牧羊人,后借喻为乡村情人。

闷。财富把他压得透不过气来。他是家庭教师培育出来的。第一次骑木马时,地上撒了许多柔软的树皮,惟恐他摔痛。他出生时嘴里就含着一把金匙①和吃鱼和龙虾的全套餐具。在这方面,我稍后替他辩解,现在先看看他的衣着打扮。

年轻的有福之人身穿一套整洁的深蓝色哔叽衣服,名牌亚麻布衬衫,头戴整洁的白色草帽,系着一个整洁的窄领结,脚下是一双整洁的浅口黄皮鞋,握着一根整洁的细竹手杖。

到了柿树街(马里兰州哈格斯镇以北根本没有树),迎面碰上从村里出来的"脏小子"多德森。多德森年龄十五岁半,是菲什安普顿最坏的少年,他身穿破烂的红圆领衫,头上的高尔夫球帽由于雨淋日晒旧得不成样子,鞋子严重磨损,裤子是那种实用的牌子。由于活动量大,他的汗津津的脸上粘了尘土,抹得黑一块灰一块的。"脏小子"拿着一根棒球棍,裤袋里鼓出来的圆东西一看就知道是棒球。海伍德停步打个招呼。

"去打球吗?"他问道。

"脏小子"转过蓝眼睛和雀斑脸,细看着他。

"我吗?"他极其温和地说,"当然不是。你没看见我穿的是潜水服吗?我要乘上潜艇的气球,用两寸的螺钻去捉蝴蝶。"

"对不起,"海伍德以他那个阶级的带有侮辱性的礼貌说,"我还以为你是个绅士。我搞错了。"

"你既然以为我是绅士,怎么又会搞错了呢?""脏小子"无意中说的话倒很有逻辑性。

"根据你的外表,"海伍德说,"绅士是不会肮里肮脏,穿得破破烂烂,鬼话连篇的。"

"脏小子"像渡轮鸣笛似的叫了一声,朝掌心吐了一口唾沫,

---

① 英文成语"出生时口含银匙"指生于富贵之家,"口含木匙"指生于贫穷之家。

握紧棒球棍,一棍打在篱笆墙上。

"嗨,"他说,"我认识你。你是城里人来避暑的那所私人高级疗养院里的小伙子。我看见你从那里出来。你别以为有钱,穿漂亮衣服,就能吓唬人。阿拉贝拉!咿呀!"

"野小子!"海伍德说。

"脏小子"捡起一根篱笆枝,放在自己的肩膀上。

"你敢不敢把它敲掉。"他挑衅说。

"我可不想脏了我的手。"贵族说。

"你害怕,""脏小子"简明扼要地说,"你们那些城里的家伙没有胆。我单手就能打败你。"

"我不想找你麻烦,"海伍德说,"我客客气气问你,你回答却粗鄙无礼。"

"什么叫粗鄙无礼?""脏小子"问道。

"粗鄙无礼就是讨人厌,"海伍德说,"没有礼貌,不知道天高地厚。那种人有时打打棒球。"

"我告诉你什么是娘娘腔,""脏小子"说,"那就是猴妈妈打扮好的、叫它到草坪上去摘雏菊的小猴。"

"你有幸提到我的家庭成员时,"海伍德脑子里有些模糊的礼数概念,"话里最好不要带到女士们。"

"嚯!女士们!"粗鲁的小伙子说,"什么女士不女士的!我知道城里那些有钱的女人是怎么回事。她们喝鸡尾酒,嘴里骂人,替猩猩举办招待会。报上这么说的。"

海伍德知道箭已上弦不得不发了。他脱掉上衣,整整齐齐地折好,放在路边的草地上,再把帽子放在衣服上面,然后开始解开蓝绸领结。

"你不如拉铃把侍女叫来,阿拉贝拉,""脏小子"取笑他说,"你是不是准备——准备上床睡觉?"

"我要报之以老拳。"英雄说。尽管敌人的社会地位远低于他,但在他挑战方面并不犹豫。他记得有一次他爸爸揍了一个车夫,报纸头版登了两栏篇幅的消息。《奉承者》杂志刊登了一篇题为"上层阶级的上钩拳"的专稿,附上范·普勒什菲尔特在菲什安普顿的乡间别墅的最新的照片。

"什么叫报以老拳?""脏小子"怀疑地问道,"我才不要你的老衣服呢。我可不是——哦,我明白了,你是说打架!哎,哎!我才不当妈妈的宝贝呢。我最讨厌你这种窝囊废。"

"脏小子"尴尬地等对手做战斗准备。他自己随时随地都可以投入战斗。当他朝可怕的右手掌吐口唾沫时,等于说:"可以开火了。"

遭到忌恨的贵族整整齐齐地卷起衬衫袖管,朝前走去。"脏小子"从容地等着这场架按照菲什安普顿的战争规则进行,也就是说战斗的序幕应该先是揭短,然后是反控、定性、谩骂、侮辱,逐渐升温,提高强度。经过一轮"你是什么什么"之后,接着是把肩膀上的枝条敲下来,或者跨过用脚尖在地上划的"你敢过来"的分界线。然后是互相轻轻触碰,逐渐增加力度,最终流了血,出拳也毫不留情了。

但是海伍德不懂菲什安普顿的规则。他自以为高人一等,脸上带着微笑,慢慢走向"脏小子"说:

"去打球吗?"

"脏小子"马上明白这是重复先前的问话,给他一个做出礼貌尊敬回答的机会,代表道歉,好下台阶。

"你听好了,"他说,"我要到河上去溜冰。你没看见我的挂着灯笼的汽车停在那里等我吗?"

海伍德一拳把他打翻在地。

"脏小子"觉得吃了亏。不给他预备性的动口机会,等于是不让一个全副披挂的骑士先在响亮的喇叭声中绕场一周,而是叫他开足马力朝对手的长矛冲去。他爬了起来,扑向敌人,一阵拳打脚踢。

第一回合持续了一小时十分钟。后来不像是打斗了,而更像是战争或者家族的世仇报复。海伍德从家庭教师那里学过一些拳击和角斗的技巧,但他舍弃不用,采取了人类穴居时代的范·普勒什菲尔特们遗传下来的本能的打斗方法。

在混战中,当他骑在乱蹬乱踢、尖叫怪嚷的"脏小子"胸上时,他充分发挥优势,一把一把地抓起沙土使劲揉进对手的耳朵、眼睛和嘴巴;当"脏小子"奋力翻身,把普勒什菲尔特压在身下时,便揪住他的头发,把他的头往大地母亲的怀里冲撞。当然,打斗不是没有间歇的。有时一个骑在另一个身上,有时又反过来,两人都气喘吁吁,大口大口地啐出不受用的泥沙,恶狠狠地瞪着对方,企图用可怕的眼神压垮对方的精神。

最后,用拳击场的行话来说,两人似乎都后劲不足了。他们脱离了接触,各自到一边去掸身上的尘土。海伍德喘过气来时,走到"脏小子"身前说:

"去打球吗?"

"脏小子"沉思地看看天空、地上的棒球棍和鼓在裤子口袋里的棒球。

"当然,"他随随便便地说,"黄夹克队对长岛队。我是长岛队队长。"

"其实我本意不想说你穿得破烂,"海伍德说,"但是你确实脏,你自己也知道。"

"当然,""脏小子"说,"你打架倒很在行。喂,其实我不信纽约报纸说的女士们和猴子同桌喝酒吃饭的话。我认为那全是撒谎,正如说人们用银盘子吃饭,饲养价值一百元的宠物狗一样。"

"不错,"海伍德说,"你在队里打什么位置?"

"接手。你打过棒球没有?"

"从来没有,"海伍德说,"除了我的一两个表兄弟外,我不认识打棒球的人。"

"你想学吗?我们正式比赛前有一场练习赛。你想跟我去吗?我把左外场的位置派给你,你很快就会学会的。"

"我太喜欢了,"海伍德说,"我一直想打棒球。"

纽约太太们的侍女和西部有社交野心的矿主清楚地记得,有关年轻的亿万富翁海伍德·范·普勒什菲尔特和菲什安普顿村里的年轻人打棒球的消息引起了多么大的轰动。报纸承认民主的黄金时代已经来临。文字和摄影记者们麇集长岛。报上用半版篇幅刊登了海伍德充当游击手时截住一个三垒地滚球的大照片。《奉承者》杂志出了一期专刊,追溯了棒球的历史,并且附了范·普勒什菲尔特乡间别墅的内景照片。各地的部长、教育家和社会学家纷纷欢呼这一事件,说它是四海一家、环球亲善的信号。

一天下午,我躺在菲什安普顿海岸附近的树下休息,和我一起的是一位秃头的著名年轻社会学家。顺便说一句,所有的社会学家多少都有点秃顶,年龄都正好是三十五岁。读者不妨注意一下。

和我一起的那位社会学家把范·普勒什菲尔特的例子说成是一代人最重要的"进步"现象,是他自己存在的理由。

我们面前正好是村里的棒球场。菲什安普顿的年轻人高兴地叫喊着,在球场上站好各自的位置。

"瞧,"社会学家指点说,"小普勒什菲尔特就在那儿。"

我站起来(到目前为止,我和玛丽·安一样只是个捧场的人),朝他指点的方向望去。

小范·普勒什菲尔特席地而坐。他身穿破烂的红圆领衫,头上的高尔夫球帽由于雨淋日晒旧得不成样子,鞋子严重磨损,裤子是那种实用的牌子。由于活动量大,他的汗津津的脸上粘了尘土,抹得黑一块灰一块的。

"他就在那儿,"社会学家又说了一遍。假如他说的是"那小子就在那儿",我可能没有那么幸灾乐祸。

年轻的百万富翁的朋友神气活现地坐在长凳上。

他身穿一套整洁的深蓝色哔叽衣服,名牌亚麻布衬衫,头戴整洁的白色草帽,系着一个整洁的窄领结,脚下是一双整洁的浅口黄皮鞋,握着一根整洁的细竹手杖。

我粗俗地大笑起来。

"你要做的事,"我对社会学家说,"是建一所逻辑恶性循环的教养所。也许是我的脑子有了毛病吧,我觉得事物老是在转圈子,没完没了。"

"你这话是什么意思?"那个拥护进步的人说。

"哎,你瞧他把'脏小子'搞成了什么模样。"我回说。

"你永远是个傻瓜。"我的朋友社会学家说着,起身走开了。

红酋长的赎金

这桩买卖看上去好像是有利可图的:不过听我慢慢道来。我们——比尔·德里斯科尔和我——来到南方的阿拉巴马州,忽然想起了这个绑架的主意。后来比尔把它说成是"一时鬼迷心窍",但我们当时并没有料到。

那里有个小镇,平坦得像烙饼,小镇的名字当然叫做顶峰。镇里的居民多半务农,并且像所有簇拥在五月柱周围的农民一样,身心健康,自得其乐。

比尔和我一共有六百来元资本,我们恰恰还需要两千元,以便在西部伊利诺伊州做一笔空头地产生意。我们坐在旅馆门前的台阶上讨论了一番。我们说,在半乡村的社会里,对子女的爱很强烈;因此,再加上别的原因,在这种地方实施一个绑架计划,效果肯定比在处于报纸发行范围之内的其他地方好得多,因为报馆会派出记者暗访,把这类事情宣扬得风风雨雨的。我们知道顶峰镇拿不出什么有力的办法来对付我们,最多派几个警察,或者还有几条呆头呆脑的猎犬,并且在《农民周报》上把我们臭骂一通。因此,这桩买卖好像切实可行。

我们选中了本镇有名望的居民埃比尼泽·多塞特的独子做牺牲品。父亲很有地位,但手面很紧,喜欢做抵押借款,遇有募捐,一毛不拔。孩子十岁,满脸长着浅浮雕似的雀斑,头发的颜色同你赶火车时在报摊上买的杂志封面的颜色一样。比尔和我合计,埃比尼泽会乖乖地拿出两千元赎金,一分不少。但是听我慢慢道来。

离顶峰镇两英里光景有一座杉树丛生的小山。山后高处有一个洞。我们把食物和应用物品储藏在那里。

一天傍晚,我们驾了一辆马车经过老多塞特家门口。那孩子在街上,用石子投掷对面篱笆墙上的一只小猫。

"嗨,小孩!"比尔说,"你要不要一袋糖,再乘车兜个圈子?"

小孩扔出一块碎砖,把比尔的眼睛打个正着。

"这下要老头额外破费五百元。"比尔一面说,一面下车。

小孩像重量级的棕熊那样和我们厮打起来;但我们终于制服了他,把他按在车厢底,赶车跑了。我们把他架进山洞,我把马拴在杉树上。天黑之后,我把车子赶到三英里外租车的小镇,然后步行回到山上。

比尔正往脸上被抓破砸伤的地方贴橡皮膏。山洞入口处的一块大岩石后面生着火,孩子守着一壶煮开的咖啡,他的红头发上插着两枝秃鹰的尾羽。我走近时,他用一根树枝指着我说:

"哈!该死的白人,你竟敢走进平原魔王红酋长的营地?"

"现在没有问题了,"比尔说,同时卷起裤腿检查脚胫上的伤痕,"我们刚才在扮印第安人玩儿。我们把'野牛'比尔的电影比得一钱不值,简直像是市政厅里放映的巴勒斯坦风光的幻灯片啦。我是猎人老汉克,红酋长的俘虏,明天一早要被剥掉头皮。天哪!那小子真能踹人。"

是啊,先生,那孩子生平没有这么快活过。在山洞露宿的乐趣使他忘记自己是个俘虏了。他马上替我起个名字,叫作奸细蛇眼,并且宣布说,等他手下出征的战士回来后,要在太阳升起的时候把我绑在柱子上烧死。

后来,我们吃晚饭,他嘴里塞满了熏肉、面包和肉汁,开始说话了。他的席上演说大致是这样的:

"我真喜欢这样。以前我没有露宿过;可是我有一头小袋鼠。我已经过了九岁的生日。我最恨上学。吉米·塔尔博特的姑妈的花斑鸡下的蛋被耗子吃掉了十六个。这些树林里有没有真的印第安人?我再要一点肉汁。是不是树动了才刮风?我家有五只小狗。你的鼻子为什么这样红,汉克?星期六我揍了埃德·沃克两顿。我不喜欢小姑娘。你不用绳子是捉不到蛤蟆的。牛会不会叫?橘子为什么是圆的?这个洞里有没有床可以睡觉?阿莫斯·默里有六个脚趾。八哥会说话,猴子和鱼就不会。几乘几等于十二?"

每隔几分钟,他就想起自己是个凶恶的印第安人,拿起他的树枝来复枪,蹑手蹑脚地走到洞口去看看有没有可恨的白人来窥探。他不时发出一声战斗的呐喊,吓得猎人老汉克直打哆嗦。那孩子一开头就把他吓坏了。

"红酋长,"我对孩子说,"你想回家吗?"

"噢,回家干吗?"他说,"家里真没劲。我最恨上学了。我喜欢露宿。你不会把我再送回家吧,蛇眼,是吗?"

"不马上送,"我说,"我们要在洞里住一阵子。"

"好!"他说,"那太好啦。我生平从没有碰到过这么有趣的事情。"

我们十一点钟光景睡觉了。我们铺开几条阔毯子和被子,把红酋长安排在中间。我们不担心他会逃跑。他害我们过了三个小时还不能睡,他时不时跳起来,抓起来复枪,在我和比尔的耳边叫道:"嘘!伙计。"因为在他稚气的想象中听到了那帮不法之徒偷偷掩来,踩响了树枝或者碰动了树叶。最后,我不踏实地睡着了,梦见自己遭到一个凶恶的红头发的海盗绑架,被捆在树上。

天刚亮,比尔一连串可怕的尖叫声惊醒了我。那不像是从男人发声器官出来的叫、嚷、呼、喊或嚎,而像是女人见到鬼怪或者毛毛虫时发出的粗鄙、可怕而丢脸的尖叫。天蒙蒙亮时听到一个粗壮结实的不法之徒在山洞里这样没命地叫个不停,真是大煞风景。

我跳起来看看究竟出了什么事。只见红酋长骑在比尔的胸口上,一手揪住比尔的头发,一手握着我们切熏肉的快刀,他根据昨天晚上对比尔的判决,起劲而认真地想剥比尔的头皮。

我夺下孩子手里的刀,吩咐他再躺下。从那时候开始,比尔就吓破了胆。他躺在地铺原来的位置上,不过,只要那孩子跟我们在一起,他就再也不敢合眼了。我迷迷糊糊地睡了一会儿,太阳快出来时,我想起红酋长说过要把我绑在柱子上烧死。我倒不是神经过敏或者胆怯,但还是坐了起来,靠着一块岩石,点燃烟斗。

"你这么早起来干吗,山姆?"比尔问我。

"我吗?"我说,"哦,我的肩膀有点痛。我想坐着可能会好一些。"

"你撒谎!"比尔说,"你是害怕。日出时你要被烧死,你怕他真的干得出来。他如果找得到火柴,确实也干得出来。真伤脑筋,是不是,山姆?你认为有谁愿意花钱把这样一个小鬼赎回去吗?"

"当然有,"我说,"这种淘气的孩子正是父母溺爱的。现在你和酋长起来做早饭,我要到山顶上去侦察一下。"

我爬到小山顶,把附近扫视一遍。我以为顶峰镇那面可以看到健壮的庄稼汉握着镰刀和草叉,在各处搜寻绑匪。但是我只看到一片宁静的景象,只有一个人赶着一匹暗褐色的骡子在耕地。没有人在小河里打捞,也没有人来回奔跑,向悲痛的父母报告说还没有任何消息。我看到的阿拉巴马的这一地区,外表上是一派昏昏欲睡的田园风光。我暗忖道:"也许他们还没有发现围栏里的羔羊被狼叼走了。上天保佑狼吧!"我说着下山去吃早饭。

我进山洞时,只见比尔背贴着洞壁,直喘大气。那孩子气势汹汹地拿着一块有半个椰子那么大的石头要砸他。

"他把一个滚烫的熟土豆塞进我的脖领,"比尔解释说,"接着又用脚把它踩烂,我打了他一个耳光。你身边带着枪吗,山姆?"

我把孩子手里的石头拿掉,好歹劝住了他们的争吵。"我会收拾你的,"孩子威胁比尔说,"打了红酋长的人休想逃脱他的报复。你就留神吧!"

早饭后,孩子从口袋里掏出一片绕着绳子的皮革,走出山洞去解开。

"他现在想干什么?"比尔焦急地说,"你说他不会逃跑吧,山姆?"

"那倒不必担心,"我说,"他不像是恋家的孩子。不过我们得制定赎金的计划。他的失踪仿佛并没有在顶峰镇引起不安,可能他们还没有想到他被拐走了。他家的人可能认为他在简姑妈或者邻居家过夜,总之,今天他们会惦记他的。今晚我们得送个信给他爸爸,要他拿两千元钱把他赎回去。"

这时,我们听到一声呼喊,正如大卫打倒歌利亚①时可能发过的呼喊那样。红酋长从口袋里掏出来的是一个投石器,他正在头顶上挥旋。

我赶快闪开,只听见沉重的噗的一声,比尔叹了一口气,活像是马卸鞍后的叹息。一块鹅卵大的黑色石头正好打中比尔的左耳后面。他仿佛浑身散架似的倒在火上一锅准备洗盘子的热水上面。我把他拖出来,往他头上泼凉水,足足折腾了半个小时,才使他苏醒。

过一会儿,比尔坐了起来,摸着耳后说:"山姆,你知道《圣经》人物中我最喜欢的是谁吗?"

"别紧张,"我说,"你的神志马上就会清醒的。"

---

① 歌利亚是《圣经》里的非利士勇士,身躯高大,但被矮小的大卫用投石器击杀。

"我最喜欢的是希律王①,"他说,"你不会走开,把我一个人丢在这儿吧,山姆?"

我出去抓住那孩子直摇晃,摇得他的雀斑都格格发响。

"假如你再不老实,"我说,"我马上送你回家。喂,你还要捣乱吗?"

"我只不过开个玩笑罢了,"他不高兴地说,"我不是存心害老汉克的。可是他干吗要揍我呀?我答应不捣乱了,蛇眼,只要你不把我送回家,并且今天陪我玩'黑侦察'。"

"我不会玩这个游戏,"我说,"你得自己去和比尔先生商量。今天由他陪你玩。我有事要出去一会儿。现在你进来对他说几句好话,打了他要向他赔个不是,不然立刻送你回家。"

我吩咐他同比尔握握手,然后把比尔拉过一边,告诉他我要去离山洞三英里的白杨村,探听绑架的事在顶峰镇引起了什么反响。我还想当天给老多塞特送一封信,斩钉截铁地向他要赎金,并且指示他用什么方式付款。

"你明白,山姆,"比尔说,"不论山崩地陷,赴汤蹈火——打扑克,玩炸药,逃避警察追捕,抢劫火车,抵御飓风,我总是和你同甘共苦,眼睛都不眨一眨。在我们绑架那个流星焰火之前,我从没有泄过气。他却叫我胆战心惊。你不会让我和他一起待很久吧,山姆?"

"我今天下午回来,"我说,"在我回来之前,你要把这孩子哄得又高兴又安静。现在我们给老多塞特写信吧。"

比尔和我找了纸笔,开始写信。红酋长身上裹着一条毯子,昂首阔步地踱来踱去,守卫洞口。比尔声泪俱下地恳求我把赎金数

---

① 《新约·马太福音》第2章记载,耶稣诞生时,博士预言耶稣将成为犹太王,当时的犹太王希律惟恐预言应验,下令杀尽伯利恒两岁以下的男孩。

目从两千降到一千五。他说:"我并不想从道德方面来贬低为人父母的感情,但是我们是在和人打交道,要任何一个人拿出两千元来赎回这个四十磅的、满脸雀斑的野猫是不近人情的。我宁愿要一千五,差额在我应得的那份里扣除好了。"

为了使比尔安心,我同意了。我们合作写了下面的信:

埃比尼泽·多塞特先生:

  我们把你的孩子藏在某个离顶峰镇很远的地点。你,或是最干练的侦探,要想找到他都是枉费心机的。你若想让他回到你身边,必须履行如下条件:

  我们要一千五百元(大额现钞)赎金;这笔钱务必在今天午夜放到回信的同一地点和同一盒子里——细节下面将有说明。如果你同意我们的条件,今晚八点半,派人送信答复。在去白杨村的路上,走过猫头鹰河以后,右面麦田的篱笆附近有三株相距一百码左右的大树。第三株树对面的篱笆桩子底下有一个小纸盒。

  送信人把回信放进盒子后,必须立即回顶峰镇。

  假如你玩什么花样,或者不同意我们的要求,你将永远见不到你的孩子。假如你按照我们的条件付了钱,孩子可以在三小时内平安回到府上。这些条件没有磋商余地,如不同意,以后不再联系。

两个亡命徒启

我开了一个给多塞特的信封,揣在口袋里。我正要动身时,孩子跑来说:

"喂,蛇眼,你说你走了后,我可以玩'黑侦察',是吗?"

"当然可以,"我说,"比尔先生陪你玩。这个游戏怎么个玩法?"

"我当黑侦察,"红酋长说,"我要骑马到寨子里去警告居民们说印第安人来犯了。我扮印第安人扮腻了。我要做黑侦察。"

"好吧,"我说,"我看这没有什么害处。比尔先生会帮你打退那些找麻烦的野人的。"

"我做什么?"比尔猜疑地瞅着孩子问。

"你做马,"黑侦察说,"你趴在地下。没有马,我怎么赶到寨子去呢?"

"你还是凑凑他的高兴,"我说,"等我们的计划实现吧。想开一点。"

比尔趴了下去,眼睛里的神情像是掉进陷阱的兔子。

"到寨子有多远,孩子?"他嘶哑地问道。

"九十英里,"黑侦察说,"你得卖点力气,及时赶到那里。嚯,走吧!"

黑侦察跳到比尔背上,用脚踹他的腰。

"看在老天份上,山姆,"比尔说,"尽可能快点回来。早知如此,我们开出的赎金不超出一千元就好了。喂,你别踢我啦,要不我就站起来狠狠揍你一顿。"

我步行到白杨村,在邮局兼杂货铺里坐了一会儿,同进来买东西的庄稼汉聊聊天。一个络腮胡子的人说他听到埃比尼泽·多塞特的儿子走失或者被拐了,顶峰镇闹得沸沸扬扬。那正是我要探听的消息。我买了一些烟草,随便谈谈蚕豆的价钱,偷偷地投了信就走了。邮局局长说过,一小时内邮递员会来取走邮件,送到顶峰镇。

我回到顶峰镇时,比尔和孩子都不见了。我在山洞附近搜寻了一番,还冒险喊了一两声,但是没有人答应。

我只好点燃烟斗,坐在长着苔藓的岸边,等待事态发展。

过了半小时左右,我听到一阵树枝响,比尔摇摇晃晃地走到洞前的一小块空地上。尾随在他身后的是那个孩子,像侦察员那样蹑手蹑脚,眉开眼笑。比尔站停,脱掉帽子,用一方红手帕擦擦脸。孩子停在他背后八英尺远。

"山姆,"比尔说,"我想你也许要说我拆台,但我实在没有办法。我是个顶天立地的男子汉,有男人的脾气和自卫的习惯,但是,自尊和优越也有彻底垮台的时候。孩子走啦。我把他打发回家了。全结束了。古代有些殉道者宁死也不肯放弃他们喜爱的某一件事。可是他们中间谁都没有受过我所经历的非人的折磨。我很想遵守我们掠夺的原则,但总有个限度。"

"出了什么事呀,比尔?"我问他。

"我被骑着,"比尔说,"跑了九十英里去寨子,一寸也不能少。之后,居民们获救了,便给我吃燕麦。沙子可不是好吃的代用品。接着,我又被纠缠了一个小时,向他解释为什么空洞是空的,为什么路上可以来回走,为什么草是绿的。我对你说,山姆,忍耐是有限度的。我揪住他的衣领,把他拖下山去。一路上他把我的小腿踢得紫一块、青一块的,我的大拇指和手掌还被他咬了两三口。

"但是他终究走了,"比尔接着说,"回家了。我把去顶峰镇的路指点给他看,一脚把他朝那方向踢出八尺远。赎金弄不到手了,我很抱歉,不过不这样做的话,比尔·德里斯科尔可要进疯人院了。"

比尔还是气喘吁吁的,但他那红润的脸上却有一种说不出的安逸和越来越得意的神情。

"比尔,"我说,"你亲属中间有没有害心脏病的?"

"没有,"比尔说,"除了疟疾和横死以外,没有慢性病。你干吗问这句话?"

"那你不妨回过头去,"我说,"看看你背后是什么。"

比尔回过头,看到了那孩子,他脸色刷地发白,一屁股坐在地上,开始讪讪地拔着青草和小枝条。我为他的神经足足担心了一小时。之后,我对他说,我的计划立刻可以解决这件事。如果老多塞特答应我们的条件,午夜时我们拿到赎金就远走高飞。比尔总算打起精神,勉强向孩子笑笑,答应等自己觉得好一些后同他玩俄罗斯人和日本人打仗的游戏。

我有一个取到赎金而绝不至于落进圈套的办法,应该公诸于世,和专门从事绑架的同行们共享。我通知多塞特放回信——以后还要放钱——的那株树挨着路上的篱笆墙,四面是开阔的田野。如果有一帮警察蹲守,要抓来取信的人,他们打老远就可以看到那人在路上走来,或者看见他穿过田野。但是没那么简单,先生!八点半钟,我爬到树上,像树蛙似的躲得好好的,等待送信人到来。

到了约定时间,一个半大不小的孩子骑着自行车在路上来了,他找到篱笆桩子底下的纸盒,放进一张折好的纸,然后骑上车,朝顶峰镇方向回去。

我等了一个小时,断定不会有什么意外了,便从树上溜下来,取了那张纸,顺着篱笆墙一直跑进树林子,再过半小时便回到了山洞。我打开那张便条,凑近灯光,念给比尔听。便条是用铅笔写的,字迹潦草,内容是这样的:

两个亡命徒先生们:

  今天收到你们寄来的有关赎回我儿子的信。我认为你们的要求偏高了一些。因此我在这里提个反建议,相信你们很可能接受。你们把约翰尼送回家来,再付我两百五十元,我可以同意从你们手里接管他。你们来的话最好是在夜里,因为邻居们都以为他走失了。如果他们看见有谁把他送回来,会采取什么手段来对付你们很难预料,我可不能负责。

            埃比尼泽·多塞特谨启

"彭赞斯的大海盗,"我说,"真他妈的岂有此理——"

但是我瞟了比尔一眼,迟疑起来。他眼睛里那种苦苦哀求的神情,无论在哑口畜生或者会说话的动物的脸上,都从未见过。

"山姆,"他说,"两百五十元毕竟算得上什么呢?我们手头有这笔钱。再和这孩子待一晚,我准会被送进疯人院。我认为多塞特先生提出这么大方的条件,不但是个百分之百的君子,而且还是仗义疏财的人。你不打算放过这个机会吧,是吗?"

"老实告诉你,比尔,"我说,"这头小公羊叫我也觉得棘手。我们把他送回家,付掉赎金,赶快脱身。"

我们当晚便送他回去。我们对他说,他爸爸已经替他买了一支银把的来复枪和一双鹿皮鞋,并且说明天带他一起去打熊,总算把他骗走。

我们敲埃比尼泽家的前门时,正好是十二点。按照原先的计划,我们本应从树下的盒子里取到一千五百元,现在却由比尔数出二百五十元来给多塞特。

孩子发现我们要把他留在家里,便像火车头似的吼起来,像水蛭似的吸附在比尔的腿上。他爸爸像揭膏药似的慢慢地把他撕了下来。

"你抓着他能支持多久?"比尔问道。

"我身体不如以前那么强壮了,"老多塞特说,"但是我想我可以给你们十分钟的时间。"

"够了,"比尔说,"十分钟内,我可以穿过中部、南部和中南部各州,直奔加拿大边境。"

尽管天色这么黑,尽管比尔这么胖,尽管我跑得算是快的,可等我赶上比尔时,他已经把顶峰镇抛在背后,有一英里半远了。

婚嫁的五月

当诗人向你歌唱,赞美五月的时候,请你给他脸上一拳。五月是捣乱和疯狂的精灵管辖的月份。不负责任的精灵出没在新绿初绽的树林里;帕克①和他那帮侏儒在城市和乡村里忙忙碌碌。

到了五月份,大自然斥责似的指着我们,叫我们记清我们不是什么神灵,而是她的大家庭里过于自负的成员。她提醒我们无非是大杂烩里的蛤蜊和驴子的兄弟,是三色紫罗兰和黑猩猩的直系后裔,是咕哝做声的鸽子、嘎嘎叫的鸭子、公园里的使女和警察的堂表兄弟姐妹。

到了五月份,丘比特蒙着眼睛射出他的箭矢——百万富翁娶了女速记员;有学问的教授向快餐店里系着白围裙、嚼着口香糖的侍女求爱;女教师让调皮的大男孩放学后留下来;扛着梯子的小伙子悄悄穿过草坪,而朱丽叶收好了望远镜等在格子窗后;一对对青年男女去外面散散步,回来时已经结了婚;老家伙戴着白鞋罩,在师范学校附近转悠;甚至结过婚的人也变得异乎寻常的温柔多情,拍拍他们老妻的背,粗声粗气地说:"怎么啦,老伴儿?"

五月不是女神,而是在为夏姑娘初次进入社交界而举行的舞会上戴着假面具的女妖,她把我们统统征服了。

库尔森老先生呻吟了一下,在椅子上坐坐直,他一只脚有严重

---

① 帕克是莎士比亚喜剧《仲夏夜之梦》中喜欢恶作剧的小精灵。

的痛风病,在大慈悲公园附近有一所邸宅,有五十万元家财,有一个女儿。此外,他还有一个女管家,威德普太太。这一事实和这个姓都需要略加说明。

当五月触动了库尔森先生时,他就成了斑鸠的大哥。他坐处的窗外有一盆盆淡黄色的长寿花、紫蓝色的风信子、粉红色的天竺葵和三色紫罗兰。微风把它们的香气带进了房间。于是,花香和缓解痛风的搽剂的强烈气味开始互争短长。搽剂轻而易举地占了上风,但是,在此以前,库尔森先生的鼻子已经挨了花香的一记上钩拳。五月那个毫不通融的、虚情假意的女妖已经做出了致命的打击。

越过公园,飘到库尔森先生嗅觉器官的是春天的另一种气息,它是地铁上面的大城市独特的、明确无误的、享有专利的气息。那就是晒热的柏油、地下酒馆、汽油、广藿香、橘子皮、阴沟沼气、奥尔巴尼食物、埃及香烟、灰泥和油墨未干的报纸的气味。吹进来的空气甜美柔和。户外麻雀在欢乐地争吵。它们从不相信春天。

库尔森先生捻捻白胡子梢,诅咒他那条腿,拍打身边桌上的铃铛。

威德普太太慌忙进来。她皮肤白皙,长得好看,虽然年已四十,仍很性感。

"希金斯出去了,先生,"她微笑着说,笑容让人联想到振动的按摩,"他去寄封信。有什么事要我帮你做吗?"

"是我服用乌头①的时候了,"库尔森老先生说,"替我滴几滴。药瓶在那儿。往水里滴三滴。该死的——我是说希金斯!我没人照顾,死在这把椅子上都没人管。"

威德普太太长叹了一声。

"别那么说,先生,"她说,"有的人自己不清楚,但是关心他的

---

① 乌头是毛茛科植物的主根,略像乌鸦的头,有剧毒,可作镇痛剂。

人可多呢。你说是十三滴吗,先生?"

"三滴。"库尔森老头说。

他喝了药,抓住威德普太太的手。她脸红了。哦,没事。只要屏住呼吸,按着横膈膜就行。

"威德普太太,"库尔森先生说,"春天终于来了。"

"可不是吗?"威德普太太说,"空气确实暖和了。每个街角都有卖黑啤酒的招牌。公园里满是黄、蓝、粉红的花朵;我的腿和身子感到一阵阵刺痛。"

"'春光明媚,'"库尔森先生捻着胡子,引用诗句,"'青年人的——我是说人们的——幻想不由自主地会转向爱情。'"

"生意盎然!"威德普太太大声说,"可不是吗?仿佛就在空中荡漾。"

"'春光明媚,'"库尔森老先生继续引用诗句,"'活泼的虹彩映照着鲜亮的鸽子。'"

"爱尔兰人①确实很活泼。"威德普太太若有所思地说。

"威德普太太,"库尔森先生那只害痛风的脚一阵剧痛,使他扭歪了脸,"这幢房子里如果没有你,不知道会怎么冷清呢。我是个——我是个上了年纪的人——不过我有不少钱,生活可以过得很舒服。我的心虽然不再像年轻人那么热烈,但是五十万元公债的财产和真实的感情仍使它跳得——"

隔壁房间门帘附近一把椅子突然倒地,发出的巨响打断了受五月之累、没有提防的老先生。

范·米克·康斯坦蒂亚·库尔森小姐高视阔步地走了进来。她三十五岁,高挑身材,高鼻梁,大骨骼,一副冷感的、有教养的、住在大慈悲公园高级住宅区的神气。她举起带长柄的眼镜。威德普

---

① 原文"虹彩"和"爱尔兰人"发音相近。

太太慌忙弯下腰去整理库尔森先生痛风脚上的绷带。

"我以为希金斯在你这儿呢。"范·米克·康斯坦蒂亚小姐说。

"希金斯出去了,"她父亲解释说,"威德普太太听到铃声便来了。现在好多了,威德普太太,谢谢你。不,我不需要别的了。"

在库尔森小姐冷冷的探究的眼光下,女管家红着脸退了下去。

"春天天气真可爱,不是吗,女儿?"老头没话找话地问。

"一点不错,"范·米克·康斯坦蒂亚·库尔森小姐有点晦涩地说,"威德普太太什么时候开始休假?"

"她好像说再过一星期。"库尔森先生说。

范·米克·康斯坦蒂亚小姐在窗前站了一会儿,瞅着洒满下午柔和阳光的小花园。她像植物学家似的观察花朵——狡猾的五月的最有力的武器。她以科隆处女的冷漠情绪抵御着柔和大气的攻击。在她无动于衷的甲胄前,愉快阳光的箭矢遭到霜冻,纷纷跌落。在她沉睡的、未经开发的心里,花香唤不起任何柔情。麻雀的啁啾使她痛苦。她嘲笑五月。

但是,尽管库尔森小姐不为季节所动,她的敏感程度足以判断出春天的威力。她知道上了年纪的男人和宽腰身的女人像受过训练的跳蚤似的跟在五月那个欢乐的嘲笑者后面蹦蹦跳跳。她以前听说有些愚蠢的老先生同他们的女管家结了婚。不管怎么说,这种叫做爱情的感情多么丢人现眼!

第二天早晨八点钟,送冰人来的时候,厨师通知他说,库尔森小姐要他去地下室见她。

"哎,我岂不成了奥尔科特和迪皮尤,根本不必提他们的姓①?"

---

① 奥尔科特(1860—1932),美国男高音、演员,著名歌曲《我的爱尔兰野玫瑰》是他创作演唱的;迪皮尤(1834—1928),美国律师、国务卿、1888 年共和党总统候选人,善于演说;二人均名昌西;昌西则是美国牧师乔纳森·昌西的姓,他的带有自由主义思想的讲道和政治性文章在英美享有盛名。

送冰人自我陶醉地说。

作为让步,他把卷起的袖管放下来,把冰钩放在一株紫丁香花上,回到房子里。范·米克·康斯坦蒂亚·库尔森小姐和他说话时,他脱下了帽子。

"这个地下室有个后门,"库尔森小姐说,"通到隔壁一块建筑空地,你可以把车子赶到那里,我要你在两小时内送一千磅冰来。你也许需要找一两个人帮你忙。待会儿我告诉你卸冰的地点。今后四天里,我还要你每天送一千磅冰,卸在同一地点。你的公司可以把冰钱记在我们包月的账上。这钱是给你的小费。"

库尔森小姐递给他一张十元的钞票。送冰人双手拿着帽子放在背后,鞠了一躬。

"不必客气了,小姐,你吩咐的任何事情,我都乐意照办。"

啊哟,多事的五月!

中午时分,库尔森先生使劲叫希金斯,碰倒了桌上的两个玻璃杯,拍断了铃铛弹簧。

"拿把斧子来,"库尔森先生恶狠狠地吩咐说,"或者派人去买一夸脱氢氰酸①,或者找个警察来开枪把我打死。我宁愿那样死,而不愿意活活冻死。"

"天气好像并没有变冷,先生,"希金斯说,"我没有注意到。我这就去关窗,先生。"

"去关吧,"库尔森先生说,"他们说春天到了,不是吗?再这样下去,我要回棕榈滩去了。屋子里冷得像是停尸所。"

过后不久,库尔森小姐孝顺地进来问问痛风的情况。

"康斯坦蒂亚,"老头说,"外面的天气怎么样?"

"阳光很好,"库尔森小姐说,"不过有点寒意。"

---

① 氢氰酸,亦名普鲁士酸,有剧毒,常用作杀虫剂、洗印照片、电镀等。

"我却觉得像是大冬天。"库尔森先生说。

"这就是俗话所说的冬天赖在春天的怀里不走,"康斯坦蒂亚心不在焉地望着窗外说,"尽管这种比喻不雅。"

后来,她沿着小花园旁边,朝西去百老汇路买些东西。

威德普太太随即进了病人的房间。

"你打铃了吗,先生?"她眉飞色舞地问道,"我让希金斯去药房了,我好像听到你打铃。"

"我没有打。"库尔森先生说。

"先生,"威德普太太说,"昨天你正要说什么来着,怕是我打断了你的话。"

"威德普太太,"库尔森老头粗暴地说,"我觉得屋子里这么冷,究竟是怎么搞的?"

"冷吗,先生?"女管家说,"哟,经你一提,确实觉得这间屋子特别冷。可是外面暖和晴朗得像是六月份,先生。这种天气让人们的心仿佛都要从胸膛里跳出来似的,先生。房子墙上的常春藤吐了新叶,人行道上有手风琴演奏,小孩跳舞——这种时候把心里话说出来最合适了。昨天你好像说了什么来着,先生——"

"婆娘!"库尔森先生吼道,"你真混。我雇你照管这个家。我在自己的房间里冻得要死,你却跑来和我胡扯什么常春藤和手风琴。马上替我拿一件大衣来。把楼下所有的门窗都关好。你这个不负责任、独门心思的老肥婆在仲冬天气同我扯什么春天和花朵。希金斯回来后,让他给我弄一杯热的朗姆潘趣酒来。现在你给我出去!"

但是谁能责怪五月靓丽的面孔呢?尽管她调皮捣蛋,扰乱了精神健全的人们的宁静,老处女的狡黠或者冷藏,都不能使她在辉煌的月份中间低下头来。

是啊,故事还没有完。

过了一晚,第二天早晨希金斯扶库尔森老头坐到窗前的椅子上。房间里的冷气已经消散。飘来的是美妙的气息和柔和的芳香。

威德普太太匆匆进来,站在他的椅子旁边。库尔森先生伸出瘦骨嶙峋的手,抓住她的胖手。

"威德普太太,"他说,"如果没有你的话,这幢房子算不上是个家。我有五十万家产。如果那笔钱和一颗虽然不再年轻炽热但还没有冷的心的真感情能够——"

"我搞清楚屋里为什么这样冷了,"威德普太太靠在他的椅子上说,"是冰——成吨重的冰——地下室和锅炉房里到处是冰。我关掉了同你房间里相连的通风口,库尔森先生,可怜的人儿!现在又是春天了。"

"春天使得一颗真诚的心,"库尔森老头有点犹豫地说,"又恢复了生机,我——我的女儿会怎么说呢,威德普太太?"

"不用担心,先生,"威德普太太高兴地说,"库尔森小姐,她昨夜跟送冰人私奔了,先生!"

技 术 错 误

　　我对世仇一向没有特殊的兴趣,并且认为在我们的国家里,世仇是比葡萄柚、玉米肉饼或者蜜月更丰富的产物。尽管这样,如果读者允许的话,我想讲一个发生在印第安准州的世仇的故事,在这件事里,我充当了新闻宣传员,虽然没有参与同谋,但自始至终在场。

　　我在山姆·杜尔基的牧场上做客,主要的消遣是从没有修过蹄子的小马背上摔下来,向两英里外的狼的下巴空挥拳头。山姆年纪二十五岁左右、久经磨练,人们说他黑夜里能够十分镇静地回家,尽管他通常不愿意那么做。

　　在克里克族①居住的地区,有一个姓泰登的家族。我听说杜尔基和泰登两家结了多年的仇。两个家族分别都有几个成员吃了草,并且似乎还有好几个尼布甲尼撒要步他们的后尘②。每个家族的年轻一代正在成长,草也跟着他们成长。我想他们一定打得光明正大;他们没有躲在玉米地里,从背后瞄准他们敌人的背带的分叉处——部分原因也许是那里没有玉米地,而且人们大多只吊一根背带。两个家族的妇女儿童从没有受到过伤害。在那个时

---

① 北美印第安人的一族。
② 尼布甲尼撒是亚洲古国亚西利亚国王,权力极大,但《旧约·但以理书》第4章第29—33节记载:"他被赶出离开世人,吃草如牛,身被天露滴湿,头发长长,好像鹰毛,指甲长长,如同鸟爪。"

候——目前仍是这样——他们的妇女是安全的。

山姆·杜尔基有个情人。（如果我打算把这篇小说卖给一家只刊登小说的杂志，我就会说："杜尔基先生很幸福，有个未婚妻。"）她的姓名是艾拉·贝恩斯。两人仿佛相亲相爱，相互信任，正如所有相互亲爱信任的，或者不亲爱信任的情人一样。她的相貌还算过得去，幸亏一头浓密的棕色头发帮了她的忙。泰登替我做了介绍，但似乎并没有减轻他对她的爱好，因此我推想他们准是情投意合的一对。

贝恩斯小姐住在鱼狗镇，离牧场有二十英里。山姆老是骑着马两头赶。

一天，一个有胆量的年轻人来到鱼狗镇，他身材短小，五官端正，面孔光洁。他多方打听村里的情况，尤其是村民的姓名。他说自己是马斯科吉①来的，从他的黄皮鞋和编织领结看来倒有点像。我骑马去取邮件的时候，见过他一次。他说他名叫比弗莱·特拉夫斯，但仿佛不像是真的。

那时候，牧场的工作很忙，山姆没有时间常去镇上。我这样不中用的客人帮不了大忙，便由我骑马到镇上去取些小东西，例如信件、面粉、发酵粉、烟叶和——艾拉的信。

一天，我被派去办半箩卷烟纸和两个车轮，我看到那个就算是叫做比弗莱·特拉夫斯的人和艾拉·贝恩斯一起，坐着一辆黄轮子的马车，在镇上又黑又烂的泥泞路所允许的条件下神气活现地到处跑。我知道这个消息不会给山姆的灵魂带来安慰，因此回去后没有把它包括在我零售的镇上新闻里。但是，第二天下午，一个姓西蒙斯的人来到牧场，他以前是牧人，山姆的老朋友，目前在鱼狗镇开一家粮秣铺子。他抽了好几支自己卷的香烟才开口。不开

---

① 马斯科吉，俄克拉何马州地名。

口也罢,一开口却说出下面一番话。

"喂,山姆。这两个星期,有一个自称偏路来·特拉夫斯的傻瓜把鱼狗镇搞得乌烟瘴气。你知道他是谁吗?不是别人,正是克里克族的班·泰登,也就是去年二月枪杀你的纽特叔叔的老高强·泰登的儿子。你知道今天早晨他干了什么事?他杀死了你的哥哥勒士特——在法院院子里开枪打死的。"

我不知道山姆有没有听见。他折下一根荬树枝,沉思地嚼着,然后说:

"哦,是吗?他杀了勒士特吗?"

"不错,"西蒙斯说,"他干的事还不止这一件呢。他跟你的情人,也就是艾拉·贝恩斯小姐,一起逃跑啦。我想你或许希望知道,所以我来报信。"

"我很感谢,杰姆,"山姆拿出嘴里嚼的树枝说道,"是啊,你来我很高兴。是啊,我非常高兴。"

"哎,我想我该赶回去了。我留在粮秣铺里的小厮连干草和燕麦都分不清。他是从背后开枪打死勒士特的。"

"从背后打的吗?"

"是的,正当他拴马的时候。"

"我很感谢,杰姆。"

"我以为你希望尽快知道这个消息。"

"你进去喝点咖啡再走吧,杰姆。"

"不啦,我想不必了;我得回铺子去。"

"你说——"

"是的,山姆。大家都看见他们坐着一辆四轮马车走的,车子后面绑着一个大包裹,里面像是衣服。他驾着从马斯科吉带来的两匹马。一时恐怕很难赶上。"

"好吧,杰姆,非常感谢。"

"不客气,山姆。"

西蒙斯卷好一支香烟,两腿一夹马肚子就走了。跑出二十码后,他勒住了马,回头嚷道:

"你不需要别人帮忙——是吗?"

"绝对不需要,多谢。"

"我想你是不会需要的。好吧,再见!"

山姆拿出一把骨柄折刀,打开来,刮去左脚靴子上的干泥巴。我原以为他要指着刀发誓必报此仇,或者说出"吉普赛人的诅咒"。我所看到或者读到的少数几个世仇故事多半是那样开场的。这一个仿佛采取了新的处理方式。如果照搬到舞台上,很可能被观众嘘下台来,要求改演贝拉斯科①的一出刺激够劲的通俗剧。

"我想知道,"山姆沉思地说,"厨师那儿有没有剩下的冷豆子!"

他把黑人厨师沃什叫来,听说还有一点剩下的豆子,便吩咐他连锅加加热,再煮一些浓咖啡。然后,我们进了山姆的房间,那是他睡觉、养狗、存放武器和心爱马匹的鞍子的地方。他从书柜里取出三、四支六响手枪,一面检查,一面心不在焉地吹着《牛仔的悲叹》的曲调。之后,他吩咐备好牧场上最快的两匹马,拴在柱子上。

在世仇这个问题上,我注意到全国各地都有一个微妙而严格的规矩。你千万不能在结有世仇的人面前提起这两个字或者谈起这件事。那比议论你有钱的姑妈下巴上的痣更不可原谅。后来,我还发现一条不成文的法律,但我认为那纯粹属于西部地区。

---

① 贝拉斯科(1854—1931),美国剧作家,剧院老板。

离晚饭时间还有两小时,但在二十分钟内,山姆和我已经在吃热好的豆子、滚烫的咖啡和冷牛肉了。

"赶长路之前,实实足足吃一顿是再舒服不过的了,"山姆说,"放开肚子吃吧。"

我突然起了疑心。

"你为什么要备两匹马?"我问道。

"一,二——一,二,"山姆说,"你会数数的,不是吗?"

他的数学使我感到一阵不安,也给我上了一课。他根本没有想到我可能不准备同他一起骑着马,走上那条复仇和讨个公道的血腥道路。那是比较高级的微积分学。他指望我一起上路。我便多吃了一点豆子。

我知道班·泰登的王牌是逃——一直逃到有他自己人的、可以得到帮助和支持的比较安全的地方。他也知道,追踪的人一定会追到天涯海角。

一路上,山姆谈着降雨的预兆、牛肉价格和装了不同水量可以敲出不同音符的玻璃杯。你听他说话,会以为这个人好像生平没有哥哥、情人或者仇人似的。有些话题实在太大了,即使在详解字典里都找不到适当的字句。我虽然知道世仇法典中的某些方面,但经验不足,说了一些有趣的轶事,可是过了火候。山姆听到恰到好处的地方笑了起来——张嘴笑的。我真后悔,我的幽默感没管住自己的嘴。

我们第一次看见他们是在古斯里。我们又累又饿,脸也顾不上洗,就踉踉跄跄地走进一间黄松木盖的旅店,在一张桌子旁坐下。我们发现那两个逃跑的人坐在对面角落里。他们低着头在吃饭,但老是不安地四下张望。

女的穿棕色衣服——衣服料子像丝绸一样带有光泽,领子和袖口都镶有花边,下身是打着所谓风琴褶的裙子。棕色的厚面纱一直遮到鼻子那儿,阔边的草帽上插着几根羽毛。男的穿朴素的深色衣服,头发剪得非常短。那种人到处都可以看到。

那里是他们:杀人凶手和他拐走的女人。这里是我们:一个是遵守世仇礼法的名正言顺的复仇者,一个是写这篇故事的场外人。

场外人至少有一次起了杀心,那时候他参加了搏斗——口头上如此。

"你还等什么呀,山姆?"我悄悄地说,"现在就干掉他!"

山姆悲伤地叹了一口气。

"你不懂得,可是他懂,"山姆说,"他很明白。新手先生,我们这一带的白人中间有个规矩,当一个人同女人在一起的时候,你不能杀他。据我所知,从没有人违反这个规矩,你不能下手。非得等到他同另一个男人在一起,或者独自一人的时候。正是这个原因。他知道。我们都知道。嘿,班·泰登先生原来是这样的人!好一个男子汉!在他们离开旅店之前,我要调虎离山,跟他结结账!"

晚饭后,这对逃跑的人一下子不见了。山姆虽然在休息室、楼梯下和过道里找了半夜,逃跑的人却神秘地从他的手里溜掉了;第二天早晨,那个穿棕色衣服、风琴褶裙子、蒙面纱的女人和那个头发剪得很短、矮小年轻的男人,以及套着矫健小马的车子都不见了。

骑马追赶的情形很沉闷,因此略去不叙。我们有一次追上了他们,只落后五十来码。他们在车上回过头看看我们,接着照旧缓缓行进,也不鞭打他们的马匹。他们的安全现在不取决于速度。班·泰登明白。他明白现在可以依靠的安全的磐石只是世仇的礼法了。毫无疑问,如果只有他一个人,山姆·杜尔基一定像往常那样早就同他了结这件事;但是他身边的人使他们两人都不能扣动扳机。看来他也不像是胆小鬼。

你可以看到,女人往往可以推迟而不是促进男人之间的冲突。但她不是故意或者自觉的。她根本不知道世仇的礼法。

继续赶了五英里路后,我们来到西部未来的大城市钱德勒。追踪者和被追踪者的马匹都又饿又累。那里只有一家对人有危险、对牲口有款待的旅店;我们四人听到吃饭的钟声后,又在餐厅碰头了,那嘹亮宏大的钟声早就震破过苍穹。这里的餐厅没有古斯里那家旅店的餐厅大。

我们吃苹果馅饼的时候——滑稽戏和悲剧总是交织在一起的!——我注意到山姆凝神盯着坐在餐厅那头一张桌子旁边的我们追踪的仇人。那个女人仍穿着有花边领子和袖口的棕色衣服,面纱一直遮到鼻子。那个头发剪得很短的男人低着头,凑近盘子吃饭。

"礼法规定,"我听到山姆不是对我便是对自己说,"你不能杀一个跟女人在一起的男人,不过,妈的,并没有规定你不能杀一个跟男人在一起的女人!"

我还来不及理解他的论点,他已经从左腋下拔出一支考特自动手枪,把六颗子弹全打进那个穿棕色衣服的身体——有花边领子和袖口的棕色衣服和风琴褶裙子的身体。

那个穿着朴素的深色衣服的年轻人——女人引以为豪的头发已经从她头上和生命中剪掉了——把头埋在伸在桌子上的胳臂里,人们跑来抬起了躺在地上的班·泰登的穿着女装的尸体,他这身女装给了山姆一个机会,让他从技术上不受复仇礼法的约束。

套房家庭的浪漫史

在那个虚张声势的大城市①里,像克洛德·蒂尔潘夫妇那样满怀幸福憧憬地开始婚姻生活的年轻人是不多的。他们相互之间没有什么特殊的反感,他们在一套名称和设备都像是卧车的精致的公寓房子里舒适地安顿下来,他们的生活像楼上那对收入比他们多一倍的夫妇那么阔绰,他们是在轮渡上一见钟情就结婚的,因此引起了报纸的注意,把他们的名字和罗马尼亚王后和桑托斯-迪蒙先生②并列。

蒂尔潘每月收入二百元。到了发薪的日子,刨去应付的房租、家具和钢琴的分期付款,煤气费,欠花店、糖果店、女帽店、裁缝、酒商和出租马车公司的账单外,蒂尔潘夫妇发现他们还有二百元可以花费。怎么做到这一点,是大都市生活的秘密之一。

蒂尔潘夫妇的家庭生活是幅美妙的图画。但是你不能像盯着题为《别吵醒奶奶》或者《月光下的布鲁克林》的石版画那样目不转睛地盯着它看。

你看它时,听到像是安有指示器的机器发出的嘶嘶声,不得不眨眼睛。是啊,蒂尔潘夫妇家庭生活的画面并不太恬静。倒像是《哥伦比亚河上叉鲑鱼图》或者《日本炮队开火图》。

---

① 指纽约。
② 桑托斯-迪蒙(1873—1932),侨居法国的巴西飞行员,1901 年首次驾驶飞艇从圣克卢出发,绕埃菲尔铁塔一周返回。

纽约的生活日复一日没有多大变化。早晨,蒂尔潘喝了泡腾盐溴剂,拿了座钟底下的零钱,戴上帽子,早餐也不吃就出门去写字间。中午,蒂尔潘太太老大不情愿地起了床,穿上晨衣,摆出架子,烧水煮咖啡。

蒂尔潘在商业区吃中饭。六点钟回家更衣。他们的晚餐总是在外面吃的。他们随遇而安,见到什么小饭馆、中国餐馆、屋顶花园、快餐店、地下餐馆、小客栈、酒馆、夜总会、玛丽亚酒家、玛莎·华盛顿饭店,都可以进去。这就是大都市里的家庭生活。你的葡萄藤是槲寄生,无花果树上结的是椰枣。① 你的家庭守护神是墨丘利和约翰·霍华德·佩恩②。你听到的婚礼进行曲只是《与吉卜赛新娘同行》。你很少在同一家饭馆连续吃两顿饭。你厌倦了同样的食品,此外,你要让他们淡忘掉你顺手带走的那个银糖罐。

因此,蒂尔潘夫妇日子过得很幸福。他们结识了许多讨人欢喜的朋友,有的第二天还记得。按照《虚张声势全书》的法规条例来衡量的话,他们的家庭生活非常理想。

后来,蒂尔潘开始觉得他的妻子拿走的钱太多了。如果你属于大都市的接近高级的阶层,每月收入二百元,月底时发现支付了日常费用的账单后,你自己花了一百五十元,自然而然就会琢磨其余的五十元到哪里去了。于是,你怀疑你的妻子。也许会给她一个暗示,有些事情要弄弄明白。

"听我说,维维安,"一天下午,当他们在销魂的沉默中享受他们舒适公寓的和平宁静时,蒂尔潘说,"这个月的薪水有个大缺口,狗都爬得过去。你没有付裁缝的定金吧,是吗?"

---

① 葡萄藤和无花果树是西方家庭生活的象征。
② 墨丘利,罗马神话中商业、旅行者和流浪汉的守护神。佩恩(1791—1852),美国演员、剧作家,他创作歌剧《克拉里》时忆起以前听到的西西里农村姑娘唱的歌,写下了《甜蜜的家》,一举成名。

短暂的沉默。除了小猎狐狗的呼吸声和维维安黄褐色的头发在无情的烫发钳里单调的嘶嘶声外,听不到别的声音。克洛德·蒂尔潘坐在公寓沙发的垫子上,密切地看着他妻子含笑可爱的脸。

"克洛德,亲爱的,"她用手指蘸蘸舌头,试试烫发钳的热度,"你冤枉我了。那天你付了你的裁缝十元钱后,图瓦内特夫人还没有从我这儿拿到过一分钱。"

蒂尔潘的疑心暂时消除。但是过后不久,他收到一封匿名信,信中写道:

注意你的妻子。她在乱花你的钱。我和你一样也是受害人。地点是布兰克街345号。明人不消细说。

知情人启

蒂尔潘把这封信拿给他住处辖区的警察局局长。

"我的辖区像猎狗的牙齿一样干净,"警局局长说,"盖子关得很紧,就像是威廉姆斯堡舞会上的姑娘被人吻时的眼睛那样。不过假如你认为那个地址可疑,我可以陪你去看看。"

第二天下午三点钟,蒂尔潘和警察局长悄悄爬上布兰克街345号的楼梯。十来个便衣警察分布在楼下。

楼梯顶有扇锁着的门。局长掏出一把钥匙,开了门。两人进了房间。

房间很大,里面有二十或者二十五个衣着漂亮的女士。墙上挂着赛马图表,角落里有一架嘀嗒发响的收报机,一个握着电话听筒的男人在报赛马中马匹的名次。房间里的人抬头看看两个不速之客,局长的制服使他们放了心,又把注意力集中到听电话的人身上。

"你瞧,"警察局长对蒂尔潘说,"这就是匿名信的价值!有品位、有自尊的人都不屑一顾。你的妻子在这些人中间吗,蒂尔潘先生？"

"不在。"蒂尔潘说。

"即使在的话，"局长说，"她能招来非议吗？这些女士是勃朗宁学会的。她们聚会讨论那位大诗人的作品。电话和波士顿的总会相联，总会经常用电话把他们对诗歌的解释传过来。你的怀疑毫无根据，蒂尔潘先生。"

"得啦，"蒂尔潘说，"维维安知道怎么在异地下注的赌场里照顾自己。她从来不赌马。这里肯定有些不对头。"

"除了勃朗宁，没有别的，"警察局长说，"你听到了吗？"

"生死之间差别甚微。"听电话的人拖长腔调说。

"那不是勃朗宁，而是朗费罗的诗句。"蒂尔潘说，他有时也看看书，对诗歌略知一二。

"回到牧场去了！"警察局长脱口说，"朗费罗早在一八六八年就创造了七秒五三的套车记录。"

"我认为这地方有点不对头。"蒂尔潘重说一遍。

"我看不出来。"警察局长说。

"我承认这里确实像异地下注的赌场，"蒂尔潘坚持说，"但那是障眼法。维维安最近在某个地方花了不少钱。我认为这里有不可告人的勾当。"

一面墙上有好几张赛马图表紧挨着用图钉钉在一起，遮住了一大片空间。蒂尔潘觉得可疑，走过去撕下几张，暴露了一扇原先隐蔽的房门。蒂尔潘把耳朵贴在门缝上细听。他听到许多人说话的营营声、压低的笑声，和大量小物件碰击和刮擦的尖利的金属声。

"天哪！那正是我所担心的！"蒂尔潘悄悄说，"马上把你的人叫来！"他招呼局长，"我知道她在里面。"

便衣侦探听到局长吹的警笛声纷纷上楼，冲进大房间。他们看到周围的下注器材时吃惊地停了下来,不明白为什么要召唤他们。

局长指指锁着的房门,示意把它撞开。他们用随身带来的斧子劈开了门。克洛德·蒂尔潘冲了进去,局长跟在后面。

蒂尔潘久久不能忘怀当时的情景。二十来个妇女——衣着华丽时髦的妇女,其中几个容貌美丽高雅——坐在大理石面的小桌旁边。警察破门而入时,她们尖叫着,像热带树林里惊飞起来的羽毛绚丽的鸟群似的一哄而散。有的变得歇斯底里,一两个竟然昏了过去,有几个跪在警察脚下,求他们念及她们的家庭和社会地位,不要难为她们。

一个坐在办公桌后面的男人,抓住一卷像伊甸屋顶花园歌舞女郎脚腕那么粗的钞票,从窗口跳了出去。五六个侍应员缩在房间一头,吓得不敢出大气。

那个邪恶房间的常客的无法逃避的、不容争辩的罪证仍在桌上——一碟一碟堆得很高的冰淇淋,周围摞着刮得干干净净的空碟子。

"女士们,"警察局长对周围哭哭啼啼的疑犯说,"我不准备拘捕你们中间的任何人。我认出你们中间某些人在本区有良好的住房和地位,有工作勤奋的丈夫和子女。但是放你们走之前,我要对你们稍加训诫。隔壁房间里正在通过电话下注,跑出前三名的赛马的赔率是二十比一。你们不帮丈夫挣钱,却这样浪费!都回家去吧!本区的制冰淇淋机已经查封了。"

克洛德·蒂尔潘的妻子也在遭到突击搜查的房间的主顾之列。蒂尔潘默不作声地带她回公寓。回家后,她懊悔不已,哭得非常伤心,一再请他原谅,他把悔罪的黄褐头发的维维安抱在怀里,抛弃他的义愤,原谅了她。

"亲爱的,"她抽噎着说,月光从打开的窗子泻进来,使她仰起的脸庞显得更美丽,"我知道我错了。我以后再也不碰冰淇淋了。你不是百万富翁,我却把这忘了。本来我每天都去那里。今天我有点奇怪的不祥的预感,我觉得不大对劲。所以我只吃了十一碟。"

"别再说啦。"克洛德温柔地抚摸着她的鬈发说。

"你真的完全原谅了我吗?"维维安抬起湿润的天蓝色的眼睛恳求地望着他。

"几乎完全,小东西,"克洛德弯下腰,轻轻地吻了她雪白的额头说,"我以后再告诉你。我把一个月工资押在明天障碍赛的那匹叫香草的三岁马身上,如果你的冰淇淋预感应验的话——我们就有戏了,明白吗?"

人生的波澜

治安官①贝纳加·威德普坐在办公室门口,抽着接骨木烟斗。坎伯兰山脉高耸入云,在午后的雾霭中呈现一片灰蒙蒙的蓝色。一只花斑母鸡高视阔步地走在居留地的大街上,愣愣磕磕地叫个不停。

路那头传来了车轴的吱呀声,升腾起一蓬沙尘,接着出现了一辆牛车,车上坐着兰西·比尔布罗和他的老婆。牛车来到治安官的门前停住,两人爬下车来。兰西是个六英尺高的瘦长汉子,有着淡褐色的皮肤和黄色的头发。山区的冷峻气氛像一副甲胄似的罩住他全身。女的穿花布衣服,瘦削的身段,拢起来的头发,现出莫名的不如意的神情。这一切都透露出一丝对枉度青春的抗议。

治安官为了保持尊严,把双脚伸进鞋子,然后挪动一下地方,让他们进屋。

"我们俩,"女人说,声音仿佛寒风扫过松林,"要离婚。"她瞅了兰西一眼,看他是否认为她对他俩的事情所做的陈述有破绽、含糊、规避、不公或者偏袒自己的地方。

"离婚,"兰西严肃地点点头说,"我们俩怎么也不对劲儿。住在山里,即使夫妻和和美美,也已经够寂寞的了,何况她在家里不

---

① 治安官:英美的地方官员,兼理司法事务,乡村的琐细案件由其判决执行,并有权颁发证书等。

是像野猫似的气势汹汹,便是像号枭似的阴阴沉沉,男人凭什么要跟她一起过日子。"

"那是什么话,他自己是个没出息的害人虫,"女人并不十分激动地说,"老是跟那些无赖和私酒贩子鬼混,喝了玉米烧酒就挺尸那样躺着,还养了一群饿狗害人家来喂!"

"说真的,她老是摔锅盖,"兰西反唇相讥说,"把滚开的水泼在坎伯兰最好的浣熊狗身上,不肯做饭给男人吃,深更半夜还骂骂咧咧地唠叨个没完,不让人睡觉。"

"再说,他老是抗缴税款,在山里得了个二流子的名声,晚上有谁还能好好睡觉?"

治安官从容不迫地着手执行任务。他把惟一的椅子和一条木凳让给了诉讼人,然后打开桌上的法令全书,细查索引。没多久,他擦擦眼镜,把墨水瓶挪动了一下。

"法律和法令,"他开口说,"就本庭的权限而言,并没有提到离婚的问题。但是,根据公平合理的原则,根据宪法和金箴①,来而不往不是生意经。如果治安官有权替人证婚,那么很清楚,他也有权办理离婚事宜。本庭可以发给离婚证书,并由最高法院认可它的效力。"

兰西·比尔布罗从裤袋里掏出一只小小的烟草袋。他在桌上抖搂出一张五元的钞票。"这是卖了一张熊皮和两张狐皮换来的,"他声明说,"我们的钱全在这儿了。"

"本庭办理一件离婚案的费用,"治安官说,"是五元钱。"他装出满不在乎的样子,把那张钞票塞进粗呢坎肩的口袋里。他费了很大劲儿,花了不少心思,才把证书写在半张大页纸上,然后在另

---

① 金箴指《新约·马太福音》第 7 章第 12 节和《路迦福音》第 6 章第 31 节的"无论何事,你们愿意人怎样待你们,你们也要这样待人。"

外半张上照抄一遍。兰西·比尔布罗和他的老婆静听他念那份将给他们带来自由的文件:

> 为周知事,兰西·比尔布罗及其妻子阿里艾拉·比尔布罗今日亲来本官面前议定,不论将来如何,双方此后不再敬爱服从。成立协议时,当事人神志清晰,身体健全。按照本州治安和法律的尊严,特发给此离婚书为凭。今后各不相涉,上帝鉴诸。
>
> 田纳西州,比德蒙特县
治安官贝纳加·威德普

治安官正要把一份证书递给兰西。阿里艾拉忽然出声阻止。两个男人都朝她看看。他们的男性的迟钝碰到了女人突如其来的、出乎意外的变卦。

"法官,你先别给他那张纸。事情并没有完全了结。我先得主张我的权利。我得要求赡养费。男人离掉老婆,老婆的生活费用分文不给可不行。我打算到猪背山我兄弟埃德家去。我需要一双鞋子,一些鼻烟和别的东西。兰西既然有钱离婚,就得给我赡养费。"

兰西·比尔布罗给弄得目瞪口呆。以前从没有提过赡养费。女人总是那样节外生枝,提出意想不到的问题来。

治安官贝纳加·威德普觉得这个问题需要司法裁决。法令全书上没有关于赡养费的明文规定。那女人却是打着赤脚。去猪背山的路径不但峻峭,而且满是石子。

"阿里艾拉·比尔布罗,"他打着官腔问道,"在本案中,你认为要多少赡养费合适?"

"我认为,"她回答说,"买鞋等等,就说是五块钱吧。作为赡养费这不算多,但我合计可以维持我到埃德兄弟那儿去了。"

"数目不能说不合理,"治安官说,"兰西·比尔布罗,在发给离婚判决书之前,本庭着你付给原告五块钱。"

"我再没有钱了,"兰西沉郁地低声说,"我把所有的都付给你了。"

"你如果不付,"治安官从他眼镜上方严肃地望着说,"就犯了藐视法庭罪。"

"我想如果允许我延迟到明天,"丈夫请求说,"我或许能想办法拼凑起来。我从没有料到要什么赡养费。"

"本案暂时休庭,明天继续,"贝纳加·威德普说,"你们两人明天到庭听候宣判。那时再发给离婚判决书。"他在门口坐下来,开始解鞋带。

"我们还是去齐亚大叔那儿过夜,"兰西决定说。他爬上牛车,阿里艾拉从另一边爬了上去。缰绳一抖,那头小红牛慢吞吞转了一个向,牛车在轮底扬起的尘土中爬走了。

治安官贝纳加·威德普继续抽他的接骨木烟斗。将近傍晚时,他收到了订阅的周报,一直看到字迹在暮色中逐渐模糊的时候。于是,他点燃桌上的牛油蜡烛,又看到月亮升起来,算来该是吃晚饭的时候了。他住在山坡上一棵剥皮白杨附近的双开间的木屋里。回家吃晚饭要穿过一条有月桂树丛遮掩的小岔道。一个黑魆魆的人形从月桂村丛中跨出来,用来复枪对着治安官的胸膛。那个人帽子拉得很低,脸上也用什么东西遮住一大半。

"我要你的钱,"那个人说,"少废话。我神经紧张。我的手指在扳机上哆嗦着呢。"

"我只有五——五——五块钱。"治安官一面说,一面把钱从坎肩里掏出来。

"卷起来,"对方发出命令,"把钱塞进枪口。"

票子又新又脆。手指虽然有些颤抖不灵活,把它卷起来并不怎么困难,只是塞进枪口时不太顺当。

"你现在可以走啦。"强盗说。

治安官不敢逗留,赶快跑开。

第二天,那头小红牛拖着车子又来到办公室门口。治安官贝纳加·威德普知道有人要来,早已穿好了鞋子。兰西·比尔布罗当着治安官的面把一张五块钞票交给他的老婆。治安官虎视眈眈地盯着那张票子。它似乎曾经卷过、塞进过枪口,因为还有卷曲的痕迹。但是治安官忍住没有做声。别的钞票很可能也会卷曲的。他把离婚判决书分发给两人。两人都尴尬地默默站着,慢吞吞地折起那张自由的保证书。女人竭力抑制着感情,怯生生地瞥了兰西一眼。

"我想你要赶着牛车回家去了,"她说,"木架上的铁皮盒子里有面包。我把咸肉搁在锅里,免得狗偷吃。今晚别忘了给钟上弦。"

"你要去你的埃德兄弟那儿吗?"兰西装出漫不经心的样子问道。

"我打算在天黑前赶到那里。我不指望他们会忙着欢迎我。可是我没有别的地方可以投靠了。路很长,我想我还是趁早走吧。那么我就说再见了,兰西——要是你也愿意说的话。"

"如果谁连再见都不肯说,那简直成了畜生,"兰西带着十分委屈的声调说,"除非你急着上路,不愿意让我说。"

阿里艾拉默不作声。她把那张五块钞票和她的一份判决书小心折好放进怀里。贝纳加·威德普伤心的眼光从眼镜后面望着那五块钱到别人的怀里去了。

他想说的话(他的思潮翻腾)只有两种,一种使他的地位和一大群富于同情心的世人并列,另一种使他和一小群金融家并列。

"今晚老屋里一定很寂寞,兰西。"她说。

兰西·比尔布罗凝望着坎伯兰山岭,在阳光下,山岭现在成了一片蔚蓝。他没有看阿里艾拉。

"我也知道会寂寞的,"他说,"但是人家怒气冲冲,一定要离婚,你不可能留住人家呀。"

"要离婚的是别人,"阿里艾拉对着木凳子说,"何况人家又没有让我留着不走。"

"没有人说过不让呀。"

"可是也没有人说过让呀。我想我现在还是动身去埃德兄弟那儿吧。"

"没有人会给那只旧钟上弦。"

"要不要我搭车跟你一路回去,替你上弦,兰西?"

那个山民的面容绝不流露任何情感,可是他伸出一只大手抓住了阿里艾拉的褐色小手。她的灵魂在冷淡的脸庞上透露了一下,顿时使它闪出了光辉。

"那些狗再不会给你添麻烦了,"兰西说,"我想以往我确实太没有出息,太不上进啦。那只钟还是由你去上弦吧,阿里艾拉。"

"我的心老是在那座木屋里,兰西,"她悄声说,"老是跟你在一起。我再也不发火了。我们动身吧,兰西,太阳落山前,我们可以赶回家。"

治安官贝纳加·威德普看他们自顾自走向门口,竟忘了他在场,便插嘴发话了。

"以田纳西州的名义,"他说,"我不准你们两人藐视本州的法律和法令。本庭看到两个相亲相爱的人拨开了误会与不和谐的云雾,重归于好,不但非常满意,而且十分高兴。但是本庭有责任维护本州的道德和治安。本庭提醒你们,你们已经没有夫妇关系,你们经过正式判决离了婚,在这种情况下,你们不再享有婚姻状态下的一切权益了。"

阿里艾拉一把抓住兰西的胳膊。难道这些话是说,他们刚接受了生活的教训,她又要失去他吗?

"不过本庭,"治安官接着说,"可以解除离婚判决所造成的障碍。本庭可以立刻执行结婚的庄重仪式,把事情安排妥当,使双方如愿恢复那光明高尚的婚姻状态。执行这种仪式的手续费,就本案而论,一切包括在内,是五块钱。"

阿里艾拉从他的话里听到了一线希望。她的手飞快地伸进怀里。那张钞票像着陆的鸽子似的自在地飘到治安官的桌子上。当她和兰西手挽手站着,倾听那些使他们重新结合的词句时,她那疲黄的脸颊上有了血色。

兰西扶她上了车,自己也爬上去坐在她身旁。那头小红牛又转了一个向,他们紧握着手向山中进发了。

治安官贝纳加·威德普在门口坐下来,脱掉鞋子。他又一次伸手摸摸坎肩口袋里的钞票。他又一次抽起接骨木烟斗。那只花斑母鸡仍旧高视阔步地走在居留地上,愣愣磕磕地叫个不停。

牺 牲 打

《家庭》杂志的主编在用稿标准方面自有独特的见解。他的理论并不是秘不可宣的,事实上,他坐在桃花心木的办公桌前,一面亲切地微笑着,一面把金丝边眼镜轻轻敲着膝头,很乐意向你详细解释。

"《家庭》杂志,"他解释说,"并没有一批专职的审稿人。我们直接从各种类型的读者那里听取有关我们收到的稿件的意见。"

这就是主编的理论;他把理论付诸实现的方式是这样的:

收到一批稿件后,主编把它们统统塞进自己的口袋,白天遇到什么人就随手分发。办公室雇员、保洁工、看门人、电梯工、送文件的勤杂工、主编吃午餐时看到的咖啡馆侍者、买晚报时的报摊主、杂货铺老板、送牛奶人、五点半那班市区高架铁路火车的司门员、第六十几街出站口的检票员、家里的厨师和侍女——这些都是《家庭》杂志的审稿人。他回到自己家里时,如果口袋里的稿件还没有分完,剩下的就给他妻子等孩子睡后看。几天后,主编顺着原路把稿件收回,考虑那些不同的审稿人的意见。

这种编辑杂志的方式十分有效,杂志的广告收入与发行量同步,迅速增长。

《家庭》杂志公司也出版书籍,据主编说,好几本畅销书都是杂志的那批义务审稿人推荐的。《家庭》杂志偶尔也有失策的时候,编辑部一些爱讲闲话的人说,审稿人漏选的某些稿件被别的出版社买去后,结果证明销路极好。

据说,《塞莱斯·拉帕姆兴衰记》曾遭到电梯工否决;勤杂工认为《老板》应该退稿;电车售票员对《主教的马车》不屑一顾;订阅组的一个工作人员否定了《救助》,因为他的丈母娘刚来他家,打算住上两个月;看门人审完《王后的迷惑》后说:"看了这部稿子也一头雾水。"

尽管如此,《家庭》杂志仍旧恪守它的理论和工作方法,永远不缺义务审稿人,因为那些分布极广的工作人员,从编辑部的年轻女速记员到铲煤人(他的不利意见使杂志公司错过了《地下世界》的原稿),都指望有朝一日能当上杂志的编辑。

艾伦·斯莱顿创作那部名为《爱情至上》的小说时,非常熟悉《家庭》杂志的这种方法。斯莱顿经常出入纽约的各个杂志的编辑部,对每家的内部机制了如指掌。

他非但知道《家庭》杂志的主编把来稿分给不同类型的人审阅,而且知道艳情故事的稿件都会到主编的速记员普夫金小姐手里。主编的另一个独特的习惯是不让审稿人知道作者的姓名,以免作者的名气影响审稿人意见的坦诚性。

斯莱顿在《爱情至上》这部稿件上竭尽了全力。他呕心沥血花了六个月的工夫。那是个香艳绝伦、浪漫热烈的纯爱情故事——文笔美得像是散文诗,它把圣洁的爱情至福(我引用原稿的说法)置于一切世俗的品质和荣誉之上,成为天国的顶尖奖赏。斯莱顿的文学抱负压倒一切。他愿意牺牲所有世俗的东西来换取文学方面的名声。只要能实现在《家庭》杂志上发表作品的梦想,他甚至愿意剁掉右手,或者自愿给喜欢切除阑尾的大夫充当病人。

斯莱顿完成了《爱情至上》,亲自送到《家庭》杂志编辑部。编辑部在一幢综合大楼里办公,由看门人统管。

作家进了门,正走向电梯时,门道里飞来一个捣土豆泥的木杵,打坏了他的帽子,敲碎了门上的玻璃。随后飞出来的是看门人,他笨重而邋遢,裤子背带也没有系好,惊慌得喘不上气。紧接而来的是个肥胖邋遢的、蓬头散发的婆娘。看门人在瓷砖地上一滑,结结实实摔了一跤。婆娘扑到他身上,抓住他的头发。男人哇哇乱叫。

那个泼妇报了仇,爬起来,像战争女神米涅瓦似的得意扬扬地走到后面某个隐秘的地方。累垮的看门人也站了起来,满脸羞色。

"这就是结婚生活,"他自我解嘲地对斯莱顿说,"那婆娘就是以前害我晚上睡不着觉,苦苦相思的姑娘。先生,真对不起,把你的帽子弄坏了。请别把这件事告诉住户们,好不好?我不想丢掉工作。"

斯莱顿在过道尽头乘上电梯,到了《家庭》杂志的办公室。他把《爱情至上》的原稿交给主编,主编答应一周后告诉他是否采用。

斯莱顿下楼时制定了伟大的取胜计划。他脑筋一动,想出了这个绝妙的主意,不禁为自己的天才喝彩。当天晚上,他便着手执行。

《家庭》杂志的速记员普夫金小姐的住处在斯莱顿住的同一座公寓。她是个瘦削、孤僻、憔悴、多愁善感的老小姐,前不久已经有人给他们做了介绍。

作家大胆的、自我牺牲的计划是这样的:他知道《家庭》杂志的主编十分重视普夫金小姐对浪漫情感小说稿件的判断力。她的口味代表了大量爱看那类小说和故事的一般妇女。《爱情至上》的中心思想是一见钟情——促使男男女女一开始心灵交流就认准了自己的精神伴侣的那种死去活来的、不可抗拒的、惊心动魄的感觉。假如他亲自让普夫金小姐体会到这种非凡的真理,会产生什么结果呢!——她会不会用她新感受到的狂喜情绪向《家庭》杂志的主编竭力推荐《爱情至上》这部小说呢？

斯莱顿认为她会这样的。当天晚上,他请普夫金小姐去剧院看戏。第二天晚上,他在光线暗淡的公寓客厅里使出浑身解数同她调情。他大量引用《爱情至上》里的文字,最后,普夫金小姐的头偎依在他肩上,在文学界一举成名的景象在他头脑里闪耀。

但是,斯莱顿不止步于调情。他认为现在是他生活的转折点;像真正的运动员一样,他要"打完全场"①。星期四晚上,他和普夫金小姐一起进了社区的大教堂,举行了婚礼。

勇敢的斯莱顿！夏多布里昂死在阁楼里,拜伦追求一位寡妇,济慈饥馑而死,爱伦·坡嗜酒无度,德昆西吸食鸦片,埃德住在芝加哥,狄更斯爱穿白袜子,莫泊桑精神错乱,汤姆·沃森加入人民党,耶利米悲观哭泣,这些作者为了文学做种种异常的事,而你胜过了他们全体；你为了在名誉的殿堂里求得一席位置居然娶了一个老婆！

星期五早晨,斯莱顿太太说她要去《家庭》杂志编辑部,交还主编让她审读的几部原稿,同时辞去速记员的职务。

"你交还的稿件里有没有——呃——你特别喜欢的？"斯莱顿心头怦怦作跳地问道。

"有一部小说我非常喜欢,"他的妻子说,"这些年来,我还没有看过这么好、这么真实的作品。"

下午,斯莱顿匆匆前去《家庭》杂志办公室。他觉得他的奖赏已经唾手可得了。《家庭》杂志公司出版他的小说,很快就能给他带来文学界的声誉。

勤杂工在外办公室的栏杆那里接待他。主编本人很少和没有成名的作者谈话。

---

① 这里的"打完全场"和本篇标题"牺牲打"都是棒球术语。

斯莱顿暗自祝贺自己,他满怀希望,心想即将到来的成功会使勤杂工今后对他另眼相看了。

他问起他写的小说。勤杂工进了神圣的区域,取回一个厚厚的大信封,里面装的好像不止一千张支票。

"老板让我转告,他深感抱歉,"勤杂工说,"他说杂志不打算采用你的稿件。"

斯莱顿迷茫地站在那儿。"你能不能告诉我,"他结结巴巴地说,"普夫金——我的——我指的是普夫金小姐——今天早晨有没有交去一部由她审读的稿子?"

"她交了,"勤杂工精明地回答,"我听老头讲,普夫金小姐说那部稿子棒极了。标题是'为金钱而婚',副标题是'劳动妇女的胜利'。"

"哦,还有!"勤杂工悄悄说,"你姓斯莱顿,是吗?我无意中搞混了。那天老板昐咐我分发一些稿件,我把应该给普夫金小姐的稿件和给看门人的稿件弄混了。不过我认为问题不大。"

斯莱顿仔细看看,发现他的原稿的封面上"爱情至上"的标题下面有看门人潦潦草草用炭笔写的评语:

"见你的鬼!"

我们选择的道路

"落日快车"在塔克森①以西二十英里的一座水塔旁边停下来上水。那列著名快车的车头除了水之外,还加了一些对它不利的东西。

火夫放下输水管的时候,三个人爬上了车头:鲍勃·蒂德博尔、鲨鱼多德森和有四分之一克里克印第安血统的约翰·大狗。他们把带在身边的三件家伙的圆口子对准了司机。司机被这些口子所暗示的可能性吓得举起了双手,仿佛要说:"不至于吧!"

进攻队伍的头儿,鲨鱼多德森,利索地发了一个命令,司机下了车,把机车和煤水车从列车卸开。接着,约翰·大狗蹲在煤车上,开玩笑似的用两支手枪分别对着司机和火夫,吩咐他们把车头开出五十码,在那里听候命令。

鲨鱼多德森和鲍勃·蒂德博尔认为旅客是品位不高的矿石,没有筛选的价值,便直奔特别快车的富矿。他们发现押运员正自得其乐地认为"落日快车"除了清水之外,没有添加危险刺激的东西。鲍勃用六响手枪的枪柄把这个念头从他脑袋里敲了出去,与此同时,鲨鱼多德森已经动手用炸药炸开了邮车的保险柜。

保险柜炸开后,发现里面有三万元之多,全是金币和现钞。旅客们漫不经心地从窗口探头看看哪里有雷雨云。列车员急忙拉铃

---

① 塔克森:美国阿利桑纳州南部城市。

索,可是事先被割断的绳索一拉就软绵绵地脱落下来。鲨鱼多德森和鲍勃·蒂德博尔把他们的战利品装进一个结实的帆布口袋,跳出邮车,朝车头跑去,高跟的马靴使他们奔跑时有些蹒跚。

司机正生着闷气,人却不傻,他遵照命令,把车头迅速驶离动弹不得的列车。然而在车头开出之前,押运员已经从鲍勃·蒂德博尔使他退居中立的一击下苏醒过来,他抓起一杆温彻斯特连发枪,参加了这场游戏。坐在煤水车上的约翰·大狗先生无意中走错一着棋,成了打靶的目标,被押运员钻了空子。子弹恰恰打进他两片肩胛骨中间,这个克里克的骗子一个倒栽葱跌到地上,让他的伙伴每人多分到六分之一的赃款。

车头开到离水塔两英里时,司机被命令停车。

两个强盗大模大样地挥手告别,然后冲下陡坡,消失在路轨旁边的密林中。他们在矮槲树林里横冲直撞闯了五分钟后,到了稀疏的树林里,那儿有三匹马拴在低垂的树枝上。其中一匹是等候约翰·大狗的,但是无论白天黑夜,他再也骑不成马了。两个强盗卸掉这头牲口的鞍辔,放了它。他们跨上另外两匹马,把帆布袋搁在一匹马的鞍头上,审慎而迅速地穿过树林,驰进一个荒凉的原始峡谷。在这里,鲍勃·蒂德博尔的坐骑在长满苔藓的岩石上打了滑,摔折了前腿。他们立刻朝它脑袋开了一枪,坐下来讨论怎样远走高飞。由于他们所走的路径盘旋曲折,暂时可保安全,时间的问题不像先前那么严重了。追踪而来的搜索队,即使矫健非凡,在时间和空间上同他们还隔着一大段距离。鲨鱼多德森的马已经松开笼头,拖着缰绳,喘着气,在峡谷的溪流边吃青草。鲍勃·蒂德博尔打开帆布袋,双手抓起扎得整整齐齐的现钞和一小袋金币,咧着嘴,像小孩一般高兴。

"嗨,你这个双料强盗,"他快活地招呼多德森,"你说我们准能行——在金融事业上,你的头脑可真行,整个阿利桑纳州找不到你的对手。"

"你没有坐骑怎么办呢,鲍勃?我们不能在这里多耗时间。明早天没亮,他们就会来追缉的。"

"哦,我想你那匹小野马暂时驮得动我们两个人,"乐天派的鲍勃回答说,"路上一见到马,我们就征用一匹。天哪,我们发了一笔财,可不是吗?看钱上的标签,一共三万,每人一万五!"

"比我预料的少。"鲨鱼多德森说,他用靴子尖轻轻踢着钞票捆,接着,沉思地瞅着那匹跑累的马的汗水淋漓的肋腹。

"老博利瓦尔差不多要累垮啦,"他慢吞吞地说,"我真希望你的栗毛马没有摔伤。"

"我也这样希望,"鲍勃无忧无虑地说,"不过那也是没有办法的事。博利瓦尔的脚力很健——它能把我们驮到可以换新坐骑的地方。妈的,鲨鱼,我想起来就纳闷,像你这样的一个东部人来到这里,在这些横行不法的勾当中居然胜过我们西部人。你究竟是东部哪里的人?"

"纽约州,"鲨鱼多德森说着在一块岩石上坐下来,嘴里嚼着一根小树枝,"我出生在厄斯特县的一个农庄,十七岁的时候,从家里逃出来。我到西部完全是偶然的机遇。当时我挎一小包衣服,顺着路走,想去纽约市。我打算到那里去挣大钱。我觉得我能行。一天傍晚,我到了一个三岔路口,不知道该走哪条路。我琢磨了半个小时,终于选择了左面的一条。就在那天晚上,我遇到了一个在乡镇旅行演出的西部戏班子,我跟他们来到了西部。我常想,如果当时我选择了另一条路,会不会成为另一种人。"

"哦,我想你结果还是一样,"鲍勃·蒂德博尔愉快而带有哲理地说,"我们选择的道路关系不大,结果成为哪一种人,完全是由我们的本质决定的。"

鲨鱼多德森站起来,靠在一棵树上。

"我真不愿意你那匹栗毛马摔伤,鲍勃。"他又说了一遍,几乎有点伤感。

"我何尝愿意,"鲍勃附和说,"它确实是匹一流的快马。但是博利瓦尔准能帮我们渡过难关的。我们还是赶紧上路为好,对不对,鲨鱼?我把钱装好,我们上路找个妥当的地方吧。"

鲍勃·蒂德博尔把抢来的钱重新装进帆布袋,用绳索扎紧袋口。他抬起头时看到的最扎眼的东西,是鲨鱼多德森手里握得平八稳的、对准他的四五口径的枪口。

"别开玩笑,"鲍勃咧着嘴说,"我们还得赶路呢。"

"别动,"鲨鱼说,"你不必赶路了,鲍勃。我不得不告诉你,我们中间只有一个人有机会逃脱。博利瓦尔已经够累的了,驮不动两个人。"

"鲨鱼多德森,你我搭档已有三年,"鲍勃平静地说,"我们一起出生入死,也不止一次了。我一向同你公平交易,满以为你是条汉子。我也曾听到一些古怪的传说,说你不光明地杀过一两个人,但是我从不相信。如果你同我开开小玩笑,鲨鱼,那就收起你的枪,让我们骑上博利瓦尔赶路。如果你存心要枪杀我——那就开枪吧,你这个毒蜘蛛养的黑心小子!"

鲨鱼多德森的神色显得十分悲哀。

"你不了解,鲍勃,"他叹了一口气说,"你那匹栗毛马摔折了腿,叫我多么难过。"

刹那间,多德森换了一副凛冽的凶相,还夹杂着一种冷酷的贪婪。那个人的灵魂显露了一会儿,像一幢外观正派的房屋的窗口出现了一张邪恶的脸庞。

一点不假,鲍勃·蒂德博尔不必再赶路了。那个不仗义的朋友的致命的四五口径手枪砰的一响,在山谷里布满了吼号,石壁激起愤愤不平的回声。博利瓦尔,不自觉的同谋者,驮着抢劫"落日

303

快车"的强盗中最后的一个飞快地驰走,没有被迫"驮两个人"。

鲨鱼多德森疾驰而去时,眼前的树林似乎逐渐消失,右手里的枪柄变成了桃花心木椅子的弯扶手,马鞍奇怪地装上了弹簧,他睁眼一看,发现自己的脚并没有踩在马镫上,而是安详地搁在那张直纹橡木办公桌的边上。

我告诉各位的是这么一回事:华尔街经纪人,多德森-德克尔公司的多德森睁开了眼睛。机要秘书皮博迪站在他的椅子旁边,嗫嗫嚅嚅的正想说话。楼下传来杂乱的车轮声,屋子里是电风扇催人欲眠的营营声。

"嘿唔!皮博迪,"多德森眨着眼睛说,"我准是睡着了。我做了一个非常奇怪的梦。有什么事吗,皮博迪?"

"特雷西-威廉姆斯公司的威廉姆斯先生等在外面。他是来结算那笔埃克斯·淮·齐股票账目的。他抛空失了风,你大概还记得吧,先生。"

"对,我记得。今天埃克斯·淮·齐是什么行情,皮博迪?"

"一块八毛五,先生。"

"就按这个行情结账好啦。"

"对不起,我想说一句,"皮博迪局促不安地说,"我刚才同威廉姆斯谈过。多德森先生,他是你的老朋友,事实上你垄断了埃克斯·淮·齐股票。我想你也许——呃,你也许不记得你卖给他的价位是九毛八。如果要他按市场行情结账,他就得倾家荡产,变卖掉一切才能交割。"

刹那间,多德森换了一副凛冽的凶相,还夹杂着一种冷酷的贪婪。那个人的灵魂显露了一会儿,像一幢外观正派的房屋的窗口出现了一张邪恶的脸庞。

"他得按一块八毛五的行情结账,"多德森说,"博利瓦尔驮不动两个人。"

黑榭的买主

扬西·格里的法律事务所里,最丢人的东西就是趴在那张吱嘎发响的旧扶手椅里的格里本人了。那个红砖砌的、东倒西歪的小事务所,在贝瑟尔镇的大街上也有点自惭形秽。

贝瑟尔镇坐落在蓝岭山麓。上面是高耸入云的山头,下面是混浊的卡托巴河,在阴郁的河谷里泛着黄光。

那是六月份一天中最闷热的时候,贝瑟尔在不很凉爽的阴影下打瞌睡。买卖完全停顿了。周围一片静寂,趴在椅子里的格里清晰地听到筹码的碰击声从大陪审团的屋子里传来,那是"县政府的人"在打扑克。事务所敞开的后门外,一条踩得光秃秃的小径蜿蜒穿过草地,通向县政府。这条路害得格里倾家荡产——先是丧失了几千元的遗产,接着是祖传的老宅,最后连所剩无几的自信心和男子汉气概都搭了进去。他被那帮人撵了出来。潦倒的赌徒成了酒鬼和寄生虫;他终于看到那些赢了他钱的人连翻本的机会都不给他。他的信用也一文不值了。每天的牌局照常进行,他却被指派充当了旁观者的丢脸的角色。县长、书记、一个爱开玩笑的警官和一个乐天的状师,以及一个"山谷里来的"脸色苍白的人,他们仍旧坐在桌子周围,被榨干的人就这样得到暗示,回去长些油水后再来。

不久后,格里觉得这种排斥难以忍受,便回到自己的事务所,他暗自嘀咕着,踉踉跄跄地走过那条倒霉的小径。他拿起桌子底下的长颈酒瓶,喝了一点威士忌,然后往椅子里一倒,悲哀地呆望着溶入夏天雾霭里的山岭。他看到山上黑槲旁边一小块白色的地方就是月桂村,那里是他出生成长的地方,也是格里和科尔特兰两个家族之间世仇的发源地。现在,除了他这个潦倒落魄的倒霉鬼外,格里家族已经没有直系后代了。科尔特兰也只剩下一个男性的后代——艾布纳·科尔特兰少校,少校有钱有势,是州议会的议员,和格里的父亲同辈。他们之间的世仇在当地出了名;它留下一串血淋淋的仇恨、冤屈和杀害。

如今扬西·格里想的并不是世仇。他那醉醺醺的头脑正在无望地思索着,以后怎么维持自己的生活和心爱的嗜好。最近,格里家的老朋友为他解决了吃饭和睡觉的问题,但不能为他买威士忌,而他没有威士忌就活不了。他的律师业务已经完蛋;两年来没有人上门请教。他一直靠借债和吃闲饭混日子,他之所以没有落到更糟糕的地步,只是时候不到罢了。再给他一个机会——他对自己说——再让他赌一次,他觉得有赢钱的把握,但他没有可变卖的东西了,他的信用也早已破产。

他想起六个月前向他买格里家老宅的那个人,即使在这种苦恼的时候,他也不禁微笑起来。那是从山区"那面"来的两个最古怪的家伙:派克·加维夫妇。说到"那面"两个字时,他还用手朝山那面一挥,山地居民一听就知道那是指最偏远的人迹罕至的地方,深不可测的峡谷,亡命徒出没的林薮,狼和熊的巢穴。这对古怪的夫妇在黑槲山巅的小木屋里,在那些最荒僻的地方住了二十年之久。他们既没有狗,也没有小孩来减轻山地沉闷的寂寞。居留地的人很少知道派克·加维,但同他打过交道的人都说他"疯疯癫癫"。除了打松鼠外,他没有什么正当职业;不过偶尔贩贩私盐,作为调剂。有一次,税务缉私员把他从窝里给掏了出来,他像猛犬似的不声不响,拼命争斗了一场,终于被送州监狱,蹲了两年牢。刑满释放后,他又像一只发怒的鼬鼠似的钻进了窝里。

命运之神不理睬许多急切的追求者,却异想天开地飞到了黑槲的矮树丛生的峡谷,对派克和他忠实的老伴大加青睐。

一天,几个戴眼镜、穿灯笼裤、相当可笑的勘探人员侵入了加维家的木屋附近。派克惟恐他们是税务缉私员,摘下挂在墙上的打松鼠的来复枪,从老远朝他们开了一枪。幸好没有打中。那些一无所知的幸运的使者走近后,加维才发现他们同法律和治安毫无关系。后来,他们说明来意,愿意拿一大笔崭新挺括的现款来买加维家的三十英亩开垦地,并且说了一些莫名其妙的废话,提到这片地产下的云母矿藏等等,作为他们疯狂举动的借口。

加维夫妇有了许多钱,多得算都算不过来时,黑槲生活的缺陷就变得明显了。派克开始谈起要买新鞋子,要在角落里放一大桶烟草,在来复枪上装一个新扳机,又领着马特拉到山边某个地点,向她指出,如果架上一门小炮——他们的财力无疑也能办到——把通向木屋的惟一的小径控制住,便可以一劳永逸地赶走税务缉私员和讨厌的陌生人。

但是,亚当考虑问题时,没有想到他的夏娃。在他看来,这些东西代表实用的财富,然而他那肮脏的小木屋里,有一个沉睡的野心翱翔在他那些原始的需要之上。加维太太心头某处还存在着一点女性的东西,没有被二十年的黑槲生活所扼杀。长久以来,她听到的只是中午树林里鳞状树皮剥落的声息和夜晚岩石间的狼嗥,这些足以荡涤她的虚荣心。但是,当条件成熟时,她重新产生了要求女性权利的欲望——吃些茶点,买些无聊的东西,用一些仪式和礼节来掩饰可怕的生活现实。于是,她冷淡地否决了派克关于加强防御的建议,声称他们应该降临人间,在交际场上周旋一番。

这件事终于做出决定,并且付诸实现。加维太太喜欢比较大的山镇,派克则眷恋原始的孤寂,最后选择了月桂村作为折衷。月桂村提供了一些同马特拉的野心相适应的、不太经常的社交消遣，对于派克也有它的可取之处，因为它接近山区，万一时髦社会不欢迎他们的话，可以立刻引退。

他们来到月桂村，正碰上扬西·格里急于把房地产变为现钱，便买下格里家的老宅，把四千元钱交到那个败家子的颤抖的手里。

当格里家穷途末路，丢人现眼的末代子孙趴在他那丢人现眼的事务所里，把家产都输给了他的好朋友，然后被他们一脚踢开的时候，陌生人却在他祖宗的厅堂里安了家。

炎热的街道上慢慢升起一蓬尘埃，尘埃中间有什么在行进。一阵微风把尘雾吹向一边，可以看见一匹懒洋洋的灰马拉着一辆崭新的、油漆光鲜的轻便马车。车子驶近格里的事务所时，离开了街心，停在他门口的水沟边。

前座是一个瘦削的高个子，穿着黑色的厚呢衣服，僵硬的手上戴着紧窄的、黄色的羊皮手套。后座是一个把六月的炎热视若等闲的太太。她那结实的躯体上裹着一件绷紧的所谓"变色"的绸衣服，衣服颜色绚丽，变化多端。她笔挺地坐着，挥着一把花里胡哨的扇子，眼睛呆呆地盯着街道尽头。不管马特拉·加维心里对于新的生活感到多么欢乐，黑槲却严重影响了她的外表。黑槲把她的容貌刻划成空虚茫然的模样，顽石的鲁钝和幽谷的冷漠感染了她。不论身处什么环境，她仿佛总是在倾听鳞状树皮剥落和滚下山坡的声息。她总是感到黑槲最宁谧的夜晚里可怕的静寂。

格里漠然看着这辆招摇过市的马车来到他门前。当那瘦长的驾车人把缰绳绕在鞭子上，笨手笨脚地下了车，走进事务所时，格里蹒跚地站起来，迎上前去，发现来人竟是派克·加维，有了改变、新近开化的派克·加维。

山地居民在格里指点给他的椅子上就座。怀疑加维的神经是否健全的人，在他的容貌上找到了有力的证明。他的脸太长，颜色暗红,像雕塑一般呆滞。不长的睫毛,一霎不霎的灰蓝色的圆眼睛,使他那古怪的面相显得可怕。格里琢磨不出他的来意。

"月桂村那边一切都好吗,加维先生?"他问道。

"一切都好,先生,加维太太和我对房产非常满意。加维太太喜欢你的老宅,也喜欢街坊邻居。她认为她需要的是交际,事实上她也开始交际了。罗杰斯、哈普古德、普拉特、特罗伊家那些人都来看过加维太太,她在他们大多数人家吃过饭。最上流的人请她参加过各种应酬。格里先生,我却不能说这些玩意儿对我也合适——我要的是那边。"加维的戴着黄手套的大手朝山那边一挥。"我是属于那边的,在野蜂和熊中间。但是,格里先生,我来找你并不是为了想说这些话,而是为了我和加维太太想问你买一件东西。"

"买东西!"格里应声说。"问我买?"他粗声粗气大笑起来,"我想你大概搞错了吧。我全都卖给你了,正如你自己说的,瓶瓶罐罐全卖了。火枪通条都不剩一根。"

"这件东西你有,而我们需要。'把钱带去,'加维太太说,'公公道道地把它买来。'"

格里摇摇头。"柜子里是空的。"他说。

"我们有许多钱,"山地居民不离本题地紧接着说,"我们从前穷得像袋鼠,现在我们可以每天请人吃饭。加维太太说,我们已经获得最上流社会的承认。但是我们还需要一些我们没有的东西。她说那原应列在售货清单上,可是清单上没有。'把钱带去,'她说,'公公道道地把它买回来。'"

"说出来吧。"格里痛苦的神经感到不耐烦了。

加维把帽子扔到桌上,探身向前,那双一霎不霎的眼睛直盯着格里。

"你家和科尔特兰家之间,"他清晰地、缓慢地说,"有一个古老的世仇。"

格里阴沉地皱起眉头。对一个有世仇的人提起他的怨仇,按照山地的习惯,是犯大忌的。"那边"来的人同律师一样,很清楚这种事情。

"别生气,"他接着说,"我完全是从生意买卖考虑。加维太太研究了有关世仇的一切。山地的上流人物多半都有世仇。塞特尔家和戈夫斯家,兰金家和博伊德家,赛勒家和盖洛普家,他们的世仇都有二十年到一百年的历史。最后一次仇杀是你的叔叔佩斯利·格里法官退庭之后,从法官席开枪打死了莱恩·科尔特兰。加维太太和我,我们是穷苦白人出身。谁也不同我们这些没根没底的人结仇。加维太太说,到处的上流人都有世仇。我们不是上流人,不过我们要尽可能买个上流人做做。'那么把钱带去吧,'加维太太说,'公公道道地把格里先生的世仇买来。'"

打松鼠的人伸直一条腿,几乎跨出半间屋子,从裤袋里掏出一卷钞票,往桌上一扔。

"这里是两百块钱,格里先生,对于你们家这种历史悠久的世仇来说,这个价钱已经不低了。你们家只剩下你来报仇,而你在杀人方面可不在行。我从你那里接过来,我和加维太太因此可以踏进上流社会。钱在这里。"

桌上那一小卷钞票慢慢地自动展开,翻腾着,扭动着。在加维说完话后的静寂中,可以清晰地听到县政府传来扑克筹码的碰击声。格里知道县长刚赢了一局,因为他赢钱时压低的喝彩声随着热浪飘过院子。格里的额头渗出汗珠。他弯下腰,从桌子底下取出那只有柳条护编的长颈瓶,斟了一大杯。

"喝点玉米威士忌吗,加维先生?你准是在开玩笑吧——你说什么?建了一个崭新的市场,是吗?第一流的世仇,两百五十到三百。次货世仇——两百元,我想是这样吧,加维先生?"

格里笑得很不自然。

山地居民接过格里递给他的酒杯,一饮而尽,那双直瞪瞪的眼睛眨都不眨。律师带着欣羡的神情赞赏这种本领。他自己斟了一杯,像酒鬼那样一口口地吞着,闻到和尝到酒味就产生一阵阵的快感。

"两百块,"加维重复说,"钱在这里。"

格里突然心头火起,一拳擂在桌上。一张钞票弹过来,碰到了他的手。他仿佛被蜇了一下,急忙缩回来。

"你一本正经跑来,"他嚷道,"是不是专门向我提出这样一件荒唐可笑、欺侮人的事情?"

"这很公道。"打松鼠的人说,他伸出手,仿佛想把钱收回似的,这时,格里领悟到他的一阵火气并不是出于自尊或者愤怒,而是出于对自己的憎恨,因为他知道他将落到自己脚下更深的底层。刹那间,他从一个大发雷霆的绅士变成了急于吹嘘自己货色的议价人。

"别忙,加维,"他的面孔涨得通红,舌头也不听使唤了,"我接受你的建议,尽管两百块钱太便宜了。只要买卖双方同意,交易就成了。要我替你包扎起来吗,加维先生?"

加维站起来,抖抖他的厚呢衣服。"加维太太一定很高兴。从今以后,这笔账归科尔特兰和加维两家,没有你的事啦。格里先生,你是律师,请你写一张字据,作为我们这笔交易的凭证。"

"当然要有一张售货单。'货名、所有权、买卖双方……永无反悔'等等——不,加维,维护权益这一栏我们不写了。"格里大笑着说,"所有权得由你自己来维护。"

山地居民接过律师交给他的那张奇特的字据,使劲地把它折好,然后小心翼翼地放进口袋。

格里站在窗口附近。"过来,"他举起手指说,"我把你新买的仇人指点给你看。他刚走到对街去了。"

山地居民弯下瘦长的身子,朝窗外格里指点的方向望去。艾布纳·科尔特兰少校正在对面的人行道上走过,他身材魁梧笔挺,年纪将近五十,穿着南方议员们不可少的双排纽扣的大礼服,戴着一顶旧的绸礼帽。加维望着那人时,格里朝他的脸瞥了一眼。假如世上有黄狼这种动物的话,加维的脸相就是个模型。加维的没有人味的眼睛跟踪着那个走动的人,露出一口琥珀色的长牙咆哮起来。

"原来是他?嘿,把我送进监狱的就是那个家伙!"

"他以前一直是地方检察官,"格里不在意地说,"顺便提一句,他还是个一流的射手呢。"

"我可以打中一百码外的松鼠的眼睛,"加维说,"原来那是科尔特兰!我做的这笔交易比我料想的还要好。格里先生,这个世仇由我来处理要比你好得多。"

他走向门口,但在那儿流连不去,显得有些为难。

"今天还要别的什么东西吗?"格里略带讽刺地问道,"要不要什么家庭传统、先辈的幽灵,或者柜子里的骨骼骷髅?"

"还有一件事,"那个不动摇的打松鼠的人说,"是加维太太的主意。我没有这个意思,但是加维太太一定要我问问,假如你愿意的话,她说,'公公道道地把它买下来。'格里先生,你知道,你们老宅后园的杉树底下有片墓地。埋在那里的是你家被科尔特兰家杀死的人。墓碑上有姓名。加维太太说,一个家族有了自己的墓地就是高贵的标志。她说如果我们弄到了世仇,还得有一些附带的东西。墓碑上的姓是'格里',但也可以改成我们的——"

"去!去!"格里脸色气得发紫,尖声叫道。他向那个山地居民伸出两手,手指弯曲发抖。"去,混蛋!你居然打起我祖坟的主意来了——去!"

打松鼠的人慢腾腾地出了门,向马车走去。他上车的时候,格里以狂热的速度捡起从手里掉到地上的钞票。车子缓缓拐弯时,那只长出新毛的羊不很体面地急急忙忙向县政府赶去。

凌晨三点钟,他们把他抬回事务所。他不省人事,新长出的毛又给剪得精光。县长、爱开玩笑的警官、书记和乐天的状师抬着他,由那个"山谷里来的"、面色苍白的人护送着。

"抬到桌子上。"其中一个人说。他们把他抬到乱摊着没用的书本和文件的桌子上。

"扬西灌足酒之后,老是把一对小二子看得太重。"县长沉思地叹了一口气说。

"太看重了,"乐天的状师说,"他那样的人根本不应该打扑克。不知道他今晚输了多少。"

"将近两百块。不知道他从哪儿弄来的。据我了解,一个多月来,扬西身边一个钱都没有。"

"也许找到了一个诉讼人。好吧,我们在天亮之前回家吧。他醒来时会好的,除了脑袋里嗡嗡发响。"

那帮人在熹微的晨光中悄悄跑了。之后再瞅着可怜的格里的是白天的太阳。它从没有帷帘的窗子窥探进来,先以一派淡淡的金光淹没了那个睡着的人,又以洞察秋毫的夏季的热光倾泻在他那红斑点点的皮肉上。格里在杂乱的桌子上糊里糊涂地动了一下,想转过脸,背着窗口。这一动碰倒了一本厚厚的法律书,砰的一声掉到地上。他睁开眼睛,看到一顶旧的绸礼帽,帽子下面是艾布纳·科尔特兰少校的和善光润的脸。

少校对于这次见面的结果没有什么把握,便看看对方是否有认识他的表示。二十年来,这两个家族的男性成员从没有迎面相遇而太平无事的。格里眯起模糊的眼睛,想看清楚客人是谁,随后,他沉着地露出了笑意。

"你没有带斯特拉和露西来玩吗?"他平静地问道。

"你认识我吗,扬西?"科尔特兰问道。

"当然认识,你替我买过一根头上有哨子的马鞭。"

那是二十四年前的事了,那时候,扬西的父亲是科尔特兰最好的朋友。

格里的眼睛扫视着屋子。少校明白他要什么。"躺着别动,我去替你弄点水来。"他说。后院有个抽水机,格里合上眼睛,欣喜地听着抽水机柄的卡嗒声和流水的咕噜声。科尔特兰端了一罐冷水来给他喝。格里立刻坐起来——那个叫人看了伤心的可怜虫,麻布夏装又脏又皱,怪丢人的,摇摇晃晃的脑袋上头发蓬乱。他试着向少校摆摆手。

"一切——请原谅,"他说,"昨夜我一定喝得太多了,睡到桌子上来了。"他困惑地皱起眉头。

"和朋友们混了一阵子吗?"科尔特兰和善地问道。

"没有,我哪儿也没去。两个月来,我一块钱也没有。我想大概是和往常一样,酒瓶碰得太多了。"

科尔特兰拍拍他的肩膀。

"刚才,扬西,"他开始说,"你问我有没有带斯特拉和露西来玩。那时候你还没有完全清醒,一定是梦想你自己又成了一个孩子。现在你清醒了,我希望你听着我说的话。我从斯特拉和露西那里来找她们旧时的游伴,来找我老朋友的儿子。她们知道我打算带你一起回家,你将发现她们会像从前那样欢迎你。我要你住到我家里去,直到你完全恢复,你爱住多久就住多久。我们听说你境遇不好,并且处在诱惑之中,我们都认为你应当再到我们家里去做一次客。你愿意去吗?孩子?你是不是愿意抛掉我们家族的旧恶,跟我一起去?"

"旧恶?"格里睁大眼睛说,"拿我来说,我们中间根本没有什么旧恶。我觉得我们一直是极好的朋友。可是老天哪,少校,我这副模样怎么能去你家呢——我是个可怜的酒鬼,没出息的、堕落的败家子和赌棍——"

他从桌子上一歪,倒在扶手椅里,开始抽抽搭搭地哭起来,流下真正悔恨和羞愧的眼泪。科尔特兰坚持晓之以理,让他回忆起他一度十分喜爱的、淳朴的山区生活的乐趣,并且再三表示真诚的邀请。

最后,他说他希望格里帮他一个忙,搞一个设计,把一大批砍伐好的木材从山边运到水道,才使格里答应了。他知道格里从前发明过一种输送木材的办法——一套滑道和斜槽的设计——在这件事上,格里足以自豪。这个可怜的家伙觉得自己居然还有用处,非常高兴,立即把纸铺在桌上,飞快地用颤抖得可怜的手画了一些草图,说明他所能做的和打算做的事情。

这个人已经对醉生梦死的生活感到憎恶,他那颗浪子的心又向往山区了。他的头脑还是十分迟钝,他的思想和记忆像风大浪急的海面上的信鸽似的一个一个地回归。但是科尔特兰对他的进步相当满意。

那天下午,贝瑟尔镇上的人有生以来第一次看到科尔特兰家和格里家的人友好地一同经过镇上,不禁大为惊讶。他们并排骑着马,离开了尘土飞扬的街道和目瞪口呆的居民,穿过小桥,向山区走去。这个浪子已经做了一番梳洗,稍微像样一点了,但在马背上老是摇摇晃晃,并且仿佛在苦苦思索什么伤脑筋的问题。科尔特兰不去打扰他,指望换了环境可以帮助他恢复心理上的平衡。

有一次,格里突然一阵颤抖,几乎摔下马背。他不得不下马,在路边休息休息。少校预料到会出现这种情况,带着一小瓶威士忌准备让他路上喝,但他递给格里时,格里几乎是粗暴地加以拒绝,并且声明今后再也不喝了。过了一会儿,他恢复原状,不声不

响地骑马走了一两英里。接着,他突然勒住马说:

"昨晚我打扑克输了两百元,这笔钱是从哪里来的?"

"算了吧,扬西。山地的空气立刻会把它搞清楚的。我们首先到顶峰瀑布去钓鱼。那里的鳟鱼像青蛙似的蹦跳。我们带斯特拉和露西一起去,到鹰岩去野餐。扬西,你有没有忘记,饥饿的渔夫吃到用胡桃木熏的火腿夹面包时是什么滋味?"

少校显然不信他输钱的事;格里又陷入沉思。

从贝瑟尔到月桂村有十二英里路,将近黄昏时,他们已经走了十英里。离月桂村不到半英里的地方是格里家的老宅,再往前一两英里是科尔特兰家。现在路很陡,走起来很费劲,但是有许多使人得到补偿的东西。森林里像是搭了天篷,枝叶蔓披,鸟语花香。沁人心脾的空气使医药相形见绌。林中空地明暗交映,暗的是苔藓地衣,明的是在羊齿植物和月桂间闪烁流过的小溪。他们从叶簇中望出去,可以看到远处乳白色雾霭中若隐若现的山谷的绝妙景色。

科尔特兰很高兴看到他的伙伴被山林的魅力迷住了。现在他们只要绕过画家岩,渡过接骨木溪,爬上那边的小山,格里就可以看到他卖掉的祖宅。他经过的每一块岩石,每一株树木和每一尺路,对他都是熟悉的。尽管他忘了山林,山林却像《甜蜜家庭》那支歌的调子一样使他心醉。

他们绕过岩石,到了接骨木溪畔,停留片刻,让马匹在湍急的溪里喝些水。右边是一道栅栏,在那里拐了弯,顺着路和溪水伸展下去。栅栏里面是一溜高高的浓密的商陆树、接骨木、黄栌和黄樟。树林里一阵窸窣声,格里和科尔特兰都抬起头来,只见栅栏上面有一张蜡黄的、像狼一样的长脸,一双一霎不霎的灰眼睛正盯着他们。这张脸很快就消失了,树丛剧烈地晃动一下,一个丑陋的人影穿过苹果园,曲曲折折地向树木中的房子跑去。

"那是加维,"科尔特兰说,"你把家产卖给他的那个人。他的头脑准有毛病。几年前,我不得不让他坐一次牢,罪名是贩运私酒,尽管我相信他不能负全部责任。哎,怎么啦,扬西?"

格里在擦额头,脸上没有一点血色。"我样子很奇怪,是吗?"他勉强笑笑问道,"我刚想起一件事,"他脑袋里的酒精蒸发掉了一点,"我想起那二百元是怎么来的。"

"别想啦,"科尔特兰快活地说,"待会儿我们一起来解决。"

他们上马渡过小溪到山脚下时,格里又停下来。

"你是不是知道我这个人虚荣心很强,少校?"他问道,"对外表讲究得有些过分?"

少校不忍看他那肮脏的、窝窝囊囊的麻布衣服和褪色的垂边帽子。

"我似乎记得,"他虽然莫名其妙,仍然凑趣说,"一个二十来岁的花花公子,在蓝岭一带数他的衣服最合身,头发最光溜,坐骑最矫健。"

"一点不错,"格里急切地说,"虽然外表看不出来了,我内心里仍旧是爱虚荣的。哦,我像火鸡那般虚荣,像撒旦那般傲慢。我请求你在一件小事上成全我这个弱点。"

"说吧,扬西。你喜欢的话,我们可以拥戴你当月桂村的公爵和蓝岭的男爵,还可以从斯特拉的孔雀尾巴上拔一根羽毛让你插在帽子上。"

"我不是说着玩的。再过几分钟,我们就要经过山上那幢房子了,我在那里出生,我的亲属在那里住了将近一个世纪。现在住在里面的是陌生人——可是瞧我这副模样!我这样潦倒落魄、像流浪汉和乞丐似的出现在他们面前。科尔特兰少校,我没有脸这样做。我请求你让我穿戴你的衣帽,直到他们看不见的地方。我知道你会把这看成是愚蠢的虚荣,但是我经过老宅时,总希望尽可能出出风头。"

"哎,这是什么意思呀?"科尔特兰觉得他伙伴的奇怪请求同他目前清醒的神情和镇静的举止并不相称,有点纳闷。但他很快就同意了,随即解开上衣的纽扣,似乎认为这种想法并不奇怪。

衣帽很适合格里。他满意而神气活现地扣好上衣。他的身材和科尔特兰差不多——他相当高大、魁梧、挺直。他们年纪相差二十五岁,可是外表却像兄弟。格里显老,他的脸浮肿而有皱纹,少校心情平和,因此皮肤润泽,容光焕发。他换上了格里的不体面的旧麻布上衣和褪色的垂边帽子。

"现在,"格里抓起缰绳说,"我很体面啦。我们经过那里时,我希望你离我身后十英尺,少校,让他们好好看看我。他们将发现我还不是背时的人,绝对不是。我想不管怎么样,我要在他们面前好好再出一次风头。我们走吧。"

他策马向小山款款而去,少校按照他的意愿跟在后面。

格里笔挺地坐在马上,昂起头,但是眼睛瞟着右面,仔细观察老宅的每一处树丛、篱笆和可以藏人的地方。他自言自语说:"那个疯疯癫癫的傻瓜会不会真的下手,或者这只是我自己的胡思乱想?"

到了小墓地对面的时候,他看到了他所寻找的东西——角落里浓密的杉树丛中腾起一缕白烟。他慢慢地朝左面倒下去,少校赶快策马追上,用胳膊抱住了他。

打松鼠的人并没有过分吹嘘他的眼力。他的枪弹打中了他想打的、也是格里预料的地方——艾布纳·科尔特兰少校的黑呢上衣的前胸。

格里沉重地靠在科尔特兰身上,但是没有倒下去。两匹马并排齐步,少校用胳臂扶着他。半英里外月桂村一簇白色的小房子在树木中间闪闪发亮。格里伸手摸索着,终于把手搁在科尔特兰替他抓住缰绳的手上。

"好朋友。"他只说了这么一句话。

扬西·格里经过祖宅的时候,在他力所能及的范围内出了最了不起的风头。

歌曲与警官

百老汇路一家通宵餐馆里有五六个吃晚饭的客人大声喧哗,吵得很凶。餐馆经理在他们桌子旁边走过三次,有礼貌地警示他们一眼;但是他们的激烈争论不是经理的眼光所能遏制的。现在是午夜,餐馆里满是附近剧院散场出来的主顾。有几个老观众在那六个争吵的人中间辨认出了卡罗尔喜剧团的演员的面孔。

六个人中,四个是演员。另一个是小喜剧《卖弄风情的快乐姑娘》的作者,剧本由那四个演员在本市几家轻松喜剧院上演,相当成功。桌上的第六个人不经常在演艺界露面,但是他的招待造成了许多龙虾的消亡。

六个人闹闹嚷嚷,争论不休。尤其是当其中一人开口分辩时,就会招来其他人一连串猛烈的攻击。那个年轻人是《卖弄风情的快乐姑娘》里的喜剧演员,面相十分忧郁,同他的职业不太相称。四张不留情面的嘴针对的是卡罗尔·克拉丽丝小姐,小团体里的闪亮的明星。除了那个颓丧的喜剧演员以外,所有的人都激烈责怪她是巨大不幸的罪魁祸首。他们反反复复说了有五十次之多:"是你的错,克拉丽丝——你一个人毁了整场戏。你的演出近来出了问题。这样下去的话,这个戏目非撤不可。"

卡罗尔小姐足以对付任何四个人。遗传的高卢人性格使她动不动就暴跳如雷。她那双大眼睛里冒着火,对这些指责一概否定。她的修长的、富于表现力的手臂无时无刻不威胁着桌上的餐具。

她的清晰的女高音,假如不具备那么纯净的音乐感的话,简直就像是尖叫。她对四人指责的反驳声调虽然很甜美,但在百老汇路的餐馆里音量未免太大一些。

最后,作为女人和艺人,她忍无可忍,像豹子似的跳了起来,手臂一挥,摔碎了五六个盘子和玻璃杯,公然反抗批评她的人。他们站起来,嗓门更高了。喜剧演员一声叹息,显得更忧郁无奈。经理踏着碎步跑来安抚。争吵的人叫他少管闲事,说这是战争的民间同义词,即使在海牙国际法庭也时会发生。

这一来,经理动了肝火,他做了个手势,一个侍者悄悄溜出门外。二十分钟后,六个人统统进了警察局,面对一个灰白头发的、颇有哲学家风度的值班警官。

"在餐馆里扰乱治安。"把他们带进去的警察报告说。

《卖弄风情的快乐姑娘》的作者上前一步。他戴着夹鼻眼镜,穿着晚礼服,脚上的鞋子以前即使是棕黄色的,现在也擦得像漆皮一样亮。

"警官先生,"他像著名演员欧文①似的用低沉的喉音说,"我抗议这次逮捕。上演我创作的一个剧本的剧团演员,还有一位朋友和我本人在吃晚饭。最近有一场戏效果不太好,整个演出有失败的危险,我们很感兴趣地在讨论问题出在哪一个演员身上。我们的声音可能大了一些,打扰了餐馆里的人,但是我们讨论的问题对我们大家都至关重要。你看我们都很清醒,不是那种惹是生非的人。希望不必追究了,让我们回去。"

"谁提出指控?"警官问道。

"我,"后面一个系白围裙的人说,"餐馆派我报警的。那帮人

---

① 欧文(1838—1905),英国演员,以表演莎士比亚剧本著名,册封爵士。曾八次去美国演出。

在胡闹,摔碟子。"

"碟子已经赔了钱,"剧作家说,"不是存心的。我们说那位小姐演砸了戏,她一气之下便砸了碟子——"

"不是事实。"克拉丽丝·卡罗尔小姐声音朗朗地说。她穿着一件棕黄色的绸外衣,帽子上插着一根红羽毛,跳到警官桌前。

"不能怪我,"她愤怒地嚷道,"他们哪能说这种话!剧本上演以来,一直是我演主角。如果你要知道是谁使它叫座,问问观众就行了——就是这么一回事。"

"卡罗尔小姐说的话部分正确,"剧作家说,"这个小喜剧在最好的剧院里上演,连续五个月都很叫座。但是这两个星期票房下滑了。有一场戏,卡罗尔小姐本来演得非常出色。现在几乎无人喝彩了。她的表现和以前完全不同,把戏演砸了。"

"错不在我。"女演员重申。

"那场戏里只有你们两个人,"剧作家激动地说,"只有你和德尔马斯——"

"那么错就在他。"卡罗尔小姐说,她黑色的眼睛蔑视地一瞥。喜剧演员注意到了她的眼光,讪讪地看着警官桌上的登记簿,神情更加忧郁了。

警察局那晚比较清闲。

阅历丰富、一向见怪不怪的警官现在却有点好奇。

"你的陈述我已经听过了。"他对剧作家说。然后转向那个在小喜剧里扮演"萝卜秧子大婶"的瘦瘦的、一副清心寡欲模样的女士。

"你认为是谁演砸了你们争论不休的那场戏?"他问。

"谁都知道,我不是吹毛求疵的人,"女士说,"因此,当我说克拉丽丝小姐每演到那场戏就出问题时,我是评论她的演技,而不是针对她本人。有一度她表演非常出色。现在叫人看了难受。再这样下去的话,这出戏会完蛋的。"

警官看着喜剧演员。

"据我了解,那一场是你和那位小姐演的对手戏。我想没有必要再问你毛病出在谁身上了吧?"

喜剧演员回避着卡罗尔小姐咄咄逼人的眼光。

"我说不好。"他低头望着自己的漆皮鞋尖。

"你也是演员吗?"警官问一个面相像中年人的身材矮小的青年。

"嗨!"那个最后作证的演员说,"我来这里以后,你没有看到我手里握着铁皮长矛,是吗?你没有听到我宣告'皇帝驾到!'是吗?我想我待在舞台上的时间够长的了,没有让他们把我错当成脚灯前的一缕青烟而大为惊慌。"

"那么依你看,"警官说,"那场戏的岔子是出在小姐身上,还是那位先生的毛病?"

面相像中年人的青年显得很痛苦。

"我很遗憾,"他回答道,"但我不得不说卡罗尔小姐似乎把握不住那场戏。别的地方都演得很好,但是——警官,我对你说她能行——她先前演得很好——以后也能演好。"

卡罗尔小姐激动地跑上前来。

"谢谢你,杰米,这些天来,我第一次听到人家说我好话。"她说着转向警官的办公桌。

"我要给你看看,警官,这事能不能怨我。我要让他们看看,我能不能演那场戏。来吧,德尔马斯先生,我们开始吧。你同意我们表演一下吗,警官?"

"需要多少时间?"警官担心地问道。

"八分钟,"剧作家说,"整个剧本只延续三十分钟。"

"那你就演吧,"警官说,"你们大多数人似乎都反对那位小姐。也许她有权在那家餐馆里摔一两个碟子。我们处理问题之前,先看看她如何表演。"

警察局的女看守本来在附近听这场奇特的争论,这会儿走上前,站在警官椅子旁边。

"开场前,"剧作家说,"假定你们没有看过《卖弄风情的快乐姑娘》的演出,我先做一个简单而必要的剧情介绍。这是个音乐滑稽喜剧——滑稽小喜剧。正如剧名所指,卡罗尔小姐的角色是个快乐、淘气、喜欢恶作剧、没心没肺、卖弄风情的姑娘。在整个剧本的喜剧部分,她都是这种性格。我设计了狂放夸张的表演,让她保持并且发挥卖弄风情的特点。

"我们对卡罗尔小姐提出异议的那场戏叫做'猩猩舞'。她打扮成森林宁芙,有一场同猩猩一起表演的精彩的歌舞场面,猩猩是喜剧演员德尔马斯先生扮演的。舞台背景是热带森林。

"那场戏十分叫座,平常要谢幕四五次,关键在于表演和舞蹈——五个月来,纽约没有见过那么有趣的东西。德尔马斯和卡罗尔小姐在热带植物中间追逐嬉戏时,唱的一支歌《我求你去我森林的家》极受欢迎。"

"现在这场戏有什么问题呢?"警官问道。

"卡罗尔小姐演到半当中就砸了锅。"剧作家忿然说。

女演员一刻不停的手臂大幅度地一挥,让旁观者退后,在警官的桌子前腾出空地,以便演出那场能为她辩护,或者证明她确实不行的戏。她刷的脱下棕色的长外衣,把它扔给带他们来警察局的警察。

卡罗尔小姐出来吃晚餐时披上一件长外衣,里面仍穿着热带森林宁芙的戏装。蕨类植物叶子似的裙子长及膝盖;她打扮得像蜂鸟——绿色、金色、紫色,斑斓纷纭。

她翩然起舞,举手投足,轻盈婉妙,卡罗尔喜剧团的其他三个演员不禁拍手叫好。

到了一定的时候,德尔马斯模仿着猩猩笨拙古怪的动作,蹦跳到她身边,滑稽的样子使灰白头发的警官扑哧笑出声来。两个演员跳的猩猩舞赢得了大家的鼓掌。

然后是那场戏中最难以置信的部分——猩猩向宁芙的求爱。那本身也是一种舞蹈——怪异得近乎开玩笑,宁芙卖弄风情地、挑惹地步步后退,猩猩紧追不舍,唱着《我求你去我森林的家》。

歌曲十分抒情。歌词符合剧本的整体风格,全是胡扯,但是音乐却有可取之处,德尔马斯浑厚的男高音使得那些无聊的词句相形见绌。

唱到一句歌词时,森林宁芙做了一个怪诞的规定动作。唱到第二句时,她突然站着不动了,脸上露出古怪的神情,恍惚地凝视着森林布景的深处。猩猩最后一跳,到了她脚下,然后跪下来,握住她的手,唱完那支回肠荡气的抒情曲,在整个荒唐的戏剧中,那支曲子仿佛是一团油灰上的钻石。

德尔马斯结束后,卡罗尔小姐突然泪下如雨,双手蒙住脸。

"瞧!"剧作家猛挥着手说,"就在那儿,警官。两星期来,她每次演到那个节骨眼上就砸了锅。我再三叮嘱,她演的不是《哈姆雷特》里的奥菲莉亚,也不是《罗密欧与朱丽叶》里的朱丽叶。这下你该明白我们为什么沉不住气了吧?猩猩歌居然引出了眼泪!全场戏都给搞糟了!"

不管是中了邪还是什么原因,森林宁芙突然发作起来,不顾一切地指着德尔马斯。

"是你——是你引起的,"她狂热地嚷道,"你以前唱那支歌时不是这样的,直到最近才这样。是你造成的。"

"我弄不明白了。"警官说。

这时候,警察局那个灰白头发的女看守从警官椅子后面走上前。

"难道你们都要一个上了年纪的女人来教你们吗?"她说着走到卡罗尔小姐身边,拉住她的手。

"那个男人在向你吐露心声,亲爱的。他一张口唱,就很清楚了,难道你听不出来吗?他虽然耍猴似的跳跳蹦蹦,可瞒不过我。难道你既听不到又看不出来吗?正因为这样,你才演不好你的角色,孩子。你爱不爱他,是不是要他一辈子像猩猩这样演下去?"

卡罗尔小姐猛地转过身,闪电似的眼光瞥见了德尔马斯。他忧郁地朝她走来。

"你听到没有,德尔马斯先生?"她气息急促地问道。

"听到了,"喜剧演员说,"是这样的。我原以为没有用处。我试图用歌声表示。"

"傻瓜!"女看守说,"你干吗不开口说出来?"

"不,不,"森林宁芙嚷道,"他用这种方式最好了。我本来也不知道,可是——那正是我要的,博比。"

她像一只绿蚱蜢似的跳起来,喜剧演员张开手臂笑了。

"去吧,"值勤警官朝那个等着的餐馆侍者嚷道,"这儿没你的事了。"

一元假币

一天早晨,格朗德河美国边境地方法院的法官在邮件里发现一封信,信里写道:

法官:

你判我蹲四年大牢的时候说过一番话。除了别的不中听的骂名以外,你还说我是条响尾蛇。也许我是响尾蛇——不管怎么样,你现在听到我的尾巴格格发响了。我入狱后一年,我的女儿死了——他们说是贫穷和羞辱的共同结果。法官,你也有个女儿,我要让你尝尝失去女儿的滋味。我还要咬那个对我提出公诉的地方检察官。我现在自由了,我想我确实变成了响尾蛇。我有蛇的感觉。不多说了,这就是我的警告。留神我的攻击目标。

响尾蛇敬启

德温特法官不经心地把信扔在一边。收到经他判刑的亡命徒的这类信件不是第一回了。他并不惊慌。后来,他把那封信拿给年轻的地方检察官利特菲尔德看,因为利特菲尔德也受到了威胁,法官在牵涉到他自己和同伴的事情方面是不马虎的。

就他本人来说,利特菲尔德对来信人的警告一笑置之,但是信中提到法官的女儿,却使他皱皱眉头,因为他和南希·德温特准备在秋季结婚。

利特菲尔德去找了法院书记，和他一起查阅了档案。他们断定那封信可能是一个名叫墨西哥山姆的混血亡命徒寄来的，此人四年前因杀人罪被判徒刑。那一阵子，公事繁忙，无暇顾及，复仇心切的响尾蛇的声响给抛到了脑后。

地方法院在布朗斯维尔开庭。审理的案件大多是走私、伪造、抢劫邮局和边境地区违反联邦法律的指控。有一个案子的被告是墨西哥青年拉斐尔·奥尔蒂斯，他在使用一枚变造的银元时被机灵的代理执法官当场抓获。以前也怀疑他有多次使用假币的不法行为，但这是第一次拿到确凿的证据。奥尔蒂斯舒适地待在拘留所里，抽着卷烟，等候审讯。代理执法官基尔帕特里克把那枚变造的银元送到地方检察官的办公室。那枚银元造假的手法很不高明，主要成分是铅，质地疲软，色泽也发暗。待审案件目录上，奥尔蒂斯一案排在第二天上午，地方检察官在做公诉的准备工作。

"这枚假银币不需要花钱请专家来鉴定了吧，是吗，基尔？"利特菲尔德笑着说，钱币扔到桌上时像团油灰似的发出噗的一声。

"我看那个墨西哥佬这次非进监狱不可了，"代理执法官扶扶他的手枪皮套说，"你掌握了给他定罪的证据。以前墨西哥人连好钱坏钱都分不清，不过这个黄皮肤的小坏蛋是假币团伙里的，我知道。我一直注意他，这是第一次当场抓获。他有个女朋友住在河边墨西哥人的那些木桩茅屋里。有一天，我监视他时见过那姑娘。长得很漂亮，像花坛上的小红牛。"

利特菲尔德随手把那枚假币放进口袋，把案情摘要放进一个信封。这时候，门口出现一张靓丽可爱的脸，南希·德温特像男孩似的快活地走进来。

"哦，鲍勃，法院是不是今天十二点钟休息，明天才继续开庭？"她问利特菲尔德。

"不错，"地方法官说，"我很高兴。有许多判决案例要翻阅，还有——"

"你们都这样。我不知道你和爸爸有没有不看法律书和判决案例的时候！我要你今天下午陪我去打鸻鸟。长草原那里的鸻鸟多极了。别说不去，求你啦。我要试试我新买的内击铁霰弹枪。我已经派人去马车行租了弗莱和贝丝，还有一辆四轮马车，那两匹马听到枪声不会受惊。我认为你一定能去。"

他们预定秋季结婚。两人的感情正处于高潮。鸻鸟占了上风，压倒了关注小红牛的官方，赢得了一天或者不如说一个下午的时间。利特菲尔德开始收拾文件。

有人敲门。基尔帕特里克开了门。一个黑眼睛的、皮肤带极淡的柠檬色的美丽姑娘进了屋。她头上裹着一条黑色的长围巾，在脖子上绕了一圈。

她讲西班牙语，声音像是一连串流水般的哀怨的音符。利特菲尔德不懂西班牙语。代理执法官懂，他把姑娘的话分段翻译出来，不时举起手让她暂停。

"她来找你，利特菲尔德先生。她的姓名是霍亚·特雷维尼亚斯。她找你是为了——呃，她同那个拉斐尔·奥尔蒂斯搞在一起。她是他的——他的情人。她说他是无辜的。她说那枚假币是她变造的，让他去用掉。你别信她，利特菲尔德先生。墨西哥姑娘都是这种德行；她们撒谎，偷窃，或者为了她们迷恋上的家伙去杀人。永远不能相信一个热恋中的女人！"

"基尔帕特里克先生！"

南希·德温特愤怒的招呼使代理执法官着了慌，他试图解释这是他自己的想法，然后接着翻译。

"她说如果你放他出来，她愿意代他坐牢。她说她害热病躺倒了，大夫说如果不吃药会死的。因此他去药房用那枚假币。她说那枚假币救了她一条命。这个拉斐尔似乎是她的心肝宝贝，她还说了许多有关爱情的话,以及你不想听的话。"

地方检察官这类事情听得多了。

"你对她说,"他说,"我无能为力。案件明天早晨审理,拉斐尔·奥尔蒂斯得在法庭上为自己辩护。"

南希·德温特心肠没有这么硬。她同情地一会儿看看霍亚·特雷维尼亚斯,一会儿又看看利特菲尔德。代理执法官把地方检察官的话翻译给那姑娘听。她低声说了一两句话,把围巾裹裹紧,离开了房间。

"她怎么说?"地方检察官问道。

"没有什么特别重要的话,"代理执法官说,"她说:'Si la vida de ella a quien tu amas'——'如果你所爱的姑娘有生命危险,想想拉斐尔·奥尔蒂斯。'"

基尔帕特里克出了过道,到执法官的办公室去了。

"你能帮帮他们吗,鲍勃?"南希问道,"这么一件小事——只是一元假币——会葬送两个人的幸福!她有病死的危险,他为了救她才使用假币。法律难道没有怜悯之心吗?"

"法学是不讲怜悯的,南希,"利特菲尔德说,"地方检察官的职责更没有怜悯一说。我可以告诉你,公诉方绝没有整人的意思,但是案件一经审理,被告肯定会被判有罪。证人会宣誓证明他使用假币,也就是目前我口袋里的列为'一号证据'的那枚变造的银元。陪审团里没有墨西哥人,那位奥尔蒂斯先生会当场被判有罪。"

那天下午打鸩鸟非常开心,运动的兴奋使他们忘了拉斐尔的案件和霍亚·特雷维尼亚斯的悲伤。地方检察官和南希·德温特赶着马车出城,沿着一条平坦多草的路跑了三英里,然后穿过起伏的草原,来到石溪河畔浓密的树林。小溪那边就是鸩鸟群集的长草原。他们快到小溪时,听到右边有一匹马的奔跑声,看到一个黑头发、面孔黧黑的骑手似乎从他们背后赶上来,朝树林斜插过去。

"我在什么地方见过那家伙,"容易记住别人相貌的利特菲尔德说,"但是记不真切了。我想也许是哪个牧场上抄短路回去的人。"

他们在四轮马车上开枪打鸹鸟,在长草原上待了一个小时。南希·德温特是个好动的西部姑娘,习惯于户外生活。她打到的鸹鸟比同伴多三四只,为自己的新霰弹枪十分得意。

他们在回家的路上赶着马车小跑。离石溪还有一百码远时,树林里出来一个人,策马朝他们直奔而来。

"好像就是我们刚才看到的人。"德温特小姐说。

双方距离越来越短时,地方检察官突然勒住两匹驾车的马,牢牢盯住来近的骑手。那人从马鞍的皮套里抽出一杆温彻斯特连发枪,搁在抬起的前臂上。

"我现在知道你是谁了,墨西哥山姆!"利特菲尔德自言自语地说,"你就是写那封信的响尾蛇!"

墨西哥山姆不是优柔寡断的人。他对各种火器具有很好的判断力,当他进入来复枪射程、但没有遭受霰弹枪伤害的危险时,便举起温彻斯特枪朝马车上的人开火了。

第一枪打碎了马车座位的靠背,离利特菲尔德和德温特小姐的肩膀只有两英寸。第二枪穿透了马车的挡泥板和利特菲尔德的裤腿管。

地方检察官把南希推下马车,扑到地上。她脸色有点白,但不问什么。她有拓荒者的本能,遇有紧急情况能面对现实,不多问多说。他们握着枪,利特菲尔德从马车座位的纸板盒里匆匆抓了几把弹药筒塞进口袋。

"待在马后面,南希,"他吩咐说,"那家伙是个恶棍,曾被我控告,坐过牢。他想报复。他知道距离这么远,我们的子弹伤不了他。"

"好吧,鲍勃,"南希镇定地说,"我不怕。你也挨近一些。哇,贝丝,站住别动!"

她抚摸着贝丝的鬃毛。利特菲尔德握着枪准备随时射击,希望那个亡命徒进入射程之内。

墨西哥山姆的报仇方针是稳扎稳打。他可不是鸽鸟。他精确地估计了打鸟霰弹的危险区域,划了一个假想的圆周,沿着圆周线骑马来回跑。他的马朝右拐的时候,他的射击对象随之兜个圈子躲到他们马匹后面安全的地方,他一枪打穿了地方检察官的帽子。有一次,他兜圈子时计算失误,越过了界限。利特菲尔德的枪开了火,墨西哥山姆低下头,躲避那些已经无力的散弹。有几颗打在他的马身上,马立刻跳到安全线后面。

亡命徒又开枪了。南希·德温特叫了一声。利特菲尔德飞快地转过身,冒火的眼睛看到她脸颊在流血。

"我没事,鲍勃——只是一块碎木片擦破了皮。我想他打中了一根车轮辐条。"

"天哪!"利特菲尔德呻唤说,"我有一筒大粒霰弹就好了!"

那恶棍稳住了坐骑,仔细瞄准。弗莱的脖子中弹,哼了一声,带着挽具倒了下去。贝丝醒悟过来,知道人们射击的不仅是鸽鸟,便挣脱缰绳疯狂地逃跑。墨西哥山姆又开了一枪,打穿了南希·德温特的猎装上衣。

"卧倒——卧倒!"利特菲尔德喝道,"靠近马——贴着地面——这样。"他几乎把她按在草地上,靠着倒卧的贝丝的背部。奇怪的是,这会儿他突然想起了那个墨西哥姑娘说的话:

"如果你所爱的姑娘有生命危险,想想拉斐尔·奥尔蒂斯。"

利特菲尔德大喊一声。

"南希,把枪搁在马身上朝他开火!尽可能快地连续开枪!你伤不了他,但是可以逼他躲闪,给我一分钟时间,让我想个办法。"

南希瞥了利特菲尔德一眼,见他取出并打开了折刀。她转过脸去,遵照吩咐连续朝敌人开枪。

墨西哥山姆耐心等待这阵要不了他性命的霰弹停息下来。他有充分的时间,但不愿意冒眼睛挨上一颗霰弹的危险,他拉低头上那顶厚毡帽遮住脸部,等对方停止射击。然后,他逼近一些,瞄准他所能看到的那匹倒卧的马身后的人影开枪。

两人都没有动静。他策马向前走了几步,只见地方检察官单腿跪起来,举起霰弹枪。他拉下帽子,等那一阵无害的小铅子儿。

霰弹枪砰地开火了,比先前响得多。墨西哥山姆哼了一声,全身瘫软,慢慢地从马背倒在地上——成了一条死响尾蛇。

第二天早晨十点钟,法院开庭审理美国政府诉拉斐尔·奥尔蒂斯一案。地方检察官一条手臂用吊带挂着,站起来向法庭致辞。

"法官阁下,"他说,"我请求本案撤诉。即使被告应受到有罪判决,政府没有掌握可以定罪的证据。据以立案的那枚假币目前无法呈上法庭作为证据。因此,我请求撤销本案。"

中午休庭时,基尔帕特里克走进地方检察官的办公室。

"我刚去看了老墨西哥山姆回来,"代理执法官说,"他们已经准备埋葬他了。我想老墨西哥是个不好对付的家伙。弟兄们不明白你用什么射击的。有的说一定是钉子。我从没有见过有什么枪子能打出他身上的那些窟窿来。"

"我用的是,"地方检察官说,"你那件假币案的一号证据。对我——也许还对别人——幸运的是那确实是枚假币!很容易切成一块块的。喂,基尔,你能去墨西哥人的木桩茅屋那里,打听一下那个墨西哥姑娘住在哪里吗?德温特小姐想知道。"

报纸的故事

早晨八点钟,那份报纸的油墨还没有干透,已经放在朱塞佩的报摊上了。朱塞佩带着他那类人的狡黠,站在对街的角落里同别人闲聊,让主顾自己取报付钱,显然是遵循"心急壶不开"①的理论办事。

根据习惯和宗旨,那份报纸要担负起教育者、向导、监督者、斗士、家庭顾问和便览的作用。从它诸多的优点中可以选出三篇社论作为例证。一篇用简洁而有启发性的语言规劝父母和教师不要体罚孩子。

第二篇向一个著名的劳工领袖发出责难而意味深长的警告,此人正煽风点火,鼓动下属举行罢工。

第三篇雄辩地向公众呼吁,凡是有利于加强警察的公仆和保护人职责的事情都应给予支持帮助。

除了这些对广大优良公民的比较重要的责难和要求之外,"促膝谈心"栏的编辑对一个来信抱怨情人固执的年轻人提出明智的劝告或者做法,教他如何赢得她的芳心。

美容版上刊登了一篇详尽的答读者问,答复一位希望知道如何获得明亮的眼睛、红润的面颊和美丽的外貌的年轻姑娘。

---

① 英文成语"a watched pot never boils",指"守在旁边等它煮沸的水壶老是不开"。

另外，值得特别注意的是刊登在"人事栏"里的简短的文字：

亲爱的杰克：原谅我。你是对的。今晨八点半在麦迪逊广场××街角等我。我们中午出发。

悔过人

八点钟，一个面容憔悴、神情焦急不安的年轻人经过朱塞佩的报摊时，放下一枚硬币，取走最上面的一份报纸。他一宿没有睡好，今天起晚了。他九点钟必须到写字间，在这之前他还得抓紧时间刮个脸，喝杯咖啡。

他去了理发店，然后匆匆赶路。他把报纸塞进口袋，打算吃中午饭时再看。到了下一个街角上时，报纸连同一副新手套从口袋里滑了出来。他走过三个街口后才发觉手套丢了，怒气冲冲地回头来找。

他回到掉下手套和报纸的街角时正好是八点半。但奇怪的是，他并不理会他特意来寻找的东西。他使劲抓住两只小巧的手，牢牢盯着两个有悔过之意的棕色的眼睛，心里说不出的高兴。

"亲爱的杰克，"她说，"我知道你会准时来这儿的。"

"我不明白她这话是什么意思，"他暗忖道，"不过那很好，很好。"

这时西面起了一阵大风，刮起人行道上的报纸，它给打开后在空中旋舞，飞到一条小街去了。小街上正好有匹拉着二轮车的、容易受惊的栗色马，驾车的就是那个写信给"促膝谈心"栏编辑的年轻人，请教如何赢得他思之不得的姑娘。

玩笑似的阵风把飞舞的报纸吹到那匹容易受惊的马的脸上。栗色马拉着红色的马车撒腿就跑，形成一道栗红的混合色，划过四个街口。这时，一个消防龙头在天体演化论中起了它的作用，马车在劫难逃，给撞得粉碎，驾车人飞到一座褐色沙石邸宅前面的柏油路上,一动不动地躺着,非常安静。

房子里的人跑出来,七手八脚把摔昏的人抬了进去。有个姑娘把他的头抱在自己怀里,不顾别人好奇的眼光,俯身对他说:"啊,是你,总是你,鲍比!难道你不明白吗?万一你死了,我也活不成——"

但是,在这阵风中,我们不能同我们的报纸失去联系。

警察奥布赖恩把它当作妨碍交通的危险分子抓住了它。他那缓慢的粗手指把乱成一团的报纸抚摩平,站在尚东铃铛咖啡馆旁门外几英尺远的地方。他沉重地念出了一个标题:"在帮助警察的活动中报纸应走在前列。"

嘘!门缝里传出侍者领班丹尼的声音:"迈克老兄,这杯酒是给你喝的。"

警察奥布赖恩在那份打开的报纸的友好的栏目后面,迅速喝了帮助警察的实惠的东西。

一杯下肚后,他精神一振,神气活现地走开去执行任务了。编辑先生也许没有看到自己的劳动这么快就结出了精神和物质的果实,否则他一定会感到自豪的。

警察奥布赖恩折好报纸,玩笑似的把它塞到一个路过的小孩腋下。小孩名叫约翰尼,把报纸带回了家。他的姐姐叫格拉迪斯,就是她写信给美容版编辑请教有效的美容方法。那是几星期前的事了,她不再在报上寻找答复。格拉迪斯脸色苍白,眼睛暗淡,总带着一副不满的样子。她穿好衣服正要上街去买一些丝带。她从约翰尼带回来的报纸里拿了两张,用别针别在裙子里面。走路时发出窸窸窣窣的声音,效果和真绸缎一模一样。

她在街上遇到住在楼下的布朗家的姑娘,便站着聊了起来。布朗①家的姑娘妒忌得脸色发绿了。只有五元一码的丝绸才能发

---

① 英文 brown("布朗")有"棕色"意。

出她所听到的格拉迪斯行走时的声音。布朗家的姑娘妒火中烧,说了一些恶意的话,嘟着嘴自顾自走了。

格拉迪斯继续向大街走去。她的眼睛现在像林中泉水一样晶莹明亮。她的脸颊有了玫瑰的红晕,活泼得意的微笑改变了她的容貌。她居然很美。美容版的编辑能看到她当时的模样就好了。我认为善意对待别人能使平庸的容貌变得可爱,可以成为报纸对她咨询的一个答复。

受到社论严肃敦促的劳工领袖是格拉迪斯和约翰尼的父亲。他捡起格拉迪斯制造出丝绸音响效果剩下的报纸。他没有留神那篇向他呼吁的社论,却看到了智愚咸宜的巧妙有趣的纵横字谜。

劳工领袖撕下那半页报纸,拿了铅笔和白纸,开始伏在桌上解字谜。

三小时后,等在约定地点的比较保守的劳工领袖不见他来开会,便宣布采取调解手段,从而避免了肯定会造成麻烦的罢工。后来几天的报纸用红色油墨着重报道了它如何成功地揭露了那个劳工领袖的企图。

那份积极参预生活的报纸剩下的几页也忠实地证明了它的力量。

约翰尼从学校回来后,找了一个隐秘的地方把垫在裤子里的另外几页报纸取出来,那些报纸分布得十分巧妙,成功地保护了学生被罚时通常受到打击的部位。约翰尼在一家私立学校上学,同老师关系不好。我们先前说过,当天早晨版有一篇反对体罚的极好的社论,无疑起了作用。

经过这一切之后,还有谁能怀疑报纸的力量呢?

汤米和窃贼*

晚上十点钟,使女费利西亚从地下室的那扇门溜出来,和警察一起到街角上去吃山莓汽水。她讨厌那个警察,并且打心眼里反对这种安排。她不无理由地指出,她宁肯待在三层楼,一面看圣乔治·拉斯邦的小说,一面打瞌睡,但她最后还是被说服了,世界上存在山莓和警察,不是没有道理的。

窃贼不费什么周折便闯进了房子,因为一篇四千字的故事必须具备情节,枝节描写不能过多。

他在餐厅里抽开了暗灯的遮光板,取出曲柄钻,开始钻银器柜上的锁。

突然咔嗒一声,房间里立刻充满了电灯光。暗色的丝绒门帘拉开了,走进一个八岁左右的金黄头发的小孩,他穿着粉红色的睡衣,手里拿着一瓶橄榄油。

"你是不是窃贼?"他用甜蜜的稚气的声音问道。

"听他呀,"那个人粗嘎地说,"我是不是窃贼?你认为我三天没有刮胡子、戴着一顶有覆耳的帽子是干什么的?赶快把那瓶油给我,让我在钻头上加点油,以免吵醒你的妈妈,她准是因为头痛早早上了床,把你交给了那个靠不住的费利西亚。"

---

* 本篇系模仿弗兰西斯·伯纳特所著《艾迪沙和窃贼》以及别的描写窃贼悔过自新的小说,加以讽刺。

"唉,"汤米叹了一口气说,"我原以为你应该更现代化一些。这油是我给你拿吃的东西时加在色拉里的。妈妈爸爸到大都会歌剧院去听德雷什凯了。那不是我的错。只不过说明这篇故事在编辑手里兜了许多圈子。假如作者聪明的话,他一定在校样上把它改成卡鲁索了。①"

"别响,"窃贼压低嗓门嗞嗞地说,"你敢声张,我就像拧断兔子脖子那样把你的脖子拧断。"

"像拧断小鸡脖子那样,"汤米纠正他说,"你错啦。兔子的脖子是不能拧的。"

"难道你不怕我吗?"窃贼问道。

"你明知道我不怕,"汤米回答说,"难道你以为我连现实和小说都分不清吗?假如这不是小说,我一见到你就像印第安人那样嚷起来了;你也许会跌跌撞撞逃下楼去,在人行道上被逮住。"

"我看你倒很机灵,"窃贼说,"继续演下去吧。"

汤米在一张扶手椅里坐下,蜷缩起脚趾。

"你为什么到处偷陌生人的东西,窃贼先生?你没有朋友吗?"

"我明白你的用意了,"窃贼皱着眉头说,"还不是老一套。你的天真和稚气把我引回诚实的生活中去。我每次打开一个保险箱,那地方碰巧就有一个小孩。"

"能不能请你用贪馋的眼光看看管家留在餐桌上的那盆冷牛肉?"汤米说,"我担心时候已经不早啦。"

窃贼照办了。

---

① 德雷什凯(1850—1925),波兰男中音歌唱家,19世纪末经常在美国演出;卡鲁索(1873—1921),意大利男中音歌唱家,曾在纽约大都会歌剧院演出,轰动一时。

"可怜的人,"汤米说,"你一定饿了。如果你可以没精打采地站一会儿,我去替你找点吃的来。"

小孩从食品室里拿来一只烤鸡、一罐果酱和一杯酒。窃贼没好气地拿起刀叉。

"我在百老汇路吃过龙虾和一品脱走气的啤酒,"他嘀咕说,"到现在不过一个小时。我希望这些小说家至少让人家在两顿饭中间有点吃消化片的空闲。"

"我爸爸也在写书。"汤米说。

窃贼飞快地跳了起来。

"你不是说他去歌剧院了吗?"他起了疑心,粗嘎地低声说。

"我应该说得明白些,"汤米说,"他的入场券不是花钱买的。"

窃贼重新坐下,玩弄着鸡的如愿骨。

"你为什么要偷人家的东西?"孩子觉得奇怪地问道。

"因为——"窃贼突然泪如雨下地回答说,"愿上帝保佑我家里那个褐色头发的小孩贝西。"

"哎,"汤米皱起鼻子说,"你把这句话安错地方啦。你应该先诉说你的不幸遭遇,临了才提到孩子。"

"嗯,对的,"窃贼说,"我忘了。好吧,以前我住在密尔沃基州,后来——"

"把银器拿去吧。"汤米从椅子里站起来说。

"且慢,"窃贼说,"可是后来离开了。我找不到别的工作。有一个时期,我在南方使用假币,靠它来养活妻儿,然而,哎呀!我被迫放弃了这个行当,因为那些钱不好使。我迫不得已,便做了窃贼。"

"你从没有被警察逮住过吗?"汤米问道。

"我做的是'窃贼',不是'乞丐'。"窃贼回答说。

"你吃完了饭,"汤米说,"经历了例行的良知转变以后,我们怎么结束这个故事呢?"

"嗯,"窃贼沉思说,"假定今晚汤尼·帕斯特①散场比往常早一些,你爸爸看了《帕西法尔》,十点半回到家里。那时候我已经彻底悔过了,因为你使我想起我自己的孩子贝西,而且——"

"喂,"汤米说,"你有没有搞错?"

"凭你的科里·基尔弗特的蜡笔画起誓,决没有错,"窃贼说,"我家里一直有个贝西,天真地同脸色苍白的窃贼老婆在说话。我刚才说过,当我带着你的劝告和你替我包好的三明治正要离开时,你爸爸打开了前门。他认出我是他在哈佛大学的同学,便往后——"

"不是大吃一惊吗?"汤米睁大眼睛插嘴问。

"他在门口往后一退,"窃贼站起来嚷道:"啦啦啦!啦啦啦!"

"呃,"汤米莫名其妙地说,"窃贼偷东西的时候像大学生那样起哄,即使在故事里,我也是第一次听到。"

"你才不懂呢,"窃贼笑着说,"我在研究这个故事的戏剧效果。如果搬到舞台上,这点大学情调正是叫座的条件。"

汤米露出钦佩的神情。

"你真行。"他说。

"你还出了一个错,"窃贼说,"你刚才应该进去一会儿,把你妈妈花九元钱买来作为生日礼物送给你的那枚辟邪金币拿给我,叫我带给贝西。"

"她并没有叫我转送给贝西呀。"汤米插嘴说。

"哎,哎!"窃贼板起了脸,"故事里有一句含糊的句子,你就想钻空子,未免太不对了。你该明白我的意思。在这些故事性的交

---

① 汤尼·帕斯特(1837—1908),美国演员和剧场经理,在纽约开设汤尼·帕斯特歌剧院。

易里,我得到的好处实在太少了。我放弃可以到手的东西,并且每次都得悔过一番,拿到的只是你们这些小孩给我的该死的小玩意儿和辟邪钱币。在某篇小说里,我得到的只是一个小姑娘的吻,正当我开保险箱的时候,她走了进来。她嘴里还有糖蜜的味道呢。我真想把这张桌布往你头上一裹,继续开银器柜。"

"哦,你不至于,"汤米手臂抱住膝头说,"这样做的话,没有哪个编辑会买这篇小说了。你知道你应该保持戏剧的一致性。"

"你也不高明,"窃贼不高兴地说,"照说你不应该坐在这里胡诌一通,抢掉穷人嘴里的面包,而应该躲在床底下扯开嗓子拼命叫嚷。"

"你说得对,老哥,"汤米说,"我不明白他们干吗要我们这样做?我想防止虐待儿童协会应该干预。当一个成年的窃贼在干活,答应给我这种年龄的孩子一辆红雪橇和一双溜冰鞋,哄我别吵醒有病的妈妈时,我觉得再要多嘴多舌是很不合适,也是不近情理的。再瞧瞧他们怎么安排窃贼的行为!你以为编辑会修改——但是有什么用?"

窃贼在桌布上擦擦手,伸个懒腰,站了起来。

"好吧,我们可以收场了,"他说,"上帝保佑你,小孩子!今晚你挽救了一个将要犯罪的人。我一到家,告诉贝西以后,她一定会为你祈祷的。我再也不偷别人家了——至少在六号的杂志出版之前。那时候,当我从茶壶里掏出四分息的公债券时,就轮到你的妹妹跑到我面前来,用她的珊瑚项圈和一个做作的吻来打发我了。"

"你还没有尽兴呢,"汤米从椅子上下来,叹口气说,"我也没有好好睡觉。不过这对我们两个都不好受,老哥。我希望你能退出这个故事,真刀真枪的去抢些东西。如果我们被搬上舞台,你也许会有这种机会的。"

"绝对不会有!"窃贼垂头丧气地说,"一牵涉到戏院票房,牵涉到你这种机灵的孩子所唤起的我的良心,以及出版后才支付稿费的杂志,我想我永远是不名一文的了。"

"我很抱歉,"汤米同情地说,"但是我和你一样,自己也做不了主。窃贼不会成功,这是所有通俗小说的教条之一。窃贼一定会被我这样的小孩,或者一个年轻的女主角挡驾,或者在最后关头遭到他的老朋友红迈克阻拦,因为红迈克发现窃贼要偷的正是他以前在那里做过马车夫的人家。无论在什么故事里,你的结果总是最坏的。"

"呃,我想现在我非走不可了。"窃贼说着,拿起他的暗灯和曲柄钻。

"你得把剩下来的鸡肉和这瓶酒带给贝西和她的妈妈。"汤米平静地说。

"真该死,"窃贼不痛快地说,"她们才不要吃呢。我家里有五箱一八五三年的贝屈斯维尔堡酒。你家的红葡萄酒有软木塞的味道。何况她们除了用香槟酒炖的鸡以外,别的鸡连看都不看。你知道,我一走出故事以后就没有这许多限制了。我偶尔也发个利市。"

"话虽不错,不过你非拿去不可。"汤米把这些东西塞在他手里。

"老天保佑你,小主人!"窃贼像背诵似的顺从地说,"二楼的扫罗①永远忘不了你。现在赶快让我出去吧,孩子,我们这篇故事快满四千字了。"

汤米带路穿过门廊向前门走去。窃贼突然站住,悄悄叫他说:"房子前面不是有个警察在和使女调情吗?"

---

① 指从二楼窗口爬进人家房屋的窃贼。

"是呀,"汤米说,"那有什么——"

"我怕他会逮住我的,"窃贼说,"你不能忘记这是小说呀。"

"聪明人!"汤米转身说,"那就从后门出去吧。"

槲树的圣诞礼物

麻烦的起因几乎可以追溯到二十年前。

二十年后,总算画了一个句号。

假如你住在日落牧场方圆五十英里内的地方,一定听说过这件事的起因。它牵涉到一头浓密乌黑的秀发、两个非常坦诚的深褐色的眼睛,和仿佛潺潺流过草原的小河似的笑声。起因的名字是罗西塔·麦克马伦,日落牧场的麦克马伦老头的女儿。

两个求婚者骑着挨跳蚤咬的、红斑栗色马来了。一个是麦迪逊·莱恩,另一个是"冷面小子"。不过当时人们不叫他"冷面小子",因为他还没有获得那个绰号的资格。他的姓名只是约翰尼·麦克罗伊。

读者千万别以为就只这两个人在追求可爱的罗西塔。日落牧场的拴马架上拴着另外十来个人的烈马,把嚼铁咬得格格发响。那些瞅着草原的羊群,有许多并不属于丹·麦克马伦。

但是,在这些骑士中间,跑在最前面的是麦迪逊·莱恩和约翰尼·麦克罗伊,因此我们的故事只讲他们两个人。

麦迪逊·莱恩是个来自努西斯河一带的年轻的牧场主。他和罗西塔在圣诞节举行婚礼。那些带着枪支、有说有笑、宽宏大量的牧牛人和牧羊人暂时抛开由来已久的相互憎恨,联手来祝贺新人。

日落牧场上回荡着笑声和六响手枪的枪声,皮带的金属扣和一双双眼睛闪着光芒,牧牛人坦诚的道喜声沸沸扬扬。

婚礼宴会进行到最热闹的时候,约翰尼·麦克罗伊突然来了,他妒火攻心,几乎像是中了邪。

"我给你们一件圣诞礼物。"他握着四五口径的手枪,站在门口尖声叫道。即使那时候,他已经有了随便乱开枪的名声。

第一颗子弹擦破了麦迪逊·莱恩的右耳垂。他的枪筒偏离了一寸。若不是牧羊人卡森警惕性高的话,第二枪很可能打中新娘。参加婚礼的人出于礼貌,都把带来的枪连同皮套挂在墙上的一排钉子上。但是卡森眼明手快,把手里一盘烤鹿肉和豆子朝麦克罗伊扔去,打乱了他的准头。第二颗子弹只打碎了悬在罗西塔头顶两英尺高处的西班牙大戟花的白色花瓣。

客人们踢开椅子,跳过去拿他们的武器。在婚礼上开枪打新娘新郎是不合规矩的。不出六秒钟,已经有二十来发子弹朝麦克罗伊飞去。

"下一次我会打准的,"约翰尼喊道,"肯定还有下一次。"他迅速退出了门外。

牧羊人卡森由于成功地扔了盘子而深感鼓舞,他想扩大战果,第一个冲到门口。麦克罗伊在暗处发出的子弹撂倒了他。

牧羊人一哄而上,要为他报仇,杀死一个牧羊人本来就不能置之不理,何况这次的性质十分恶劣。卡森是无辜的;他并没有在这次婚姻中搞什么阴谋诡计,客人中间也没有听他说"一年只有一个圣诞节"。

但是报仇出击失败。麦克罗伊跳上马背跑了,他没入槲树丛中时,还回头喊了不少诅咒和威胁的话。

"冷面小子"的绰号是那晚叫开的,他成了本州那一带的"歹徒"。麦克马伦小姐拒绝他的求婚,使他成了危险分子。警官们为了他枪杀卡尔森的罪行前去搜捕他时有两人丧生,他开始过亡命徒的生活。他双手都能放枪,十有九中。他会突然出现在小镇和居留地,寻衅闹事,结果对手的性命,嘲笑执法官的无能。他冷酷、毒辣、出手快捷、嗜血到了丧失人性的程度,以致几乎无人试图抓捕他。"冷面小子"最终被一个吓得半死的、独臂的墨西哥小个子枪杀时,已经害了十八条人命。将近一半是他在公平的决斗中全凭拔枪快速杀死的。另外一半是他毫无道理、极端残酷地谋害的。

边境一带流传着许多有关他无耻大胆的故事。某些亡命徒也有慷慨甚至心软的时候,他却不是那种人。据说他从未对他发怒的对象有过怜悯。然而,当圣诞节临近的时候,对每个人可能做过的某些好事做出公正的评价(假如能够的话)还是应该的。如果"冷面小子"生平有过仁慈的行为,或者心里有过侠义的冲动,也是发生在圣诞节前后的事,这件事的经过是这样的:

在爱情方面受过挫折的人永远不能闻到金雀花的芳香。那种气味勾起的回忆会达到危险的程度。

有一年的十二月份,弗里奥河一带有株盛开的金雀花树,因为那年的冬季暖和得像春天。"冷面小子"和他的随从兼同谋杀人犯墨西哥弗兰克,骑马前去那里。小子突然勒住他的野性未驯的坐骑,险恶地眯起眼睛,阴沉地在想什么事。浓郁甜蜜的气味触动了他铁石心肠的某个地方。

"我不知道我在想什么,墨西哥,"他像往常那样柔和地拖长声音说,"我完全忘了我非送不可的一件圣诞礼物。明天晚上我要骑马过去,到麦迪逊·莱恩家杀了他。他抢走了我的姑娘——假如他不插手的话,罗西塔会接受我的求婚的。我不明白我怎么会忽略了这件事,直到现在才想起?"

"哦,你得了吧,小子,"墨西哥人说,"别说废话。你很清楚,明晚你进不了麦迪逊·莱恩房屋周围一英里的范围。我前天见到艾伦老头,他说麦迪逊今年在他家庆祝圣诞节。你记得麦迪逊结婚的时候,你怎么开枪搅乱了婚礼,怎么发出威胁的吗?你以为麦迪逊不会提防小子先生吗?你这种话叫我听了心烦,小子。"

"我反正要去,""冷面小子"平心静气地重复说,"我要去参加麦迪逊·莱恩的圣诞庆祝,我要杀了他。我早就该这么做了。嗨,墨西哥,两星期前我还梦到罗西塔和我,而不是和他,结了婚,我们住在一起,我看到她朝着我微笑——哦,真他妈的——墨西哥,他娶了她,我要他的命——不错,老兄,他在圣诞节前夜娶了她,我在圣诞节前夜要他的性命。"

"你想自杀的话,还有别的办法,"墨西哥人劝他说,"你为什么不去警长那里自首?"

"我要他的命。"小子说。

圣诞节前夜的天气暖和得像四月。遥远的空中或许有一丝霜意,但像矿泉水那么清冽,带着草原上晚开的野花和牧豆草的淡淡香味。

夜幕降临时,牧场大宅的五六个房间灯火通明,一个房间里布置了圣诞树,因为莱恩夫妇有个三岁的男孩,附近的牧场会有十来个人来做客。

天黑后,麦迪逊·莱恩把杰姆·贝尔彻和牧场雇用的另外三个牛仔叫到一边。

"听着,伙计们,"莱恩说,"你们要睁大眼睛。在大宅周围转转,密切注意路上的情况。你们都认识那个现在叫做'冷面小子'的家伙,如果发现他,不必问话,开枪就打。我不怕他来,可是罗西塔怕。我们结婚后,每年圣诞节她都怕他会找上门来。"

客人们有的坐四轮马车,有的骑马,纷纷到来,进屋就座。

晚上过得很愉快。罗西塔精心做的晚饭,客人们吃得非常满意,赞不绝口,饭后,男人们三五成群地待在房间里,或者在宽敞的游廊上抽烟聊天。

圣诞树当然让孩子们高兴,尤其是长着雪白的大胡子、穿着白毛皮大衣的圣诞老人出现,开始分发玩具的时候。

"是我爸爸扮的,"六岁的比来·桑普森说,"以前我见过他打扮成圣诞老人。"

莱恩的老朋友、牧羊人伯克利坐在游廊里抽烟,看见罗西塔走过时,同她说几句话。

"莱恩太太,"他说,"我想到了今年圣诞节你已经不再怕那个叫罗伊的家伙了,是吗?你知道,麦迪逊和我谈起这件事。"

"可以这么说,"罗西塔微笑说,"不过有时候我仍旧觉得不踏实。那次他几乎杀了我们,我永远也忘不了当时可怕的情景。"

"他是世界上最冷酷的恶棍,"伯克利说,"边境一带的公民都应该出来,像打狼似的追捕他。"

"他确实犯下滔天罪行,"罗西塔说,"可是——我——我说不好。我觉得每个人都有一些优点。他并不总是那么坏——这一点我清楚。"

罗西塔走进几个房间当中的过道。戴着胡子、穿毛皮大衣的圣诞老人刚从过道出来。

"我在窗外听到了你的话,莱恩太太,"他说,"我正要掏一件圣诞礼物给你的丈夫。不过我给你留了一件。就在你右面的房间里。"

"哦,谢谢你啦,好心的圣诞老人。"罗西塔快活地说。

罗西塔进了房间,圣诞老人走到外面比较凉爽的院子里。

她发现房间里除了麦迪逊外没有别人。

"圣诞老人说留给我的礼物在哪儿?"她问道。

"我没看见什么像礼物的东西,"她的丈夫笑着说,"除非他指的是我。"

第二天,⊕形烙印牧场的加布里埃尔·拉德工头在洛马阿尔塔的邮局歇歇脚。

"'冷面小子'终于挨了铅子儿。"他对邮局局长说。

"是吗?怎么回事?"

"是老桑切斯的一个墨西哥牧羊人干的!——难以想象!牧羊人居然杀了'冷面小子'!昨夜十二点钟左右,那个墨西哥人见他骑马经过他的营地,吓得要死,抓起温彻斯特连发枪就放。最好笑的是那小子从头到脚用安哥拉兔毛皮打扮得像是圣诞老人。想想看,'冷面小子'居然装扮成圣诞老人!"

地　方　色　彩

我对里文顿说过,我在寻找纽约特有的场景和事件——不一定非有趣不可,但要典型的东西。

"哦,我明白了,你写作时有用,"里文顿说,"你找我可真找对了人。我对纽约可以说是无所不知,无所不晓。我可以把你放进大量地方色彩当中,以致你闹不清楚自己究竟是在杂志封面上呢,还是在丹毒病人的病房里。你想什么时候开始?"

里文顿是个出入纽约娱乐社交场所的年轻人,他生在纽约,喜欢纽约,怎么也不愿意离开纽约。

我对他说,我很乐意接受他的陪伴和监护,以便记录曼哈顿了不起的、令人沮丧的、独特的风格,至于什么时候着手,完全看他的方便。

"我们今晚就开始,"里文顿自己也感兴趣,兴致勃勃地说,"晚上七点钟我们一起吃饭,然后我带你去观光大都会的方方面面,准保你应接不暇,要有台电影机才能记录下来。"

于是,我和里文顿在他的俱乐部里舒舒服服地吃了晚饭,出发寻找不易捉摸的地方色彩。

我们从俱乐部出来时,看到两个人站在台阶旁边的人行道上,认真谈论什么问题。

"你根据什么推理过程,"他们中间的一个人说,"得出结论说,社会分成生产和不占有财产的阶级后,比具有垄断倾向、不利于工业发展的竞争制度更容易失败呢?"

"哦,你别自以为是了!"另一个戴眼镜的人说,"你的前提经不起推敲。你们这些夸夸其谈的人,总是把罗圈腿的理论硬往具体明确的三段论法和逻辑结论上套,结果都是一文不值的破烂。你休想用老得长胡子的诡辩来唬我啦。你引用马克思、海因德曼和考茨基的话——他们是什么人?——都是些鬼玩意儿!托尔斯泰?——他的阁楼里全是耗子。我提出的合作联邦和废除竞争机制的想法一针见血,触及问题的实质。你那套全是花花架子,没有真玩意儿!"

我走开几步,取出小笔记本。

"走吧,"里文顿有点紧张地说,"你不见得要听那种话吧?"

"嗨,老兄,"我悄悄说,"那正是我要听的。这类俚语是你们城市的最大特点。这是不是鲍里街特有的类型?我要多听听。"

"按照你的思路,"挑起争论的那个接着说,"你认为在共同权益的基础上重新改组社会,就没有可能了。"

"那是你自己的理解!"戴眼镜的人说,"我可从来没有说过那种话。我说的是我认为目前不可能实行。有钱人的心态对钱是不会放松的,而提着铁皮饭盒去工作的人又不打算参加《圣经》班。你可以用你的花袜子打赌,从炮台公园到你家的早餐桌,整个局面已经搞得乱七八糟了!国家需要的是科布登那样盛气凌人的老家伙,或者老本杰明·弗兰克林那种聪明人①,像棒球抢垒似的冲上前,打掉黑人的脑袋。你明白我的意思没有?"

里文顿不耐烦地拽我的胳膊。

"走吧,"他说,"我们去瞧瞧别的。这不是你要看的东西。"

---

① 炮台公园在纽约曼哈顿岛南端。科布登(1804—1865),英国政治家、经济学家,主张自由贸易,反对欧洲势力均衡;富兰克林(1706—1790),美国政治家,宪法起草人之一,发明避雷针。

"我要看,"我反抗说,"有价值的正是这种难懂的谈话。层次较低的人谈话生动活泼,非常独特。你说这是鲍里街型的俚语吗?"

"哦,好吧,"里文顿打消了拉走我的想法,"实话告诉你吧。说话的是我们的一位大学教授。他下来在俱乐部待一两天。最近有一种时尚,就是用俚语交谈。他认为俚语能改进语言。和他谈话的人是纽约著名的社会经济学家之一。你现在可以走了吧?你清楚,你不能采用那种素材。"

"确实不能,"我同意说,"我不能采用。你认为那是不是纽约的典型特点?"

"当然不是,"里文顿松了一口气说,"我很高兴你能看出差别。如果你要听真正地道的鲍里街俚语,我可以带你去那里让你听个够。"

"我愿意去,"我说,"问题是必须真正地道。我在书上看到很多,但从没有听过。在没有保护的情况下,同那种人物混在一起有没有危险呢?"

"哦,没有,"里文顿说,"晚上这种时候毫无危险。说实话,我好久没有到鲍里街去了,但是我像熟悉百老汇路一样熟悉鲍里街。我们找几个有代表性的鲍里街的小伙子,同他们谈话。他们说的独特的方言,你在世界上任何别的地方都听不到。"

里文顿和我乘第四十二街上的电车往西去,然后在三马路换车往南。

我们在休斯顿街下车步行。

"我们现在走的就是鲍里街,"里文顿说,"歌曲和小说里描写的著名的鲍里街。"

我们经过一排排"男士"服装商店——橱窗里摆满了附有价签、袖口折在里面的男人衬衫。另一些橱窗里有领带,却没有衬衫。人行道上熙熙攘攘。

"这情景,"我说,"叫我想起印第安纳州科科莫诺采摘桃子装木条箱的季节。"

里文顿听出我有觉得这里土气的意思,显得很不高兴。

"你不妨带一大卷钞票,走进一家酒吧或者杂耍场,"他说,"马上就能看到鲍里街如何维护它的名声。"

"你的条件根本没有可能。"我冷冷地说。

过一会儿,里文顿停下脚步说我们已经到了鲍里街的中心地带。街角上的一个警察是里文顿认识的。

"哈啰,多纳休!"我的向导招呼说,"怎么样?我的朋友和我来这一带找些地方色彩。他很想同鲍里街的典型人物见面。你能替我们介绍一个货真价实的——有那种色彩的人吗?"

多纳休警员笨重地转过身,红润的脸显得十分厚道。他用警棍指着街那头。

"当然可以!"他嘎声说,"现在过来的那个小伙子出生在鲍里街,熟悉这里的每一寸土地。他没有出过布利克街以北的地方。"

一个二十八九岁的、面孔光洁的男人,两手插在上衣口袋里,朝我们这边走来。多纳休警员客气地挥挥警棍,让他停下。

"晚上好,克里,"他说,"这两位先生是我的朋友,他们想听你谈鲍里街的情况。你能和他们谈谈吗?"

"当然可以,多纳休,"年轻人愉快地说,"晚上好,两位。"他笑容可掬地招呼我们。多纳休继续去巡逻了。

"这是真货,"里文顿用胳膊肘捅捅我悄声说,"你瞧他的下巴多大!"

"嗨,哥们,"里文顿把帽子往后脑勺一推说,"日子混得怎么样?我和我的朋友来这里瞜瞜——明白吗?那个雷子告诉我们说,你是鲍里街的老手。是吗?"

我不禁佩服里文顿适应环境的能力。

"多纳休说得对,"那个年轻人坦率地说,"我是在鲍里街长大的。我做过报童、卡车司机、拳击手、团伙成员、酒吧侍者、地道的'行家'。我的阅历完全可以说明,我对鲍里街三教九流的生活多少有点经验。我很乐意提供我的知识和经验,为多纳休的朋友服务。"

里文顿似乎有点不自在。

"喂,"他几乎恳求说,"我以为——你不是戏弄我们吧?我们指望的不是这种谈话。到现在为止,你嘴里还没有说过一句脏话呢。你真是鲍里街的吗?"

"我想,"那个鲍里街的年轻人微笑说,"你们大概受了文艺作品的误导,收进了鲍里街的伪币。你提到的那种'黑话'无疑是你们某些文学发现者的创造,他们闯进三马路以南的陌生的蛮荒地带,把一些古怪的声音强加在当地居民的嘴里。远在北区和西区的轻信的读者待在自己家里认真看他们的作品,信以为真。正如马可·波罗和芒戈·帕克①一样(他们虽然是拓荒者,但是好高骛远的灵魂使他们无法区别发现和发明),那些探险者的文学遗骸零零落落地撒在地下铁道的蛮荒里。那些强加在鲍里街居民头上的神话般的语言出版后,作品里的惯用语和巧妙的隐喻确实得到承认,并且在这里得到有限度的应用,那是因为我们这里的人善于吸收有商业价值的东西。旅游者参观访问了我们新发现的风土人情,认为他们的文学旅行指南所言不虚,惯用语和隐喻便创造了市场需要。

"也许我的话离了题。有什么地方需要我帮助两位呢?我请

---

① 马可·波罗(1254?—1324?),威尼斯旅行家,曾在忽必烈帐下担任外交使节,并在中国朝廷任职,口述《马可·波罗游记》;芒戈·帕克(1771—1806),英国外科医师、旅行家,曾沿尼日尔河探险,著有《非洲内地旅行记》。

你们相信这里对所有的人都是欢迎的。我遗憾地说,这里也有许多骗钱的娱乐场所,但是我不认为你们会感兴趣。"

我觉察到里文顿在使劲挨着我。

"喂!"他犹豫地说,"我们一起去喝杯酒吧。"

"谢谢,我从不喝酒。我发现即使少量的酒精都会影响眼力。目前我在研究鲍里街,必须保持良好的眼力。我在这里住了将近三十年,我刚开始了解它的心搏。它像是一条接纳百川的大河。每一条流水都夹带着陌生的种子、淤泥和野草,偶尔还有一朵充满罕见希望的花朵。分析这条河的人必须能筑堤防止它泛滥,必须是自然学家、地质学家、人文学家、潜水员和强壮的游泳者。我爱我的鲍里街。它是我的摇篮,是我的灵感。我已经出版了一本书。评论家的反应不坏。我在那本书里倾注了我的心。我在写另一本书,这本书里倾注的是我的心和头脑。请两位把我当作你们的向导吧。要我带你们去看什么东西,看什么地方,尽管吩咐。"

我不敢正眼看里文顿。

"谢谢,"里文顿说,"我们只是找一些……我的朋友……妈的,完全没有先例,你知道……非常感激你的好意……不必麻烦了。"

"假如你们想见见我们鲍里街的青年人,"我们的朋友说,"我很乐意带你们去看看我们西区КДΦ联谊会①的总部,从这里往东过两个街口就到了。"

"真对不起,"里文顿说,"不过我的朋友今晚很匆忙。他要寻找地方色彩时简直迫不及待。我很愿意去看看КДΦ,可是改天再说吧!"

---

① 美国大学优秀生联谊会用希腊字母ΦBK作为会标,系 philosophia biou kybernetes 的缩写,意谓"哲学为人生指导"。这里的三个希腊字母是作者杜撰的。

我们向他告辞后,搭上回家的电车。我们在百老汇路喝了一杯酒,我和里文顿在街角上分了手。

"不管怎么说,"他恢复后说,"除了小小的老纽约以外,别的地方不可能有这种事。"

这正是里文顿的典型风格。

乔治亚的裁定

如果你有机会去土地管理总局,不妨到制图员的房间,要求看看萨拉多县的地图。一个从容的德国人——有可能是老肯普弗本人——会替你把它找来。那是一幅四英尺见方的厚实的画布。文字和数字十分醒目。标题是花哨的、不易识别的德文式黑体字,饰有古典的条顿图案——词首大写字母很可能有一个谷神或果神,倚靠在葡萄和葡萄藤蔓披的丰饶角上。你对他说,这不是你想看的地图,请他拿正式的原作。他会说:"啊,原来如此!"然后取出另一幅图,尺寸大小只有第一幅的一半,画布老旧破损,颜色暗淡。

你仔细察看地图的西北角时,马上会发现奇基托河的模糊轮廓,如果你眼力好的话,也许还能辨出这篇故事的默默的证人。

土地管理局局长是个老派人;他的颇有古风的礼貌,今天看来似乎过于正式。他衣服是质地很好的黑色料子,下摆很长,有点像古罗马服装。衬衫领子是"不可脱卸的"(这种叫法要怪男子服装用品商店),领结是黑色的窄条,打得像是鞋带结。灰白头发留得稍稍长了一些,但他往脑后梳理得光滑整齐。他的脸像旧时政界人物那样刮得很光洁。大多数人觉得他的面相严厉,但不在正式场合时,少数人看到的是全然不同的表情。尤其是当他的独生女儿最后一次生病期间,周围的人见到他的面容特别亲切温柔。

局长丧妻已有多年,除了办公以外,他把时间精力全放在小乔治亚身上,人们谈到时都十分感动钦佩。他沉默寡言,正经得几乎到了严厉的程度,但是孩子在他心里占有重要地位,母亲虽然已经离她而去,但小乔治亚却从来不缺母爱。他们父女二人相依为命,她很像父亲,认真和富有思想的性格同她的年龄不太相称。

她卧病在床,脸颊烧得通红,有一天突然说:

"爸爸,我希望能为所有的孩子做些好事!"

"你想做什么呢,亲爱的?"局长问道,"搞个聚会,请他们来玩吗?"

"哦,不是那种事。我指的是那些没有家、不像我这样得到爱和照顾的穷苦的孩子。我告诉你,爸爸!"

"你告诉我什么,我的孩子?"

"如果我的病好不了,我把他们交给你了——不是送给你,而是借给你,因为你死后一定会来找妈妈和我的。你有空的话,假如我求你,你能不能做些帮助他们的事呢?"

"别说这种话,亲爱的孩子,"局长把她发烫的小手按在自己脸上说,"你很快就会好的,等你好了以后,你和我,我们一起看看能为他们做些什么。"

父女事先有了一个不明确的约定,然而,不论局长踏上什么慈善的路径,他亲爱的人都不能陪伴他了。当天晚上,那个柔弱的小身体突然变得非常疲惫,再也无力挣扎了,乔治亚在人生大舞台的脚灯前还没有真正开始念她的台词,就匆匆下场。但是,肯定有个熟悉情况的舞台监督。她已经对后面的演员做了暗示。

她下葬一星期后,局长回土地管理局工作,显得比以前更客气,面色更苍白严肃,身上那件黑色的常礼服好像也更宽松一点。

他四星期没有上班,在那悲痛的期间,他的桌子上堆积了大量需要处理的文件。秘书长已经尽了力,但有许多问题牵涉到法律,有关公产让渡、学校用地的销售和租借,放牧、农业、灌溉、造林用地的分类,为居留者开辟新地区等等,都需要做出公正的决定。

局长开始顽强地默默地工作,他尽可能把悲痛抛在一边,专心解决办公室里复杂而重要的问题。恢复工作的第二天,他把勤杂工找来,指着他座位旁边的一张皮面椅子,叫勤杂工搬到顶楼堆放杂物的房间去。乔治亚生前,下午来办公室等他一起回家时,总是坐那张椅子。

随着时间的推移,局长仿佛变得更沉默、孤僻、冷淡了。他有了一种新的心态,看到小孩就受不了。每当一个办事员的孩子喊喊喳喳地进了大办公室,局长就悄悄站起来,关上与之相通的他的小办公室的门。三五成群的学生跳跳蹦蹦在人行道上迎面过来时,他总是穿过马路,走到对面的人行道上去,把嘴抿得更紧。

雨水冲掉小乔治亚墓上最后一片枯萎的花瓣后,差不多过了三个月,哈姆林-埃弗里"地上鲨鱼"公司对他们认为是当年"油水最大"的一块空地提出了主张权利的文件。

读者不要认为那些被称做"地上鲨鱼"的人都是名实相符的。他们中间有许多是商业信誉良好、行事规范的人。有些甚至可以走进州里最庄严的议事场所宣布说:"先生们,我们希望得到这片土地、那片土地,就是这样。"但是实际居留者对地上鲨鱼的憎恨仅次于连续三年的干旱和棉铃虫。地上鲨鱼经常进出保存全部土地记录的土地管理局,猎取"空地"——也就是一般官方地图上看不出的、但实际存在于"地面上"的未经占有的土地。根据法律规定,持有本州颁发的某种临时凭证的人,都可以对任何未经合法占有的土地提出权利主张。那些临时凭证目前都在地上鲨鱼手里。因此,他们只要花上几百元的手续费,就能取得价值几千元的土地。这一来,寻找"空地"的活动自然十分积极。

他们通过这种方式取得的土地,从法律观点来说虽然"未经占有",但上面往往住着劳作多年的居留者,这些人一厢情愿地以为可以安居乐业,突然接到强制撤离的通知,才发现他们的地契一文不值。居留者辛勤劳动,到头来两手空空,被那些狡猾的、毫无怜悯之心的投机商搞得流离失所,理所当然地对他们产生刻骨仇恨。一部州的历史充满了那两种人的对抗。错综复杂的土地制度造就了许多不幸的受害者,地上鲨鱼先生很少在他要动迁的地点露面,而是派使者去执行。每一座小屋里都备有浇铸好的铅子在恭候,许多使者以他们的血肥沃了草地。这一切的罪魁祸首要追溯到很久以前。

创业初期,州觉得有必要吸引新移民,并且酬劳已经在疆界之内的拓荒者。她年复一年地颁发临时土地证——按人头分地、军功赐地、退伍军人赠地、邦联人员赠地,还发证给铁路公司、灌溉公司、侨民区、广大的土地耕种者。惟一的要求是持证人或机构必须请县或区的测量员在公有土地上正确地丈量出面积。通过这种方式取得的土地便永久成为持证人或机构、他或它的继承人和受让人的财产。

在那个时期——问题就出在这里——州的领土几乎是无穷无尽的,老测量员们大方得像王子——甚至像美国西部人——他们丈量得很宽裕,甚至有溢出。那些快活的勘界员往往抛开三角架和测链,骑着每一步大约有一"巴拉"①的矮种马,怀里揣着一个识别方向的罗盘,根据马蹄落地的次数,策马小跑着丈量出距离,在四个角上做出标志,记下现场测量的数据,就算圆满完成了任务。有时候——谁能责怪测量员呢?——当矮种马吃了燕麦特别高兴的时候,蹄子可能抬得高些,步子可能跨得大些,在那种情况下,领到凭证的人通过这次测量得到的土地就可能比证上开列的多出一二千英亩。州的面积无边无际,有的是土地!从没有谁抱怨马的

---

① 巴拉,西班牙和拉丁美洲的尺度单位,一巴拉合31—33英寸。

步子跨得太小。因此，以前州里的每一次测量都溢出了实际。

后来，州里的人口越来越多，地价上涨，这种大大咧咧的工作方法带来了无数的麻烦、没完没了的诉讼、暴乱的土地争夺、为数不少的流血事件。地上鲨鱼们贪婪地扑向这些旧测量的溢出部分，把它们当作未经占用的公有土地提出权利主张。凡是旧面积的标志有含糊之处，四角没有清晰确定的地方，土地管理局总是认可新位置有效，向新的勘定地界者颁发土地证。最困难的地方就在这里。旧的测量地是经过挑选的，几乎都已被不存疑心的、和平的居留者占有，他们的土地证成了废纸，面临两种选择：要就是用双倍的价钱买下他们自己的土地，要就是带着全家大小和个人物品立刻撤走。于是一下子冒出了成千上万的勘定土地的人，带着罗盘搜索"空地"。无知的购地者和持有者被剥夺了价值几十万元的良田。遭到驱逐的居留者赶着破破烂烂的大车，开始大规模的流亡，他们目瞪口呆，没有家、没有希望、没有目的地，诅咒世道不公。他们的子女嗷嗷待哺地望着他们，哭声不断。

在这种情况下，哈姆林-埃弗里公司对一块长一英里、宽三英里、面积约两千英亩的土地提出权利主张，那是伊莱亚斯·丹尼在流经中西部县份之一的奇基托河进行三里格补充测量的溢出部分。公司声称，这块两千英亩的土地是无主土地，当初错误地被认为包括在丹尼测量范围之内。他们主张的根据是丹尼测量的起始角已经明确界定，勘察现场记录注明起始角西行5760巴拉到奇基托河畔，然后沿河的走向蜿蜒南去，地面上的奇基托河实际在标出的地点以西，相距足足有一英里。总而言之，丹尼测量线和奇基托河之间有两千英亩的空地。

七月份的一个大热天，局长吩咐把有关新测量的文件统统拿来，堆在他桌上有一英尺高——其中有现场勘察记录、声明、草图、宣誓证言、连接线——哈姆林-埃弗里公司凡是用奸诈和金钱所能弄到的各种文件一应俱全。

公司催促局长就他们的测量颁发公产让渡证。他们有内部消息,听说一条新的铁路可能在这块土地附近通过。

局长埋头查阅这堆证据时,土地管理局里十分安静。只听得那座古老的城堡式的建筑屋顶上的鸽子的咕咕叫声和翅膀扑动声。办事员们懒洋洋地待着,顾不上装出在干活的样子。在那光秃的石板地、灰泥墙、铁搁栅天花板的屋子里,稍稍有点声息就引起空洞的回响。细微的石灰石尘埃永不落定,使得穿透破旧的窗篷射进屋里的一长道光幂显得发白。

哈姆林-埃弗里公司准备得相当充分。即使在测量工作十分马虎的时期,丹尼测量也是不够认真负责的。它的起始角和一块界线明确的古老的西班牙授予地的起始角一致,但别的数据含糊得不可原谅。现场勘察记录没有任何可作参考的物体——除了奇基托河以外,已经没有树木或者自然物体,而奇基托河的走向误差有一英里之多。根据惯例,土地管理局有理由以补充勘察的方位和距离为准,认为其余的地方不是溢出部分,而是空地。

实际的居留者向土地管理局坚决提出异议。他以猎狗的嗅觉和鹰的视力注意到地上鲨鱼的一伙人在丈量他的土地。一经打听,知道掠夺者在打他的家园的主意,便放下耕犁,写信向土地管理局投诉。

局长把一封抗议信看了两遍。写信人是个女的,一个寡妇,伊莱亚斯·丹尼的外孙女。信中说,多年前她的外祖父分两次以微不足道的价格卖掉了大部分测量地——那些土地的面积和当前的价格抵得上一个公国。她的母亲也卖掉了一部分,她本人继承了奇基托河西面的这块土地。为了维持生计,她被迫卖了不少地,现在只剩下她房屋所在的三百来英亩土地。她信的结尾令人伤感:

"我有八个孩子,最大的十五岁。我白天黑夜耕作仅有的那块土地,维持温饱,挣些买书本的钱。我自己教孩子们读书识字。我的邻居们都很穷,人口多。这里三年两头闹旱灾,收成不好,我们连肚子都吃不饱。地上鲨鱼想夺走的这片土地上有十户人家,都是向我买的地。我卖给他们的价格很低,有的付清了钱,有的还没有付清,如果他们的地被夺走,我只有死路一条。我的外祖父为人诚实,他在本州的建设中出过力,他教导孩子们也要诚实,他们的地是向我买的,我拿什么来偿还他们呢?局长先生,如果你允许地上鲨鱼逼得我的孩子们流离失所,生计无着,谁再说这个州伟大,州政府公正,谁就是在撒谎。"

局长叹了一口气,放下信。这类信他收到过许多许多,但从没有被这类信触动,也没有觉得写信的人是向他个人呼吁。他是本州的公务员,必须遵守州的法律。然而,这种想法并不能彻底排除某种责任感。在本州的官员中,他在土地管理局的地位是至高无上的,州长也不例外。他固然要遵守总的土地法律,但在个别的细节上,他有充分回旋余地。他遵守的其实不是法律,而是裁定:土地局的裁定和判例。本州发展带来的复杂的新问题中,局长的裁定很少受到质疑。只要裁定显得公平合理,法院也予以确认。

局长走到门口,招呼大房间里的一个办事员——他说话的口气像以往一样尊敬。

"威尔登先生,有劳你去通知州学校用地鉴定人阿什先生,请他一有空就到我办公室来。"

阿什在大桌子那里整理报告,很快就来了。

"阿什先生,"局长说,"我想上次你在萨拉多县沿奇基托河勘察过。你还记得伊莱亚斯·丹尼三里格测量地的情况吗?"

"我记得,先生,"那个直率的、爱说笑的测量员回答,"我去河北面的H划区时渡过那条河。道路沿着河谷同奇基托河平行。

丹尼测量地有三英里同河道毗邻。"

"有人声称,"局长接着说,"它同河道之间的距离至少有一英里。"

阿什耸耸肩膀。他是本地人,有实际居留者的本性,因而也是地上鲨鱼的天敌。

"向来认为丹尼测量地是一直延伸到河边的。"他冷冷地说。

"我想讨论的不是这个问题,"局长说,"丹尼测量地河谷部分的地形怎么样,我指的是以前?"

阿什脸上露出居留者的微笑。

"很漂亮,"他兴致勃勃地说,"河谷平坦得像这个房间的地面,像海面一样稍稍有点隆起,肥沃得像奶油。有些灌木丛,冬天可以替牲畜挡风。黑色的肥土层有六英尺厚,下面是黏土。上面有十来座小房子,有风车和菜圃。看来居民相当贫穷——那里离市场太远了——但还过得去。我从没有见过那么多的小家伙。"

"羊群吗?"局长问道。

"嗬嗬!我指的是两条腿的小家伙,"测量员说,"两条腿的、没有鞋穿的、亚麻色头发的小家伙。"

"孩子!哦,孩子!"局长似乎有了新的想法,沉思地说,"他们养孩子!"

"局长,那一带比较偏僻,没有什么娱乐,"测量员说,"你能怪他们吗?"

"我想,"局长像演绎一个惊人的新理论似的慢慢说,"不一定全是亚麻色的。否则不合情理。阿什先生,我猜想有部分是棕色头发,甚至黑色头发。"

"当然有棕色和黑色,"阿什说,"甚至还有红色。"

"毫无疑问,"局长说,"谢谢你提供的情况,阿什先生,我不再耽误你的时间了。"

下午,哈姆林和埃弗里溜溜达达地来了,两人都穿着漂亮的白帆布衣服和浅帮鞋子,身材高大,态度亲切。他们兴旺发达的气息渗透了整个办公室,在办事员中间走过时,一路招呼他们的小名,一路分发粗大的棕色雪茄。

他们是做大买卖的地上鲨鱼中间的贵族。他们对自己充满自信,没有什么企业、辛迪加、铁路公司或者地方检察官是他们对付不了的。州里每一个部门的密室、州议会的每一个委员会的办公室、每一家银行的客厅、首府每一个私人会议室里都闻得到他们粗大的棕色雪茄的特殊烟味。他们老是显得很愉快,从不匆忙,仿佛有无穷的空闲时光,人们不明白,他们在什么时候照料他们所从事的巧取豪夺的勾当。

过一会儿,两人大模大样进了局长办公室,懒洋洋地坐在皮面大扶手椅上。他们善意地发了几句有关天气的牢骚,哈姆林把早晨从州务卿那里听来的一个有趣的轶闻讲给州长听。

州长知道他们的来意。他曾经露出口风,表示那天可以对他们的测量做出决定。

秘书长拿来一批证书的正副文本请局长签署。他写了"土地管理总局局长,霍利斯·塞默菲尔德",每签好一份,站在旁边的秘书长就熟练地拿开,用吸墨水纸吸干字迹。

"我注意到,"秘书长说,"你在检查萨拉多县的测量。肯普弗在制作萨拉多的新地图,我想现在快完成了。"

"我去看看。"局长说着,朝制图员的办公室走去。

他进去时,看到五六个制图员围在肯普弗的桌子旁边,用胸腔音很重的德语说话,瞅着桌上的东西。他们发觉局长进来,立刻四散回到自己的位置上去,肯普弗是个干瘪的德国小老头,留着长鬈发,眼睛老是迎风流泪的样子,结结巴巴的像是在道歉,局长想大概是为了同事们在他桌子旁边围观的缘故。

"没事，"局长说，"我想看看你制的图。"他绕到德国老头背后，坐在制图员的高凳上。肯普弗还在用不利索的英语解释。

"局长先生，我向你保证，我事先没有想到——出来的结果竟是这样的。你瞧！根据现场勘察记录制出的图——请注意数据：南，10度西1050巴拉；南，10度，300巴拉；南，100巴拉；南，9度西，200巴拉；南，40度西，400巴拉——等等。局长先生，我从没有想到——"

局长默不作声地举起白皙的手。肯普弗放下烟斗溜了出去。

局长两手捧着脸，胳臂肘搁在桌上，凝视着那幅固定在那里的地图——那张画在地图上的小乔治亚的甜蜜生动的侧面像——轮廓十分相似的、沉思、柔弱、稚气的脸。

当他终于平静下来，了解经过情况时，发现正如肯普弗所说的那样，完全是始料不及的。老制图员根据伊莱亚斯·丹尼测量数据制图时，奇基托河的蜿蜒的曲线形成惊人的酷似乔治亚的轮廓。肯普弗的草图上确实表明许多走向踪迹和无数罗盘方位的针刺点。后来，肯普弗用墨水描在铅笔痕迹上，奇基托河的曲线突然神秘地呈现出那孩子的优美伤感的侧面像。

局长手捧着脸坐了半个小时，凝视着下面，谁都不敢去打扰他。接着他站起身，走了出去。他在办公室里停了好久，才叫人把丹尼档案找来。

他看见哈姆林和埃弗里还坐在椅子里，仿佛忘了他们来这里的正事。他们懒洋洋地谈论夏季上演的歌剧，每当重大的项目陷于危险时，他们总是显得超乎自然地漠不关心，这是他们的习惯——也是他们引以自豪的地方。他们这次可能得到的盈利不是一般人所能想象的。他们掌握了内部消息，知道一年之内奇基托河谷将铺设一条新的铁路，从而使沿线土地价格飙升。假如测量地有效，他们的盈利将在三万元以上，少一元都是低估的。因此，他们一面轻松地闲聊,等局长提到正题,一面骨碌碌转着眼珠,迫切希望看到奇基托河畔那些土地的证件能落到他们手中。

一个办事员把档案拿来了。局长坐下用红墨水笔在上面写了些什么。然后站起来,望着窗外。土地管理局位于一座秃山山顶。局长的眼光扫过一片浓绿中间的许多房子的屋顶,炫目的白色街道把它分割成块,像是棋盘似的。他放眼望去的地平线是一个树木葱茏的隆起,斑斑驳驳的夹杂着耀眼的白色房屋。那里有个公墓,里面躺着许多被遗忘的人,和几个没有白活的人。有一个只占了很小的空间,而她的童心却非常宽阔,在最后搏动的时刻还为别人祈善祝福。局长仿佛自言自语地动着嘴唇:"那是她的遗愿,而我忽略了太久太久!"

哈姆林和埃弗里的雪茄已经熄灭,但他们仍咬在嘴里,等待局长发话。局长恍惚的神情使他们觉得奇怪。

局长突然斩钉截铁地说话了。

"先生们,我刚签署了伊莱亚斯测量地的公产让渡证。本局认为你们对其中一部分土地的界定是不合法的。"他停顿了片刻,接着,像旧时的雄辩家似的伸出手,宣布了那个把地上鲨鱼们逼到绝境、给一万户人家带来和平与安全的裁定的精神。

"此外,"他脸上带着一种柔和的光亮往下说,"你们也许想知道,从现在起,凡是根据州颁发的拓荒证明而做的土地测量——只要是善意测量、拓荒者善意居留、善意让与他们的子女或者清白的购买人——这一类的测量即使超出证书的原额,只要有自然物体可作标志,本局仍认为应以自然物体为准,测量合法有效。本州的儿童夜晚可以安心睡觉,他们的土地所有权不受侵扰。因为,"局长最后说,"这是天国的原则。"

局长说完后,房间里一片寂静,但是楼下公产让渡证的办公室里传来了笑声。办事员们在传看拿下楼的丹尼档案。

"看哪，"下楼的那个办事员快活地说，"老头把自己的名字都忘了。他在'原受让人公产让渡证'上的签名是'局长乔治亚·塞默菲尔德'。"

有恃无恐的哈姆林和埃弗里对局长的讲话没有什么太大的反应。他们微微一笑，优雅地站起来，评论棒球队，颇有感情地说，起了东风，显然凉快了。他们点燃新的粗大的棕色雪茄，彬彬有礼地告辞走了。后来他们向法院提出起诉，再次像猛虎似的扑向他们的猎物。可是据报纸报道，法院"冷冷地申斥了他们"（当时法庭上欢声雷动），维持局长的裁定。

这一裁定就此成为典型判例，实际居留者把它装在镜框里，让他的子女当识字读本，从松树到山艾灌木地带，从槲树地带到北方浊浪滚滚的大河，人们晚上都能安睡。

但是我认为，并且我可以肯定，局长的想法和我一样，不管老肯普弗是不是命运的工具，不管蜿蜒曲折的奇基托河是不是偶然形成那个可爱的、值得怀念的侧面像，"所有的儿童都得到了好处"，最终结果应该叫做"乔治亚的裁定"。

盲人的节日

视点游移不定的人和画家可惨了！对于前者，生活是一片混乱；对于后者，扑面而来的景色使他不知所措。就拿洛利逊来说吧。有时候，他认为自己是最没用的傻瓜；另一些时候，他觉得自己怀有的崇高理想不易为世界所接受。在前一种心态下，他诅咒自己的愚蠢；在后一种心态下，他摆出几乎近于伟大的从容庄严的气派；不论哪一种心态，他都无法获得正确的视点。

他的祖辈姓"拉尔逊"。家族遗传给他的是敏感忧郁的气质和勤劳节俭的品格。

按照他的视点，他是个遭到排斥的人，永远躲躲闪闪的处于体面社会的边缘；是在世界四分之三的、上和中之间的、可悲的扁圆球上的居民，那里的人妒忌上中两部分的邻居，又都被他们看不起。他由于这种想法而自责，自我流放到离他老家一千英里以外的这个古怪的南方城市。他在这里住了一年多，认识的人很少，把自己封闭在一个阴暗的主观世界里，但是有时遭到格格不入的、庞大的现实侵入，使他感到困惑。接着，他爱上了一个在廉价餐馆里遇见的姑娘，他的故事便从这里开始。

新奥尔良的沙特尔路是一条幽灵出没的街道。街道所在的地区，法国人在极盛时期建立了他们移植过来的骄傲和荣耀；西班牙贵族也招摇过市，梦想黄金、授地和女士的青睐。每一块铺路石板都有高贵的求爱者和争斗者的累累足迹。每一座房屋都有王公贵族的伤心故事;每一个门口都有无数山盟海誓和逐渐衰败的故事。

晚上的沙特尔路成了阴暗的小巷,摸索行走的路人只看到夜空衬托出来的摩尔式阳台的铁艺栏杆。老爷们的旧宅顶住了时间的侵蚀,依然耸立,但内容实质已经荡然无存。人们见到的只是一条幽灵的街道。

惟有金枪酒馆所在的角落,还可以觉察到这条街道的微弱的心搏。当年的人们聚在这里密谋反对国王,警告总统。现在仍然如此,不过聚在这里的人们却不一样了。一个警察就能驱散那些坚决反对一支军队的人。酒馆的招牌悬挂在门口上方,招牌上画的是一个种类不明的庞大的动物,还有一个不起眼的人正要发射一杆能起阻挡作用的枪,枪的颜料曾是锃亮的金色。画上的字样已经模糊得无从猜测,枪同店名的关系全凭想象;遭到威胁的动物厌倦了猎人的长期瞄准,变成了没有形状的污斑。

这个场所叫"安东尼奥",有店名为证,店名在红光下显得像是白色,在玻璃上却是金色的。"安东尼奥"这个西班牙名字无可非议地让人们指望用橄榄油、胡椒和红酒烹饪的、或许带一点大蒜味的美食。但是名字的其余部分是爱尔兰的"奥赖利"。安东尼奥·奥赖利!

金枪酒馆是沙特尔路上不光彩的幽灵。当年比恩维尔和孔蒂用过餐的、王公贵族受过款待的酒馆,现在成了"家常餐馆"。

这里的顾客几乎是清一色的劳动男女。偶尔可以看到二三流剧院的歌舞女郎和收入大起大落的男人;安东尼奥餐馆的名称虽然带有波希米亚的意味,但实际上不是那么一回事——欢乐的举止按"家庭"标准作了低调处理。你点燃一支香烟时,老板会碰碰你的手臂,提醒你要火烛小心。外面火辣辣的"安东尼奥"招牌给你误导,里面的"奥赖利"教你循规蹈矩。

洛利逊是在这家餐馆初次见到那姑娘的。一个打扮得伧俗华丽、眼光贪馋的家伙尾随她进来,在她准备就座的小桌前另一把椅子上抢先坐定,但是洛利逊挪到他对面的座位。他们开始认识,逐渐熟悉,每晚在同一张桌子上吃饭,有两个月之久,并不是事先约定,而像是一连串愉快的偶然巧合。饭后,他们在市里一个小公园散散步,或者逛逛五光十色的市场。一到八点钟,总是走到一个特定的街角,她有礼貌而坚决地向他道了晚安,同他分手。"我住的地方离这儿不远,"她常这么说,"请你让我独自走回去吧。"

可是洛利逊现在发觉他很想陪她走完其余的路程,否则就若有所失,独自待在生活的一个孤寂的角落。他发觉这一情况的同时,自外于好人社会的秘密指着他的鼻子警告他万万不可这样。

人们常常过于自私,因而不可能不以自我为中心;假如他坠入情网,必须让他所爱的人知道。他可能由于权宜和面子而隐瞒了一辈子,但临终时也会吐露,使周围的人大吃一惊。大多数人都不会等这么久才泄露他们的激情。在洛利逊的具体例子中,他特有的伦理观绝对不允许他宣布他的感情,但他不能不面对这个问题,至少要通过暗示来求爱。

这晚,像平时那样在金枪酒馆吃了饭以后,他和他的伙伴沿着幽暗的老街向河边走去。

沙特尔路的终点在老阅兵场。它对面是运用西班牙法律的老市政厅,俯视它的是另一个地方性幽灵似的大教堂。它的中央是个围着铁栏杆的小花园和铺着卵石的幽静小径,居民们晚上常在这里散步。骑着前蹄腾空的战马的将军塑像高高地耸立在底座上,面向河道的英国湾汊,以前英国人的炮舰曾从那里开炮,轰击将军的棉花包。

他们两人经常坐在广场上,但是洛利逊今晚带她经过有石阶的大门,继续朝河边走去。他只知道自己爱她,除了她的名字诺拉·格林韦以及她同弟弟住在一起之外,别的情况一无所知,他想到这里不禁暗自好笑。他们无话不谈,只是不谈自己。她的含蓄也许是他的保留造成的。

他们终于来到码头,在一根横卧的木头上坐下。空中带着装卸货物扬起的尘埃的刺鼻气味。大河黄色的浊流徐徐淌过。对岸是阿尔及尔,在迷蒙闪烁的电灯光和天空星光下仿佛是一个纵向的黑色庞然大物。

她年轻活泼,苍白的面容带着忧伤,然而并不影响她那一看就讨人喜欢的美丽。她说话的声音使话题变得无关紧要。她的声音能使小话题具有极大的兴趣。她安详地坐着抚弄裙子,似乎幽暗的码头是夏季的花园。洛利逊用他的手杖拨弄腐朽的木头。

他开始说他爱上了一个人而不敢对她表露。"为什么呢?"她立即接受了他借用的藏头露尾的、第三人称的陈述。"我在世界上的地位,"他说,"不允许我请求一个女士同我分担。正直的人中间容不得我;我被错误地指控犯有一件罪行,可是我相信我在另一件事上是有罪的。"

接着,他说起他自外于社会的经过。剔除了他的道德哲学后,那个故事不需要什么润色。无非是赌徒的堕落,没有什么新鲜的地方。有一次,他赌了一宿,输了不少钱,危及他当时恰好带在身边的、属于他雇主的一笔钱。他屡赌屡输,下了最后一笔赌注时,他开始赢了,离开赌场时居然赢了一笔数目可观的钱。不巧的是,他雇主的保险箱当晚被盗。报警搜查时,在洛利逊的住处发现了他赌博赢来的钱,总数和被盗的钱相近。他被逮捕,受到审讯,由于证据不足而释放,但那份陪审团没有达成一致同意的记录却使他名誉扫地。

"我的精神负担不在于不公正的指控,"他对那姑娘说,"而在于当我用公司的钱下第一笔赌注时,我就犯了罪——不论后来是输是赢。现在你该明白,我为什么不能向她吐露爱情了。"

"想到世界上有这么样的好人,"诺拉歇了一会儿说,"真是伤心。"

"好人?"洛利逊说。

"我想的是你说你爱的那个了不起的人。她一定是个非常可怜的人。"

"我不明白。"

"几乎和你一样,"她接着说,"也是个可怜的人。"

"你不了解,"洛利逊脱掉帽子,把他浅色的头发往后一掠说,"假定她回报了我的爱情,愿意和我结婚,你想想结果会怎么样。她每天每日都会想到她所做的牺牲。我在她的微笑里会看到恩赐,甚至在她的爱里会看到怜悯,我岂不是要发疯?不。我们中间永远会有隔阂。只有相当的人才能结合。我永远不能请求她降格到我的低层次。"

洛利逊的脸上映出远处淡淡的弧光。还有一种发自内心的光亮。姑娘看到了痴迷的、自我克制的神情;那张脸不像加勒哈德骑士①,便像傻瓜先生。

"这个难以接近的天使,"她说,"像星星一样。实在高不可及。"

"对我来说是这样的。"

她突然转过脸对着他。"亲爱的朋友,你是不是希望星星掉下来呢?"

洛利逊挥挥手。"你逼我面对赤裸裸的事实,"他说,"你不赞成我的论点。但是我可以回答。假如我够得着我说的那颗星星,把它摘下来的话,我也不会那么做;假如它自己掉下,我却会捡起

---

① 加勒哈德是英国古代亚瑟王传说里十二圆桌骑士中最纯粹高尚的骑士,他发现了圣杯。

来,感谢上天给我的殊荣。"

他们沉默了几分钟。诺拉打了个寒噤,把手伸进上衣口袋里。洛利逊自责地表示歉意。

"我不冷,"她说,"我只是在考虑。有些事情我应该告诉你。你找了一个陌生的知心朋友。不过在一家小餐馆里,你也不可能指望结识天使。"

"诺拉!"洛利逊嚷起来。

"让我说下去。你已经把你的情况告诉了我。我们成了好朋友。有些事情我本来不愿让你知道,现在我必须讲给你听。我——比你更糟糕。我是吃舞台饭的……我在歌舞团里唱歌……我想我很坏……我偷了头牌女演员的钻石……我被捕过……我退了赃,给放了出来……我每晚喝酒……喝很多很多……我坏透了,可是——"

洛利逊在她身边跪下,拉住她的手。

"亲爱的诺拉!"他狂喜地说,"我爱的是你,是你!你从没有想到,是吗?我刚才说的人就是你。现在我可以毫无顾虑地说了。让我使你忘掉过去吧。我们两人都受过苦;让我们把世界关在外面,互相为对方生活吧。诺拉,你听到我说我爱你吗?"

"尽管——"

"不要说尽管,说正因为这样吧。你已经从过去走了出来,你高尚善良。你有一颗天使的心。把你的心给我吧。"

"刚才你还害怕将来,连提都不敢提呢。"

"那只是为了你,不是为我自己。你能爱我吗?"

她扑进他怀里,啜泣起来。

"超过生命——超过真理——超过一切。"

"我的过去,"洛利逊有点担心地说——"你能原谅吗——"

"我告诉你我爱你的时候,"她悄声说,"已经回答了这个问题。"她身体后仰,沉思地看着他。"假如我没有把我的情况告诉你,你会——会告诉我——"

"不会的,"他打断了她的话,"我永远不会让你知道我爱你。我永远不会问你现在要问的问题——诺拉,你愿意做我的妻子吗?"

她又哭泣起来。

"哦,相信我;我现在是好人了——我不再是坏人了!我要做世界上最好的妻子。别以为我还是个坏人。如果你有那种想法,我宁愿死,我宁愿死掉!"

他安慰她,她突然面露喜色,急切地说:"你愿不愿意今晚就和我结婚?能不能通过结婚证明我是好人?我希望今晚结婚。你愿意吗?"

产生这种极度率真的只可能是死乞白赖的厚颜或者彻底的无知。坠入情网的人的视点包含其中之一。

"越快结婚,"洛利逊说,"我就越感到幸福。"

"那该怎么办呢?"她问道,"你有什么办法呢?说呀!你应该知道。"

她的积极促使一个梦想家采取了行动。

"先找一本市内电话号码簿,"他快活地喊道,"找出颁发幸福证书的人的地址。我们一起去把他拖出来。马车、汽车、警察、电话和牧师可以帮助我们。"

"罗根牧师可以为我们证婚,"那姑娘热切地说,"我带你去找他。"

一小时后,两人到了偏僻小街上一幢阴暗的大砖房子门口。诺拉手里紧紧攥着证书。

"你在这里等一会儿,"她说,"我去找罗根牧师。"

她走进黑暗的门廊,洛利逊焦急地等在门外,幸好时间不是太长。他好奇地窥探仿佛是通向埃里伯斯①的门廊,很快就看到过道尽头一道划破黑暗的光线。接着听到了她的招呼声,他便像飞蛾扑向灯光似的跑去。她招手叫他进了漏出光线的房间。房间里除了满满登登的书以外几乎没有别的东西。书堆中腾出几块小小的空间。一个上了年纪的、目光特别深邃的、秃头的人站在一张桌子旁边,手里拿着一本打开的书。他身上黑色的衣服说明他属于某个教团。

"罗根牧师,"诺拉说,"这就是他。"

"你们两人,"罗根牧师说,"想结婚吗?"

他们没有否认。牧师为他们证了婚。仪式很快就结束了。如果有谁在场,看到这么简单的仪式带来的却是无穷无尽的庄严责任,很可能感到惊悚。

接着,牧师仿佛背诵似的简单地讲了一些别的世俗和法律规定,可以或者应该在以后履行。洛利逊要交一些费用,牧师谢绝了,那对年轻人离开后,门还没有关好,罗根牧师已经打开了手里的书。

诺拉在黑暗的门廊里转过身,含着泪水,搂住她的伴侣。

"你永远、永远不会后悔吧?"

洛利逊再次向她保证,让她安心。

他们一到街上有亮光的地方,她就像每晚那样问几点钟了。洛利逊看看表说八点半。

她朝他们每晚分手的街角走去,洛利逊以为那是习惯使然。但是,到了那里之后,她犹豫了一下,松开了他的胳臂。街角上有一家药房,柔和的灯光照在他们身上。

---

① 埃里伯斯是希腊神话中人世与地狱之间的黑暗地带。

"像往常一样,今晚也在这里分手吧,"诺拉甜蜜地说,"我必须——明天见吧。你不会反对吧?明晚六点钟,我在安东尼奥餐馆等你。我要和你一起再在那里坐坐。以后——你说去哪里,我都跟你。"她朝他粲然一笑,快步走了,弄得他不知所措。

她确实需要运用全部魅力才能让人原谅这种令人震惊的行为。虽说洛利逊不是神经脆弱的人,他的脑袋也开始晕眩了。他双手插在口袋里,茫然走到药房橱窗前面,吃力地念那些成药的名称。

他镇静下来后,漫无目的地往街上走去。他过了两三个街口,来到一条比较繁华的大马路。以前他独自一人闲逛时常来这里。因为这里有一排商店,陈列着制作精巧、品种繁多的手工艺品和各地的天然和人工的产品。

洛利逊在那些光线明亮、商品琳琅满目的橱窗前徘徊了一会儿。这里行人稀少,正合洛利逊的心意。他性情孤僻。长久以来,他和别人的接触像是沿着不同轴心旋转的、直角相交的嵌齿轮。现在他滑进了一个全新的轨道。他像是一个精巧的玩具,音乐陀螺,旋转时遭到厄运的迎头猛击,陀螺虽然还在旋转,速度也没有减慢,但是调子与和音已经完全改变。

他在平静的街上信步走去,感到一种奇特的、超自然的安谧,思想却异乎寻常地活跃。他回想最近几天的事,确信他心爱的人成了他的新娘是莫大的幸福,但又为自己缺少激情而诧异。她在新婚前夜没有什么站得住脚的理由就离他而去,这种古怪的行为只引起他模糊和好奇的猜测。他又发现自己在揣摩她的匆忙生活的某些事件时竟然非常宽容平静。他的视点仿佛奇怪地改变了。

他站在街角附近的橱窗前,听到一阵越来越闹的扰攘和混乱。一群聚集在街角上的人推推搡搡地朝他所在的地方走来,他靠近橱窗,让他们通过。他注意到人群中间有蓝制服铜纽扣的警察,一个穿炫眼的白色和银色衣服的中心人物,后面还有一群黑乎乎、乱哄哄的闲人。

两个高大的警察押着一个仿佛演员打扮的女人——她穿着长及膝盖的白缎子短裙、粉红色的长筒袜、一件甲胄似的坎肩上面缀着许多闪闪发光的鳞片。她浅黄色的鬈发上斜戴着一顶闪亮的铁皮头盔。一眼就可以看出那是竞争激烈的剧院为了叫座而设计的舞蹈演员的服装。一个警察臂弯里搭着一件长披风,显然是想遮掩他们所抓捕的人的光辉形象,但不知什么原因没有派上用场。尾随看热闹的闲人在起哄。

那女人走到洛利逊所在的橱窗前面时突然猛力挣扎,整个队伍被迫停顿下来。洛利逊发现那女人乍看起来好像年轻漂亮,细看却不是那么回事。她的眼神大胆而满不在乎,容貌虽然留有青春的痕迹,但已露出迟暮的无奈。

年轻女人毫不畏缩地盯着洛利逊,像蒙冤遭难的女主角那样对他说:

"喂!你像是个好人,你出面来保释我好不好?他们不应该抓我,我什么也没干。完全是误会。你瞧他们是怎么对待我的!你帮我一个忙,不会后悔的。想想看,假如你的妹妹或者女朋友这样在街上被人拉着,你又怎么样!喂,做做好人吧,现在就来。"

尽管哀求的理由并不使人信服,但是洛利逊脸上或许露出了同情,一个警察从那女人身边向他走来。

"没问题,先生,"他悄悄说,"她正是我们要抓的人。我们接到芝加哥警察总长的电报,在绿光剧院第一幕结束后逮捕她的。到警察局只有一两个街口。她确实穿得太少,但她拒绝更换衣服——或者不如说,"警察笑着补充说,"她拒绝披上一点东西。我觉得应该向你解释,免得你认为她遭到粗暴对待。"

"罪名是什么?"洛利逊问道。

"重大盗窃罪。钻石。她的丈夫是芝加哥的珠宝商。她卷走了他橱窗里的钻石,跟一个喜歌剧团逃跑了。"

警察发现围观群众的兴趣集中在他自己和洛利逊身上——期待他们的交谈引发新的情节——便认为可以发表一点带有哲理的评论,延长这种局面,从而增加自己的重要性。

"像你这样的绅士,先生,"他和蔼地接着说,"是永远不会注意的,不过干我这一行的人却观察到那种组合——我指的是舞台、钻石和对自己美满家庭感到不满的轻率的女人——会引起无穷无尽的麻烦。先生,我对你说,如今的男人日日夜夜都得留神他们的女人在干什么。"

警察微笑着道了晚安,回到他所押送的女人身边,那个女人在他们谈话时一直密切注视着洛利逊的脸色,希望看到他打算帮她一把的迹象。现在看不到了,丢脸的进程又将继续,她放弃了希望,尖刻地对他说:

"你这个该死的懦夫!你本来打算帮我一把,可是警察一句话就打消了你的念头。你看上去有模有样,其实根本不可靠。喂,谁做了你的女朋友,倒很轻松。她可以任意摆弄你,要你圆就圆,要你方就方!哎呀呀!"她奚落地大笑,声音像锯子似的割痛了洛利逊。警察催促她往前走,看热闹的人跟在后面,剽悍的女俘接受了命运的安排,扩大了她诅咒的范围,听到的人都觉得自己没有受到忽视。

洛利逊的视点突然发生了势不可当的转变。也许转变的条件已经成熟,也许他长久以来一直不正常的心态正要恢复平衡,总之,前几分钟发生的事即使没有提供转变的动力,至少提供了转变的渠道。

最早有决定性的影响只是警察上来同他搭话这么一件区区小事。警察招呼他的态度使他回到了他原先在社会上的地位。刹那间,他从一个穷巷小街的闲荡的人变成了正直的绅士,以致神气活现的维护治安的人也和蔼地同他寒暄。

这件事首次打破了禁锢的符咒,恢复了他心中同人们交往和行善的渴望。他激烈地问自己为什么会有这种毫无道理的自我谴责、自暴自弃、神经过敏,以致放弃了他在生活中的遗产和应得的报酬?从技术上说,他并没有被定罪;他惟一的罪恶在于思想而不在行动,这一点并不为别人所了解。他像躲避自己影子的刺猬似的逃避现实,有什么精神上或者感情上的好处呢?

但是触到他痛处、使他愤怒的是那个剽悍的女俘所扮演的角色。不满三小时前,他和一个女人举行了结婚仪式,而那个女人同这个好斗的演员极其相似——据她自己承认,至少在堕落的经历方面有相同之处。那时候,他觉得多么美好,多么自然;而现在却觉得多么可怕!第二号钻石窃贼的话还在他耳畔回响:"谁做了你的女朋友,倒很轻松。"那句话是什么意思,还不是说女人本能地知道他是容易上当受骗的人?警察那句明智的话也加深了他的痛苦:"如今的男人日日夜夜都得留神他们的女人在干什么。"一点不错,他当了傻瓜,他观察事物的视点错了。

但是,在这片喧嚣中,最狂野的声音是痛苦的食指——妒忌——发出的。现在他感到了最尖锐的刺痛——他白白奉献了满腔爱情。不管她是什么样的人,他爱上了她;他是咎由自取。他突然觉得目前的处境有一种可厌的滑稽意味,他在有回声的人行道上摇摇晃晃地走去时,格格狂笑起来。他感到要采取行动、要同命运抗争的冲动。他猛然站停,得意地一拍巴掌。他的妻子——他的妻子在哪儿?但是有一个实实在在的环节,一个可以把他漂流的婚姻之舟安全拖出去的出口——牧师!

同所有性格柔顺而富于想象的人一样,洛利逊十分激动的时候容易变得狂暴。盛怒之下,他回到刚才来的交叉路口,快步走向他同妻子分手的街角。他带着苦笑,在这个不熟悉的地区寻找他们举行荒谬的婚礼后出来的地点。他多次找错,气呼呼地回忆刚才的情景,沿着原路重新再找。

最后,到了他干出那件蠢事的阴暗倒霉的房子,找到没有灯光也没有声音的黑暗的门道。他冲了进去,不顾一切地大声呼喊,叫那个目光深邃却看不到自己造成了多大灾难的老捣蛋鬼。门打开了,罗根牧师站在亮光下,手里还拿着那本打开的书。

"啊!"洛利逊嚷道,"你就是我要找的人。几小时前,你为我证了婚。我本不想打扰你,可是我忽略了一些情况。能不能请你告诉我,那件事是不是不可挽回了?"

"进来说吧,"牧师说,"房子里有别的住户,他们即使好奇,睡觉的时候恐怕也未必愿意受到打扰。"

洛利逊进了屋,在牧师指点给他的椅子上坐下。牧师有礼貌地露出询问的神情。

"我为了我的不幸婚姻这么快又来打扰你,"年轻人说,"必须再次向你道歉。不过我的妻子忘了把她的地址告诉我,我连吵架都找不到地方。"

"我是个直爽的人,"罗根牧师愉快地说,"但是我不明白怎么问你问题。"

"请原谅我说得不清楚,"洛利逊说,"我想问你一件事。今晚你在这个房间里为我证了婚。后来你又说了一些应该或者可以做的额外的规矩。当时我没有注意听,现在我很想再听一遍。按照目前的情形,我是不是无可挽回地结了婚?"

"你的婚姻完全稳固合法,"牧师说,"同在大教堂里当着千百个人的面举行的婚礼一样。我提到的额外事项,对于婚礼的严格合法性并不是必不可少的,但是对于将来办理遗嘱、继承等等可能事件有参考作用。"

洛利逊刺耳地大笑起来。

"多谢了,"他说,"那么说来没有搞错,我是那个有福的新郎。我想我应该站在新郎席上,等我妻子在街上逛够以后来找我。"

罗根牧师平静地瞅着他。

"孩子,"他说,"男人和女人到我这里来请我为他们证婚时,我总替他们办理。我之所以这样做,是因为有些人如果没有办理结婚手续,可能跑掉去同别人结婚。当初我没有向你详细了解,但是你的情况似乎相当特殊。我很少遇到结了婚的人在这么短的时间内明确表示后悔的。我只想问一句话:你结婚的时候,是不是觉得你爱你所娶的女士?"

"爱她!"洛利逊狂热地说,"我从来没有像现在这样爱她,尽管她告诉我说她犯有欺骗、偷窃的罪恶。我以后也不会像现在这样爱她,尽管她也许正在嘲笑她诱骗并抛弃的傻瓜,根本没有解释天知道她以前干过的什么荒唐事。"

罗根牧师一言不发。他默默坐着,柔和的大眼睛里发出期待的光芒。

"请听我说——"洛利逊刚要开口,牧师举起手制止了他。

"正如我所希望的,"他说,"我想你会信任我的。请稍等一会儿。"他取来一个陶制长烟斗,装了烟丝点燃。

"现在你说吧,孩子。"他说。

洛利逊把积累了十二个月的心里话向罗根牧师和盘托出。他全说了出来,没有隐瞒或省略他过去的事情,当晚的遭遇,以及困扰他的猜测和担心。

"我认为主要的一点,"牧师等他结束后说,"在于你是不是肯定你真正爱你所娶的女人?"

"哟,"洛利逊激动地站起来说,"我没有必要否认。可是你瞧瞧我——难道我是不三不四的人?我告诉你,对我说来这才是主要的。"

"我理解你,"牧师也站起来,放下烟斗说,"比你年纪大的人遇到这种情形也会沉不住气的——特别是比你年纪大得多的人。我今晚就能使你安心。你可以亲眼看到你的处境,并且有可能摆脱。眼睛看到的是最可信的证据了。"

罗根牧师戴上一顶软帽,扣好上衣领子,开了房门。"我们走吧。"他说。

两人走到街上。牧师拐了一个弯,洛利逊跟着他,穿过一个贫困的街区,两边的房屋影影绰绰,杂乱而凄凉。他们又拐进一条不那么阴暗的小街,房屋都小一些,这里的生活虽然也不好过,但同人口更为密集的小巷比较起来,贫困的程度不那么集中。

罗根牧师在一幢独立的两层楼房屋前面站住,熟门熟路地上了台阶。他带洛利逊走进一盏挂着蜘蛛网的灯照亮的狭窄门道。右边一扇房门几乎立即开了,一个衣着马虎的爱尔兰妇女探出头。

"晚上好,吉亨太太,"牧师招呼说,他自己的语气不知不觉也有了爱尔兰腔,"你能不能告诉我,今晚诺拉是不是又出去了?"

"哦,是你,尊敬的牧师先生!我当然可以告诉你,可爱的姑娘像往常那样出去了,不过稍微晚一些。她说:'吉亨大妈,感谢圣徒,今晚是最后一次了。'是啊,牧师先生,这次她拿去的衣服美丽极了!白绸缎做的,衣领和衣袖都有丝带花边——牧师先生,可值不少钱呢,简直是罪恶。"

牧师听到洛利逊痛苦地倒抽了一口气,他嘴角上泛起微笑。

"那好,吉亨太太,"他说,"我上楼去看看孩子,我带这位先生一起去。"

"他醒着,"那女人说,"我刚下来,我陪了他一个小时,给他讲老蒂龙伯爵的故事,牧师先生,那个小家伙听起故事来没个够。"

"那还用说吗,"罗根牧师说,"我想他听着听着就睡了,比什么摇篮都见效。"

爱尔兰女人说牧师未免太小看她讲故事的本领了,在玩笑声中,两个男人爬上陡直的楼梯。牧师推开楼梯尽头的一扇房门。

"你这么早就回来了吗,姐姐?"黑暗中一个稚气的甜美的声音说。

"是你的丹尼牧师来看你了,亲爱的,我还带来一位先生。你却躺在床上睡了!你太不讲礼貌了!"

"哦,丹尼牧师,是你吗?我很高兴。你把灯点上好吗?灯在门旁的桌子上。别像吉亨大妈那样说话好吗,丹尼牧师?"

牧师点亮了灯,洛利逊看到一个黄头发、面孔瘦削清秀的小男孩坐在角落里的一张小床上。他飞快地四下扫了一眼,发现房间布置得相当舒适,能看出一个女人的眼力和品位。一扇打开的门通向另一个黑洞洞的房间。

孩子抓住罗根牧师的双手说:"你来了我真高兴;但是你为什么晚上来呢?是我姐姐派你来的吗?"

"别胡说啦!我这把年纪还有人能把我派来派去吗?我是自己来的。"

洛利逊也走到孩子床边。他喜欢小孩,这个小不点的孩子独自睡在一间黑屋子里,引起了他的怜惜。

"你不怕吗,小人?"他在孩子旁边弯下腰说。

"有时候,老鼠闹得太凶,我有点怕,"孩子不好意思地微笑说,"不过姐姐出去后,吉亨大妈几乎每晚陪我待一会儿,给我讲好听的故事。我怕的时候不多,先生。"

"这个勇敢的小先生,"罗根牧师说,"是我的学生。每天六点半到八点半待在我的书房里,他的姐姐八点半来接他。我们一起研究书本里的东西。他会乘法、除法、小数,现在缠着我要我讲爱尔兰大历史家克朗麦克诺斯、克鲁拉克·麦克库尔南和夸恩·奥罗尚的编年史了。"那孩子显然已经习惯于牧师的凯尔特式的幽默。牧师拐弯抹角地夸他好学,他领情似的咧嘴笑笑。

洛利逊心里有个非常重要的问题想问那孩子,只是开不了口。小家伙长得极像诺拉:一样光亮的头发,一样坦率的眼睛。

"哦,丹尼牧师,"孩子突然说,"我忘了告诉你!姐姐以后晚上不再出去了!今晚她临走时吻我,对我说的。她说她太高兴了,甚至哭了。你说怪不怪?不过我很开心,你呢?"

"我也开心,孩子。现在快睡吧,亲爱的,说声晚安!我们该走了。"

"丹尼牧师,你要我先做哪件事呢?我睡后怎么道晚安呢?"

"真是的,他又抓住我的语病了!等我讲到圣徒传记的时候,我要多教他一些爱尔兰习惯语法,让他懂点礼貌。"

屋里熄了灯,勇敢的小孩在黑暗里向他们道了晚安。他们摸索着下了楼,摆脱了吉亨大妈的唠叨。

牧师领着洛利逊到了幽暗的街上,这次走的是另一个方向。牧师安详沉默,洛利逊学他的样子,很少说话。但是他做不到安详。他心里憋得慌。这么盲目地跟着走下去,不知道最终会有什么屈辱的发现。

他们来到一条宽敞的街道,可以看出这里白天相当热闹。牧师在一幢高大的建筑前面停下来,底层宽大的门窗关好了栅栏百叶窗。楼上的窗口都是黑的,只有三楼灯火通明。洛利逊听到上面传来音乐似的、有规律的营营声。他们站在那幢建筑的拐角处。侧面有一道铁楼梯。楼梯顶部是一个明亮的长方形。罗根牧师站着沉思。

"我只说这几句话,"他沉思地说,"我认为你这个人比你自己想象的要好,比我几小时前想象的要好。可是别把我的话当做对你的赞扬。我向你做过承诺,说你有可能从不幸的困惑中解脱。

我现在必须修正那个承诺。我只能解开增加困惑的谜团。至于解脱,要靠你自己了。来吧。"

他带洛利逊上楼。半道上,洛利逊拉住他的袖管。"请记住,"他喘着气说,"我是爱那个女人的。"

"你不是想知道吗。"

"我——好吧。"

牧师走到楼梯顶的平台上。洛利逊从他背后看到,发亮的地方是通向那个灯光通明的房间的门上半部分的玻璃。他们走近时,有节奏的声音越来越响;楼梯随着柔和的震动微微摇晃。

洛利逊踏上最高一级楼梯时屏住了呼吸,因为牧师站到一边,做手势让他往门玻璃里张望。

他的眼睛习惯了黑暗,先看到的是炫目的亮光,然后看到许多人的脸和形状,周围是大量华丽的服装——波浪形的花边、色彩鲜艳的衣服、缎带、丝绸和云雾般的薄纱。接着他明白了营营声的起因,看到他妻子的疲倦、苍白而快活的面孔,她同二十来个别的妇女一起,弯着腰用缝纫机使劲干活。这就是她所做的蠢事,也是他探索的结果。

但是,触动他的不是解脱,甚至不是当时使他深感内疚的解脱。他的羞愧的灵魂让位于另一个较为高尚的灵魂以前颤动了一下。因为五光十色的绸缎和装饰使他狂喜之余想起那个闪闪发亮的剽悍女人的扰乱人心的形象,以及脚灯和偷来的钻石所照明的卑鄙的故事。布置场景的人对于人物的赞扬或者谴责是一无所知的。但是他的爱使他克服了顾忌。他快步上前,伸手要开门。罗根牧师抢在前面抓住他的手,把他拉了回来。

"你辜负了我对你的信任,"牧师严厉地说,"你想干什么?"

"我要到我的妻子那儿去,"洛利逊说,"让我过去。"

"听着,"牧师牢牢抓住他的胳臂,"我正要让你知道你到目前为止还没有资格知道的事。我不知道你以后有没有资格,不过我不再在这件事上同你纠缠了。你看到同你结婚的女人在那个房间里,她干活挣钱,自己省吃俭用,为了让她钟爱的弟弟过得舒服一些却从不吝啬。这幢房子属于本市最大的制衣商。食肉火曜日①快到了,几个月前就有许多制衣订单,他们日夜加班。诺拉在这里干活是我介绍的。她每晚来这里,从九点干到第二天早晨,此外,还带一些要求高的细活回家,白天接着做。奇怪的是你们两人都不太了解对方的生活。你现在应该相信你的妻子不是干不光彩事的女人了吧。"

"让我到她那儿去,"洛利逊挣扎着嚷道,"让我去请求她宽恕。"

"先生,"牧师说,"假如你觉得你欠我情的话,请你安静下来。上帝往往把最好的礼物送给学会珍惜它的人。你听我说。你忘了引起追悔的罪过是不能私了的,而要用最纯洁、最善良的行为来赎取。你以为同是沦落人就能取得心理平衡,你带着这种似是而非的想法去接近她,而她怕失去她渴望的东西,不惜用不计后果的、无中生有的、美丽的谎言来换取。我从她出生的那天起就认识她了,她一生的所作所为都像圣徒那样清白。她在那条穷街上出生,在那里长大,为别人做出慷慨的牺牲。哟,你这个无赖!"罗根牧师指着洛利逊,善意地责备他说,"我真不明白,她为了你这种人何苦把自己当做傻瓜,用谎话褒贬自己美丽的灵魂!"

"先生,"洛利逊颤抖着说,"你爱怎么骂我尽管骂吧。你可以怀疑我,但我仍旧要用行动来证实我对你的感激和对她的敬爱。现在让我去对她说句话,让我在她脚边跪一会儿,让我——"

---

① 食肉火曜日是法国四旬节前的狂欢节的最后一天,人们扮成神父赶着一头肥牛在大街上游行,美国新奥尔良有许多法国移民,也过这一节日。

"得啦,得啦!"牧师说,"你以为我这样的老书呆子会爱看爱情戏?再说,我们半夜三更在女服车间外面探头探脑,扮演的又是什么角色?照你妻子吩咐你的话,明天去同她见面吧,我今晚干的事以后也许有机会取得宽恕。现在下楼吧!时候不早了,像我这样的老年人该休息了。"

牧场上的波皮普夫人

"艾伦姑妈,"奥克塔维亚把她的黑色的小山羊皮手套轻轻地扔向窗台上那只端庄的波斯猫,快活地说,"我成了叫花子啦。"

"你说得未免太夸张了,亲爱的奥克塔维亚,"正在看报的艾伦姑妈抬起眼睛,温和地说,"假如你暂时需要一点买糖果的零钱,我的钱袋在写字桌的抽屉里,你可以自己去取。"

奥克塔维亚·波普雷脱掉帽子,坐在她姑妈椅子旁边的脚凳上,双手抱住膝头。她那苗条柔软的身体穿着时髦的丧服,从容优雅地适应这种不舒服的姿势。她的青春焕发的面孔和一双充满活力的眼睛,竭力装出同当前形势相适应的严肃表情。

"好姑妈,这不是糖果问题,而是咄咄逼人、情况不妙的赤贫,等着你的是廉价的现成服装、用汽油除污的旧手套、马虎的伙食和传说中守在门口的饿狼。我刚从我的律师那里回来,姑妈,'太太,行个好吧,我什么都没有。买点花好吗,夫人?买枝花插在纽扣孔里吧,先生?帮帮一个可怜的寡妇,买些铅笔吧,老爷,五分钱三支。'我能行吗,姑妈,拿挣面包的本领来说,我以前的演讲课程没有完全白学吧?"

"正经一点,亲爱的,"艾伦姑妈说,让手里的报纸落到地上,"先告诉我你究竟是什么意思。波普雷上校的产业——"

"波普雷上校的产业,"奥克塔维亚打断了姑妈的话,她一面说,一面用戏剧性的手势来加重语气,"是空中楼阁。波普雷上校的财力是捕风捉影。波普雷上校的股票是镜花水月。波普雷上校的收入——是无稽之谈。我这些话里没有我刚才听了一小时之久的法律术语,不过用大实话来说,就是这个意思。"

"奥克塔维亚!"艾伦姑妈这时才显出惊慌,"我简直不能相信。以前大家都认为他的财产有一百万呢。并且还是德佩斯特家介绍的!"

奥克塔维亚咯咯笑起来,随即又变得相当严肃。

"死者没有遗留什么,姑妈——甚至连下半句话都用不上①。亲爱的老上校——说到头,他徒有其表!我这方面却是公平交易——我全在这儿了,可不是吗?合同上开具的项目一应俱全:眼睛、手指、脚趾、青春、古老的家系、无可置疑的社会地位——我这儿没有欺诈。"奥克塔维亚捡起地上的报纸,"但是我不打算怨天尤人——当你吃了大亏,大骂命运的时候,人们是不是用这句话来形容你?"她平静地翻着报纸,"'股票市场栏'——没有用了。'社交活动栏'——无缘了。这一版才适合我的情况——招聘栏。作为范德雷塞家的成员,我当然不能说是'求职'。使女、厨娘、推销员、速记员——"

"亲爱的,"艾伦姑妈声音发颤地说,"请你别说那种话。即使你的经济情况真糟到那种地步,我还有三千——"

奥克塔维亚轻快地站起来,在那拘谨古板的小老太太柔弱的脸上伶俐地吻了一下。

"好姑妈,你的三千块钱只够你自己喝不掺柳叶的熙春茶,让那只波斯猫吃消毒牛奶。我知道人们愿意帮助我,但是我宁愿像撒旦那样沉沦,也不愿意像佩里②那样徘徊在边门口听音乐。我

---

① 拉丁文成语有"死者没有遗留什么,只留下美好的"。
② 佩里,爱尔兰浪漫主义诗人穆尔(1779—1852)笔下的人物,她被逐出天堂后,带了忏悔的泪水才得重列仙班。

要自谋生活。没有别的办法。我成了一个——哦,哦,哦!我忘啦。沉船里捞出一件东西。那是一个畜栏——不,一个牧场,在什么地方来着——让我想想看——在得克萨斯州,亲爱的老班尼斯特管它叫做一笔财产。他终究发现一些没有抵押掉的东西,他告诉我的时候是多么高兴!在他硬要我从他的事务所带回来的那些无聊的文件中,有一份牧场的情况介绍。我来找找。"

奥克塔维亚把她的购物袋拿来,取出一个装满了打字文件的长信封。

"得克萨斯州的牧场,"艾伦姑妈叹了一口气,"依我看,它不像是资产,倒像是负债。那种地方只有蜈蚣、牛仔和方丹戈舞①。"

"'树荫牧场,'奥克塔维亚照着一张紫色的打字稿念道,"'在圣安东尼奥东南一百一十英里,离最近的火车站,埃其纳铁路上的诺帕尔站,三十八英里。牧场上七千六百八十英亩是领有州政府地契的、灌溉条件良好的土地;其余二十二块地,或者一万四千零八十英亩,一部分按年续租,另一部分是根据州土地二十年出售法案购置的。牧场上有八千头良种美利奴绵羊,以及必要的马匹、车辆和一般配备。牧场正宅是砖结构,有六个房间,按照当地的气候要求布置得相当舒适。整个牧场围有一道坚固的铁丝网。

"'目前的牧场经理似乎很称职可靠,以前由别人掌管时,牧场遭到忽视,经营不善,现在却迅速地转变为有利的事业。

"'这注产业是波普雷上校向西部一个灌溉辛迪加洽购的,产权似乎绝无问题。经过精心管理,加上土地的自然增值,它应该成为业主一笔稳妥财产的基础。'"

奥克塔维亚念完后,艾伦姑妈在她教养许可的范围内嗤了一下鼻子。

---

① 一种西班牙舞蹈,由一对男女表演,用吉他和响板伴奏。

"这份介绍,"她带着城里人难以妥协的怀疑说,"并没有提到蜈蚣或印第安人。此外,你一向不喜欢吃羊肉。我看不出你从这片——这片沙漠中能得到什么好处。"

奥克塔维亚却若有所思。她的眼睛凝视着视野以外的地方。她张着嘴,脸上闪现着开拓者的兴奋狂热和冒险家的激动不安。她突然兴高采烈地合抱着手。

"问题解决了,姑妈,"她嚷道,"我决定去那个牧场。我决定靠它生活。我要培养对羊肉的爱好,甚至发掘蜈蚣的优点——当然是隔着相当距离。那正是我所需要的。那是我的旧生活刚结束时到来的新生活。那不是绝路,而是解放。试想在那广阔的草原上纵马驰骋,让风拂动你的头发,接近大自然,重温那些生机盎然的青草和不知名的小野花的故事,该有多么美妙。我该打扮成头戴瓦杜①式帽子、手握弯柄杖、不容恶狼祸害羔羊的牧羊姑娘呢,还是打扮成星期日报纸副刊上那种短头发的典型西部牧场姑娘?我想后面这种打扮好。他们会把我的照片登出来,照片上还有我独自杀死的、挂在鞍头上的猞猁。'从纽约上层社会到牧场',他们一定会用这样的标题。他们一定还会刊登范德雷塞家的老宅和我举行婚礼的教堂的照片。他们搞不到我本人的照片,不过可以请画家画。画像一定带有西部情调,很狂放,我自己也要成为狂放的牧羊女啦。"

"奥克塔维亚!"艾伦姑妈把她无法表达的不满全部压缩在这一声呼喊中。

"一句话也别说,姑妈。我决定去了。我要看夜晚的天空像大碗那样盖在世界上,我要再同星星交朋友,从我稍微长大一点以后,我没有同它们聊天了。我真想去,这一切都叫我厌倦了。我不

---

① 瓦杜(1684—1721),法国画家,以田园风景画著名。

名一文,倒也轻松。为了那个牧场,我可以祝福波普雷上校,原谅他徒有虚名。牧场生活的艰苦孤寂算得上什么呢!我——我是活该。除了那个可怜的希望以外,我已是心如死灰了。我——哦,我但愿离开,把这一切统统忘掉——忘掉!"

奥克塔维亚突然一转身跪了下去,把她泛红的脸埋在姑妈的膝头,激动地抽噎起来。

艾伦姑妈弯下身,抚摸着她黄褐色的头发。

"我还不知道呢,"她柔和地说,"我还不知道有那件事。是谁呀,亲爱的?"

娘家姓范德雷塞的奥克塔维亚·波普雷夫人在诺帕尔下火车时,她一向从容安详的举止暂时有点逊色。这里是一个新建的小镇,仿佛是用粗糙的木料和飘拂的篷布仓促搭起来的。聚集在车站附近的人,虽然并不令人讨厌地感情外露,但显然是习惯于突然事件,并且随时准备应付。

奥克塔维亚背对着电报局,站在月台上。她想凭直觉在那群散乱的、大摇大摆的闲人中间寻找树荫牧场的经理。班尼斯特先生事先吩咐经理来车站接她。她以为那个穿蓝法兰绒衬衫、打白领带的、上了年纪、一本正经的高个子肯定是经理。然而不是,他走过去了。当这位太太瞅着他时,他却按南方的规矩掉过目光。她想牧场经理一定等得不耐烦了,其实要找她不应该有什么困难。穿着最时髦的灰色旅行装的年轻女人在诺帕尔是不多见的。

奥克塔维亚正这样揣摩着等候可能是经理的人时,突然倒抽了一口气,吃惊地看到特迪·韦斯特莱克在月台上朝列车赶来——特迪·韦斯特莱克,或者一个身穿舍维呢衣服、脚蹬长筒靴、头戴皮箍帽子的、皮肤晒得黧黑的、极像是特迪的人——西奥多·韦斯特莱克原是业余马球运动员(几乎是锦标选手),全能的花花公子和不务正业的浪荡子,可是比一年前她最后一次看见他时,特迪显得豁达、稳重、果断、坚定。

他几乎在同一时间看到了奥克塔维亚,便转过身,像以往那样笔直朝她走来,当她在近处注意到他变得陌生时,不禁产生了一种近似敬畏的感觉,他淡黄色的胡子和钢灰色的眼睛把晒成红褐色的皮肤衬托得分外显著。但他一开口,旧时的稚气的特迪又回来了。他们从小就认识。

"嗨,塔维亚!"他嚷道,困惑得有点前言不搭后语,"怎么——为什么——几时——哪里?"

"火车,"奥克塔维亚说,"不得不来,十分钟前,从家里来的。你的肤色变了,特迪。嗯,怎么——为什么——几时——哪里?"

"我在这里干活。"特迪说。他像那些想把礼貌和责任结合起来的人那样,斜着眼打量车站周围。

"你乘火车来,"他问道,"有没有看到一位有着灰色鬈发、带着一头狮子狗的老太太?她带了不少大包小包,占了两个座位,老是跟乘务员拌嘴。"

"我想没有,"奥克塔维亚思索着说,"你有没有碰巧见到一个灰胡子的大个儿,穿着蓝衬衫,佩着六响手枪,头发上沾着一撮撮的美利奴羊毛?"

"这样的人多得很。"特迪说。由于紧张,他显得心绪不定。"你是不是认识一个这样的人?"

"不,我这番描述完全出于想象。你是不是认识你所形容的那位老太太?"

"我生平没有同她见过面。她的模样完全是我想象出来的。我混饭吃的那个小地方,树荫牧场,就是她的产业。我按照她律师的吩咐,赶了车来接她。"

奥克塔维亚往电报局的墙上一靠。有这么巧的事?难道他不知道吗?"

"你是不是那个牧场的经理?"她有气无力地问道。

"正是。"特迪得意地回答。

"我就是波普雷夫人,"奥克塔维亚虚弱地说,"但是我的头发并不拳曲,我对乘务员也很客气。"

那种陌生老成的神情暂时又回来了,把特迪同她隔得远远的。

"希望你原谅,"他相当尴尬地说,"你明白,我已经在这个栎树地带待了一年。我没听说。请把行李票给我,我替你把行李装上大车。让何塞押行李回去。我们乘马车先走。"

奥克塔维亚和特迪并排坐在一对烈性的、奶油色的西班牙小马拉的轻便马车上,她兴高采烈,什么念头都抛在脑后。他们飞也似的驶出小镇,朝南方平坦的路上跑去。没多久,道路逐渐变窄消失了,他们进入一片无边无际的铺着拳曲的牧豆草的世界。车轮悄没声息。不知疲倦的小马稳步向前奔跑。夹杂着千万亩蓝色黄色野花芳香的和风在他们耳边呼呼作响。他们仿佛御风而行,心醉神怡,产生了一种无休止的兴奋感。特迪似乎煞费心思地在考虑问题。

"我以后称呼你夫人,"他考虑后得出结果说,"墨西哥人都会这样称呼你——你明白,牧场上几乎全是墨西哥人。我认为这样比较合适。"

"很好,韦斯特莱克先生。"奥克塔维亚一本正经地说。

"哎,"特迪有点惊慌地说,"那未免太过分啦,是不是?"

"别拿你那该死的礼貌来麻烦我啦。我刚要开始新的生活。别让我想起任何不自然的事情。这种空气如果能储存起来就好啦。单单为了空气跑来也是值得的。哦,看哪!一头鹿!"

"长耳兔。"特迪头也没回就说。

"我能——我可以驾车吗?"奥克塔维亚喘着大气提议说,她脸颊绯红,眼光像小孩那么急切。

"只有一个条件。我能——我可以抽烟吗?"

"永远可以!"奥克塔维亚快活地接过缰绳嚷道,"我朝什么方向赶车呢?"

"南偏东南,全帆行驶。你看到天边那片最低的卷云下面的黑点吗?那是一簇栎树,也是界标。朝那个黑点子和左边的小山中间驶去就行啦。我不妨把得克萨斯州草原上驾车的全部规则告诉你:别让缰绳落在马脚底下,经常向马吆喝。"

"我高兴得不会吆喝了,特迪。哦,人们为什么要买游艇,乘豪华列车旅行呢?其实有一辆马车、一对老马和这样的一个春天的早晨,就能满足所有的欲望了。"

"我请求你别把这对飞禽叫做老马,"特迪抗议说,他一根接一根地在马车挡泥板上划火柴,但总是划不着,"它们一天能跑一百英里呢。"他终于划燃了一根火柴,窝在掌心里点着了雪茄。

"空间!"奥克塔维亚热烈地说,"那才是造成气氛的因素。如今我知道我需要的是什么了——视界——广度——空间!"

"吸烟间,"特迪并不感情用事地说,"我爱在马车上吸烟。风把烟吹进你肺里又吹出来。省得你自己花费气力。"

他们两个很自然地恢复了旧时的亲睦,只是逐渐感到他们之间的新关系的别扭。

"夫人,"特迪迟疑地说,"你怎么会想起到这里来居住?难道最近上层社会的风气不是去新港,而是往牧场上跑?"

"我破产啦,特迪,"奥克塔维亚亲切地说,这时她正全神贯注、小心谨慎地驾车从一株仙人掌和一丛栎树中间穿过去,"除了这个牧场之外,我一无所有了——甚至没有一个家。"

"瞧你说的,"特迪急切而不相信地说,"哪有这样的事?"

"三个月前,当我丈夫去世的时候,"奥克塔维亚说,她不好意思地把"丈夫"二字含混带过,"我还以为我有一笔相当可观的财产。他的律师在六十分钟有充分例证的谈话中推翻了那个理论。我把牧羊场当做最后的退步。你是不是碰巧知道曼哈顿的公子哥儿们中间有一种时髦的风气,促使他们放弃马球和俱乐部,来到牧羊场上当经理?"

"我的情况是容易解释的,"特迪立即回答说,"我得找个工作。我在纽约挣不到衣食,于是我跟老桑福德混了一阵子,在这个牧场上找到一个位置。牧场在波普雷上校买下以前是一个辛迪加的产业,老桑福德就是辛迪加里面的。开始我并不是经理。我骑着马到处跑,仔细研究这门行业,最后都搞清楚了。我发现缺点在哪里,有什么补救方法,桑福德便让我管理牧场。我每月工资一百元,确实是花力气挣的。"

"可怜的特迪!"奥克塔维亚微微一笑说。

"用不着可怜。我喜欢这个工作。我积蓄了一半工资,身体又像消防龙头那么结实。它比马球强多了。"

"它能不能提供面包、茶和果酱给另一个文明社会的流放者呢?"

"春季剪毛的收益,"经理说,"刚弥补了去年的亏损。以前疏于管理,浪费情况十分严重,秋季剪毛刨掉一切开支以后,还可以有一些盈余。明年就有果酱了。"

下午四点钟光景,两匹小马绕过一座坡度缓和、灌木丛生的山岗,然后像两股奶油色的旋风似的扑向树荫牧场。这时候,奥克塔维亚快活地嚷了起来。一簇气象万千的橡树洒下一大片凉爽喜人的阴影,"树荫牧场"的名称就是这样得来的。红砖砌的平房在树底下显得又矮又宽。一条有拱顶的宽过道从正当中把六个房间一分为二,过道里摆着开花的仙人掌,悬着红陶水瓮,别有情趣。一溜低阔的游廊围绕着整个建筑。游廊上攀满了藤蔓,邻近的空地上移植了草皮和小树。房屋后面一个窄长的小湖在阳光下闪烁发光。再过去就是墨西哥工人的棚屋、羊栏、羊毛仓库和剪毛栏。右面是点缀着一丛暗色栎树的矮山,左面是同蓝天融成一片的无边无际的绿色草原。

"真是个住家的好地方,特迪,"奥克塔维亚气喘吁吁地说,"一点不错,真是个住家的好地方。"

"以牧羊场来说,确实不坏,"特迪带着可以原谅的骄傲承认说,"我经常修修补补的。"

一个墨西哥小伙子从草地里冒了出来,带过奶油色小马。女主人和经理走进屋里。

"这是麦金太尔太太,"一个宁静、整洁、上了年纪的妇人到游廊上迎接他们时,特迪介绍说,"麦克太太,女主人来啦。她刚乘了车,很可能想吃一大块咸肉和一盘豆子。"

管家麦金太尔太太,正如小湖或橡树似的,几乎成了这个地方的固定物,听了这句诽谤牧场伙食的话,不免有点不痛快。她刚要发作时,奥克塔维亚开口了。

"哦,麦金太尔太太,用不着替特迪道歉。是的,我管他叫特迪。凡是没受他骗、不把他当做一回事的人都这么称呼他。你知道,很久以前,我们老是在一起剪纸娃娃,玩抽杆游戏。他说什么话,谁都不在乎。"

"对,"特迪说,"正因为谁都不在乎他说什么话,他再也不开口了。"

奥克塔维亚垂下眼帘,微妙地向他斜瞟了一眼——特迪一向把这种眼色叫做"上钩拳"。但他那真挚、黧黑的脸上并没有什么表示,使人怀疑他另有所指——一点都没有。毫无疑问,奥克塔维亚想道,他已经忘啦。

"韦斯特莱克先生爱开玩笑,"麦金太尔太太带领奥克塔维亚去她的房间时说。"但是,"她又忠心地补充说,"当他认真的时候,这里的人都很尊重他。没有他的话,我真不知道这地方会变成什么样子。"

东头的两个房间已经收拾好,供牧场的女主人居住。她进去时,发现里面家具很少,空荡荡的,不禁有点失望,但随即想到这里是亚热带气候,他们煞费苦心把房间布置得适合于气候的特点,又产生了感激的心情。大窗户的框格已经卸掉,阔百叶窗口吹来柔和的海湾风,白窗帘飘拂个不停。白木地板上铺了许多凉席,深深的舒适的柳条椅仿佛在邀请,墙纸是愉快的浅橄榄色。她的起居室一壁是光滑的白松木书架,摆满了书。她立刻跑过去。面前是一批精选的藏书。她浏览一下,发现有些小说和游记还是出版不久的新书。

她随即想到,如今自己落到一个只有羊肉、蜈蚣和贫困的荒野里,这些不相称的享受使她诧异,她怀着女人直觉的猜疑,开始翻看书的扉页。每本书上都有西奥多·韦斯特莱克的字迹流利的签名。

由于长途旅行的劳累,奥克塔维亚那晚很早就上了床。她躺在雪白凉爽的床上,惬意地休息,但迟迟不能入睡。她倾听着微弱的、使她的感官保持警觉的奇特的声音——郊狼的嗥叫、风的无休无止的低沉的交响乐、远处小湖里的蛙鸣,以及墨西哥人棚屋里如怨如诉的手风琴声。她心里涌起纷纭复杂的矛盾思绪——感激与不满、宁静与不安、孤寂感与得到庇护和照顾的安慰、快乐和徘徊不去的旧时的痛苦。

她做了任何别的女人都会做的事——毫无理由地尽情地哭了一场,才松快了一些。她入睡前喃喃自语地说:"他忘啦。"这句无可奈何的话一直悄悄地在她心头萦绕。

树荫牧场的经理并不是外行。他是个精力充沛的实干家。每天清晨,屋子里其余的人还没醒时,他多半已经起身,骑马出去巡视羊群和营地了。这原是那个气派威严的墨西哥老总管的职责,但是特迪仿佛事必躬亲才放心。除了忙季之外,他一般在八点钟回到牧场,带着一种充满了草原气息的健康而轻松的欢快,同奥克塔维亚和麦金太尔太太一起在中央过道里的小桌上吃早餐。

奥克塔维亚来后过了几天,特迪要她取出一条骑马裙子,按照栎树地带的要求改短一些。

她不无疑虑地穿上裙子,又按照特迪的吩咐绑上一副鹿皮护腿,跨上一匹跳跳蹦蹦的小马,跟他一起去巡视她的产业了。他把所有的东西都指点给她看:一群群的母羊、公羊和吃草的羔羊,浸洗槽、剪毛栏、小牧场上粗野的美利奴种羊、预防夏季干旱的水箱,他像孩子似的兴致勃勃地汇报工作。

她如此熟悉的旧时的特迪在哪里呢?他性格的这一方面,也正是讨她喜欢的一方面,仍然和以前一样,但她现在看到的只限于此。他的热情到哪里去了呢?——他那不顾一切的求爱,富于幻想的、堂吉诃德式的忠诚、使人心碎的忧郁、可爱的温柔、傲慢的自尊、往时那些多变的情绪到哪里去了呢?他的性格很敏感,他的气质非常接近艺术。她知道特迪除了追逐时尚的爱好和运动以外,还培养了格调比较高的兴趣。他写过文章,搞过绘画,对某些艺术可以说是有些研究,他一度曾把自己的希望和思想向她倾吐。但是现在——她无法回避这个结论——特迪把自己性格的各方面都向她关了门,只留下一个方面,那就是作为树荫牧场的经理和一个已经宽恕和忘怀的愉快的朋友。奇怪得很,她想起了班尼斯特先生介绍她产业状况时用的字句——"整个牧场围着一道坚固的铁丝网"。

"特迪也围着铁丝网。"奥克塔维亚自言自语地说。

他这种拒人于千里之外的态度在她是不难理解的。根子是在哈默史密斯家举行的舞会上。那时候,她刚决定接受波普雷上校和他的百万家财(这同她的容貌和社会地位比较起来,也许算不了什么)。特迪满腔热情、不顾一切地向她求婚,她直勾勾地瞅着他,冷冷地、斩钉截铁地说:"再也别让我听到你这种无聊的废话了。""你再也不会听到了。"特迪嘴角上露出一种奇特的表情说。现在,特迪周围竖起了一道坚固的铁丝网。

在这次巡视中,特迪忽然想起古斯姥姥童谣①里的波皮普的名字,他立刻把它加在奥克塔维亚身上。由于名字相仿,职业相同,这个诨名使他非常得意,他便一直挂在嘴上。牧场上的墨西哥人也用这个名字称呼她。他们发不好"普"字的音,便加了一个音节,一本正经地管她叫做"波皮贝夫人"。这个名字终于流传开来,"波皮普夫人的牧场"和"树荫牧场"两个名字简直等同起来了。

五月到九月这一漫长而炎热的季节来到了,牧场上的活很少。奥克塔维亚浑浑噩噩地过着日子。书籍、吊床、同少数几个好朋友通通信、对水彩颜料和画架重感兴趣——这些东西排遣了闷热的白天。傍晚倒一直是很快活的。尤其令人感到欢畅的是和特迪在一起,由盘旋的夜鹰和受惊的猫头鹰陪伴着,在那月光照耀的、当风的旷野上策马驰骋。墨西哥人时常带着吉他从棚屋里跑来,唱着最古怪的伤心的歌曲。还有在微风吹拂的游廊里的娓娓长谈,特迪和麦金太尔太太之间的没完没了的斗智。麦金太尔太太的左右逢源的苏格兰人的机灵,往往弥补了她所缺乏的轻松的幽默,使她吃不了亏。

继之而来的是一个又一个温和、沉闷、芬芳的夜晚,这些夜晚随着星期和月份的流逝,照说应该驱使斯特雷方翻过任何铁丝网

---

① 美国波斯出版商弗里特 1719 年发行了一本名叫《古斯姥姥童谣集》的儿童读物,传说是根据他岳母常给外孙们听的儿歌童谣编辑而成。

去找克洛伊①,或者引得丘比特亲自拿起套索在那些含情脉脉的牧场上捕捉猎物,但是特迪的铁丝网仍旧围得严严的。

七月的一个晚上,波皮普太太和她的牧场经理坐在东头游廊上。特迪翻来覆去地预测秋季剪毛是不是有二十四分一磅的可能,把话都谈光了,终于不声不响地沉没在一片哈瓦那雪茄的麻醉人的烟雾里。只有女人这样的拙劣的判断者,才没有发现他的工资中至少有三分之一变成了那些进口的雪茄烟雾。

"特迪,"奥克塔维亚突然相当尖锐地问道,"你在这里牧场上干活为的是什么?"

"每月一百元钱,"特迪对答如流地说,"外加膳宿。"

"我真想辞退你。"

"办不到。"特迪咧着嘴说。

"契约规定。生意买卖要尊重一切没有过期的契约。我的契约订到十二月三十一日晚上十二点钟为止。到了那天,你可以在半夜里起来辞退我。如果不到时候要辞退,我就有权要求法律解决。"

奥克塔维亚似乎在考虑打官司的前景。

"不过,"特迪快活地接着说,"不管怎么样,我本来也打算辞职了。"

奥克塔维亚的摇椅不动了。她肯定这个地方是有蜈蚣的,还有印第安人,有广袤、孤寂、荒凉、空虚的旷野,全部围在坚固的铁丝网里。她有范德雷塞家族的自尊,也有范德雷塞家族的心肠。她一定要弄清楚他是不是真的忘了。

"哦,好吧,特迪,"她装得很有礼貌地说,"这里冷清得很,你

---

① 斯特雷方和克洛伊是英国诗人锡德尼(1554—1586)散文体小说《阿卡迪亚》中的男女主人公。

当然渴望回到旧时的生活——回到马球、龙虾、剧院和舞会中去。"

"我一向不喜欢舞会。"特迪规规矩矩地说。

"你上了年纪啦,特迪。你的记性不行了。谁都知道你从来没有错过一次舞会,除非它同你参加的另一个舞会冲突,你分不开身。此外,你和同一个舞伴跳得太多,很不得体。让我想想看,福布斯家的那个姑娘——白星眼的那个——她叫什么来着,梅布尔,是吗?"

"不,阿黛尔。梅布尔是瘦胳臂的那个。阿黛尔的眼睛也没有白星。有的是灵魂。我们时常在一起谈十四行诗,还谈论魏尔兰①。那时候,我正想从灵感之泉铺设一条水管呢。"

"在哈默史密斯家的舞会上,"奥克塔维亚不让他岔开话题,接着说,"你同她跳了五支舞。"

"哈默史密斯家的什么呀?"特迪茫然问道。

"舞会——舞会,"奥克塔维亚狠狠地说,"我们刚才谈的还有什么?"

"我以为谈的是眼睛和胳臂呢。"特迪思索了一会儿后说。

奥克塔维亚真想一把揪住那个惬意地靠在帆布椅上的脑袋上久经日晒的黄头发,好不容易才压住了这种想法。她以最可人的交际口吻接着说:"哈默史密斯家的那些人钱实在太多了。开矿的,是吗?那门行业可赚钱呢。他们家里甚至找不到一杯白开水。那次舞会上一切都过火得叫人害怕。"

"不错。"特迪说。

"那次的人真多啊!"她知道自己像是一个女学生在叙说初次参加的舞会似的,有点不知所云了,"阳台上都像屋里那样闷热。

---

① 魏尔兰(1844—1896),法国象征派诗人。

我在那次舞会上——丢了——丢了一件东西。"最后一句话的声调存心要拆除任何铁丝网。

"我也是的。"特迪放低声音说。

"一只手套。"奥克塔维亚说。敌人逼近她的战壕时,她却退却了。

"我丢失的是身份,"特迪不损一兵一卒的停了火,"我同哈默史密斯家一个开矿的成员聊了半晚,那家伙一直把手揣在口袋里,像天使长似的谈着矿石粉碎厂、小平巷、主平巷和洗矿槽。"

"一只珠灰色的手套,几乎是新的。"奥克塔维亚伤心地说。

"一个了不起的家伙,那个麦卡德尔,"特迪赞许地说,"他不喜欢都市文明,他把大山当作炸肉饼,把隧道架在空中,他生平没有说过一句无聊的废话。你有没有填好那些申请租地展期的表格,夫人?三十一号之前要交给土地局的。"

特迪懒洋洋地扭过头。奥克塔维亚的椅子已经空了。

一条沿着命运划出的路线爬行的蜈蚣澄清了这个局面。一天清晨,奥克塔维亚和麦金太尔太太在西头游廊修剪忍冬草。特迪天没亮就匆匆忙忙起身走了,因为有人来报告,前一晚的雷雨把基地上的一群母羊驱散了。

为命运所驱的蜈蚣出现在游廊的地板上,两个女人的尖叫提醒了它的注意,它便撒开所有的黄腿一溜烟跑进最西头特迪房间开着的房门。奥克塔维亚和麦金太尔太太抄起两件长的家庭用具作为武器,撩起裙子,在谁做进攻部队的后卫的问题上争论了一番,然后跟了进去。

蜈蚣一进屋仿佛就失踪了,两个要它性命的女人开始彻底而小心地搜索。

即使在这样危险而要求全神贯注的活动中,奥克塔维亚发现自己置身于特迪的私室时，仍然产生了一种敬畏的好奇心理。在这个房间里，他平时独自坐着，默默地转着如今不让别人分享的念头，怀着不让别人知道的想望。

这个房间似乎是斯巴达人或军人居住的。一个角落里摆着大帆布床，另一个角落里摆着小书架，第三个角落里架着几支可怕的温切斯特枪和滑膛枪。一面是一张极大的桌子，上面摊着信件、纸张和文件，还有一个分类架。

蜈蚣在这样空荡荡的房间里隐藏得这样巧妙，确实是有天才的。麦金太尔太太用扫帚柄捅书架背后。奥克塔维亚朝特迪的帆布床走去。房间里的样子同经理匆匆离去时完全一样。墨西哥使女还没有来收拾。他的大枕头中央还有睡过的迹象。奥克塔维亚认为那条令人厌恶的虫子可能爬到床上躲起来，打算咬特迪。蜈蚣对经理们总是这样残忍狠毒的。

她小心翼翼的把枕头翻开，看到一个又长又细的暗色的东西躺在那里，正要发出求援的信号。但是她立即遏制住呼喊，抓起一只手套——一只珠灰色的手套——压在那个忘了哈默史密斯家舞会的人的枕头底下，显然经过了许多夜晚，已经压得扁扁的。这天早晨，特迪一定走得非常匆忙，以致忘了把它藏到白天安放的地方。即使狡猾调皮得出名的经理们，有时候也有漏洞被人抓住。

奥克塔维亚把这只灰色手套塞进她夏季晨装的怀里。这是她的。把自己围在坚固的铁丝网里，只记得哈默史密斯家舞会上矿工谈的洗矿槽的男人是不应该有这种东西的。

说到头，草原上的这个地方多么可爱！当你发现你认为早已丢失的东西时，这地方简直像是盛开的玫瑰！窗口吹进来的夹杂着黄金雀花的清新而甜美的晨风是多么可人！你能不多站一会儿，睁着明亮的眼睛眺望远方，幻想着误会可能得到谅解吗？

麦金太尔太太干吗这样可笑地用扫帚在乱掸?

"我找到啦。"麦金太尔太太砰的把门关上说。

"你丢了什么东西吗?"奥克塔维亚非常客气,然而不感兴趣地问道。

"那个小恶鬼!"麦金太尔太太狠狠地说,"你已经忘了吗?"

她们两人合力弄死了那条蜈蚣。由于它,在哈默史密斯家舞会上丢失的东西才重新找到,它却得到了这种回报。

特迪似乎也想起了这只手套,他下午回家后,不声不响翻箱倒柜地寻找了一番。直到晚上,他在月光照耀的东头游廊上才发现。它给戴在他原以为再也不会属于他的那只手上,他不禁又说出了先前吩咐他再也不要说的废话。特迪的铁丝网垮下来了。

这次没有虚荣心从中作梗,求爱的事情很自然,很顺利,正像热情的牧羊人和温柔的牧羊姑娘之间应有的情况一样。

草原变成了花园。树荫牧场变成了光明牧场。

几天后,奥克塔维亚接到班尼斯特先生答复她询问的有关事务的回信。信中有一段是这样的:

> 关于牧羊场的问题,我真不知道该怎么向你报告。你移居牧场两个月后,我们才获悉波普雷上校的产权是没有价值的。我们发现了一个文件,得知他去世前就已变卖了这注产业。这件事通知了你的经理韦斯特莱克先生,他立即赎回了牧场。我简直无法想象你怎么会始终一无所知。我希望你马上同那位先生商谈一下,他至少可以证实我的话。

奥克塔维亚带着挑衅的眼光去找特迪。

"你在这个牧场上干活为的是什么?"她又一次问道。

"一百——"他正要重复,但从她的神情中看出她都明白了。她手里还拿着班尼斯特先生的信。他知道再也瞒不下去了。

"这个牧场是我的,"特迪说,像干了坏事被抓住的小学生似的,"一个经理干了一段时间而不能吸收他老板的企业的话,这个经理未免太无能了。"

"你为什么要在这里干活?"奥克塔维亚仍旧想打破特迪的谜,追问道。

"老实告诉你,塔维,"特迪安详而真挚地说,"我并不是为了工资。这点钱只够我买雪茄和防晒油。医生嘱咐我到南方来。由于打马球和运动过度,我的右肺要出毛病了。我需要好的气候,新鲜空气,休息和诸如此类的条件。"

奥克塔维亚立刻向那个有毛病的部位靠去。班尼斯特先生的信飘落到地上。

"现在——现在是不是好了,特迪?"

"像一段牧豆树干那么结实。我有一件事骗了你。当我知道牧场的产权不属于你的时候,我花了五万元把它买了下来。在这里牧羊期间,我在银行里积攒下来的收入差不多有这个数目,因此这笔交易几乎像是买便宜货。银行里还有一笔小小的不花力气的增益,塔维,我打算乘游艇做一次结婚旅行,船桅杆上扎着白缎带,我们经地中海,穿过赫布里底群岛,然后到挪威和须德海。"

"我想的是,"奥克塔维亚温柔地说,"同我的经理一起在羊群中间做一次结婚骑行。然后回来和麦金太尔太太在游廊上吃婚礼早餐,悬在餐桌上方的红陶瓮也许扎着一只桔树花。"

特迪笑了,开始唱道:

> 小小的波皮普丢失了她的羊群,
> 不知道去哪儿找寻。
> 随它们去吧,它们自会回家,
> 于是——

奥克塔维亚勾住他的脖子,让他低下头,悄悄地在他耳边说了些什么。

不过那是以后的事了。